“八一”军民双拥座谈会

“青苗计划”启动仪式

正恺“育秀”2015年捐资助学活动

“庆中秋、迎国庆”文艺汇演

乡风明德文化墙

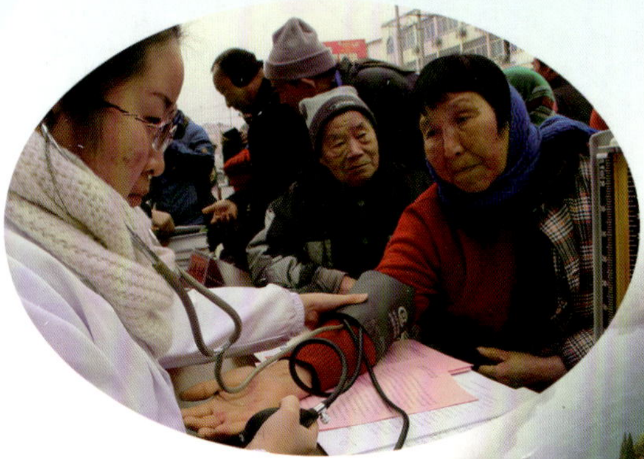

组织开展“三下乡”活动

谏壁新市镇商业广场项目鸟瞰图

《京口年鉴》曾荣获

- 首届中国地方志年鉴特等奖
- 第三届全国年鉴编纂出版质量评比综合二等奖
- 第三届全国年鉴编纂出版质量评比条目二等奖
- 第三届全国年鉴编纂出版质量评比装帧设计二等奖
- 第四届全国年鉴编纂出版质量评比综合二等奖
- 第四届全国年鉴编纂出版质量评比框架设计一等奖
- 第四届全国年鉴编纂出版质量评比条目编写一等奖
- 第四届全国年鉴编纂出版质量评比装帧设计二等奖
- 第五届全国年鉴编校质量评比二等奖
- 第六届全国年鉴编校质量评比二等奖

京口年鉴

（2016）

主　审

蔺玉乾　黄万荣

京口区人民政府 主办　京口区史志档案办公室 编

方志出版社
Publishing House of Local Records

图书在版编目（CIP）数据

京口年鉴．2016 / 京口区史志档案办公室编．— 北京：方志出版社，2017. 1
ISBN 978-7-5144-2346-4

Ⅰ．①京… Ⅱ．①京… Ⅲ．①区（城市）— 镇江市 — 2016 —年鉴 Ⅳ．① Z525.34

中国版本图书馆 CIP 数据核字（2017）第 031203 号

京口年鉴（2016）

编　　者：京口区史志档案办公室
责任编辑：罗　滔
出 版 人：冀祥德
出 版 者：方 志 出 版 社
地址　北京市朝阳区潘家园东里 9 号（国家方志馆 4 层）
邮编　100021
网址　http : / / www.fzph.org
发　　行：方志出版社发行中心
电话（010）67110500
经　　销：各地新华书店
印　　刷：南京华众彩色印刷有限公司
开　　本：889×1194　　1/16
印　　张：21
字　　数：745 千字
版　　次：2017 年 1 月第 1 版　　2017 年 1 月第 1 次印刷
印　　数：001~800 册

ISBN 978-7-5144-2346-4　　定价：280.00 元

《京口年鉴》撰稿单位审稿人员名单

（按姓氏笔画排序）

丁永忠	凡　浩	方红卫	王正辉	王志斌	王荣兵	王　勇	包迎辉
李成根	李　军	李莉珺	李德升	戎国平	刘　平	刘远遥	朱文仲
朱伟广	朱家巍	庄福寿	陈国兴	陈洪生	陈　俊	陈　琳	宋小燕
邵晓清	吴红霞	吴秋平	吴惠平	严　波	杨　帆	杨志强	张子敏
张立明	张和松	张　健	张　萌	金凡舒	周祥华	郭先武	郭　健
姜厚荣	赵晓文	钟程发	顾成权	袁在森	顾明华	顾洪涛	凌明忠
陶宝强	殷文平	梅永生	戚秀平	龚明生	曹　蕾	喻　石	谢红星
谢根龙	韩铜民	程　鹏	满子琴	虞　军	褚　磊	廖伟根	谭雪峰
臧　红	薛　莲	魏晓曦					

京口区地图

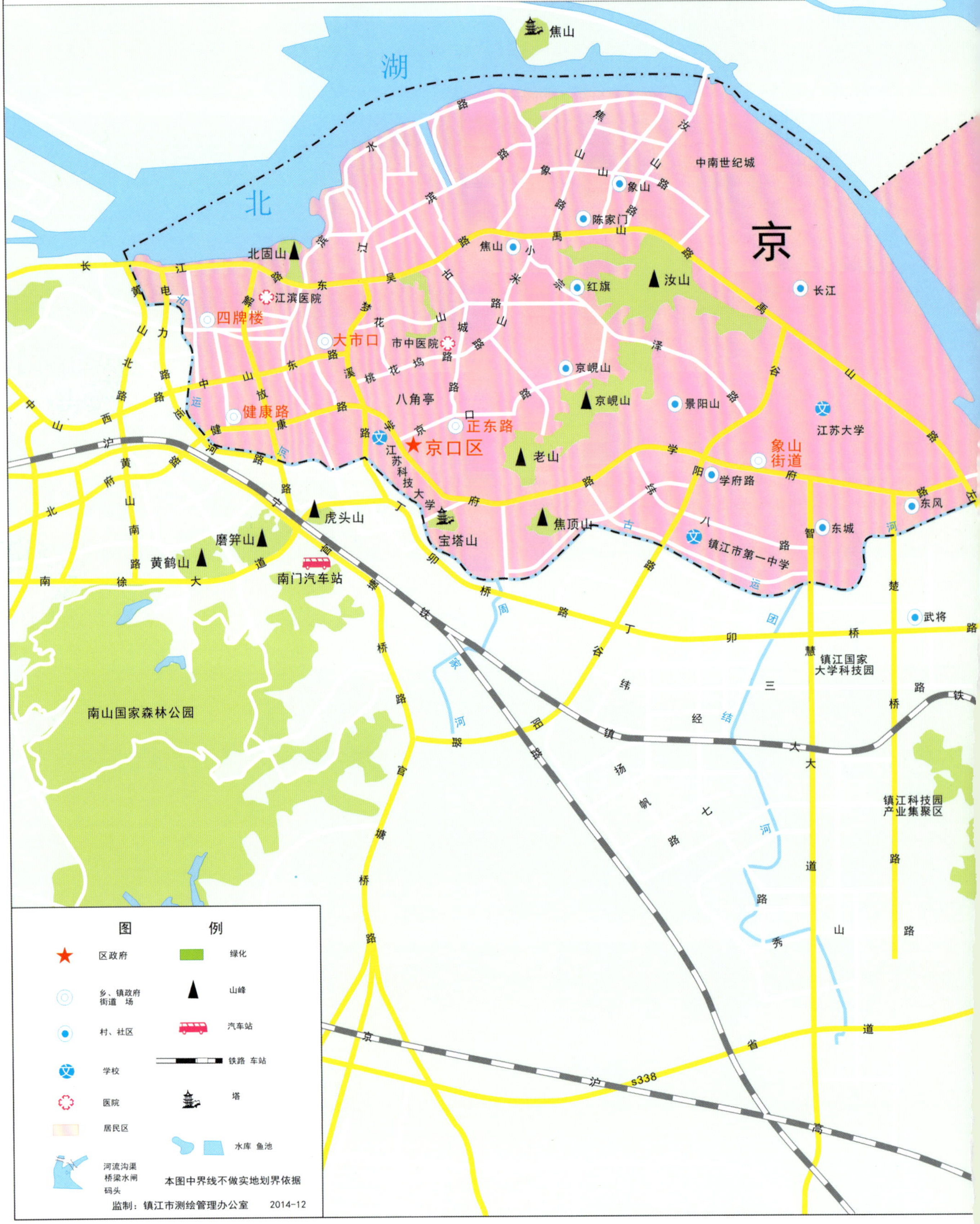

焦山
湖
北
京
北固山
江滨医院
四牌楼
大市口
市中医院
八角亭
健康路
正东路
京口区
焦山
象山
陈家门
红旗
汝山
长江
中南世纪城
京岘山
景阳山
江苏大学
象山
街道
学府路
老山
虎头山
磨笄山
黄鹤山
南门汽车站
宝塔山
江苏科技大学
焦顶山
东风
东城
镇江市第一中学
武将
镇江国家
大学科技园
南山国家森林公园
镇江科技园
产业集聚区
s338
图 例
区政府
绿化
乡、镇政府
街道 场
山峰
村、社区
汽车站
铁路 车站
学校
医院
塔
居民区
水库 鱼池
河流沟渠
桥梁水闸
码头
本图中界线不做实地划界依据
监制：镇江市测绘管理办公室 2014-12

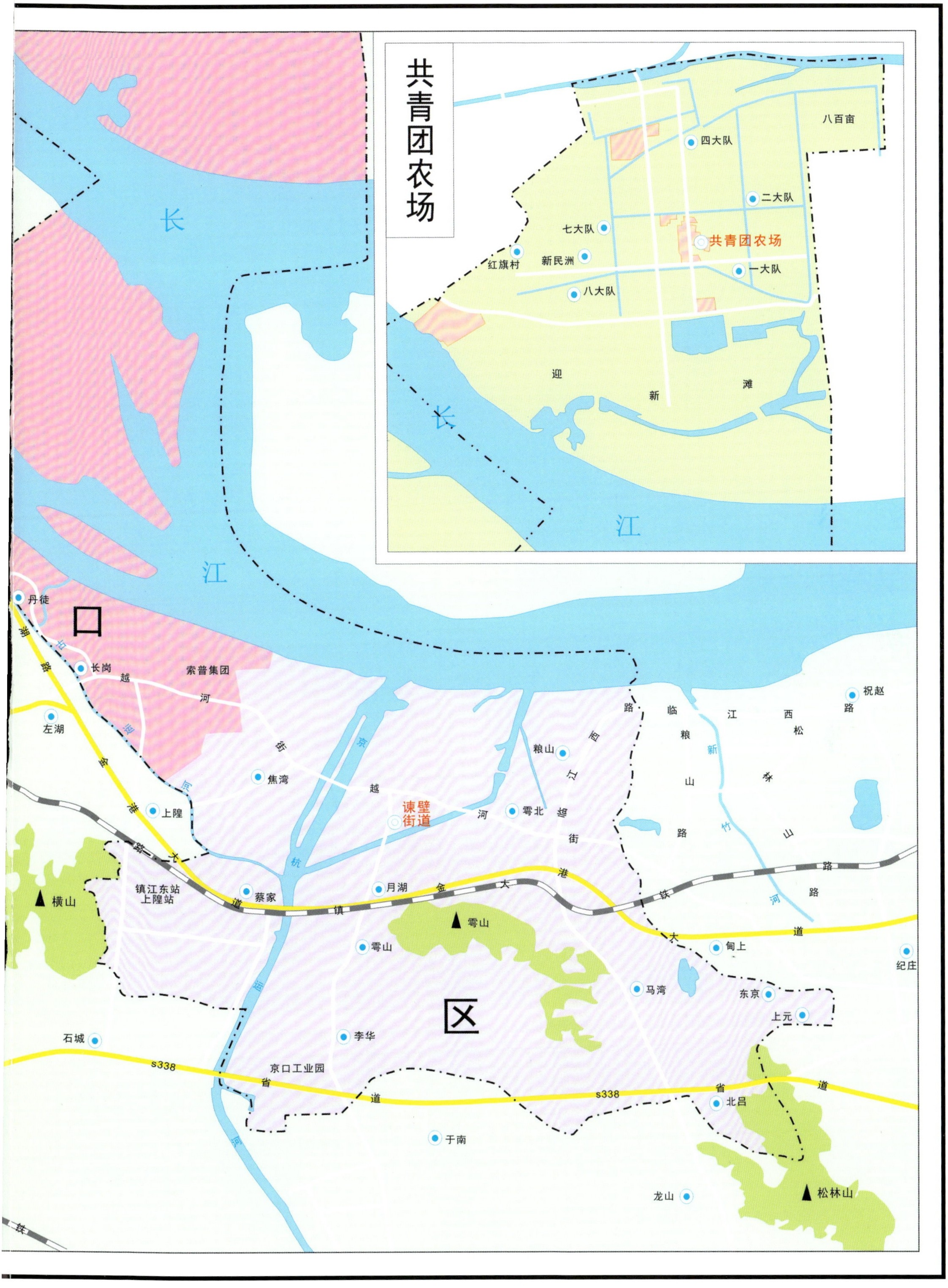
共青团农场
八百亩
四大队
二大队
七大队
共青团农场
红旗村
新民洲
一大队
八大队
迎新滩
长江
长江
丹徒
口
长岗
索普集团
古运河
越河街
左湖
湖路
金港大道
焦湾
京杭运河
谏壁街道
粮山
雩北
临江西路
临江街
粮山路
新竹河
西松林山路
祝赵
上隍
横山
镇江东站
上隍站
蔡家
月湖
铁路
雩山
雩山
甸上
纪庄
马湾
东京
上元
区
石城
李华
京口工业园
s338
省道
s338
北吕
于南
龙山
松林山

编辑说明

一、《京口年鉴》是京口区人民政府主办、京口区史志档案办公室主编的综合性地方年鉴，创刊于1993年。年鉴的编撰以马克思列宁主义、毛泽东思想、邓小平理论、“三个代表”重要思想和科学发展观以及习近平总书记系列重要讲话精神为指导，翔实、连续记载京口区经济、社会、文化、生态等方面基本面貌、发展状况和各行各业取得的新进展、新成就、新经验，为认识京口、研究京口、发展京口提供全面实用、信息密集、准确权威的基本资料。

二、《京口年鉴（2016）》为第15卷，记述时限为2015年1月1日至2015年12月31日。本年鉴基本延继了《京口年鉴（2015）》的基础框架结构，只在文字编排上作了微调，由原来的每页两列变成每页三列；在体现全年工作重点、工作成效、工作亮点方面，更加强化了“专记”部分，通过条目式的结构，充分展示了2015年全区人民积极适应新常态，认真落实“四个全面”战略布局，始终坚持“转型升级，特色发展”的总要求，全力推进“1+6”活动的情况。

三、全书分类目、分目和条目三个层次，共设个33类目，138个分目，1276个条目。部分分目下设次分目，其标题前后加“●”表示。条目为记述体，其标题用黑体字加“【 】”表示。文中“▲”表示“同日”。全书所用稿件由区各部门（单位）专人撰写，经领导审阅后定稿。正文中数据根据统计资料核对，统计资料没有的，以撰稿单位提供的为准。

全书在收集资料、编撰过程中，由于时间等原因，篇目结构和资料内容都还有进一步完善和全面的地方，希望在下卷编撰时，通过研究学习，全面收集，达到完善。

全书编纂、出版工作得到各级领导和方志出版社的大力支持。值此出版发行之际，谨一并深表感谢！

2015年8月13日，省委常委、组织部长王炯赴江一社区调研

2015年9月6日，副省长曹卫星调研我市公共文化服务体系建设

2015年4月21日，市委书记夏锦文到京口区调研

2015年5月13日，市长朱晓明来京口视察社会救助工作

2015年4月27日，区委书记裔玉乾率队赴镇江市创业园进行现场观摩

2015年10月31日，区长黄万荣调研水环境及禹山北路异味整治工作

2015年7月29日，区政协主席孙国平慰问环卫工人

2015年7月6日，区人大常委会党组书记、常务副主任倪兆顺率队视察重要建议办理情况

中共京口区委七届九次全体（扩大）会议

中共京口区委七届十次全体会议

“转型升级、特色发展”动员大会

“三严三实”专题现场教育

“三严三实”专题党课暨专题教育动员部署会

区政府全体组成人员会议

区八届人大四次会议

区政协八届四次会议

“1+6”活动现场推进会

“京口专场”企业上市挂牌仪式在北京举行

大众创业万众创新高级人才战略工程在京口启动

恒伟物流在上海挂牌上市

鼎铝技改项目

镇江苏宁广场全球招商发布会

京口区20个项目集中签约

产业“三集”发展观摩推进会

“中以网商自贸区”在京口揭牌

京口区召开企业家交流座谈会

新民洲规划建设国家级木材战略储备基地

京口区江科大深化校地合作

京口区全民健身中心揭牌

新民洲公共码头

区领导“八一”前夕走访慰问驻区部队

道德模范事迹宣讲活动

启动第二届“梦溪读书节”

隆重庆祝第31个教师节

省级媒体来镇集中采访“最美巾帼人物”张凤霞

“三下乡”活动走进谏壁

镇江市五级人大代表接待我区选民

市、区慈善总会举行慈善爱心启智手工坊揭牌仪式

京口区第三届运动会

庆“五一”劳动者歌咏大赛

京口区首创河道生态浮岛

区总工会圆困难职工“微心愿”

东吴绿地生态广场

开展图书漂流角活动

古运河畔迷人新景

镇江市京口

省高级人民法院院长许前飞（左二）到该院视察指导工作

市中级人民法院在该院召开司法巡查情况通报会

区人民法院院长张子敏在区八届人大五次会议上作法院工作报告

2015年，京口区人民法院紧扣司法为民、公正司法工作主线，忠实履行宪法和法律赋予的职责，在审执任务加重、办案难度增大的情况下，凝心聚力，攻坚克难，圆满完成各项任务。全年受理各类案件9633件，审执结7935件，涉案标的总额36.82亿元，同比分别增长34.05%、34.83%、210%，均创历史新高。法院先后被区委、区政府评为2015年度综合治理先进单位、2012~2015京口区法治建设工作先进集体、区机关绩效管理考核优胜单位；被市中级人民法院授予集体三等功。

市人大调研该院司法改革工作

院长带头办案发挥示范引领作用

区人民法院

召开“三严三实”专题党课暨专题教育部署会

邀请人大代表观摩旁听案件庭审

主办的全市银行信用卡纠纷法律问题研讨会圆满召开

应区政府邀请开展依法行政专题法制讲座

举行环境资源司法保护新闻发布会

新审判法庭项目试桩开工

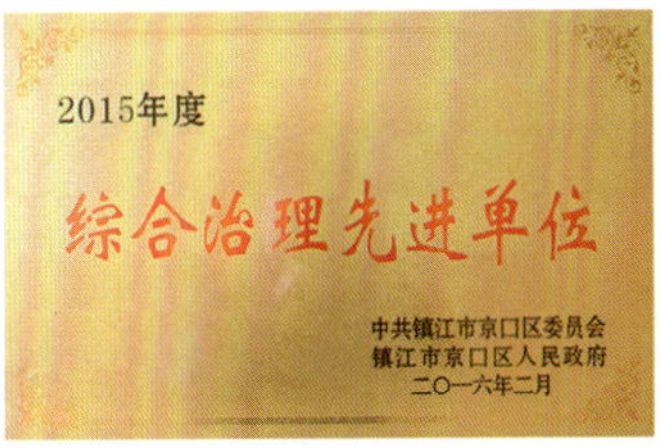

市委书记夏锦文（前右二）调研中山路小学

市委常委、宣传部长曹当凌参观红旗小学图书馆

京口区教育局

著名指挥家卞祖善在第31个教师节庆祝大会上与市实小乐手同台演出

北师大教授毛振明调研京口教育“教体融合”工作

江苏省小学特色文化项目——少年数学爱好者俱乐部落户香江花城小学，青年数学家孙智伟先生和原教育局局长赵珏先生共同揭牌

与北师大联合举办京口教育“月末讲堂”，全面提升管理者、拔尖人才的治教水平

京河路幼儿园对结对园进行帮扶指导

每年一度的中小学文艺展演精彩纷呈

江滨实小的“拥抱周”活动拉近了师生之间的距离

每年一度的“六一”幼儿文艺汇演精彩呈现

积极推进校园足球运动的发展，建立了校园足球联赛制度

全区“阳光体育大课间活动”评比

京口区隆重庆祝第31个教师节，表彰了50名“人民满意教师”

镇江市京口区城管局

文明城市创建期间，市长朱晓明（中）慰问京口环卫职工

京口区城管系统作风建设主题教育活动动员大会

环卫保洁市场化

辛勤工作的环卫工人

A18 专版

城市因你而美丽　你因城市而自豪

京口区城管局表彰优秀环卫工人

京口区十佳城市美容师

京口区优秀环卫工人

表彰京口环卫工人

《京口年鉴》主要机构（单位）简称全称对照表

简　称	全　称
区　委	中国共产党镇江市京口区委员会
区人大常委会	镇江市京口区人民代表大会常务委员会
区政府	镇江市京口区人民政府
区政协	中国人民政治协商会议江苏省镇江市京口区委员会
纪　委	中国共产党镇江市京口区纪律检查委员会
区委办	中国共产党镇江市京口区委员会办公室
组织部	中国共产党镇江市京口区委员会组织部
宣传部	中国共产党镇江市京口区委员会宣传部
统战部	中国共产党镇江市京口区委员会统一战线工作部
政法委	中国共产党镇江市京口区委员会政法委员会
台　办	中国共产党镇江市京口区委台湾工作办公室
编　办	镇江市京口区机构编制委员会办公室
机关工委	中国共产党镇江市京口区委区级机关工作委员会
老干部局	中国共产党镇江市京口区委员会老干部局
信访局	镇江市京口区信访局
机要保密局	中国共产党镇江市京口区委机要保密局
区政府办	镇江市京口区人民政府办公室
区发改和经信委	镇江市京口区发展改革和经济信息化委员会
区教育局	镇江市京口区教育局
区科技局	镇江市京口区科学技术局
区民政局	镇江市京口区民政局
区司法局	镇江市京口区司法局
区财政局	镇江市京口区财政局
区人社局	镇江市京口区人力资源和社会保障局
区环保局	镇江市京口区环境保护局
区住建局	镇江市京口区住房和城乡建设局
区城管局	镇江市京口区城市管理局
区交通运输局	镇江市京口区交通运输局
区农委	镇江市京口区农业委员会
区商务局	镇江市京口区商务局
区文体局	镇江市京口区文化体育局
区卫计委	镇江市京口区卫生和计划生育委员会
区市场监管局	镇江市京口区市场监督管理局
区审计局	镇江市京口区审计局
区安监局	镇江市京口区安全生产监督管理局
区统计局	镇江市京口区统计局
区物价局	镇江市京口区物价局
区民宗局	镇江市京口区民族宗教事务局

区人大委办	镇江市京口区人民代表大会常务委员会
区政协委办	中国人民政治协商会议江苏省镇江市京口区委员会办公室
区法院	镇江市京口区人民法院
区检察院	镇江市京口区人民检察院
区总工会	镇江市京口区总工会
团区委	中国共产主义青年团镇江市京口区委员会
区妇联	镇江市京口区妇女联合会
区文联	镇江市京口文学艺术界联合会
区科协	镇江市京口区科学技术协会
区侨联	镇江市京口区归侨侨眷联合会
区残联	镇江市京口区残疾人联合会
区红十字会	镇江市京口区红十字会
区工商联	镇江市京口区工商业联合会
象山街道	镇江市京口区象山街道办事处
谏壁街道	镇江市京口区谏壁街道办事处
健康路街道	镇江市京口区健康路街道办事处
大市口街道	镇江市京口区大市口街道办事处
正东路街道	镇江市京口区正东路街道办事处
四牌楼街道	镇江市京口区四牌楼街道办事处
京口工业园区管委会	江苏镇江京口工业园区管理委员会
新民洲临港产业园管委会	镇江新民洲临港产业园管理委员会
大禹山创意新社区管委会	镇江市京口区大禹山创意新社区管理委员会
党　校	中国共产党镇江市京口区委员会党校
史志档案办	镇江市京口区史志档案办公室
接待办	镇江市京口区人民政府接待办公室
机关事务中心	镇江市京口区区级机关事务服务中心
新闻中心	镇江市京口区新闻中心
招商中心	镇江市京口区招商服务中心
城投中心	镇江市京口城乡建设投资中心
国资管理中心	镇江市京口区国有资产管理中心
供销合作总社	镇江市京口区供销合作总社
京口中学	镇江市京口中学
中山路小学	镇江市中山路小学
实验小学	镇江市实验小学
村镇办	镇江市京口区村镇建设管理办公室
环卫所	镇江市京口区环境卫生管理所
市场监管稽查大队	镇江市京口区市场监督管理稽查大队
公安京口分局	镇江市公安局京口分局
国土京口分局	镇江市国土资源局京口分局
规划京口分局	镇江市规划局京口分局
国税三分局	镇江市国家税务局第三税务分局
地税二分局	镇江市地方税务局第二税务分局

目 录
CONTENTS

特 载
FEATURES

专 记
SPECIAL ARTICLES

大 事 记
CHRONICLES OF IMPORTANTS EVENTS

概 况
OVERVIEW OF JINGKOU

京口区组织机构及领导人名录 ORGANIZATION STRUCTURE AND LEADERS

聚焦京口 FOCUSING JINGKOU

专　文 SPECIAL ARTICLES

中共京口区委员会 JINGKOU COMMITTEE OF THE COMMUNIST PARTY OF CHINA

京口区人民代表大会
THE PEOPLE'S CONGRESS OF JINGKOU

京口区人民政府 THE PEOPLE'S GOVERNMENT OF JINGKOU

政协京口区委员会 JINGKOU COMMITTEE OF THE PEOPLE'S POLITICAL CONSULTATIVE CONFERENCE

中共京口区纪律检查委员会 THE CPC JINGKOU COMMISION FOR DISCIPLINE INSPECTION

民主党派・工商联
DEMOCRATIC PARTIES AND SOCIAL ORGANIZATIONS

社会团体
COMMUNITY

法 治
RULE BY LAW

人民武装
PEOPLE'S ARMED FORCES WORK

城乡建设
CONSTRUCTION OF URBAN AND RURAL

城市管理・环境保护
URBAN MANAGEMENT AND ENVIRONMENTAL PROTECTION

综合经济管理
GENERAL ECONOMY MANAGEMENT

工业经济 INDUSTRY ECONOMY

商贸流通 FLOW OF COMMERCE

民营经济·开放型经济 PRIVATE ECONOMY · OPEN ECONOMY

农业·水利 AGRICULTURE · WATER CONSERVANCY

财政·税务
FINANCE · TAXATION

科　　技
SCIENCE AND TECHNOLOGY

教　　育
EDUCATION

文 化
CULTURE

体育 · 旅游
SPORTS · TOURISM

人力资源和社会保障
HUMAN RESOURCES AND SOCIAL SECURITY

社会生活 SOCIETY

街道·场圃·工业园 NEIGHBOURHOODS FARMS·INDUSTRY PARKS

人物·荣誉
CHARACTERS · HONOR

附　录
APPENDIXES

彩色画页
COLORED PAGES

索　引
INDEX

工作报告

强抓“三严三实” 全力拼搏实干 确保完成全年各项目标任务

2015年7月28日在中共京口区委七届九次全体（扩大）会议上的讲话

区委书记 裔玉乾

这次会议的主要任务是，深入贯彻落实习近平总书记视察江苏（镇江）时的重要讲话精神和江苏省委十二届十次全会、镇江市委六届十次全会精神，认真总结上半年工作，全面部署下一阶段任务，动员全区上下以“四个全面”①战略布局为引领，再接再厉，创新作为，确保完成全年目标任务，加快建设“强富美高”②新京口。

下面，我代表区委常委会，向全会作工作报告。

一、积极应对，奋发作为，推动经济社会发展迈上新台阶

今年以来，面对复杂多变的宏观形势和经济下行压力加大的严峻考验，我们始终坚持“稳中奋进、改革创新”主基调，紧扣“转型升级、特色发展”总要求，扎实开展“三严三实”③专题教育，深入推进“1+6”活动④，奋力拼搏，攻坚克难，经济社会发展保持稳中有进的良好态势。上半年，完成地区生产总值217.4亿元、增长9%；公共财政预算收入10.9亿元、增长8%；固定资产投资187.9亿元、增长18.3%；产业类实际利用外资5441万美元；进出口总额5.7亿美元、增长44.9%，增幅和序时全市第一；工业应税销售收入170亿元、增长11.8%；社会消费品零售总额132.8亿元、增长10.6%；城镇、农村居民人均可支配收入分别达19576元、11140元，分别增长7.7%、9.2%。

1.全力攻坚克难，项目建设实现有效突破。始终把项目建设作为经济发展的生命线，深入开展“真·实”活动⑤，高效实施“多评合一”⑥，解决项目建设中的土地、规划、环保、用电等50余个问题，有力有效推进84个亿元以上项目。中储粮二期技改扩能、鼎胜PS板基及钎焊箔技改等项目竣工投产。中林新民洲仓储物流基地等11个项目开工建设。苏宁广场东塔楼即将突破200米，启动全球招商工作，200余家国内外品牌签订入驻协议。中林(镇江)生态产业城、长江游戏谷一期、凤凰文化广场等项目加速推进，新民洲港区一期对外开放通过市级验收。精心组织第一轮“招商引资百日竞赛”，举办项目集中签约活动，签约亿元以上项目35个，总投资约177亿元，进一步增强区域发展后劲。

2.强化转方式、调结构，转型升级步伐加快。产业结构进一步优化。服务业增加值占GDP比重达71.8%。新兴产业、新型业态、高新技术产业加速集聚，大禹山创意新社区引进百度运营中心等1890家电商和网商企业，创成全市唯一省级电子商务示范基地和省级互联网产业园。大力发展总部经济，上半年招引落户总部经济及配套服务企业37家。产业“三集”发展[7]取得新进展。开工建设航空航天中小企业基地。中国中小企业信息产业园招商展示中心建成运营，全国唯一的“中国·以色列网商自贸区”入驻园区。设立5亿元的核产业投资基金，高水平规划建设江苏核科技产业园、镇江（京口）北斗产业园。企业转型升级步伐加快。在企业中开展争当“转型升级先锋”活动，组织企业家转型升级座谈会2场，促进企业加快转型升级。上半年完成工业技改投资47.8亿元、增长23.8%；完成固定资产增值税抵扣5597万元，序时全市第一。鼎胜铝业、中储粮镇江基地等企业加大技改投入，企业效益实现稳步增长，上半年利税总额分别增长167.7%、92.4%。企业上市取得历史性突破，恒伟物流、海龙核科技、三艾广告成功挂牌上市。

3.坚持创新驱动，科技人才工作成效明显。深入开展“金凤凰”活动，加大人才引培力度，新增国家“千人计划”[8]2人、累计达13人，新增高技能人才376名，人才工作保持全市前列。大力推动企业加大研发投入，全社会R&D投入占比达2.68%，高新技术产业产值占比达46%。中企信星孵化器列入省级科技企业孵化器管理。注重发挥高校人才和科技优势，深入推进校地合作示范区建设，出台打造校地合作示范区实施意见，与江苏科技大学、江苏大学、常熟理工学院、南京财经大学等高校对接合作，共同申报21个市级以上科技项目、6个省级研究生工作站。切实加强知识产权工作，万人发明专利拥有量56件，位居全省第一。

4.以生态文明建设为统领，持续改善城乡环境。深入实施生态文明建设提升工程，加快推进44个生态文明建设项目，黄丝湾、大王山、松林山废弃宕口整治、疏导点改造等9个项目完成年度任务，虹桥港清水通道等项目进展顺利。扎实推进东部地区生态环境综合整治，稳步实施索普和新区化工园区周边居民搬迁工作，完成索普集团热电厂脱硝改造、谏壁电厂脱硫提效和中储粮废气处置改造工程。有序推进26个城乡建设重点项目，启动王家花园城中村改造，开工建设孟家湾安置房，建成安置房19.4万平方米，回迁安置2510户23.8万平方米。完成梦溪路71号等危房解危任务。加强城市管理，建立文明城市创建长效管理机制，实现城区主次干道、背街小巷环卫保洁市场化运营，拆除违法建设6.2万平方米，大城管考核保持全市领先。大力开展“文明进万家”活动，投入415万元，完成24个小区综合整治任务，开展“立德行善”等群众性主题活动，不断提升城市宜居品质和城乡居民文明素质。

5.大力改善民生，社会事业不断发展。在群众中开展争当“创新创业标兵”活动，推行营业执照“三证合一”[9]并联审批制度，降低创业准入门槛。打造翼咖啡等6家众创空间，成立女性创业促进会，举办大学生（青年）创业竞赛活动，进一步浓厚全民创新创业氛围。上半年新增私营企业937户、个体工商户1467户、注册资本37.83亿元。着力提高基本公共服务水平，推进教育、医疗卫生、文化体育服务均等化，获评“江苏省学前教育改革发展示范区”。创成首批“江苏省公共体育服务体系建设示范区”。深入推进法治京口建设，成立京口区法学会。获评“全省综治工作（平安建设）先进区”，连续11年荣获“江苏省平安区”称号。谏壁街道东京村创成国家级民主法治示范村。持续加强社会治理创新，深化提升“两网融合”治理服务[10]水平，建成四牌楼街道综合服务信息平台，社区网格智能化服务项目列入国家级社会管理和公共服务综合标准化试点。开展“信访积案化解百日攻坚”行动，一批信访积案得到妥善化解。安全生产工作全市领先。妥善做好8名“东方之星”沉船事故遇难者家属善后安抚工作。

6.突出从严从实，党的建设得到进一步加强。扎实开展“三严三实”专题教育。全区县处级干部带头上专题党课，开展专题研讨交流活动，集中赴赵亚夫先进事迹展览馆、新四军革命纪念馆开展现场教育，带头践行“三严三实”，为全区党员干部当好标杆，作好示范。强化从严管理干部。完成全区乡科级领导班子和领导干部综合分析研判工作，优化干部队伍结构，建立科级非领导职务设置与管理机制，充分调动各年龄段干部干事创业积极性。在全市率先完成超职数配备干部化解任务。在干部中开展争当“经济工作能手”活动，举办京口讲坛4场次，选派13人到国家部委、省级机关、上海黄浦区挂职锻炼，组织30余名干部参加经济管理能力北大研修班，提高干部抓经济、促发展能力和水平。加强基层党组织建设。实施“双型”先进党支部建设工程[11]，开展基层党组织书记集中轮训，项目化推进党建品牌建设。“构建联系服务群众常态化长效化工作机制”案例被评为全国第三届基层党建创新最佳案例。狠抓党风廉政建设。严格落实“两个责任”[12]，全面开展“清心行动”，积极支持镇江市委开展巡查工作，组织“一把手”向纪委全会述责述廉并接受评议，立案查处违纪违法案件20件，营造风清气正良好氛围。同时，区人大围绕生态文明建设等全区重点工作，依法强化监督。区政协深入开展“委员助推民生建设年”主题活动，取得明显成效。

这些成绩取得是镇江市委、市政府坚强领导、社会各界鼎力支持、全区广大干部群众共同奋斗结果。在此，我代表区委，向所有关心支持京口发展的各级领导、各界人士和全区人民表示衷心的感谢并致以崇高的敬意！

在肯定成绩的同时，我们也要清醒地看到，发展中还存在一些问题和不足，主要体现在两个方面：

第一，经济社会发展水平与人民群众的期待存在不小的差距。在经济发展方面，产业“三集”水平不高；在手项目推进不快，招商引资的工作氛围、工作力度和工作实效有待进一步提高，大项目、好项目储备不足。城乡居民创新创业的意识不够强、氛围不够浓厚；企业转型升级步伐不够快，创新驱动作用有待进一步增强，发展的质量和效益有待进一步提高。在民生改善方面，城市功能品质有待进一步提升；东部地区生态环境综合整治任务艰巨；基本公共服务的均衡度和群众满意度有待提高。在社会治理方面，社会不稳定因素依然较多；社区治理角色错位、资源匮乏、参与不足等问题亟待解决，社会治理创新工作仍需加强。

第二，少数党员、干部的思想、责任、作风与新常态形势下发展的要求不相适应。一是在精气神方面，“三感五性”[13]还不够强，工作精力不够集中，吃苦精神不够，干事创业的激情与活力有待提高。二是在作风建设方面，少数党员干部纪律意识淡薄，担当意识、创新意识、服务意识不强，“为官不为”“为官慢为”等现象依然存在。三是全面从严治党要求没有落到实处，个别单位党的群众路线教育实践活动开展得不够实，在反“四风”[14]的高压态势下，极少数党员干部仍不收手、不收敛，甚至严重违反党纪国法。

针对以上这些问题，我们必须高度重视，积极寻求破解之策，在今后工作中切实加以解决。

二、审时度势，坚定信心，进一步增强发展的紧迫感、责任感和使命感

当前，国内外经济形势复杂多变，但总体呈现向好趋势。从全球来看，世界经济处在深度调整期，尽管不确定因素较多，但缓慢复苏仍然是主旋律；从全国来看，经济社会发展进入新常态，经济下行的压力依然较大，但经济增速回调已初步触底，随着改革和政策红利的逐步释放，经济发展的前景仍然广阔。综合研判宏观形势，紧密结合京口实际，我们要清醒认识和把握京口面临的新形势，坚定不移地、持之以恒地抓好三个方面工作。

第一，要清醒认识和把握我区经济发展的战略机遇期，坚定不移地、持之以恒地狠抓发展这个第一要务。当前，我们既要看到经济下行的压力，也要看到我区发展面临着一系列叠加机遇。国家“一带一路”[15]、长江经济带、自贸区、宁镇扬同城化等战略布局，以及加快推进新型城镇化、连淮扬镇铁路建设，为我区发展提供更加广阔的前景；“互联网+”“中国制造2025”、地方债置换、棚户区改造等政策实施为我区发展提供了良好政策支撑；资本市场改革，新三板、战略新兴产业板的发展等为企业融资提供有利的条件。机不可失、时不可待。面对京口发展的新一轮机遇，全区上下要审时度势，乘势而上，努力把机遇转化为加快发展的强大动力，集中精力狠抓发展不动摇，坚定不移地完成全年目标任务，进一步推动京口更好更快发展。同时，我们也要正视经济下行带来的挑战和困难，积极有效化解不利因素、破解发展难题，全力打赢经济下行的攻坚战。

第二，要清醒认识和把握我区经济转型发展加速期，坚定不移地、持之以恒推进“转型升级、特色发展”。今年以来，我区确立“转型升级、特色发展”总要求，坚持“两必须、两强化”[16]产业发展导向，深入开展“1+6”活动，经济发展总体呈现稳中向好、转型加速的良好态势。今后一段时期，我们要继续坚持“转型升级、特色发展”这一总要求，切实抓好三项工作：一是要重点抓好“大”的，进一步推进大项目、招引大项目。集中全区主要人力、物力、财力和精力，狠抓大项目建设和招商引资，抓成一批基地型、龙头型的大项目、好项目，增强发展动力和活力。二是要着力抓“新”的，大力发展新兴产业、新型业态和高新技术产业。制订出台电子商务、“互联网+”、动漫游戏等新兴产业的扶持政策。全力推进新型商贸、航空航天、电子商务、“互联网+”、文化创意、健康养生、核科技、北斗位置服务等产业发展，推动产业结构向中高端迈进。三是要全力抓“小”的，进一步推动全民创新创业，大力扶持中小企业发展。在全区群众中持续开展争当“创新创业标兵”活动，出台京口区“大众创业、万众创新”政策和措施，着力构筑10个众创空间，设立多个创新创业种子基金，大力开展创新创业竞赛等系列活动，充分激发全民创新创业激情和活力。同时，深入开展“真·实”活动，切实为中小企业解决土地、规划、环保、融资等方面问题，促进中小企业平稳健康发展。

第三，要清醒认识和把握我区作风建设的深化期，坚定不移、持之以恒推动全面从严治党。党的十八大以来，我区深入开展群众路线教育实践活动，狠抓作风建设，取得初步成效。但，作风建设永远在路上。我们要认真贯彻落实省委推动全面从严治党“1+6”文件精神和市委相关决策部署，结合京口实际，制定我区全面从严治党的实施意见及配套文件，并认真组织实施。要以开展“三严三实”专题教育为契机，坚持问题导向，开展“作风大整顿”活动，对“三严三实”专题教育中梳理出的问题、市委专项巡查组反馈的问题逐一制定整改措施，逐项及时整改到位。对发现的苗头性、倾向性问题采取有效措施，把问题解决在萌芽状态。通过全面从严治党，推动全区党员干部进一步增强发展的责任感、使命感、紧迫感，把主要精力集中到抓经济发展、服务群众上来，以铁的信念、铁的纪律、铁的团结、铁的意志、铁的作风抓好各项工作，为京口改革发展稳定提供坚强的作风保证。

三、狠抓重点，创新实干，确保完成今年各项目标任务

做好下一阶段工作，对于“十二五”收好官、“十三五”开好局，具有重要意义。全区上下要以“四个全面”战略布局为引领，围绕完成全年目标任务，突出重点，切实抓好以下几个方面工作。

（一）全力以赴狠抓经济发展。要进一步强化发展意识，集中精力，千方百计，攻坚克难，保持经济发展稳中有进的良好态势。

1. 进一步优化产业结构，提高转型升级水平。坚持围绕转型升级这条主线，加快转方式、调结构，着力构建以现代服务业为主导、先进制造业为支撑、现代都市农业为补充的现代产业体系。一是要大力发展现代服务业。加快苏宁广场、凤凰文化广场建设，财富广场、商业城年内实现营业，推动大市口商圈的业态升级、品质提升。大力扶持以“中国·以色列网商自贸区”、百度运营中心等为代表的电子商务企业，以金海星等为代表的北斗位置服务企业，以名通科技、易乐科技等为代表的网游动漫企业，以八佰伴等为代表的高端商贸企业不断做强做大。江苏网商自贸区暨镇江网商产业园入园企业突破2000家。大力发展总部型经济，力争全年新增总部经济企业50家以上、公共财政预算收入3000万元以上，不断增加京口可用财力。二是要强化先进制造业支撑作用。继续做强做大新材料、航空航天、高端装备制造等产业，进一步扶持爱励铝业、鼎胜铝业、鼎盛重工、海龙核材、惠通集团等企业发展，引导鸿泰钢铁等企业加速转型，加快建设江苏核科技产业园，推动先进制造业高端化发展。三是要加强现代都市农业发展。加快推进新民洲夏朵庄园、东锦生态农业园等项目建设，着力推动现代都市农业集约化、高端化、品牌化发展。

2. 进一步强化项目支撑，扩大有效投入。坚持“项目为王”理念，在全区进一步营造“一切围绕项目干”氛围，推动党员、干部紧盯不放，一气呵成，锲而不舍、百折不挠地抓好80个亿元以上项目。10月，要实现开工率和签约率两个100%。其中，长江游戏谷一期、正邦商业广场等项目开工建设，中林（镇江）生态产业城加速推进，新民洲临港物流基地年底竣工，新民洲港区实现对外开放，启动中国木业交易服务中心建设。对新签约的35个亿元以上项目和在手的项目信息要加强跟踪，对接服务，确保尽快落地。着力提升利用外资的规模和水平，确保全年完成产业类实际利用外资1.1亿美元以上。

3. 进一步狠抓招商引资，努力培育新的增长点。加强专业化招商队伍建设，强化日常学习培训，努力打造一支精通产业、精通经济、精通规划、精通谈判、精通交流的优秀招商队伍。加强“以商引商”和“以才引商”，切实发挥好我区高校资源、人才资源、辖区企业资源，以及各方面的人脉资源优势，提高招商引资的实效。要务实高效开展第二轮“招商引资百日竞赛”，精心组织招商引资活动100场以上，举办第二次项目集中签约活动，努力取得招商引资的新突破。

4. 进一步推进产业“三集”发展，提高发展的质量和效益。大力推进大禹山创意新社区争创国家级电子商务示范基地。确保中国中小企业信息产业园科技大厦封顶，市场化运作试点出经验、出成效。加快推进30万平方米标准化厂房建设。确保“三集”园区应税销售（营业）收入、入库税收收入增长15%以上，现代农业产业园区总产值增长12%以上。

（二）致力打造科技创新和人才高地。抢抓国家苏南自主创新示范区建设机遇，深入实施创新驱动战略，大力促进科技成果向现实生产力转化。

1. 加快建设校地合作示范区。进一步加强与国内外高校、院所的对接合作，精心选派“科技镇长团”，开展企业家院校行暨院校专家企业行活动，举办特色产业校地合作专场对接会3场以上，共建省级工程中心2个，共同申报省级以上科技项目20个以上，全方位提升校地合作实效。

2. 深入开展“金凤凰”活动。加大人才引培力度，新增创新创业领军人才12名、高技能人才200人以上。要切实发挥企业自主创新主体作用，大力促进企业加大技术改造、技术成果转化、科研开发力度。推动爱励创新中心创成省级外资企业研发机构。新增国家级高新技术企业5家、高新技术产品15个以上；新认定省级以上企业研发机构2家以上。

3. 加大科技金融创新力度。进一步整合科技、人才等专项资金，通过市场化运营，设立创新创业种子基金、产业发展引导基金3个以上，为产业发展、项目建设提供资金支持。切实发挥区级信贷风险补偿专项资金作用，大力开展市科技型中小企业履约保证保险贷款工作，降低科技企业贷款风险。加大企业上市工作力度，推动锐天科技等企业年内上市。

（三）奋力加快生态文明建设。深入实施生态文明建设提升工程，加快推进54个生态文明建设重点项目，持续改善京口的生态环境。

1. 加快东部地区环境综合整治。稳妥有序推进索普和新区化工园区周边居民搬迁。深入推进企业治污工作，继续加大索普热电厂、谏壁电厂除尘、脱硫脱硝提标改造力度，完成年度主要污染物削减任务。

2. 切实抓好青山碧水蓝天提升工程。加快“一湖九河”[17]综合整治，完成虹桥港清水通道建设和生态修复。严格落实“河段长制”，长效整治玉带河等城市河道。高标准完成大雩山等山体整治任务。开展渣土扬尘、工业废气、露天烧烤、油烟污染等专项整治。加强秸秆综合利用，实现秸秆“零焚烧”。

3. 加强低碳文明建设。深入开展低碳机关、低碳企业、绿色建筑、绿色示范学校和绿色社区建设，打造3个生态文明主题广场，建成2个生态文明教育基地，提高全社会低碳发展意识，推动绿色低碳发展。

（四）大力实施民生幸福工程。围绕“七个更”[18]的目标，持续提升民生保障水平，不断增进民生福祉。

1. 高质量推进城区建设。加快实施新河街片区、铁瓮城棚户区和原北京华联地块等旧城区以及东部片区城中村改造，启动连淮扬镇铁路征收拆迁工作，完成征收拆迁26万平方米以上。加快安置房建设，华诚新村二区一期安置房年底竣工交付，凌家湾安置房一期主体封顶，回迁安置10万平方米以上。完成棒槌营、太平寺巷等危房解危任务。优化路网体系，恒运路北段、纬八路东段、镇澄路东段、滨河南路年内竣工通车。

2. 全方位提升城市管理水平。积极推进精细化、网格化、长效化城市管理机制，大力整治户外广告、店牌字招，完成17个城市环境综合整治项目，进一步提高主次干道、背街小巷环卫市场化保洁工作实效。全年拆除违法建设10万平方米以上。深入开展“文明进万家”活动，扎实推进20个小区环境整治和城乡居民文明素质提升工作。

3. 扎实推动基本公共服务优质均衡。加快推进苏南教育现代化示范区建设，开工建设瓯龙小学，完成学府路小学校安工程。加强基层医疗卫生服务体系建设，积极创建“江苏省妇幼健康优质服务示范区”。深入推进基层综合文化服务中心建设国家级试点工作，区文化馆创成国家一级馆，深化与北大青鸟合作，充分发挥区文化艺术中心作用，不断提升现代公共文化体育服务水平。做好困境儿童保护工作，加快区残疾人综合服务中心建设，统筹推进人口、养老、慈善等各项社会事业发展。

（五）着力加强社会治理创新。努力在体制机制、资源整合、治理方式上加大创新力度，提高社会治理体系和治理能力现代化水平。

1. 加大社区治理创新力度。全面深化提升“两网融合”治理服务水平，积极探索安置小区治理服务新方法、新模式，进一步提高社区治理服务实效。建成区级社会组织孵化基地，培育更多社会组织，提高社区服务水平。

2. 深入推进法治京口建设。落实政府部门“五项清单”制度[19]，建立行政执法案例指导制度，有序推进执法质量终身负责制工作，改进和提升基层社区议事会工作，巩固“六五”普法成果，科学谋划“七五”普法规划，切实提高依法行政、公正司法、全民守法水平。

3. 加强公共安全管理。加快建立全天候、广覆盖、立体式公共安全管理体系，扎实做好信访稳定、安全生产、食品药品安全、防汛抗洪等领域矛盾隐患排查化解工作，确保实现“三安”[20]目标。同时，要全面完成年度征兵任务，不断提高兵员质量。

（六）科学编制好“十三五”规划。围绕“四个全面”的战略布局，紧扣习总书记提出“十三五”时期“十大目标任务”[21]，高标准、高质量编制“十三五”规划。要有科学的战略定位。紧紧围绕“一带一路”、长江经济带、自贸区、宁镇扬同城化等重大战略部署，紧扣加快建设“强富美高”新京口总目标，深入研究、科学谋划好未来五年发展战略定位和战略措施。要有明确的发展目标任务。准确分析未来五年宏观形势和机遇挑战，立足我区发展基础、资源禀赋和区位条件，科学合理制定发展目标任务，充分体现务实性、奋进性、科学性。要有高水平项目支撑。围绕产业升级、城乡建设、科技创新、生态文明建设、民生改善、社会治理、党的建设等方面开展深入的研究论证，谋划和实施一批重大工程和项目。同时，积极向上对接，力争我区有更多的项目纳入国家、省、市“十三五”规划。

四、坚决把全面从严治党落到实处，为京口经济社会发展提供组织和作风保障

完成全年目标任务，关键在党。要认真贯彻落实省委、市委关于全面从严治党一系列部署要求，推动全面从严治党迈上新台阶，努力营造风清气正的政治生态。

（一）坚定理想信念，提振发展精气神。要认认真真、扎扎实实开展“三严三实”专题教育，抓好思想建党这一根本，坚持用习总书记系列重要讲话精神武装头脑，组织好井冈山党性修养专题研修班，推动党员干部加强党性修养，坚定理想信念。广大党员干部要带头践行“三严三实”，把敢于担当作为为官干事之本，重任面前敢于承担、矛盾面前顶得上去、困难面前挺身而出，切实担负起京口改革发展重任。要带头发扬“钉钉子”精神，集中精力抓好经济发展、生态文明、民生改善、社会治理、党的建设等各方面工作，推动各项工作取得新的更大成效。

（二）树立鲜明导向，建设过硬干部队伍。要始终坚持“以实绩论英雄，以德才论人才”用人导向，坚持德才兼备、以德为先，既要看才、更要看德。要充分发挥综合分析研判作用，大力选拔重用敢担当、有本事、肯吃苦的优秀干部，善抓项目、会抓发展的优秀干部以及在基层一线和条件艰苦、任务繁重岗位上的优秀干部，充分调动党员干部干事创业的激情和活力。同时，大力整治“为官不为”“为官慢为”干部，真正做到能者上、庸者下、劣者汰。要继续抓好干部争当“经济工作能手”活动，扎实开展经济管理能力、产业发展等10个专题培训，进一步提高干部抓经济发展能力。要认真落实从严管理干部“五个要”[22]要求，加强干部日常管理，健全领导干部个人有关事项报告及抽查核实制度，强化“守纪律、讲规矩”，加强政治纪律、组织纪律、财经纪律、工作纪律和生活纪律等方面监督检查，引导党员、干部在规矩约束下干事创业。

（三）立足强基固本，夯实基层党建基础。要认真落实党建工作责任制，加强“双型”先进党支部建设，确保全年四星及以上党支部占比达6%以上、三星以上党支部占比30%以上。要选优配强基层带头人队伍，探索建立村居“两委会”负责人后备干部队伍库，着力解决基层干部后顾之忧，充分调动基层干部积极性和主动性。要加强党员教育管理，推行党员积分制管理，实施“双十双百”工程[23]，严把入口、严格管理、严肃处置，提高党员队伍先进性和纯洁性。

（四）持续改进作风，加强党风廉政建设。要认真落实“两个责任”，加强责任追究和“一案双查”[24]，对存在苗头性问题干部要及时约谈提醒，做到防微杜渐。要强化监督执纪问责，坚持把作风建设与中心工作结合起来，通过明察暗访、重点检查、通报曝光、严肃问责等方式保障区委、区政府各项决策部署落到实处，促进项目建设、“1+6”活动等重点工作取得实效。要保持惩治腐败高压态势，对违纪违规行为“零容忍”，发现一起，查处一起，确保以优良的党风政风带动民风，为京口经济社会发展提供坚强保证。

同志们，下一阶段的目标任务已经明确，关键是要抓好落实。我们要进一步振奋精神，励精图治，创新实干，全力以赴完成全年目标任务，为加快建设“强富美高”新京口而努力奋斗！

【注释】

（1）四个全面：全面建成小

康社会、全面深化改革、全面依法治国、全面从严治党。

（2）强富美高：习总书记在2014年12月考察江苏时对江苏提出了“经济强、百姓富、环境美、社会文明程度高”的发展目标。

（3）“三严三实”专题教育：党中央决定从2015年4月起，在全国县处级以上领导干部中开展以“严以修身、严以用权、严以律己，谋事要实、创业要实、做人要实”为主题的专题教育。

（4）“1+6”活动：“1”，即生态文明建设提升工程；“6”，即“六大活动”：在经济发展上，开展干部争当“经济工作能手”活动、企业争当“转型升级先锋”活动、全民争当“创新创业标兵”活动；在科技人才上，开展“金凤凰”活动；在党的建设上，开展“真·实”活动和“文明进万家”活动。

（5）“真·实”活动：推动全区党员干部“真心诚意与群众交朋友、实实在在为基层（群众）服务，真心诚意与企业家（创业者）交朋友、实实在在为企业服务”。

（6）多评合一：镇江市政府推进的优化企业投资项目评估流程工作。主要是企业投资项目经产业项目评估后，将“环评、水土保持、安全评价、地质灾害、地震安全性评价、节能评估、碳排放影响评估”等7项审批事项合而为一的前期审批工作。

（7）产业“三集”发展：产业集中集聚集约发展。

（8）国家“千人计划”：全称为“海外高层次人才引进计划”，是国家最高层面的人才引进计划。主要是从2008年开始，用5到10年，在国家重点创新项目、重点学科和重点实验室、中央企业和国有商业金融机构、以高新技术产业开发区为主的各类园区等，引进并有重点地支持一批能够突破关键技术、发展高新产业、带动新兴学科的战略科学家和领军人才回国（来华）创新创业。

（9）三证合一：工商营业执照、组织机构代码证和税务登记证三证合为一证。

（10）“两网融合”治理服务：在社区中，通过融合现实世界中的网格化服务与虚拟世界中的网络化服务，提升服务质效、水平的治理服务模式。

（11）“双型”先进党支部建设工程：镇江市委提出在农村、城市社区、机关和事业单位、国有企业、高校和科研院所、非公有制企业和社会组织等六个领域，实施“法治型、服务型”党支部“五星”级考核管理工程。

（12）两个责任：在落实党风廉政建设责任制中，党委负主体责任，纪委负监督责任。

（13）三感五性：责任感、使命感、危机感；党性，工作的主动性、前瞻性、计划性、实效性。

（14）四风：形式主义、官僚主义、享乐主义和奢靡之风。

（15）一带一路：丝绸之路经济带和“21世纪海上丝绸之路”的简称。

（16）两必须、两强化：必须生态环保优先、必须资源节约高效，强化地方财税贡献、强化居民就业收入。

（17）“一湖九河”：金山湖、古运河、运粮河、虹桥港、光明河、玉带河、周家河、丁卯团结河、大港河、丁岗团结河。

（18）七个更：让人民群众有更好的教育、更稳定的工作、更满意的收入、更可靠的社会保障、更高水平的医疗卫生服务、更舒适的居住条件、更优美的环境。

（19）五项清单：行政审批事项目录清单、政府行政权力清单、产业发展目录清单、行政事业性收费目录清单、政府部门专项资金管理清单。

（20）三安：生产安全、生活安宁、社会安定。

（21）十大目标任务：保持经济增长、转变经济发展方式、调整优化产业结构、推动创新驱动发展、加快农业现代化步伐、改革体制机制、推动协调发展、加强生态文明建设、保障和改善民生、推进扶贫开发。

（22）五个要：2014年12月，习近平总书记在江苏视察时对从严管理干部提出“管理要全面、标准要严格、环节要衔接、措施要配套、责任要分明”的要求。

（23）“双十双百”工程：全区建立十个区级党员教育示范基地，十个党员创业就业培训中心，百个现代远程教育接收站点，百个基层党员教育轮训课堂。

（24）一案双查：在查处党员干部违纪违法案件时，既要查清当事人的违纪事实和应负的责任，又要查清发案地区、部门领导班子和领导干部应承担的责任。

践行五大理念 强化特色发展 奋力开启京口“十三五”发展新征程

2015年12月28日在中共京口区委七届十次全体（扩大）会议上的讲话

区委书记 裔玉乾

这次会议是在“十二五”收官、“十三五”开局的关键时刻召开的一次重要会议。会议的主要任务是，深入贯彻落实党的十八大、十八届三中、四中、五中全会、中央经济工作会议和中央城市工作会议，以及省委十二届十一次全会、全省经济工作会议和市委六届十一次全会精神，总结2015年，部署2016年，谋划“十三五”发展，动员全区上下认真践行五大发展理念①，团结拼搏，开拓创新，积极进取，进一步强化特色发展，奋力开启京口“十三五”发展新征程。

下面，我代表区委常委会，向全会作工作报告。

一、回顾2015年，取得了令人欣喜的成绩，为“十二五”收官画上了圆满句号

今年以来，面对复杂多变的宏观形势和经济下行压力，我们积极适应新常态，认真落实“四个全面”②战略布局，始终坚持“转型升级、特色发展”的总要求，全力推进“1+6”③活动，经济社会发展保持了稳中有进、稳中有好的态势。今年预计完成地区生产总值441亿元、一般公共预算收入21.2亿元、固定资产投资372亿元、进出口总额11亿美元、社会消费品零售总额265.4亿元、城镇居民人均可支配收入39098元、农村居民人均可支配收入21940元，顺利完成全年目标任务，较“十一五”末分别增长69%、111%、152%、121%、90%、65%、91%。“十二五”期间，先后创成全国和谐社区建设示范区、国家知识产权强县工程示范区和“中华诗词之乡”等一批国家品牌，跻身全国科学发展百强区、全国民生建设百强区，实现“十二五”圆满收官。

2015年，全区上下同心同德，励精图治，创新克难，奋力作为，始终坚持以“京口高度”为目标追求；始终坚持以项目建设为工作重心；始终坚持以问题导向、改革创新为工作办法；始终坚持以团结拼搏、担当干事为工作保障，在困难中稳步前行，在挑战中奋勇前进，取得了令人鼓舞的发展成果。

（一）强化有效投入，项目建设取得新突破。举全区之力，狠抓项目建设和招商引资，今年签约项目、开工项目、竣工项目数量同比分别增长145%、271%、150%。长江游戏谷、滨江科技商务中心等19个项目开工建设。中储粮二期技改扩能等7个项目竣工投产。苏宁广场裙楼完成全球招商。中林（镇江）生态产业城加快建设，新民洲公共码头一期对外开放通过省级验收。中国中小企业信息产业园、凤凰文化广场等项目进展顺利。务实开展两轮“招商引资百日竞赛”，精心举办两场项目集中签约活动，总投资30亿元的中集宝钢一体式半挂车桥、总投资2亿美元的爱励航空板扩能、总投资20亿元的大卫茂未来城、总投资14.5亿元的镇江中林国际木业交易储备中心等58个亿元以上项目签约落户。全面完成市下达的“321”④项目考核任务。

（二）狠抓转型升级，经济发展质态更优化。产业结构调整步伐加快。预计三次产业占比为0.4 ∶ 27.6 ∶ 72。以电子商务、北斗位置服务、网络文化、总部经济等为代表的新兴产业、新型业态加速集聚。江苏网商自贸区暨镇江网商产业园入园企业突破2500家，大禹山创意新社区创成全市唯一的省级电子商务示范基地和互联网产业园。引进中电科等战略伙伴，加快建设镇江（京口）北斗产业园。以名通公司、易乐公司为代表的网络文化产业爆发式增长，引领镇江网页游戏开服数位居全国第四。引进100余家总部经济企业落户京口，预计新增一般公共预算收入3000余万元。产业“三集”⑤发展水平提升。“三集”园区公共服务平台实现全覆盖。现代服务业集聚区应税营业收入和入库税收收入全市第一。开工建设航空航天中小企业基地等标准化厂房37万平方米。引进设立2支核产业股权基金，江苏（京口）核科技产业园建设步伐不断加快。企业转型升级成效初显。预计新增25家规模以上企业。飞驰汽车公司获批省“两化融合试点企业”。惠通集团强化科研创新，鼎胜新材加快技术改造，企业效益稳步增长，预计年利润总额分别增长76%、53%。恒伟物流、海龙核科技、三艾广告等3家企业上市，实现了历史性突破。

（三）深化创新驱动，区域核心竞争力不断增强。深入实施创新驱动战略，R&D投入占比达2.68%。全力打造校地合作示范区，出台《建设校地合作示范区的实施意见》，深化与江苏大学、江苏科技大学、中国科技大学、常熟理工学院、中国核动力研究所等高校院所的合作，获得市级以上立项科技项目51个，设立省研究生工作站6个，争取资金支持2700余万元。海龙核科技公司与江苏大学合作的“中子吸收板关键技术研发及产业化”项目获得省重大科技成果转化项目立项。创新开展“金凤凰”活动，新增领军人才19人次，超额完成全年目标任务。企业创新步伐加快，新增高新技术企业2家，高新技术产品22个，高新技术产业产值占规模以上工业产值比重达46%。加强知识产权保护工作，万人发明专利拥有量65件，列全省第一。

（四）立足常态长效，生态环境和城乡面貌持续改善。深入实施生态文明建设提升工程，全面完成54个生态文明建设项目年度任务。常态化开展水环境综合整治，虹桥港清水通道和生态修复工程竣工，玉带河水质明显改善；扎实推进谏壁片区生态环境综合整治，搬迁周边居民722户12.5万平方米，完成索普废气提标改造工程等6个治污项目。加快城市建设，高效推进26个城乡建设项目，建成华诚新村一区二期等安置房13.8万平方米，回迁安置13.2万平方米，征收拆迁19.7万平方米，完成纸浆厂宿舍片区等危房解危任务4.7万平方米，镇澄路中段、滨河南路等6条道路竣工通车。江二社区海绵城市[6]建设试点成效明显。长效化管理城市，推动城区环卫保洁和城管网格化全覆盖，拆除违法建设12.6万平方米，大城管考核保持全市领先。深入开展“文明进万家”活动，投入2000余万元整治出新44个老旧小区，深化“立德行善”群众性主题活动，高分通过全国文明城市年度复评。

（五）突出民生为本，社会大局保持和谐稳定。创业富民成效明显。大力开展“创新创业标兵”活动，加快建设“苗圃+孵化器+加速器”的立体众创空间，创成1家省级众创集聚区和3家省级众创空间，启动实施与北大青鸟集团合作的创新创业人才培养工程。预计全年扶持创业1900人，新增私营企业2125家、个体工商户3180户，新增注册资本105.4亿元。公共服务水平有新提升。完成学府路小学等校安工程3100平方米，开工建设瓯龙小学，通过“全国义务教育发展基本均衡区”督导评估。完成医药卫生体制改革年度任务，医疗卫生服务水平进一步提升。区文化馆创成国家一级馆。创成首批省级公共体育服务体系建设示范区，基层综合性文化服务中心建设走在全市前列。建成中南御景城邻里之家。人口、养老、慈善、民族宗教、助残等各项社会事业实现了新发展。“法治京口”建设取得新成绩。获评“全省综治工作（平安建设）先进区”，谏壁街道东京村创成国家级民主法治示范村。深化提升“两网融合”[7]治理服务工作，社区网格智能化服务项目列入国家级社会管理和公共服务综合标准化试点。江科大等2家社区创成全国综合减灾示范社区。大力推动政社互动，积极培育社会组织，社会组织中标省、市公益创投项目数量居全市前列。开展“信访积案化解百日攻坚”行动，有效化解镇江商业城劳资纠纷等一批信访矛盾。安全生产工作走在全市前列。

（六）坚持全面从严治党，党的科学化建设水平取得新进展。狠抓思想教育。举办理论中心组学习和专题交流研讨等活动，组织77名领导干部赴井冈山参加理想信念教育专题培训班、30名领导干部赴赵亚夫先进事迹展览馆、新四军革命纪念馆开展现场教育，推动全区党员、干部进一步提高党性修养，自觉践行“三严三实”。严管干部队伍。坚持“以实绩论英雄、以德才论人才”的用人导向，建立科级非领导职务设置与管理机制，选拔任用25名基层一线和艰苦岗位的优秀干部，充分调动各年龄段干部干事创业的激情。全面整改消化超职数配备领导干部91名，全面完成乡科级领导班子和领导干部综合分析研判工作，扎实做好党员出口机制试点工作。深入开展干部争当“经济工作能手”活动，选派19人到国家部委、省级机关、上海黄浦区挂职锻炼，组织31名中青年干部参加经济管理能力提升北大研修班，提高干部抓经济、促发展能力和水平。夯实基层党建。扎实开展“双型”[8]先进党支部建设，圆满完成星级党支部创建任务。加快推进“三社联动”[9]，全区社区（村）办公用房全面达标。“构建联系服务群众常态化长效化工作机制”案例获评全国第三届基层党建创新最佳案例。严格落实“两个责任”[10]。开展“清心行动”[11]，在全市率先出台“两报告一承诺”[12]制度，率先组织“一把手”向纪委述责述廉并接受评议，立案查处30件违纪违法案件，营造风清气正政治生态环境。支持民主政治建设。区人大围绕区委中心工作开展调研和监督，区政协“委员助推民生建设年”活动成效明显，服务大局、助推发展的水平进一步提升。统战、人武、双拥工作和工会、共青团、妇联、文联、科协、工商联、侨联等群团工作取得新成绩，区关工委荣获“全国关心下一代工作先进集体”称号。

这些成绩的取得市委、市政府正确领导的结果，是区四套班子团结带领全区人民共同奋斗的结果，是社会各界鼎力支持的结果。在此，我代表区委，向所有关心支持京口发展的各级领导、各界人士和全区人民，表示衷心的感谢并致以崇高的敬意！

在充分肯定成绩的同时，我们也清醒地看到发展过程中存在的问题与不足。主要有：一是在经济发展方面。实体经济运行较为困难，新的增长点不多，税源支撑乏力。在手项目推进的速度不够快，大项目、好项目储备还不足。企业转型升级步伐不快，发展质量和效益有待进一步提高。二是在民生改善方面。生态文明建设任务艰巨，城市功能品质和基本公共服务优质均衡度仍需不断提高。三是在社会治理方面。征收拆迁、涉法涉诉等领域不稳定因素仍然较多，社会组织参与社会治理的广度、深度和实效有待进一步提高，矛盾化解机制仍需进一步创新完善。四是在党的建设方面。少数党员、干部的思维、能力、作风与“三严三实”要求相比，还存在不适应、不相符的地方等等。这些都需要我们在今后的工作中切实加以解决。

二、展望“十三五”，要把握大势，精准定位，科学谋划未来发展的新蓝图

“十三五”期间，是我们全面建成小康社会的决胜阶段和加快建设“强富美高”[13]新京口的关键时期。在这一特殊背景下，发展机遇交汇叠加，世界经济呈现疲弱复苏态势，全国经济长期向好的基本面没有变，京口区面临“一带一路”、长江经济带、长三角一体化、宁镇扬同城化等众多战略机遇，需要我们坚定信心、主动作为，把发展机遇转变为现实生产力；严峻挑战不断凸显，世界发展的不稳定因素增多，国内经济下行压力加大，京口区产

业发展不充分、生态建设压力、民生改善迫切需求等等，都需要我们强化担当，创新办法，奋力突破。

综合研判以上形势，结合自身实际，京口区“十三五”发展总体目标是：全面建成小康社会；“五个迈上新台阶”和“强富美高”新京口建设取得明显进展。

未来五年，京口区的总体定位是：打造“三区三高地”。

——打造宜居宜业魅力区。加强生态建设、民生改善和城市建设管理，推动京口环境更加优美、交通更加便捷、功能配套更加完善、就业更加充分、生活更加舒适、社会更加文明和安全。到2020年，改造提升旧城区城中村120万平方米，建成更高水平的“15分钟社会保障服务圈”“15分钟图书圈”“10分钟体育健身圈”，城镇调查失业率控制在5%以内，累计新增城镇就业4.5万人以上，城乡和谐社区建设达标率、公众安全感分别达98%、95%以上。

——打造创新创业活力区。持续开展全民争当“创新创业标兵”活动，进一步完善政策扶持体系，强化创业服务，加强创业载体建设，浓厚创业氛围，鼓励引导全区人民“想创业、敢创业、善创业、创成业”，构建“以高层次人才创业为引领、大学生创业为特色、居民群众创业为基础”的创业体系，形成“大众创业、万众创新”活力迸发的生动局面。到2020年，建成国家级众创空间10个以上，累计扶持创业6000人以上，发放创业贷款1.8亿元以上，个体工商户、私营企业、注册资本较“十二五”末全都增长40%以上。

——打造校地合作示范区。全方位加强与高校院所的合作，引进培养一批领军人才、管理人才和高技能人才，推进一批科研成果就地快速转化，扶持培育一批技术创新能力强的优质企业，在全市乃至全省率先形成校地“深度融合、互惠共赢”的新格局。到2020年，联合引进培养领军人才70人、管理人才500人、高技能人才2500人以上，合作省级以上科技项目100个以上，共建省级以上企业研发中心10家以上。

——打造现代服务业高地。加快发展电子商务、网络文化、北斗位置服务、文化创意、现代物流、会展经济等新兴服务业，全面提升批发零售、住宿餐饮、商贸商务等传统服务业，构建新兴服务业特色化、传统服务业个性化的现代服务业体系，打造“镇江第一、苏南一流”的现代服务业高地。到2020年，社会消费品零售总额突破419亿元，服务业增加值占GDP比重达75%以上，年营业收入超10亿元服务型企业8家以上。

——打造科技创新高地。深入实施创新驱动战略，推动辖区企业自主创新、转型升级水平明显提高、知识产权保护体系更加完善，科普教育实效性显著增强，“鼓励创新、尊重创新、保护创新”氛围更加浓厚。到2020年，R&D支出占GDP比重达3%以上，科技进步贡献率达65%以上，新认定高新技术企业25家、高新技术产品100个以上，万人发明专利拥有量突破80件，高新技术产业产值占规模工业总产值比重达50%以上。

——打造文化旅游高地。紧紧围绕镇江建成创意生活休闲中心和文化旅游名城的定位，充分发挥京口资源优势，推动文化、旅游互动融合、相得益彰，打造文化魅力彰显、旅游亮点突出、远程号召力强的文化旅游高地。到2020年，生态文明建设走在全市前列，文化产业增加值占GDP比重达7%以上，旅游总收入突破160亿元。

实现上述目标，我们必须始终做到“五个突出”。一是突出“五大发展理念”这一总纲。“创新、协调、绿色、开放、共享”发展理念是“十三五”乃至更长时期我国发展思路、发展方向、发展着力点的集中体现，必须贯彻落实到全区经济社会发展的各项领域、全部过程，推动京口更好地适应新常态、引领新常态。二是突出转型升级这一主线。紧扣“五个有”[14]的转型目标和“十个更加注重”[15]的转型方向，加快推动发展思路、发展方式和工作方法全面转型升级，努力实现京口发展的高质量和高效益。三是突出项目建设这一关键。牢固树立“项目为王”的理念，狠抓有效投入，狠抓项目推进，狠抓招商引资，以项目建设大突破推动京口新发展。四是突出“1+6”活动这一抓手。要与时俱进，结合实际不断丰富、完善“1+6”活动的内涵，坚定不移地推进下去、持之以恒地抓出成效。五是突出作风建设这一保障。不断深化作风建设，大力开展效能革命，努力营造埋头苦干、紧张快干、真抓实干、合力同干的浓厚氛围，全力保障京口各项事业蓬勃发展。

三、部署2016年，要突出重点，狠抓落实，全力实现“十三五”发展良好开局

2016年是全面建成小康社会决胜阶段的开局之年，也是加快建设“强富美高”新京口的关键之年。2016年工作的指导思想是全面贯彻落实中央、省、市决策部署，协调推进“四个全面”战略布局，深入践行“以人民为中心”的发展思想和“五大发展理念”，坚持“稳中奋进、改革创新”，适应引领经济发展新常态，对接落实“五大任务”[16]，统筹抓好产业转型升级、科技进步、生态文明、新型城镇化、民生改善、法治建设和党的建设等各项工作，全力实现“十三五”发展良好开局。预期目标是地区生产总值、固定资产投资、一般公共预算收入分别增长8%、17%、8%，城乡居民收入增长与经济增长同步。重点抓好五个方面工作。

（一）奋力推动城市经济转型取得新进展。京口的“经济强”首先要体现在城市经济转型发展“强”。要突出抓好四项工作，不断提高城市经济转型发展的质量与效益。

1. 加快构建现代产业体系。坚持“两必须、两强化”[17]产业发展导向，加快构建以现代服务业为主导、先进制造业为支撑、现代休闲观光农业为补充的现代产业体系。

一是大力发展现代服务业。加快发展电子商务、网络文化、北斗位置服务、文化旅游、现代物流等新兴服务业。创新发展会展经济，积极举办中国木业峰会、中国香醋文化节等具有京口特色的文化、体育、教育各类活动。狠抓中国中小企业信息产业园、镇江（京口）北斗产业园建设，江苏网商自贸区暨镇江网商产业园入园企业突破3500家。全面提升传统服务业。苏宁广场裙楼、北固湾商业综合体2016年上半年开业，凤凰文化广场2016年底主体竣工。大力发展中建大观写字楼、紫金大厦等楼宇经济，努力打造大祥时尚街、恒顺财富街等特色街区。实现服务业增加值占GDP比重达72.5%以上。

二是加快提升先进制造业。积极对接落实《中国制造2025镇江行动纲要》，加快发展壮大新材料、航空航天、核科技、高端装备制造等先进制造业。深入开展企业争当“转型升级先锋”活动，推动爱励铝业、鼎胜新材、海龙核科技、鼎盛重工等企业实现高质量、高效益发展；支持惠通集团、谏壁电厂、索普集团、鸿泰钢铁等传统制造业企业加快转型升级，不断做强做大。

三是精心打造现代休闲观光农业。加快东锦生态农业园、新民洲果桑园建设，大力推动京口农业向高效、生态、养生、旅游为一体的现代休闲观光农业转型。

2. 全力以赴抓项目建设。着力提高项目建设的“三率”[18]。集中精力抓好89个亿元以上在建、在手、在谈项目，确保2016年上半年在手项目开工率达80%、在谈项目签约率达50%，10月底项目开工率和签约率达100%。其中，中集宝钢一体式半挂车桥、爱励航空板扩能、大卫茂未来城、中储粮长三角物流综合基地等项目开工建设，中林（镇江）生态产业城加速推进，新民洲临港物流基地码头作业区2016年6月竣工。着力提高招商引资实效。结合京口产业定位，继续开展“招商引资百日竞赛”和项目集中签约活动，加大项目包装策划力度，强化国资、民资、外资招引，着力引进一批科技含量高、财税贡献大、产业带动力强的好项目。创新外资引进方式，确保产业类实际利用外资达1.1亿美元以上。加强总部经济招引，力争引进总部经济企业150家，新增一般公共预算收入2亿元。扶持京口农联小贷、蓝舶科技等2家以上企业2016年实现上市。

3. 切实提升产业“三集”发展水平。狠抓产业“三集”园区发展目标任务落实，加快提高园区市场化运作水平。建成标准化厂房10万平方米，加快推进核材料检测重点实验室分中心等公共服务平台和基础设施建设，提高园区承载力。加快建设江苏（京口）核科技产业园。支持大禹山创意新社区创建国家级电子商务示范基地。

4. 不断增强重点板块的支撑力。紧紧围绕提高对全区发展贡献度，象山（大禹山）、京口工业园区、新民洲临港产业园要切实发挥经济建设主战场、主力军作用，努力在项目建设、招商引资、转型升级、对外开放等方面多挑重担、争做贡献。谏壁街道要借力发展，加快转型，补足生态短板，加快打造镇江市现代物流枢纽中心和长三角地区重要粮油仓储加工基地。健康路、大市口街道要创新办法，合力攻坚，全面提升大市口中心商圈的功能、业态、品质，切实增强中心城区商业影响力和辐射力。正东路街道要立足高校优势，创造特色，真正让创新创业成为加速发展的新引擎。四牌楼街道要结合长江路景观走廊和新河街历史文化街区建设，解放思想，率先闯出“生态+文化+旅游”的发展新路子。

（二）奋力推动创新驱动发展战略取得新进展。要积极抢抓苏南国家自主创新示范区建设机遇，深入实施创新驱动发展战略，狠抓三项工作，切实提高科技创新与人才工作的质量和效益。

1. 深化科技创新机制改革。创新科技企业孵化载体管理运营服务机制，推动归国博士园、京口高创中心、大学生创业科技园等载体进一步提高市场化、专业化的水平。健全完善知识产权保护机制，万人发明专利拥有量继续保持全省前列，支持京口工业园区创建省级知识产权示范园区。加大科技金融创新力度，切实发挥镇江创业园创业投资引导基金和大学生创业基金作用，扶持初创型科技企业发展。切实发挥区级信贷风险补偿专项资金作用，大力开展市科技型中小企业履约保证保险贷款工作，降低科技企业贷款风险。

2. 深入推进校地合作示范区建设。认真落实《建设校地合作示范区的实施意见》，进一步加强与国内外高校院所常态化、全方位合作，发挥“科技镇长团”[19]作用，开展校企专场对接会4场以上，共同申报市级以上创新项目50个，努力在新材料、高端装备制造、电子信息等领域实现核心关键技术突破，落地转化一批科技成果，不断提升合作成效。

3. 深入开展“金凤凰”活动。进一步优化人才引培政策和考核体系，加大人才引培和服务力度，引进领军人才14人、企业管理、金融和实用型高技能人才500人，为京口创新发展提供强有力的人才支撑。进一步发挥企业创新主体作用，支持企业加快技术改造和设备更新，加强基于互联网的各类技术创新、产品创新、服务创新和商业模式创新，不断增强企业核心竞争力。支持鼎胜新材建设省级重点实验室、爱励铝业创建省级外资研发机构。新认定高新技术企业5家、高新技术产品20个以上，新增省级研发机构2家以上。高新技术产业产值占规模以上工业产值比重达47%以上。

（三）奋力推动生态文明建设取得新进展。坚持以实施生态文明建设提升工程为抓手，加快实施61个生态文明建设项目，努力在三个方面实现更大提升。

1. 在生态环境保护和修复方面要有更大提升。常态化、长效化开展水环境综合整治工作，保持虹桥港清水通道常态运行，完成玉带河生态恢复工程和孟家湾湖生态浮岛修复，改善水质。深入开展环保大检查、餐饮业油烟专项整治、城东片区环境综合整治等三大专项行动，持续改善大气环境。同时，认真落实党政领导干部生态环境损害责任终身追究制，积极探索排污权交易工作，严厉打击环境违法行为。

2. 在谏壁片区生态环境综合整治方面要有更大提升。积极稳妥推进索普和新区化工区周边居民搬迁工作，完成9.7万平方米的年度搬迁任务。加快推进谏壁电厂大气超低排放改造工程、索普集团热电厂脱硫除尘工程等企业治污工作，加大谏壁街区环境改造提升力度，让老百姓切身感受到生态环境的持续改善。

3. 在弘扬生态文明理念方面要有更大提升。围绕加快生产方式和生活方式绿色化转型，建成生态文明主题广场5个，提升生态文明教育基地2个，开展形式多样、丰富多彩的系列活动，推动全社会形成绿色生产、绿色消费、绿色生活的良好风尚。

（四）奋力推动现代山水花园城区建设取得新进展。认真落实中央城市工作会议精神，紧扣现代山水花园城区的定位，坚持系统思维，加强规划、建设和管理，提升城市治理体系和治理能力，努力打造宜居宜业宜游的城市环境。

1. 高起点规划。按照《镇江市城市总体规划》等系列规划要求，坚持以国际化眼光和思维，紧密结合京口主城区位、历史文化、山水特质、旅游资源和商业特色，高起点、科学化编制完善旧城改造规划、特色产业街区规划，引领城市品位功能不断提升。城市建筑、街区整治、景观改造也要高标准设计，融合京口元素，彰显个性特征，打造精品工程。

2. 高标准建设。积极抢抓当前棚户区改造政策机遇，加大项目包装推介力度，全力争取资金支持，推动京口城乡面貌明显改善。高效实施43个城乡建设重点项目，完成年度投资56亿元以上。高标准推进象山桥片区、南门大街片区等棚户区改造，以及新河街片区、梦溪园巷26号等危房和空斗墙改造，力争全年完成31.5万平方米改造任务。加快建设孟家湾、凌家湾等安置房，力争全年回迁安置15万平方米以上。大力推进汝山路南段、焦山路中段、镇澄路谏壁段等道路建设，不断完善城乡路网体系。加快海绵城市建设，高效推进宗泽路、古城公园等LID[20]改造项目建设，提升城市排水防涝功能。

3. 高水平管理。进一步完善“网格化”城市管理模式，配齐配强城管“网格长”，建成“智慧城管”综合平台，推动城市管理服务区域全覆盖、水平大提升。进一步健全城市管理长效机制，常态化整治店招店牌、背街小巷、集贸市场、占道经营等，努力营造整洁有序、清新亮丽的城市环境。大城管考核保持全市领先。双井北路创成省级示范路、宝塔山社区创成省级示范社区。深入开展“文明进万家”活动，完成50个小区环境综合整治、物业规范整治和文明素养提升的任务，深化“书香京口”建设，不断提高京口社会文明程度和市民文明素养，加快建设更高水平的文明城市。

（五）奋力推动社会民生事业取得新进展。树立民本意识，扎实做好社会民生各项工作，不断提升群众获得感和满意度，推动“以人民为中心”的发展思想在京口落地生根。

1. 加快实施民生幸福工程。推动创业富民，继续在全区群众中开展争当“创新创业标兵”活动，大力举办创业培训、创业竞赛等活动，支持江苏网商自贸区暨镇江网商产业园建成国家级众创空间、镇江创业园建成国家级孵化器，深化与北大青鸟集团合作，推动创新创业人才培养工程取得实效。全年扶持创业1200人以上，新增私营企业1000家以上、个体工商户2200户以上、注册资本50亿元以上。完善社会保障体系，稳步实施机关事业单位养老保险制度改革，抓好社会保险扩面征缴、被征地农民社会保障和新农合保障工作，努力实现“应保尽保”。做好扶贫工作，认真落实中央、省扶贫开发工作会议精神，创新举措办法，重点加大对因病、因灾致贫群体的帮扶力度，提高精准扶贫的实效。办好实事惠民，高效实施十大民生项目，让人民群众得到更多实惠。

2. 加快推动基本公共服务优质均衡。进一步调优教育布局。加快建成瓯龙小学，开工建设京口实验学校，“镇江市教育现代化先进街道（学校）”创成率达100%。深入开展“魅力京口”文化惠民活动和体育惠民提升行动；高质量编撰《京口文化丛书》；确保谏壁街道创成省公共文化服务体系建设示范街道。积极推行分级医疗和双向转诊的医疗服务模式，深化提升“3+X”[21]家庭健康责任团队服务工作，提高社区医疗服务的能力水平。统筹抓好养老、人口、慈善、民族宗教、助残等各项社会事业，区级残疾人综合服务中心2016年年底竣工。

3. 加快建设更高水平的“法治京口”。推动法治建设实现从“过程领先”到“水平领先”。深入推进依法执政和依法行政，加强和改进党对法治建设的领导，完善科学民主决策和行政权力规范运行机制，全面落实“五项清单”[22]和行政执法责任制，不断提高领导干部在法治轨道上开展工作的能力。深入推进公正司法，落实办案质量终身负责制和错案责任倒查问责制，开展案件评查、执法评议、专项执法检查等监督活动，确保司法活动依法进行。深入推进全民守法，实施“七五”普法规划，加强区法学会和法治文化阵地建设，提高法律宣传服务水平，营造知法守法、践行法治的良好氛围。推动社会治理法治化。善于运用法治思维和法治方式，加强社会治理创新。深化提升社区“两网融合”治理服务工作。引导培育更多社会组织参与社会治理。整合提升区社会管理服务中心功能，创新依法化解信访矛盾机制。健全安全生产、食品药品安全等公共安全管理体系。确保实现“三安”[23]目标。

四、狠抓全面从严治党，为各项目标任务的实现提供坚强保证

干好京口的事业核心在党，关键靠党员、干部。要坚决贯彻落实中央、省委、市委关于全面从严治党的系列决策部署，狠抓管党治党各项工作，巩固提升党的群众路线教育实践活动和“三严三实”专题教育成效，为经济社会发展提供组织保障和作风保证。

（一）加强思想政治建设，推进综合素质新提升。加强理论学习。通过中心组学习、“京口讲坛”、党员冬训等形式，深入学习党的章程和理论、十八届五中全会精神、习总书记系列重要讲话精神特别是视察江苏（镇江）时的重要讲话精神，引导全区党员、干部进一步坚定理想信念，提高党性修养。深化思想解放。着力破除“小码头”思想，坚持以国际化眼光、现代化思维、最先进的理念，高效开展好各项工作。坚持学用结合，把理论学习与发展实践结合起来，特别是要与全面完成明年各项目标任务结合起来，在推进工作实践中检验学习成效，在破解发展难题中提高能力水平。

（二）加强干部队伍建设，练就干事创业新本领。坚持“以实绩论英雄、以德才论人才”的用人导向。旗帜鲜明地选拔重用善抓发展、善抓项目、善解难题、善于对上争取的优秀干部，态度坚决地严肃处理“为官不为”“为官慢为”等不良现象，畅通干部能上能下渠道，真正形成能者上、庸者下、劣者汰的良好局面。加强教育培训。继续开展干部争当“经济工作能手”活动，进一步创新培训方式和内容，继续选派优秀干部到国家部委、省级机关、先进地区挂职锻炼，到项目建设、信访维稳等艰苦岗位“墩苗”锤炼，切实提高思维层次，增强解决难题的干事本领。从严监督管理。树立“严管就是厚爱”的思想，严格按照“五个要”[24]的要求，制定干部负面积分预警管理办法和个人事项报告抽查核实制度，落实选人用人专项整治任务，以严的监督、实的管理推动全区党员、干部集中精力抓发展、心无旁骛干工作。

要大力支持人大、政协开展工作，认真落实中央、省委、市委统战工作会议精神，以及中央党的群团工作会议和全国党校工作会议精神，统筹抓好统战、人武、双拥、党校工作和工会、共青团、妇联、文联、科协、工商联、侨联、关工委等群团工作，为京口改革发展稳定汇集智慧、凝聚力量。

（三）加强基层组织建设，构建基层党建新格局。党的基层组织是党的全部工作和战斗力的基础。要深入实施“双型”先进党支部建设，确保四星级以上党支部占比达10%以上。要健全完善基层管党治党工作机制，制定社区（村）党组织书记抓党建责任清单和向街道（园区）党工委述职评议考核制度，着力构建党建工作责任链。要切实抓好基层党组织书记队伍建设，以社区（村）党组织换届为契机，按照“双强一高”标准，进一步选优配强基层党组织带头人。要项目化推进、全方位提升“构建联系服务群众常态化长效化工作机制”“四式服务”[25]等党建工作品牌；规范化、标准化落实党员“先锋亮绩、积分管理”制度；常态化、制度化严格社区事务准入，强化基层人员、经费保障，真正把基层党组织建设成为京口经济社会发展的坚强战斗堡垒。

（四）加强党风廉政建设，塑造为民务实清廉新形象。强化“两个责任”落实。出台党风廉政建设责任清单，细化“两个责任”追究办法，层层明确责任、层层传递压力，努力构建上下联动、整体推进的良好格局。狠抓监督执纪问责。严格按照“四种形态”[26]的要求，进一步坚持抓早抓小，扩大监督范围，加大执纪力度，提高问责手段使用频率，真正发挥对党员严格要求和关心爱护的双重功能。深化廉洁从政教育。注重源头预防，加强释法释纪，特别是要加大《廉洁自律准则》和《纪律处分条例》的学习培训、宣传宣讲力度，推动“践行‘八条规范’[27]、严守‘六大纪律’[28]”成为广大党员、干部的自觉行动。保持高压反腐态势。加大对违纪违法案件的查处力度，发现一起查处一起，努力营造风清气正的良好环境。同时，要认真抓好省委第二巡视组巡视反馈意见的整改落实工作，把整改的成效落实到解决问题、改进作风、优化环境、推动发展上。

同志们，目标已经明确，关键在于落实。让我们以习近平总书记系列重要讲话精神为指引，在市委、市政府正确领导下，进一步坚定信心、从头抓紧，创新实干、奋发作为，为实现“十三五”发展良好开局，加快建设“强富美高”新京口而努力奋斗！

【注释】

（1）五大发展理念：中国共产党第十八届中央委员会第五次全体会议强调，实现“十三五”时期发展目标，破解发展难题，厚植发展优势，必须牢固树立并切实贯彻创新、协调、绿色、开放、共享的发展理念。这是关系我国发展全局的一场深刻变革。

（2）四个全面：全面建成小康社会、全面深化改革、全面依法治国、全面从严治党。

（3）“1+6”活动：“1”，即生态文明建设提升工程；“6”，即“六大活动”：在经济发展上，开展干部争当“经济工作能手”活动、企业争当“转型升级先锋”活动、全民争当“创新创业标兵”活动；在科技人才上，开展“金凤凰”活动；在党的建设上，开展“真·实”活动和“文明进万家”活动。

（4）“321”项目：总投资30亿元以上先进制造业项目、总投资20亿元以上现代服务业项目和总投资1亿元以上现代农业项目。

（5）产业“三集”发展：产业集中集聚集约发展。

（6）海绵城市：新一代城市雨洪管理概念，城市在适应环境变化和应对雨水带来的自然灾害等方面具有良好的“弹性”，也可称之为“水弹性城市”。国际通用术语为“低影响开发雨水系统构建”。下雨时吸水、蓄水、渗水、净水，需要时将蓄存的水“释放”并加以利用。

（7）“两网融合”治理服务：在社区中，通过融合现实世界中的网格化服务与虚拟世界中的网络化服务，提升服务质效、水平的治理服务模式。

（8）“双型”先进党支部建设工程：镇江市委提出在农村、城市社区、机关和事业单位、国有企业、高校和科研院所、非公有制企业和社会组织等六个领域，实施“法治型、服务型”党支部“五星”级考核管理工程。

（9）三社联动：社区、社会组织、社会工作联动。

（10）两个责任：在落实党风廉政建设责任制中，党委负主体责任，纪委负监督责任。

（11）清心行动：重点围绕违规发放津贴补贴和福利、收送礼金礼品购物卡、违规操办婚丧喜庆事宜、违反工作纪律、违规配备和使用公车等五个方面开展的专项整治行动。

（12）两报告一承诺：领导干部在操办婚丧喜庆事宜时，必须事前报告、个人承诺，事后再报告。

（13）强富美高：习近平总书记在2014年12月考察江苏时对江苏提出了“经济强、百姓富、环境美、社会文明程度高”的发展目标。

（14）“五个有”的转型目标：投资有效益、产品有市场、企业有利润、员工有收入、政府有税收。

（15）“十个更加注重”的转型方向：推动经济发展，要更加注重提高发展质量和效益；稳定经济增长，要更加注重供给侧结构性改革；把握经济大局，要更加注重引导市场行为和社会心理预期；调整产业结构，要更加注重加减乘除并举；推进新型城镇化和城乡发展一体化，要更加注重以人为核心；促进区域协调发展，要更加注重人口经济和资源环境空间均衡；保护生态环境，要更加注重促进形成绿色生产方式和消费方式；保障改善民生，要更加注重对特定人群特殊困难的精准帮扶；进行资源配置，要更加注重使市场在资源配置中起决定性作用；扩大对外开放，要更加注重推进高水平双向开放。

（16）五大任务：去产能、去库存、去杠杆、降成本、补短板。

（17）两必须、两强化：必须生态环保优先、必须资源节约高效，强化地方财税贡献、强化居民就业收入。

（18）三率：项目的签约率、开工率、竣工率。

（19）科技镇长团：2008年9月开始，江苏省委、省政府从高校选派教授、博士等高科技人才，赴乡镇任职，推动政府科技管理工作重心下移，打通科教资源与县域经济发展的“隔膜”，全面提升企业自主创新能力和产业竞争力。

（20）LID：20世纪90年代末发展起的暴雨管理和面源污染处理技术，旨在通过分散的，小规模的源头控制来达到对暴雨所产生的径流和污染的控制，使开发地区尽量接近于自然的水文循环。

（21）“3+X”家庭健康责任团队：“3”即一个全科医生、一个护士、一个公共卫生医师，“X”即志愿者包括专家、专业的护理人员。

（22）五项清单：主体责任清单、监督责任清单、班子成员责任清单、问题清单、整改清单。

（23）三安：生产安全、生活安宁、社会安定。

（24）五个要：2014年12月，习近平总书记在江苏视察时对从严管理干部提出“管理要全面、标准要严格、环节要衔接、措施要配套、责任要分明”的要求。

（25）“四式”服务：“一站式、结对式、菜单式、志愿式”服务模式。

（26）四种形态：党内关系要正常化，批评和自我批评要经常开展，让咬耳扯袖、红脸出汗成为常态；党纪轻处分和组织处理要成为大多数；对严重违纪的重处分、作出重大职务调整应当是少数；严重违纪涉嫌违法立案审查的只能是极少数。

（27）八条规范：包括党员廉洁自律规范：坚持公私分明，先公后私，克己奉公；坚持崇廉拒腐，清白做人，干净做事；坚持尚俭戒奢，艰苦朴素，勤俭节约；坚持吃苦在前，享受在后，甘于奉献；党员领导干部廉洁自律规范：廉洁从政，自觉保持人民公仆本色；廉洁用权，自觉维护人民根本利益；廉洁修身，自觉提升思想道德境界；廉洁齐家，自觉带头树立良好家风。

（28）六大纪律：中国共产党的政治纪律、组织纪律、廉洁纪律、群众纪律、工作纪律、生活纪律。

◆ **资料链接** ◆

宝鼎西距北固山约两百余米，位于北固山铁瓮城传统文化之地。将宝鼎置放于此，不仅是镇江滨江风光带的点睛之笔，同时也是传播东吴之地深厚文化的又一窗口。之所以取名京口宝鼎，乃是以镇江古名“京口”命名，象征此处为镇江代表性景点之一。宝鼎为圆，基座为方，象征天圆地方，广场分高低3层，由台阶连贯，其底部广场半径接近40米。宝鼎口径4米，通高5.03米以三国时期的度量换算通高20.8尺，借此纪念公元208年镇江成为东吴政权中心。鼎用铜量18.02吨，以纪念公元208年镇江成为东吴政治中心至今1802年的历史。

政府工作报告

2016年1月6日在京口区第八届人民代表大会第五次会议上的报告

区长 黄万荣

2015年和“十二五”工作回顾

2015年，在市委、市政府和区委的正确领导下，在区人大、区政协的关心支持下，我们紧紧团结和带领全区广大干部群众，深入贯彻党的十八大、十八届二中、三中、四中、五中全会和习近平总书记系列重要讲话精神，认真落实“转型升级、特色发展”要求，积极应对宏观形势的新变化、新要求，求真务实、克难奋进，较好地完成了区八届人大四次会议确定的目标任务。预计完成地区生产总值441亿元，增长9%；完成固定资产投资372亿元，增长18%；一般公共预算收入完成21亿元，增长11%；完成进出口总额11亿美元，增长26%；服务业增加值占GDP比重72%；城镇居民人均可支配收入、农村居民人均可支配收入完成39098元、21940元，分别增长9%、10%。

转型升级步伐加快。产业“三集”发展成效彰显。围绕园区建设打基础、抓突破、促提升，积极推进平台建设，中储粮粮油检测中心、中小企业信息产业园招商展示中心和新民洲水稻智能化管理平台建成运营。市场化运作试点进展良好。园区基本建设加快，高性能材料产业园区标准化厂房开工建设，新民洲临港产业园港区1号、2号泊位对外开放通过省级验收，码头二期泊位主体工程已基本完工。开展两轮“招商引资百日竞赛”，举办两场项目集中签约仪式，58个亿元以上项目签约落户。现代服务业提速增效。大禹山创意新社区创成省级电子商务示范基地和互联网产业园，启动“中以网商自贸区”。网游动漫产业蓬勃发展，网游开服数量位居全国第四位，江苏易乐科技入选省互联网十大新锐企业。5个项目获得省市文化产业引导资金扶持。中林（镇江）生态产业城木材初加工区、滨江科技商务中心项目开工。苏宁广场、凤凰文化广场等项目加速实施。中储粮长三角物流综合基地、谏壁新市镇商业广场、北大青鸟（江苏）教育中心等一批优质服务业项目顺利推进。新兴产业发展壮大。规划建设江苏（京口）核科技产业园和镇江（京口）北斗产业园，引进设立2支核产业股权基金。中集宝钢一体式半挂车桥项目顺利落户。爱励铝业、鼎胜新材、海龙核科技、立达纤维四家企业入选镇江市工业企业“单打冠军”①名录库，新兴产业集聚能力不断增强。传统产业提档升级。全年完成工业技改投资80亿元，增长20%。飞驰汽车入选省“两化融合”②示范企业。中储粮二期技改扩能、鼎胜新材汽车用锂电池电子箔、谏壁电厂脱硫增效项目竣工投产。鼎盛重工、四洋柴油机、中福马机械等企业转型升级提速。

创新能力明显提升。新认定省级以上研发机构6家，新增高新技术企业2家，20个项目获省级以上科技计划项目立项，31个项目获市级立项，为企业争取各类扶持资金2700余万元。万人发明专利拥有量65件，位居全省前列。高新技术产业产值占规模工业产值比重46%，R&D经费支出占GDP比重2.68%。京口工业园区通过省知识产权试点园区验收，正东路街道荣获省科普示范街道称号。与市人社局合作设立镇江创业园500万元种子基金。打造科航创新工场、翼咖啡等8家众创空间③。大禹山众创集聚区被认定为省级众创集聚区，中企信星纳入省级科技企业孵化器管理。与江苏大学、江苏科技大学、中国核动力研究院、中国科学技术大学等高校院所深化校地合作，组建省级研究生工作站6个。加大人才引培力度，新增国家“千人计划”3人，省“双创计划”6人次，市“331计划”10人。

城乡环境继续改善。生态环境不断优化。扎实开展谏壁片区环境综合治理，完成3座山体修复绿化，关闭1家“五小”企业④，谏壁电厂超低排放技改工程竣工验收，索普化工氮氧化物废气提标改造全面完工。构建水环境长效管理机制，完成玉带河、一夜河河道清淤疏浚任务，虹桥港清水通道建成使用。建成6个生态文明主题广场。新增绿化造林面积225亩，林木覆盖率26%。秸秆综合利用率95%。地表水好于三类水质比例达80%。2015年化学需氧量、氨氮、二氧化硫和氮氧化物排放量分别削减14.9%、19.4%、20%和7.6%。城乡改造有序推进。启动新河街历史文化街区修缮整治，完成王家花园、索普周边和新区化工园区周边等地块征收搬迁19.7万平方米，实施古更楼巷、新建里3—5号、梦溪路71—77号、棒棰营等片区4.7万平方米危房解危。完成花山湾5区老小区8万平方米整治任务。华诚新村一区二期安置房竣工交付，二区一期安置房全面封顶，开工建设孟家湾安置房。完成薛家湾、小朱家湾等地块回迁安置13.2万平方米。镇澄路中段、汝山路、滨河南路竣工通车，纬八路、恒运北路加快建设。实施新民洲区域农村道路提档升级。完成华润新村二期、置业新村等小区物业提升工作。朝阳小区、江二社区开展海绵城市⑤试点建设。城管水平稳步提升。落实城市长效管理“网格化”和执法重心下移要求，完善环卫保洁体系，实现城区主次干道、背街小巷环卫保洁市场化全覆盖，“大城管”考核保持全市领先。投入1200万元新建垃圾中转站2座，新建改造公厕10座。拆除各类违法建筑12.6万平方米。开展户外广告、占道经营、渣土扬尘专项整治，对迎江桥、江山名洲菜市场等17个疏导点实施项目化管理。王家湾渣土车停车场建成启用。

民生水平不断提高。新增城镇就业11635人，扶持创业2168人。新创建省级充分就业示范社区4家，打造全市人社基层服务标准化建设示范平台4家。成立全市首家青年（大学生）创业实训基地。顺利通过全国义务教育发展基本均衡区评估验收和2015年县级政府教育工作省级督导考核，四牌楼街道、解放路小学等27家单位创成市教育现代化单位。瓯龙小学开工建设，完成学府路小学等校安工程3100平方米。完成如意江南社区卫生服务站建设，与江滨医疗集团合作打造基层康复联合病房。通过血吸虫病传播全阻断省级达标验收。区全民健身中心投入使用，成功举办区第三届运动会，创成省首批公共体育服务体系建设示范区。完成47个基层综合性文化服务中心建设，区文化艺术中心正式对外开放。区文化馆创成国家一级馆。康盛剧社作品《心愿》获第六届全国曲艺大赛金奖。区档案馆创成省AAA级数字化档案馆。区残疾人综合服务中心建设加快推进。社会组织公益创投项目省、市中标率均居全市第一。

社会大局和谐稳定。新建四牌楼综合服务信息平台，“社区网格智能化服务项目”在全区推广。京口路中心社区建设正式启动。高质量完成“六五”普法市级验收，顺利通过“七创”双拥模范城考核，谏壁街道东京村创成国家级民主法治示范村，象山街道创成省级和谐社区建设示范街道，谏壁街道东街社区创成省和谐示范社区。江科大社区、宝塔山社区创成全国综合减灾示范社区。建立价格争议大调解机制，完善京口区价格信用体系数据库，市场价格秩序得到有效规范。狠抓基层安全生产监管能力建设，安监办规范化建设全部达标。实现食品安全全产业链监管全覆盖。创成省级节能示范单位。开展土地卫片执法专项整治，切实保障土地高效集约利用。深入推进“阳光信访”系统建设，化解各类信访积案35件，社会大局保持稳定。

自身建设持续加强。紧扣“六查六看六整治”[⑥]主线，深入推进“三严三实”专题教育，查摆整改各类问题94条。坚持依法行政，加快法治政府建设。深化行政审批改革，“三集中三到位”审批模式初步建立，工商登记全面实行注册资本认缴和“一照一码”制度，推进项目审批“多评合一”[⑦]。规范国有、集体资产处置，实现资产保值增值，强化对政府投资性工程建设管理，建立区属国有独资及国有控股企业担保行为联席会议审批制度，严格防控政府投资风险。自觉接受区人大及其常委会的法律监督、工作监督，全年区政府承办人大代表建议67件，政协委员提案123件，满意和基本满意率达100%，有效解决一批群众关注的热点难点问题。严格执行中央“八项规定”，省、市、区委各项规定及各类专项整治任务要求，认真落实省委、市委巡视（查）组各项整改要求和党风廉政建设责任制。深入开展“三解三促”和“真·实”活动，积极为辖区单位做好服务，民族宗教、外事侨台、工商联、妇女儿童、广播电视、机关事务等各方面工作均取得新进展。

各位代表，刚刚过去的2015年为“十二五”发展画上了圆满句号。五年的创新进取、真抓实干开创了京口经济社会发展的崭新局面。五年来，我们主动适应经济新常态，坚持现代服务业和战略性新兴产业“双轮驱动”，全力以赴稳增长、调结构、促转型，初步形成新型材料、粮油加工、文化创意和电子商务四大特色产业。地区生产总值年均增长11.1%，一般公共预算收入较“十一五”末翻了一番。五年来，我们既抓当前，又谋长远，紧扣项目工作这一“牛鼻子”，有效推进了一批园区和重大项目建设。累计完成固定资产投资1348亿元，是“十一五”期间的2.4倍，年均增长20.3%。实际到位外资累计完成8亿美元。服务业增加值占比较“十一五”末提高了10.4个百分点。加快推进产业“三集”发展，规划建设七大特色产业园区。累计实施亿元以上产业类项目149个，总投资1716亿元，中林（镇江）生态产业城、中小企业信息产业园、苏宁广场等一批重大项目拔地而起，爱励铝业、中储粮、鼎胜新材等骨干企业发展势头良好。恒伟物流、海龙核科技、三艾广告等3家企业上市，实现零突破。五年来，紧紧围绕城市环境品质提升这一目标，坚持精细化管理、市场化运作、法治化推进，完成旧城区、城中村改造171万平方米，实施回迁安置121.39万平方米，老小区改造265万平方米。新民大道、雩龙公路、横山东路、镇澄路西段竣工通车，谏壁片区环境综合整治和“一湖九河”[⑧]水环境治理扎实推进，城乡环境综合整治各项任务高标准完成，区域面貌得到新的改善。五年来，我们坚持以民生共享为工作出发点，牢固树立以民为本理念，围绕习近平总书记提出的“七个更”目标，让改革发展成果最大程度普惠于民。区财政民生类投入年均增长29.4%，城乡居民人均可支配收入比“十一五”末分别增长64.5%、90.8%。持续关注残疾人、特困家庭等弱势群体，教育、卫生、文体等公共服务更加普惠均衡。五年来，我们始终保持敢为人先、奋发有为的精神状态，大力弘扬求实务实落实的工作作风，以“钉钉子”的精神破解各类瓶颈制约。严格执行作风建设的各项要求，坚持依法行政，切实提升行政效能，塑造良好形象。

各位代表，“十二五”的发展成就来之不易，离不开市委、市政府和区委的正确领导，离不开全体人大代表、政协委员和社会各界人士的关心和支持。在此，我代表区人民政府向为京口发展而努力奋斗的全体人大代表、政协委员、驻区各单位和广大干部群众表示衷心的感谢和崇高的敬意！

各位代表，我们也清醒地认识到，发展中还存在一些深层次问题需要解决。主要是：区域发展不够充分，项目建设需要进一步提质增效；财政收入新增长点不多，收支平衡矛盾有待解决；棚户区、城中村、旧城区改造任务依然很重，城市形象仍需提升；生态文明建设任重而道远，民生改善、社会事业发展与群众期盼仍有不小差距；政府公务人员工作作风、行政效能还要进一步改进和提升。这些问题，我们都将在今后工作中认真解决。

“十三五”展望

未来五年，将是京口综合实力持续增强、发展态势不断向好的提升期；是科技创新成效彰显、产业结构不断优化的转型期；是绿色发展成为主导、生态环境显著改观的加速期；更是全面建成小康社会、探索开启基本现代化建设的跨越期。我们将认真研究和把握形势新变化、发展新要求、群众新期盼，抢抓机遇、务实作为，推进京口发展不断迈上新台阶。

“十三五”期间，我们将深入贯彻党的十八大、十八届二中、三中、四中、五中全会和习近平总书记系列重要讲话精神特别是视察江苏的重要讲话精神，牢固树立“创新、协调、绿色、开放、共享”五大发展理念，认真落实“四个全面”[9]战略布局，围绕“宜居宜业魅力区、创新创业活力区、校地合作示范区和现代服务业高地、科技创新高地、文化旅游高地”总体定位，坚持“稳中奋进、改革创新”，以强化科技创新为动力，加快产业转型升级为主线，推进项目建设为抓手，切实改善民生为根本，全面建成小康社会，“五个迈上新台阶”[10]和建设“强富美高”[11]新京口取得明显进展。

具体目标是：

——实力跃升。地区生产总值、一般公共预算收入年均增长8%左右，“十三五”末分别达到650亿元和30亿元；固定资产投资年均增长14%左右，实际利用外资累计完成5亿美元。

——结构优化。服务业增加值占比年均增长0.6个百分点，战略性新兴产业占比达到50%，高新技术产业产值占规模工业产值比重达到50%；产业集聚效应进一步增强，现代服务业园区应税营业收入占比达65%，先进制造业特色产业园区应税销售收入占比达45%，现代农业园区产值占比98%。

——创新引领。R&D经费支出占比达3%，新认定高新技术企业25家，研发机构达50家，科技载体建成面积达40万平方米，万人发明专利拥有量达80件。

——民生幸福。城镇居民人均可支配收入和农村居民人均可支配收入分别达5.87万元和3.4万元。城镇调查失业率控制在5%以下，城镇养老、医疗、失业保险覆盖率均达到98%以上。

——生态宜居。区域绿化覆盖率达到45%以上，城市生活污水集中处理率保持100%，万元GDP能耗下降至0.55吨标准煤/万元，亿元GDP占用建设用地面积下降至0.9万平方米。

——社会文明。法治建设满意度达92%，公众安全感达95%，每万人拥有社会组织12个以上。现代公共文化服务标准化和均等化程度达85%以上，文化基础设施和公共服务配套日益完善。推进“书香京口”建设，居民综合阅读率保持在90%以上。

推进“十三五”发展，我们将坚持创新驱动，充分激发各类创新要素，集聚各种创新资源，加快形成以创新为引领和支撑的经济体系和发展模式。坚持转型升级，深入实施现代服务业和先进制造业“双轮驱动”战略，坚持产业集中集聚集约发展，突出抓好项目建设，实现产业向中高端迈进。坚持生态领先，牢固树立生态优先理念，更大力度推进绿色发展、循环发展、低碳发展，促进经济发展与生态保护协同并进、相得益彰。坚持城乡统筹，加快推进城乡一体化发展，加强城市规划、建设和管理，努力提升主城区首位度。坚持民生共享，大力促进富民增收，提升社会保障水平，持续增加公共服务供给，切实保障生产安全、生活安宁、社会安定。

各位代表，蓝图已经绘就，目标催人奋进！我们将始终站在实现“四个全面”战略布局的高度精准定位、策马扬鞭，以更加奋发有为的精神状态和更加务实有效的工作举措，全力开启“十三五”发展新征程。

2016年主要工作

今年经济社会发展的主要预期目标是地区生产总值增长8%左右，固定资产投资增长15%以上，一般公共预算收入增长6%左右；城乡居民收入增长与经济增长同步；完成各项节能减排指标。

一、深化创新引领，强化人才支撑，激发内生动力

将创新作为引领发展的第一动力，将人才作为支撑发展的第一资源，始终围绕产业链布局创新链，突出企业创新主体作用，深化产学研对接，让发展的质量更好、效益更高、结构更优。

促进创新要素向企业集聚。发挥市场对资源配置的决定性作用，进一步引导创新资源、创新服务等各类创新要素向企业集聚。构建多元化、多渠道、多层次的投融资体系，帮助企业融入资本市场，充分发挥核科技产业引导基金和镇江创业园种子基金撬动作用，加大资本市场对科技型企业扶持力度。推进鼎胜新材省级重点实验室建设，提升规模企业创新创造能力。全方位加大科技型中小企业扶持力度，培育打造创新型企业集群。

提升科技产业融合水平。深化校地合作示范区建设，推动高校优质创新成果与重点产业的对接。认真落实《建设校地合作示范区的实施意见》，提升哈尔滨工程大学—镇江技术转移中心的嫁接能力，加强与中国核动力研究设计院合作，全力推进国家级核材料重点实验室、检测中心、实训基地等创新平台建设。合作建好“江苏大学创新创业园”，打造创新研发与科技成果转化示范基地。

强化人才引领带动。深入实施“金凤凰”计划，拓宽人才引进渠道，以产业发展为导向、企业需求为基础，积极吸纳科技领军人才、高层次管理人才和高技能人才。加强人才绩效管理，完善奖惩激励机制，强化尊重人才、支持创业、鼓励创新的浓厚氛围。

全力打造众创空间。积极探索利用众创、众包、众扶、众筹等新模式，推动大众创业、万众创新。引导创客空间提升理念、差别发展，建立完善“众创—孵化—产业化”一站式公共服务平台。改造提升高创中心一期、归国博士园等现有载体，建立滚动入驻动态机制，集聚具有创新性、成长性、竞争性的研发和创业团队，放大大禹山创意新社区、正东路街道众创集聚区的品牌效应。

二、狠抓项目建设，加快转型升级，提升发展质效

以新兴产业和重大项目为抓手，坚持存量优质化、增量高端化，加快构筑以现代服务经济为主导的优势产业集群，切实做大总量和规模，提高质量和效益。

大力发展城市经济。加快建设大市口现代商贸商务主中心，苏宁广场裙楼5月份对外营业，年底塔楼封顶，凤凰文化广场文化综合体全面竣工，大卫茂未来城综合体开工建设。瞄准“互联网+”发展方向，全力培育电子商务、文化创意、网游动漫、休闲旅游等新兴服务业态，推动大禹山创意新社区争创国家级电子商务基地，正东南、唯沃克科技创意产业园投入运营。强化楼宇经济招引力度，着力培植一批纳税“亿元楼”“服务外包楼”“文化产业楼”，不断提升区域经济密度。

推动制造业向中高端迈进。对接“中国制造2025”⑫政策导向，顺应供给侧结构性改革，鼓励爱励铝业、飞驰冷藏车、鼎胜新材加大研发力度，扩大市场份额，实现产业向研发、设计、营销、服务全产业链延伸，不断增强带动聚合效应。加快海龙核科技乏燃料储运设备项目建设步伐，确保第一块中子吸收板今年下半年下线。完成谏壁电厂13、14号机组气动联合引风机和鸿泰钢铁80万吨废钢铁加工配送生产线改造。加大规模企业培育力度，推动优质资源向重点骨干企业集中，着力培育爱励铝业、海龙核科技、鼎盛重工等一批行业领先型企业。

加快项目招引和建设。坚持扩大投资规模和优化投资结构并重，切实提高亿元以上产业类项目签约率、开工率、竣工率。中林（镇江）生态产业城港区配套服务区竣工运营，商贸金融综合服务区开工建设。长江游戏谷主体封顶，签约一批入驻企业。中集宝钢一体式半挂车桥、爱励铝业航空板扩能、中储粮长三角物流综合基地和谏壁新市镇商业广场开工建设。坚持“请进来”和“走出去”相结合，呼应“一带一路”、长江经济带战略，强化内外联动，积极拓展发展新空间。创新项目招引手段，通过设立引导资金、政府购买服务、拉长做强产业链等方式，吸引更多优质项目落户。

三、突出建管并重，提升城市品位，改善城市形象

深入贯彻中央城市工作会议精神，更加积极地顺应群众期盼，围绕“形态优化、功能完善、品质高雅”目标，扎实做好城市规划、建设和管理工作，实现区域面貌和管理内涵的新提升。

始终坚持规划引领。充分利用城市总体规划修编契机，紧密结合京口主城区位、历史文化、山水特质、旅游资源和商业特色统筹布局，进一步优化空间资源配置，实现城市与产业的良性互动。以主体功能区规划为龙头，推进“多规合一”，强化刚性约束。

加快实施城乡改造。完成新河街、铁瓮城和连淮扬镇铁路沿线征收搬迁，推进象山桥1村3村、东吴路120号空斗墙改造，制定并落实危旧房解危计划，全年实施危旧房解危1.7万平方米以上。凌家湾一期安置房、孟家湾安置房主体施工基本结束，完成陈家庄、焦湾、飞驰冷藏车、凌家湾等项目回迁安置15万平方米以上。加快实施汝山路南段、万古一人路东延、镇澄路镇区段道路建设。实施谏壁节制闸拆除重建工程，零龙道口平改立工程竣工。开展花山湾3区老小区整治和江滨新村30号大院LID⑬改造等海绵城市建设项目，进一步改善群众生活。完成新民洲长江自保堤防加固与古运河上段综合整治工程。

进一步提高城管水平。创新和完善城市管理“网格化”模式，发挥“智慧城管”综合平台作用，探索城管和物业融合新模式，不断提升物业管理精细化水平。进一步理顺执法体系，切实提高执法效能。加大环卫基础设施投入，全年新建30个垃圾交换站，新改建公厕12座。开展新一轮城市环境综合整治，全年实施整治项目24个，完成经十四路、怡馨路疏导点提档升级工程，创成双井路省级示范路和焦顶山省级示范社区。突出抓好源头治理，强化户外广告、占道经营、农贸市场、防违治违专项整治，巩固花山支路治理成效。

四、坚持生态理念，推进绿色发展，优化区域环境

将生态文明建设始终贯穿于经济社会发展各项工作中，坚持生产和生活两头入手、治理和保护两手齐抓，加快形成促进绿色发展的空间格局、产业结构、生产方式和生活方式。

抓好“两大片区”环境综合整治。有序实施城东环境综合整治，统筹做好垃圾填埋场覆膜封场、废品回收点取缔治理、生猪养殖规范化管理和“两横四纵”河道水网疏浚贯通等工作，完成玉带河、孟家湾湖生态浮岛设置，实现城东片区环境面貌逐步好转，有效解决异味扰民问题。继续推进谏壁片区环境综合整治，加强监测，提升标准，加大企业治污力度，推动天龙化工、雩山水泥厂等企业搬迁，积极有序推进索普周边、新区化工园区周边居民搬迁，雩山街、越河街整治出新和东街、西街老旧小区改造等工作，促进片区环境持续改善。

更大力度推进绿色发展。坚持绿色发展理念，推进循环经济、节能产业加快发展，持续降低能源消耗和污染排放。实施索普集团循环流化床锅炉脱硫除尘、谏壁电厂14号机组超低排放改造工程，降低污染气体排放浓度。加快京口工业园区、索普化工基地循环化改造步伐，实现工业绿色转型。积极实施“金屋顶”计划，新建绿色建筑15万平方米，实现人与自然和谐发展。创新秸秆利用模式，确保综合利用率达95%以上。

营造绿色健康生活氛围。大力开展生态文明理念传播工程，弘扬和谐、健康、可持续的生活理念。完成省级绿色社区创建任务，新建3个以上生态文明主题广场。加快群众性生态文明教育基地建设，提升大禹山、新民洲生态文明教育基地活动影响力和社会知晓度。实施学府华庭小区垃圾分类试点，逐步提高垃圾分类处置水平，引导群众养成科学文明的生活方式。

五、突出民生优先，创新社会治理，维护和谐稳定

加快民生改善步伐，将经济社会发展与优化公共服务结合起来，将改善群众生活与促进社会和谐统一起来，共享发展成果。

全力促进富民增收。健全政策扶持、创业服务、创业培训“三位一体”工作机制，加快青年（大学生）创业实训基地建设，促进大众创业，全年新增城镇就业0.9万人。完善基层保障平台功能，落实被征地农民基本生活保障提标，实施机关事业单位养老保险制度改革，持续扩大社会保险覆盖范围。认真贯彻上级关于精准扶贫工作要求，大力实施脱贫致富奔小康工程，实现社会救助“一门受理、协同办理”运行机制全覆盖，确保低收入群体共同迈入全面小康社会。

完善社会公共服务体系。优化教育资源配置，瓯龙小学秋学期投入使用，启动京口中学新建工程。象山街道、大市口街道等13家单位创成市教育现代化先进单位。争创“省级社区教育示范区”。推进中南世纪城社区卫生服务中心和优山美地社区卫生服务站建设，打造社区卫生服务机构特色“中医馆”，推进医养结合，确保年底养老护理员持证上岗率达省、市要求。以智慧健康服务信息化平台为依托，全面落实分级诊疗管理制度。完善城市“15分钟文化圈”，实施社区图书馆升级工程，推进区级公共文化场馆免费开放，完成19个社区（村）基层综合性文化服务中心建设任务。谏壁街道创成省公共文化服务体系建设示范街道。区残疾人综合服务中心主体竣工，优化托养、培训、就业助残体系。积极创建现代民政示范区，推动民政工作迈上新台阶。

加快社会治理创新步伐。提升“政社互动”水平，规范、减少社区盖章事务。以村居换届为契机，增强村居自治能力，积极探索协商民主新路径，推进党组织、村居、物业“三位一体”管理模式。通过法定途径分类处理信访投诉请求，全面推行社会稳定风险评估、重大决策群众参与、社会舆情研判预警机制，推广四牌楼街道“三级矛盾纠纷调解机制”和象山街道“大调解”工作模式。推进平安京口、法治京口建设，深化安全生产和食品安全工作，确保社会大局和谐稳定。

建设人民满意政府

新的形势，新的任务，对政府工作提出了更高更新的要求。我们必须切实加强自身建设，巩固并深化群众路线教育实践活动和“三严三实”专题教育成效，全面提高工作水平，努力建设人民满意政府。

严格依法行政。认真贯彻落实《法治政府建设实施纲要（2015—2020年）》，把政府工作全面纳入法治轨道，推动法治政府建设与创新政府、廉洁政府、服务型政府建设相结合。严格依法行政，政府公务人员要善于用法治思维和方式推进工作。建立重大行政决策目录管理制度，落实公众参与、专家论证、风险评估、合法性审查和集体讨论的法定程序。扩大政务公开，及时准确发布政务信息。继续开展规范性文件备案审查、定期清理和实施后评估。全面实施“七五”普法规划，认真落实“谁执行谁普法”责任制，深入推进行政执法与刑事司法“两法”衔接。自觉接受人大及其常委会的法律监督、工作监督和政协的民主监督，不断提高议案、建议和提案的办理质量。充分听取各界人士意见和建议，主动接受社会公众和新闻舆论监督。

坚持务实为民。牢固树立以人民为中心理念，全力解决事关群众利益的突出问题，让发展更有“温度”，让幸福更有“质感”。以人民的根本利益为出发点，把关心和服务群众作为政府工作的第一职责，把群众的呼声和意愿作为政府决策的源头，站在群众利益高度谋划发展。心怀务实之心，多一些实际行动，少一些形式主义，不拖沓、不敷衍，把服务群众落到实处，创造出人民认可、经得起历史检验的实绩。大兴求真务实之风，加强调查研究，问政于民，问计于民，使各项决策和工作更加符合客观实际，符合人民意愿。充分发挥“12345”热线、区长信箱等平台作用，提高为民服务效率。

提升服务效能。对照“五张清单”，进一步厘清权力边界，持续做好行政审批事项的取消下放工作，做到清单外无审批，目录外无收费。大力推进行政审批制度改革，在完善标准化操作流程的基础上，更大力度推进“多评合一”，让发展主体得益受惠。按照深化行政监管要求，深入开展“红顶中介”清理，规范市场行为，努力打造“公平竞争、规范有序”的市场秩序。实施“三证合一、一照一码”商事改革，实现企业登记“进一扇门、找一个人、办成所有事”。将适合社会力量提供的服务职能稳妥有序地向社会组织转移，转出成效、转出特色。

严守廉洁从政。全面落实党风廉政建设责任制，以《中国共产党廉洁自律准则》和《中国共产党纪律处分条例》为准绳，严格执行“六大纪律”⑭，中央“八项规定”，省市区委各项规定，抓好省委、市委巡视（查）组交办问题的整改。强化“一岗双责”，不断完善权力运行制约和监督机制。全面实施预决算公开，政府组成部门全部公开部门预决算、“三公”经费预决算。加强财政支出绩效评价，提高财政资金使用效益。强化经济责任审计，加大对民生资金、实事项目等关键环节、重要领域的监察力度，构建廉洁从政、风清气正的政治生态。

各位代表，新起点呼唤新发展，新征程期盼新气象！让我们在市委、市政府和区委的坚强领导下，团结和依靠全区人民，群策群力谋发展，同心同德干事业，为建设经济强、百姓富、环境美、社会文明程度高的新京口而努力奋斗！

【注释】

（1）单打冠军：指该类产品产量规模、市场占有率在国内同行业排名前三位，或技术水平处于全国领先。

（2）两化融合：工业化与信息化融合。

（3）众创空间：通过市场化机制、专业化服务和资本化途径构建的低成本、便利化、全要素、开放式的新型创业服务平台的统称。

（4）“五小”企业：小水泥、小火电、小炼油、小煤矿、小钢铁企业。

（5）海绵城市：是新一代城市雨洪管理概念，下雨时吸水、蓄水、渗水、净水，需要时将蓄存的水“释放”并加以利用，使城市在适应环境变化和应对雨水带来的自然灾害等方面具有良好的“弹性”。

（6）六查六看六整治：围绕修身严不严、用权严不严、律己严不严，谋事实不实、创业实不实、做人实不实等六个方面，查摆并整治各类“不严不实”问题。

（7）多评合一：是优化企业固定资产投资项目评估审批流程，将各项评估由串联方式调整为并联方式进行，实行统一受理、统一评估、统一评审、统一审批的服务新模式。

（8）一湖九河：金山湖、古运河、运粮河、虹桥港、光明河、玉带河、周家河、丁卯团结河、大港河、丁岗团结河。

（9）四个全面：全面建成小康社会、全面深化改革、全面依法治国、全面从严治党。

（10）五个迈上新台阶：推动经济发展、现代农业建设、文化建设、民生建设、全面从严治党等五个方面“迈上新台阶”。

（11）强富美高：习近平总书记在 2014 年 12 月考察江苏时对江苏提出了“经济强、百姓富、环境美、社会文明程度高”的发展目标。

（12）中国制造 2025：是国务院于 2015 年 5 月 8 日公布的强化高端制造业的国家战略规划，是把中国建设成为制造强国的三个十年战略中第一个十年的行动纲领。

（13）LID：低影响开发，主要通过建设生态植草沟、下凹式绿地、雨水花园、绿色屋顶、地下蓄渗、透水路面，维持开发前原有水文条件，控制径流污染，减少污染排放，实现开发区域可持续水循环。

（14）六大纪律：政治纪律、组织纪律、廉洁纪律、群众纪律、工作纪律、生活纪律。

◆ 资料链接 ◆

北固山，镇江三山名胜之一，远眺北固，横枕大江，石壁嵯峨，山势险固，因此得名北固山。三国时“甘露寺刘备招亲”的故事就发生在北固山。以险峻著称的北固山，因三国故事而名扬千古。山上亭台楼阁、山石涧道，无不与三国时期孙刘联姻等历史传说有关，成为游人寻访三国遗迹的向往之地。甘露寺高踞峰巅，形成“寺冠山”的特色。相传始建于三国东吴甘露元年（256 年），后废屡建，寺内包括大殿、老君殿、观音殿、江声阁等，规模虽不大，名气却不小。古往今来，来镇江的游客，都喜欢到此一游，寻访当年刘备招亲的遗迹。

北固山由前峰、中峰和后峰三部分组成，主峰即后峰，是风景最佳处。前峰原为东吴古宫殿遗址，现已辟为镇江烈士陵园；中峰上原有气象楼，现改为国画馆；后峰为北固山主峰，北临扬子江，三面悬崖，地势险峻，山上到处都是树木，名胜古迹多在其上。素以“天下第一江山”闻名于世。后峰是北固山的主峰，背临长江，枕于水上，峭壁如削，是风景最佳的地方。登上山顶，东看焦山，西望金山，隔江相望，扬州平山堂清晰可见，确使人感到“金焦两山小，吴楚一江分”。传说清代乾隆皇帝下江南时作诗一首：“长江好似砚池波，提起金焦当墨磨，铁塔一支堪作笔，青天够写几行多”，以此赞美北固山的壮丽景色。

生态文明建设提升工程

2015年，全区上下重视生态文明建设，以“四大生态文明建设工程”为抓手，围绕“低碳、天蓝、地绿、水净、生态修复”五个重点词，在2014年实施并完成31个生态文明建设项目基础上，提升标杆，自加压力，全面启动54个生态文明建设类项目，总投资达19.3亿元（年度总投资12.6亿元）。通过进一步细化、量化各项重点任务，分解到人、到月，实行“周检查、月通报、季考核”，生态文明建设取得显著成效，多个生态文明重点项目得到省、市领导高度关注和认可，并在《扬子晚报》《镇江日报》《京江晚报》等多个媒体刊登报道。

开展青山碧水蓝天提升工程。实施城市山体保护修复，完成总投资2500万元黄丝湾、大王山、松林山山体综合治理。实施水环境整治，在重点实施虹桥港清水通道建设、生态修复工程同时，玉带河生态恢复试点工程正在投放生物菌种。完成总投资3000万元新民洲污水管网建设。大气环境整治方面，完成总投资500万元索普集团1#—3#锅炉管理减排工作、热电厂除尘设施改造。完成总投资2.26亿元谏壁电厂10号机组脱硫改造和11、12、13机组超低排放改造。实施燃煤锅炉整治，已淘汰10吨以下燃煤锅炉6台。投资300万元，建成并运行王家湾停车场，解决7家运输公司渣土运输车统一清洗、管理等问题。餐饮油烟污染防治工程已完成对370余家餐饮单位油烟排放调查摸底，及时采取整改措施，有效改进环境敏感区域内餐饮油烟扰民现象。

积极推进城乡环境综合整治。重点实施谏壁片区生态环境综合整治，治理、关停污染企业6家。加快推进化工园区周边居民搬迁工作，加快实施翻水河南岸城中村改造、谏壁地区老旧小区整治等。2015年搬迁居民约570余户、9.5万平方米。完成总投资1.36亿元谏壁节制闸建设。大力实施城市环境综合整治。完成健康路、解放路南段、汝山路、金阳大道、金鼎大道等道路综合整治和建设。完成花山湾五区等老旧小区，市政路、烈士路等6条背街小巷以及花山湾农贸市场、象山花园等4个疏导点改造。开展焦顶山社区恒顺尚都小区垃圾分类试点，切实改善市容市貌。

开展生态试点示范建设。加快建设节能低碳企业，已完成谏电、鸿泰钢铁、鼎胜铝业等5家重点碳排放企业碳资产管理系统建设，推进4家企业自愿性清洁生产审核，完成1家企业强制性清洁生产审核，全面淘汰2003年前生产的Y系列在用电机。积极实施总投资约4.5亿元京口工业园区循环化改造工程，新建绿色建筑15.6万平方米，全力推进绿色社区创建，上隍村“水美乡村”建设通过初审。

增强大众生态文明理念。已建成6个生态文明主题广场，成立“绿微客”环保协会。完成2个生态文明教育基地和1个生态文明示范学校建设。（丁梦薇）

干部争当“经济工作能手”活动

组织京口区四套班子领导、街道(园区)、机关部门党政正职77人，分两批赴井冈山举办党性修养专题研修班，提高领导干部的党性修养。注重能力提升，组织31名中青年干部与北京大学合作举办经济管理能力提升研修班，着力提高领导干部从事经济工作的能力和水平。积极配合省、市干部教育培训工作整体安排，不折不扣地完成各项调训任务。选派3名干部到区信访局、6名年轻干部到中小企业（京口）总部基地、5名优秀年轻干部到省级机关、8名干部到上海黄浦区挂职锻炼，让干部在不同岗位中拓宽视野、提升能力。（唐辛鑫）

企业争当“转型升级先锋”活动

2015年，在区委、区政府科学领导下，按照“全面改革创新、突出高效投入、强化提质增效”要求，紧紧围绕“两必须、两强化”，实现“从低附加值到高附加值、从高耗能向低耗能、由粗放型到集约型”转变，着力打造一批技术含量高、财税贡献大、带动能力强、行业内领先的转型升级示范企业。

进一步壮大企业发展规模。1—12月，全区实现工业增加值69.7亿元，同比增长5.1%;全区完成工业应税销售333亿元，增幅5.2%。全区规模以上工业利税总额达28.7亿元，同比增长3.7%，利润总额20.8亿元，同比增长23.1%。谏壁电厂、鼎胜铝业、中储粮三家龙头企业完成应税销售增幅均在10%以上，爱励铝业应税销售同比增幅达52.4%。全市应税销售10强企业中京口占4家。

进一步加大企业技改投入。不断调整投资结构，精准对接技改“微刺激”，围绕装备提升、技术创新、智能制造、规模扩张、节能低碳、高端攀升等6个方向，大力引导和支持企业采用新技术、新工艺、新设备，推动工业存量转型升级。1—12月，全区完成工业技改投资86.27亿元，占年计划196.1%，增幅33.7%，高于全市平均4.4个百分点。全年完成固定资产增值税抵扣9049.2万元，占年计划100.5%，序时全市第二。中储粮二期技改扩能、鼎铝PS板基及钎焊箔技改、飞驰集团专用车搬迁技改扩产等3个项目提前竣工。

进一步发展新兴产业企业。充分发挥新材料、高端装备制造、新能源等产业优势，推动新兴产业发展，促进现有产品由产业链中低端向高端转型。持续加大省、市战略性新兴产业扶持资金争取力度，扩大中福马、鼎盛重工在首台套重大装备及关键部件认定示范效应，发挥鼎胜铝业、爱励铝业、海龙核科、立达纤维“单打冠军”龙头效应与集聚效应。1—12月，完成新兴产业销售125.5亿元，同比增长2.3%，占工业销售比重达41.9%。

进一步创新企业融资方式。各个部门充分利用各种利好政策，全力服务企业上市和发债工作。恒伟物流、三艾国际、海龙核材等三家企业率先挂牌上市，鼎胜铝业、京口农联小贷、科捷锂电、江苏锐天、蓝舶科技等多家企业正在积极筹备上市工作。总额14亿元北固投资公司（城投）企业发债工作正在有序推进中。

进一步多元化发展企业业态。立足主城区实际，全力发展新型商贸业态，成功挂牌“中国·以色列网商自贸区”，镇江京口网商产业园入驻电商企业已突破2000家。一大批电子商务企业落户京口，大禹山创意新社区创成省级电子商务示范基地和省级互联网产业园。“中企信星”成功列入省级科技孵化器管理“众创空间”。

进一步增强企业创新能力。鼎胜铝业、名通信息和四洋柴油机等5家企业获批省高新技术企业，高新技术产业总数已拥有30多家。鼎胜铝业、飞驰汽车分别成功创成国家级两化融合管理体系贯标试点企业和省级两化融合试点企业。飞驰汽车获评“两化融合”示范企业。R&D占比和高新占比均列全市前列。帮助企业申报各类科技创新和转型升级市级以上专项资金扶持项目70多个，争取各类资金约7707万元，促进企业创新能力建设。

进一步发展“三集”园区特色。现代服务业集聚区应税营收总量、入库税收总量以及现代农业产业园农业总产值增幅均列全市第一。开展两轮“招商引资百日竞赛”活动，举办第一次项目集中签约活动，新签约亿元以上项目33个。大力发展总部经济，引进卡车服务平台等总部经济及配套企业突破100家，新增公共财政预算收入1700万元以上。

进一步推进工业绿色转型发展。贯彻落实国家和省、市各项方针政策，大力实施万家企业节能低碳行动，持续推动低效电机淘汰工程，全方位强势组织推进节能减排工作。截至年底，金阳颜料和飞驰汽车落后产能任务已全部淘汰结束，4家清洁生产审核企业已完成方案初稿，等待验收。8个市重点节能及循环经济项目中7个已竣工，年度投资额与节能量分别较2014年增长130%和700%。（杜耀军）

全民争当“创新创业标兵”活动

全区累计新增私营户2134个，新增个体工商户3275个，新增公司私营注册资本113.28亿元，新建创业载体1个，完善提升创业载体1个。

开展创新创业系列活动。举办区级机关创新创业政策知识专题讲座，提高区级机关部门对创业政策知晓度。开展“创业服务进校园”活动，先后在江大、江科大、镇江高专现场发放创业政策宣传资料，解答创业优惠政策，举办各类大学生创业知识竞赛、职业规划大赛、创业设计等活动5场。组织优秀创业项目参加“创富镇江”创业大赛，推荐40多名选手参赛，21名选手进入复赛，3名选手进入决赛，最终京口区选送的郝鹏获得第2名的好成绩，区就业中心也获得大赛组织奖。举办创业意识教育普训、SYB（创办你的企业）创业培训、IYB（改善你的企业）师资培训等各类创业培训180余期，培训8500余人。开展创业帮扶“3+1”活动，全年帮扶35名有创业愿望的人员成功创业。在京口范围内评选4个创新创业先进集体和6个先进个人为“2014年度创新创业标兵”。

建设创业载体——镇江创业园。2015年，镇江创业园专门设立500万元创业种子基金，并引入风险投资公司入驻，以帮助入驻企业融资发展。为入驻创客配备了创业专家团，实施一对一指导，提供创业培训、模拟实训和IYB培训等服务，形成了“创客空间—创业苗圃—孵化器—加速器”全链条全要素创新创业服务模式。设立了创客沙龙，不定期举办创业专题讲座，邀请创业导师、知名企业家、经济频道主持、风投公司、税务局、科技局等人员参与，为创客解答创业困惑和难题。同时由入园创业者牵头组织创业咖啡活动，鼓励创客们一起交流奇思妙想、最新技术发展动态，分享创业经验，将创意转化为实实在在的创业活动。2015年创业园内共有在孵企业67家，从业人员823人，入驻企业销售额已达4000万元。

（王毅）

开展“金凤凰”活动

紧密结合全区重点产业板块发展需求，出台《2015年京口区创新开展“金凤凰”活动实施方案》《2015年京口区创新开展“金凤凰”活动月度计划分解表》等，引导全区人才工作向重质量重效益方向转变。对符合“金凤凰计划”申报条件的人才、企业，发挥人才优惠政策作用，大力扶持企业加速发展。年终，对区机关相关部门及各街道（园区）2015年度创新开展“金凤凰”活动目标任务落实情况进行考评，确定先进集体3家、先进个人6名。

（杨明）

滨江风光

广泛开展“真·实”主题活动

按照区委、区政府统一部署和工作要求，以更加坚定的意志、更加过硬的作风、更加科学的方法，推动全区机关进一步持续深入扎实开展“真·实”主题活动。据不完全统计，2015年，仅区级机关就为社区、居民、企业办理各类实事3000件，直接投入100万元，受到广泛好评。

注重服务实效。一方面围绕“一、三、五”工作目标，推动区级机关结对服务社区，进一步聚焦创新创业、聚焦更高水平文明城市创建，结对服务企业进一步聚焦转型升级、聚焦提质增效，全力助推区委、区政府中心工作。另一方面，推动区级机关部门进一步增强职能服务意识，切实依托本单位职能作用的发挥，积极为全区各社区、各企业和广大居民群众开展“零距离”服务。

注重会商会办。及时搭建会商会办平台，启动会商会办机制，促使一批涉及城市管理、建设规划、拆迁征收、环境保护、项目用电、发展场地等方面难点问题得到有效解决。全年通过会商协调解决12件，通过会商给予答复解决4件，进行会办交办解决5件。

注重分类督导。4月、5月，分片召开4场区级机关部门和街道、园区机关专题座谈交流会。6—9月，先后深入到8家街道（园区）和28家区级机关政府口工作部门进行逐家调研、逐个指导、逐层督查，对25家区级机关党群口工作部门和5家市垂直管理部门分5个类别进行集中调研、分类指导、重点督查，实现督查推进全覆盖、无死角。10月，对58家区级机关部门和8家街道、园区开展活动情况进行初步评估，并对各单位存在不足之处逐一提出整改意见，随后及时、持续加以跟踪督查，等等。有针对性地分类指导、督查推进，极大地提升活动实效性。

注重检查督查。构建“点对点”反向督查和“点对块”综合研判督查体系和机制，及时、客观、公正地了解机关部门开展“真·实”活动情况。

注重考核考评。区级机关部门“真·实”活动的考评实行结对服务“点对点”反向督查、年终满意度评议与定性定量日常考核有机结合，考核结果纳入到年度目标绩效考评体系。（陈涛）

“文明进万家”活动情况

全区各街道、园区及相关单位根据“文明进万家”活动计划安排，制定工作方案，明确责任分工和整治重点，抓好目标任务落实，各项整治任务按序时推进，取得较好整治效果。全年整治完成各类小区44个，整治环境、物业方面重点突出问题352项，开展各类群众性精神文明活动900余次。

小区环境进一步改善。通过活动开展，44个整治小区增加、改造停车位1023个，清除楼道小广告5000处，拆除违章建筑80处，对4800平方米小区墙面进行出新，增添垃圾分类设施176处，对居民生活垃圾进行分类收集。同时还清理小区内杂物和绿化带内积存垃圾。小区内杂物乱堆乱放、墙面乱贴乱画、绿化带杂草丛生、毁绿种菜、污水流淌等不文明现象基本消除。

物管水平进一步提升。各小区进一步明确了物管标准，物管人员强化清扫保洁、停车管理、绿化管护和治安巡查。加强公共设施改造提升，安装路灯132盏、防爬刺710个、程控门40个，修剪补植绿化8000平方米，疏通下水管道380米，扩建值班室70平方米，还安装一批技防监控系统、出入口道闸、减震带、凸面镜等设施，更新更换一批标牌标识，得到居民好评。

文明氛围进一步浓厚。各小区在充分利用宣传栏、电子显示屏等阵地的同时，新添公益广告牌、遵德守礼提示牌1000余块，宣传社会主义核心价值观。所有小区都设立善心立德榜，积极宣传群众身边的凡人善举。开展“我们的节日”“书香八进”“志愿服务月月行”“圆梦微心愿”等活动，全年开展各类读书活动300次，志愿服务活动530场，帮助各类群众完成微心愿1000项，因地制宜打造9个核心价值观主题阵地。辖区居民文明素养得到进一步提升。（李鲁）

大 事 记

责任编校：段广凤

1月

5日

▲ “西气东输”燃气管网对新民洲区域正式供气。据了解，该工程最大供气流量达每小时6000立方米，年供气量2000万立方米。这对改善新民洲能源结构，促进地方经济发展，具有重要战略意义。

13日

▲ 出席区八届人大四次会议的228名人大代表纷纷从各地赶来向大会报到。

18日

▲ 中国林业集团党委书记、总经理宋权礼一行到新民洲，就合作投资建设国林产业城项目进行考察。该集团拟在园区投资建设的国林产业城项目意向性协议已签订、木材仓储加工基地项目已完成公司注册，注册资本5000万元人民币。区领导裔玉乾、黄万荣、施正中、陈德福陪同考察。

19日

▲ 区委书记裔玉乾对全区新提拔乡科级领导干部进行集体廉政谈话。会上，区委常委、纪委书记周奇恒告诫领导干部坚持为官做人的准则，克己奉公，乐于奉献。全区新提拔乡科级领导干部还观看警示教育片《铁律无情警钟长鸣》。

20日

▲ 副区长陈德福带领区台办、各街道、园区有关人员赴上海开展对台招引工作。在沪期间，象山街道、大禹山创意新社区管委会、新民洲临港产业园及大市口街道根据自身产业定位积极与业界知名客商交流对接。

▲ 大西路拓宽改造工程竣工通车。该项目属于金融商务集聚区内的主要改造项目之一，是市政府的重点城建项目，也是市人代会指定项目。道路设计长度808.025米，其中京口段道路约600米，路幅宽度为36米，属城市次干道，公共绿地约5000平方米。

▲ 区委书记裔玉乾率领区发改、规划、国土、台办、正东路街道等部门负责人，推进海峡两岸文创园和包家湾商业综合体项目，要求进一步加大项目推进力度，全力以赴协调解决项目矛盾问题，确保项目快出形象。副区长陈德福参加视察。

▲ 副区长解军英带领区农委、市场监督管理局、城管局及相关街道分管领导，对中营街和九里街两家农贸市场禽类交易点的消毒休市情况进行现场督查。

28日

▲ 市司法局副局长张俊昌一行，到京口区专题调研司法惠民服务站建设情况。

▲ 镇江百盛商城有限公司大楼改造工程正在进行外立面施工，2015年9月完工。该项目于2014年9月启动，建成后将形成近6万平方米的经营规模，涵盖百货、超市、特色美食广场。项目正常运营后预计总营业收入为8.9亿元，利润总额为9800万元左右，预计新增就业岗位1200个。

29日

▲ 海龙核材科技（江苏）有限公司在全国中小企业股份转让系统（简称“新三板”）成功挂牌，成为京口区首家在“新三板”挂牌上市企业，这标志着京口区在培育企业做大做强，推进企业在资本市场融资方面实现零突破。

2月

4日

▲ 市重点项目、总投资49.6亿元的苏宁广场项目即将“开花结果”。4日下午，苏宁广场项目正式签约美国凯悦集团及莲花物业。副区长马云明出席签约仪式。

5日

▲ 中共镇江市第六届纪律检查委员会第五次全体会议以电视电话会议的形式召开。会议由市委常委、纪委书记孙健主持。会上，市委副书记、市长朱晓明发表重要讲话。区四套班子领导在京口分会场收听收看会议。

9日

▲ 省侨联主席史宇到京口区大市口街道慰问困难归侨周选福老人。市侨联副主席王永新等陪同。

▲ 市委常委、纪委书记孙健一行到道署街社区，走访慰问社区劳动模范陈彩娣。区委书记裔玉乾陪同。

10日

▲ 区委书记裔玉乾走访慰问镇江军分区和京口人武部两家驻区部队，感谢部队长年来为促进地方

经济发展、维护社会和谐稳定所做的重大贡献。区领导施正中、解军英参加走访慰问。

11日

▲ 市委常委、宣传部部长曹当凌一行先后到正东路街道贺家弄社区、健康路街道花山湾社区卫生服务站看望慰问获得“全国孝亲敬老之星”称号的热心居民陈世虎、获得“中国好人”称号的社区最美医生杨凌等身边好人。区委书记裔玉乾，区委常委、宣传部部长何广林陪同慰问。

12日

▲ 江苏省深入实施创新驱动发展战略暨建设苏南国家自主创新示范区工作会议在南京召开。全国政协副主席、科技部部长万钢出席会议并讲话，省委书记罗志军、省长李学勇作出具体部署，副省长、省科技厅厅长徐南平等领导出席会议。区委常委、各副区长，区人大、政协分管领导在京口分会场收听收看会议实况。

▲ 省司法厅民主法治示范村（社区）考核组到京口区，检查第六批国家级、第十批省级民主法治示范村（社区）创建工作。副区长解军英陪同检查。

3月

3日

▲ 2014年度京口区人民政府教育工作市级督导评估和考核情况通报会在区政府十楼小会议室召开。会上，市政府督导室主任潘国建通报京口区2014年度教育工作市级督导评估和考核情况。副市长曹丽虹到会并讲话。区长黄万荣到会并作有关表示。市政府副秘书长朱金生主持通报会。区领导何广林、郑苏真、林黎明、朱裕根参加通报会。

4日

▲ 市文广新局局长周文娟带队到京口区专题调研基层综合性文化服务中心建设情况。区领导林黎明陪同调研。

6日

▲ 新疆生产建设兵团第四师74团团长潘朝印一行到京口区考察交流。区领导黄万荣、郦锡梅、周奇恒参加交流会。

9日

▲ 为凝聚女性创业力量，激发广大妇女在推动地区“转型升级，特色发展”中展现更大魅力，京口区举行女性创业促进会成立大会。区委书记裔玉乾出席会议并就如何做好京口区女性创业工作，提出三点希望和要求。促进会由区委常委、组织部部长郦锡梅主持。市妇联副主席郑迎伟和副区长林黎明共同为京口区女性创业促进会揭牌。区领导郑苏真、解军英出席会议。

10日

▲ 省禁毒总队队长孙春一行到京口区四牌楼街道江一社区，调研“禁毒会战”工作。

16日

▲ 市委副秘书长、市台办主任褚祎到京口区专题调研镇江两岸文化创意产业示范基地项目。副区长陈德福陪同调研。

17日

▲ 市经信委主任薛峰到京口区调研中储粮二期技改扩能项目。区长黄万荣、副区长朱定明陪同调研。

18日

▲ 麻省理工学院材料加工和微光学技术中心（MIT）主任马克·比尔斯一行莅临京口区，与辖区企业海龙核材成功对接。

4月

1日

▲ 副市长胡宗元带领市农委、市消防支队相关人员，到京口区督查森林防火工作，要求各方做好准备，积极应对清明节前后的相关工作。副区长解军英陪同督查。

7日

▲ 市人大常委会相关领导率安全生产“一法一条例”执法检查组到京口区检查《中华人民共和国安全生产法》和《江苏省安全生产条例》贯彻实施情况。副区长朱定明陪同检查。

8日

▲ 山东省济宁市嘉祥县党委书记、县人大常委会主任柳景武，率嘉祥县党政学习考察团一行40人到京口区考察学习。区领导裔玉乾、孙国平、倪兆顺、夏卫军、周奇恒陪同考察。

▲ 区委书记裔玉乾率领区科技局、发改和经信委等部门负责人，赴中国中小企业信息产业园，专题听取镇江（京口）北斗产业园规划汇报。裔玉乾对北斗产业园规划初稿表示肯定，并对规划修订提出三点要求。区领导夏卫军、陈德福参加会议。

10日

▲ 中林（镇江）国林产业城项目正式通过镇江市产业项目评估委员会组织的重大项目评审。

▲ 京口区与哈尔滨工程大学开展技术项目对接洽谈活动。哈工程新材料和船舶海工装备专家团队，海龙核材、鼎盛重工、立达纤维、现代造船等辖区10家企业参加会议。副区长张爱国参加活动。

▲ 京口区举行“2015年北京大学经济管理能力提升研修班”开班典礼。区委书记裔玉乾出席开班典礼并作动员讲话。区委副书记施正中主持会议。会上，区委常委、组织部部长郦锡梅对培训作具体部署。

20日

▲ 区委书记裔玉乾带队赴京口网商产业园专题调研项目建设。在听取相关工作情况汇报后，裔玉乾对园区前期工作予以肯定，并要求园区在思想上高度重视，顺应“大众创业、万众创新”大势，确保完成全年入园企业3000家目标任务。

22日

▲ 区长黄万荣赴京口工业园，调研科技创新工作。在听取江苏海龙核科技股份有限公司和园区相关工作汇报后，黄万荣对企业和园区发展予以充分肯定。黄万荣指出，京口工业园作为全区工业发展的主阵地，要积极支持自主创新，促进企业实现从要素驱动向创新驱动的跨越。就下一阶段园区科技创新工作，黄万荣提出四点具体要求。

23日

▲ 由市委市级机关工委副书记周国年率领的市委督查组到京口，督查贯彻落实中央《中国共产党党和国家机关基层组织工作条例》和市委《关于贯彻〈党和国家机关基层组织工作条例〉实施办法》情况。区委副书记施正中陪同督查。

5月

4日

▲　京口区召开达到血吸虫病传播阻断标准考核工作会议。省卫计委疾控处副处长葛均、省血研所所长羊海涛等专家30余人参加会议。副区长林黎明陪同考核。

8日

▲　京口区召开经济管理能力提升研修班“学以致用”座谈会。会议由区委副书记施正中主持，区委书记裔玉乾出席会议并作重要讲话。

13日—15日

▲　区委书记裔玉乾率区发改和经信委、科技局、招商服务中心、大禹山创意新社区、京口工业园等单位负责人，赴西安参加第六届中国卫星导航学术年会及行业展览会。裔玉乾一行出席大会开幕式并参观中国电子科技集团等企业展厅。展览会上，裔玉乾与各参展单位负责人交流，同时邀请北斗星航、佳利电子等企业董事长前往京口实地考察，推动镇江（京口）北斗产业园建设发展。活动期间，裔玉乾一行还参观考察中航工业西安飞行自动控制研究所等单位，并达成西安北方光电技术有限公司军用自动检测摄像系统民用推广、中航工业庆安集团船舶系统研发生产、飞豹科技通用飞行器等项目的初步合作意向。

14日

▲　中华见义勇为基金会常务副理事长李顺桃一行四人，到贺家弄南门浴室慰问烈士施玉亮的遗孀朱双琴，询问其生活和工作情况，并送上慰问金。李顺桃一行还赴四牌楼街道考察指导见义勇为工作。李顺桃认真听取四牌楼街道见义勇为工作汇报，对该街道见义勇为工作予以高度评价。

15日

▲　由镇江报业传媒集团主办，四牌楼街道江一社区联办的江滨社区报创刊号发行，江滨社区报四开四版，半月一期。这是镇江首份社区类报刊。

17日

▲　新疆生产建设兵团第四师75团团长肖刚一行，赴大禹山创意新社区考察。区长黄万荣陪同考察。双方意向通过人员培训、挂职、软硬件支持等途径，就项目建设、社区网格化管理、文化、教育、医疗等方面进行合作交流。

19日

▲　京口区出台《京口区纪委约谈制度（试行）》，旨在通过谈话的形式，教育、帮助和提醒约谈对象端正思想认识，认真整改问题，切实做到廉政勤政，促进领导干部正确履职和廉洁从政。

21日

▲　区委书记裔玉乾率队赴江科大探讨交流深化校地合作。经友好协商，双方正式签订校地合作协议，决定建立长期、紧密、务实的全面合作关系。江科大党委书记王济干、校长王自力，区领导黄万荣、施正中、陈德福等参加校地合作对接会。双方人社（事）、科技等部门负责人进行对口交流。

26日

▲　区委常委、政法委书记宋平生率领城管、公安、综治办等部门有关人员赴扬州邗江区学习考察高校周边综合治理工作。邗江区委常委、政法委书记祁胜媚陪同考察。

28日

▲　为进一步增强京口区干部职工应对媒体的能力，区委宣传部特邀人民日报社《中国经济周刊》杂志社地方部副主任、资深记者王克，为全区干部职工举办“媒体主动应对机制建构”暨“记者眼中的媒体”专题讲座。区委常委、宣传部部长何广林主持讲座。区委常委、政法委书记宋平生参加讲座。

30日

▲　“中建大观杯”京口区第三届运动会暨江苏省第十届“泛沿江体育带”全民健身大联动活动在江科大东校区举行开幕式。副区长林黎明主持开幕式。区委常委、宣传部部长何广林出席开幕式并讲话。象棋国际特级大师张国凤到场鼓励每一位运动员顽强拼搏、奋勇争先。区第三届运动会组委会主任、区长黄万荣宣布运动会正式开幕。区领导施正中、孙国平、倪兆顺、周奇恒、杨祖华、郑苏真、朱裕根出席开幕式。

6月

2日

▲　由国家督学、上海市人大教科文卫委员会主任、市教委原主任、教授薛明扬率领的“教育部县域义务教育均衡发展”督导检查专家组，在省教育厅研究生教育处处长杨晓江的陪同下到京口区，对京口2014年创建“全国义务教育发展基本均衡区”进行“回头看”督导。副市长曹丽虹，市政府副秘书长朱金生、市教育局局长赵珏、市政府教育督导室主任潘国建，区长黄万荣、区人大常委会副主任郑苏真、副区长林黎明、区政协副主席朱裕根参加督导汇报会。

4日

▲　省科技厅发文，将“U谷创客”等40家众创空间纳入省级科技企业孵化器管理，京口区镇江中企信星电子商务有限公司负责运营的中企信星孵化器榜上有名。

5日

▲　京口区扎实推进社会组织建设，鼓励社会组织参与省、市公益创投，在2015年江苏省公益创投招投标中，京口区申报的6个公益项目有5个中标，获省补资金55万元，中标率位居全市第一。

10日

▲　由27名股东“众筹”的镇江翼咖啡开业，据悉这是镇江市首个经工商部门注册的众筹式公司。作为一种较为新颖的融资手段，“众筹”概念在国内一线城市已炙手可热，但在镇江还属于新生事物。

12日

▲　市科技局局长毛健带队到京口调研科技工作。调研组实地察看镇江市创业园、2C创业咖啡、科航创新工场，并在中小企业信息产业园展开座谈。副区长陈德福陪同调研。

15日

▲　区委书记裔玉乾率领区科技、人社、人才办等部门负责人，赴镇江高等专科学校，洽谈推进校地合作工作。座谈会由镇江高专校长韩光范主持。区长黄万荣、副区长陈德福参加座谈会。

▲　省商务厅、科技厅专家组对京口工业园创建省级知识产权试

点园区工作进行考核验收。通过听取汇报、查阅台账、专家提问、现场解答等方式，与会专家、领导给予园区创建工作充分肯定，一致同意京口工业园通过省级知识产权试点园区考核验收。

16 日

▲ 338 米新高度、钻石造型、总投资近 50 亿元的镇江苏宁广场，正在市民的关注中逐步建成，2016 年 6 月 9 日有望正式开业。区领导裔玉乾、黄万荣、孙国平、马云明参加镇江苏宁广场全球招商发布会。

▲ 新疆建设兵团第四师 68 团团长戴永林携 68 团学校校长吴昊一行到京口区八叉巷小学考察调研，并与该校签订两校合作协议。区领导何广林、林黎明出席仪式。

23 日

▲ 根据市委统一部署，市委第一巡查组日前进驻京口区开展党风廉政建设专项巡查工作。京口区召开工作动员大会，市纪委常委、市监察局副局长兼市委巡视联络办主任、市委第一巡查组组长王永京就巡查工作作重要讲话，区委书记裔玉乾主持会议并作动员讲话。市委第一巡查组全体成员，区委、区人大、区政府、区政协领导班子成员，区法院院长、区检察院检察长出席会议。区其他在职县处级领导干部，区纪委（监察局）、区委组织部班子成员，区委办、区政府办主任，各街道（园区）党政主要领导列席会议。

▲ 京口区与农发行镇江支行在区政府十楼小会议室签署战略合作协议。区长黄万荣致欢迎辞。区委书记裔玉乾出席签约仪式并作重要讲话。区委常委、常务副区长夏卫军主持签约仪式。

25 日

▲ 市人大常委会党组副书记、副主任陈苏率领调研组，到京口区调研特困群体托底保障工程建设情况。区长黄万荣、副区长解军英陪同。

29 日

▲ 京口区召开纪念建党 94 周年座谈会，进一步分析形势，研究党建工作，推动全区党建工作科学化水平再提升。区委书记裔玉乾出席会议并讲话。区长黄万荣主持会议。区领导施正中、孙国平、倪兆顺、夏卫军、杨祖华出席会议，区委党的建设工作领导小组成员参加会议。

▲ 京口区召开法学会成立暨第一次会员大会，大会选举产生 27 名第一届常务理事、44 名理事。选举区委常委、区法委书记宋平生为区法学会第一届理事会会长，会议表决通过《法学会筹备工作报告》等 3 项决议，市委政法委副书记、市法学会常务副会长李明洪参加大会并致辞。

7 月

1 日

▲ 省台办副主任王少邦一行 6 人到京口区开展“三解三促”专题调研。市台办主任吕朝霞，区领导黄万荣、施正中、陈德福陪同。

1 日—2 日

▲ 由江苏省督学、宿迁市政协副主席、宿迁学院党委副书记、副院长孙其松率领的“2015 年县级政府教育工作”省级督导专家组一行 8 人对京口区 2015 年政府教育工作进行督导考核。市教育局局长赵钰，区领导黄万荣、何广林、郑苏真、林黎明、朱裕根参加督导考核汇报会。

7 日

▲ 区委书记裔玉乾亲切会见中国科学技术大学党委组织部部长、机关党委常务副书记何淳宽一行。区委常委、组织部部长郦锡梅参加会见。

9 日

▲ 文化部新闻办公室主任刘晓雯率领新华社、人民日报社、中央电视台等多家主流媒体，到京口区大市口街道古城社区调研基层综合文化服务中心建设。

10 日

▲ 市委政法委副书记李明洪率市“六五”普法检查组，到京口区考核验收“六五”普法工作。区长黄万荣作欢迎辞。会上，区委常委、政法委书记宋平生汇报京口区“六五”普法工作情况。区领导郑苏真、宋武平陪同检查。

15 日

▲ 省商务厅副厅长潘宪生、南京财经大学信息工程学院院长曹杰教授一行到京口区，考察大禹山电子商务产业。市商务局局长刘吉顺，区委书记裔玉乾，副区长陈德福陪同考察。

▲ 由市环保局副局长姚继承率领的市委督查组，到京口区督查安全生产工作。督查组听取副区长朱定明关于全区安全生产工作情况的汇报，查阅相关资料，提出建议。

16 日

▲ 2015 年京口区项目集中签约仪式在国际饭店举行。华创产业园、D33 文化主题广场、大卫茂未来城等 20 个重点项目落地，总投资约 148 亿元。本次集中签约项目涵盖工业、服务业和农业，涉及商业综合体、仓储物流、文化教育、船用设备制造等多个领域，包括中林金海岸港口控股集团投资 50 亿元建设的中林（镇江）生态产业城项目、香港大卫茂国际购物中心有限公司投资 20 亿元建设的大卫茂未来城项目、南京中船绿洲机器人有限公司镇江船舶辅机厂投资 8 亿元建设的船用设备制造项目等 20 个优质项目落地京口。区委副书记施正中主持签约仪式，区四套班子领导出席签约仪式。

▲ 区委书记裔玉乾率领区四套班子领导、各街道（园区）及有关部门负责人，现场观摩红豆购物广场银座、中林（镇江）生态产业城等 6 个产业项目，并针对项目推进情况召开全区项目推进会。区长黄万荣出席会议并对下一步工作作出部署。区领导施正中、孙国平、倪兆顺、郦锡梅、夏卫军、周奇恒、何广林、陈德福、朱定明、解军英、林黎明、张旭彬参加活动。

▲ 区侨联与南通崇川区侨联举行缔结友好侨联签字仪式，以充分发挥各自优势，为两地经济社会发展做出贡献。市侨联副主席王永新，区政协副主席、统战部部长姜厚荣出席签字仪式。

17 日

▲ 副市长曹丽虹率队到京口区大市口街道古城社区，调研综合文化服务中心建设工作。副区长林黎明陪同。

21 日

▲ 区委书记裔玉乾会见以色列驻上海总领事柏安伦一行，并

参观中国中小企业信息产业园，双方就建设“中以网商自贸区”进行洽谈。

▲ 继江苏海龙核科技股份有限公司3月5日新三板挂牌后，京口区首个产业股权投资基金——“核电产业股权投资基金”正式成立，这标志着京口区核科技产业与资本市场融合提高到新水平。

22日

▲ 中国林业集团公司2015年中工作会议在碧榆园召开。副市长王常生出席会议并致辞。

26日

▲ “中以网商自贸区”揭牌仪式在京口区中国中小企业信息产业园举行。自贸区先进的服务模式吸引以色列企业的关注，已有2家以色列企业正式签约自贸区，50多家以色列企业向自贸区表达入驻意向。中以网商自贸区以网商虚拟产业园的服务模式为基础，为以色列客商在中国开设企业提供企业注册、办理进出口手续、电商代运营等一系列、全程式服务，为入园企业注册、管理、经营降低成本、提高效率，促进更多以色列企业在镇江注册落户，使自贸区成为中以贸易的重要“线上”支点。到2015年年底，自贸区将集聚以色列企业60家以上。当天下午，京口区还举办跨境电子商务论坛，邀请李安渝博士讲授跨境电商前沿知识。镇江市30余家电子商务企业参加论坛。区领导裔玉乾、黄万荣、孙国平、倪兆顺、夏卫军、徐军、陈德福、马云明、朱定明、解军英、张旭彬、朱裕根出席此次活动。

27日

▲ 中国林业集团在收购192公顷新民洲港区的基础上，拟规划新增建设用地133公顷，追加投资至50亿元，打造集贸易、仓储、物流、加工、金融服务为一体的国家级木材战略储备基地。该项目已通过市重大项目评审会、集中签约会签约，一期项目可研报告已定稿，第一期用地19.98公顷年内完成上市，争取年内开工建设。

28日

▲ 中国共产党镇江市京口区第七届委员会第九次全体（扩大）会议在镇江影剧院隆重举行。全会深入贯彻习近平总书记视察江苏（镇江）时的重要讲话精神和江苏省委十二届十次会议、镇江市委六届十次全会精神，认真总结上半年工作，全面部署下一阶段任务，动员全区上下以“四个全面”战略布局为引领，再接再厉，创新作为，确保完成全年目标任务，加快建设“强富美高”新京口。区委副书记、区长黄万荣主持会议。会上，区委书记裔玉乾代表区委常委会作题为《强抓“三严三实”全力拼搏实干 确保完成全年各项目标任务》工作报告。裔玉乾要求，为做好“十二五”收官和“十三五”开局，全区上下要以“四个全面”战略布局为引领，围绕完成全年目标任务，突出重点，全力以赴狠抓经济发展、致力打造科技创新和人才高地、奋力加快生态文明建设、大力实施民生幸福工程、着力加强社会治理创新、科学编制好“十三五”规划。树立鲜明导向，建设过硬干部队伍；立足强基固本，夯实基层党建基础；持续改进作风，加强党风廉政建设，推动全面从严治党迈上新台阶，努力营造风清气正的政治生态；坚定理想信念，提振发展精气神。会议审议通过了全会《决议》。会上，区委组织部、区纪委、象山街道、健康路街道、新民洲临港产业园分别作表态发言。裔玉乾、黄万荣、施正中、宋平生、郦锡梅、夏卫军、周奇恒、何广林、杨祖华在主席台就座。区委委员、候补委员出席会议。

29日

▲ 全市基层综合性文化服务中心建设现场推进会在京口召开，副市长曹丽虹出席会议并讲话。国家公共文化服务体系建设专家委员会委员阮可教授、省文化厅公共文化处处长束有春出席会议。市政府副秘书长朱金生主持会议。区委常委、宣传部部长何广林参加上述活动。

30日

▲ 京口区飞驰汽车集团专用汽车搬迁改造项目获2015年省级军民融合发展引导资金奖励232万元。全市有10个项目获得该项资金，飞驰集团是京口区第一家获得该项补助资金的企业。

31日

▲ 区委常委会举行“三严三实”专题教育第一专题第二次集中交流研讨。区委书记裔玉乾主持会议并作重点发言。裔玉乾结合自身学习体会、工作情况和当前党员干部身上存在的一些问题，从四个方面谈对“严以修身”的体会。裔玉乾最后强调，进一步深化思想认识，深入查找剖析问题，切实把专题教育不断引向深入，确保专题研讨取得实实在在的成效。会上，区委副书记施正中，区委常委、常务副区长夏卫军，区委常委、人武部政委杨祖华先后作重点交流发言。区委常委、区纪委书记周奇恒作书面交流。区政协主席孙国平、区人大党组书记常务副主任倪兆顺、市专题教育协调小组成员祝嵩等列席研讨会。

8月

3日

▲ 台湾开达休闲开发股份有限公司董事长杨文达一行到京口区新民洲临港产业园，考察健康农业休闲养生产业投资环境。区领导黄万荣、施正中陪同。

5日

▲ 副市长胡宗元赴谏壁街道，调研文明城市长效管理工作。副区长解军英陪同调研。

▲ 南京文交所镇江交易中心项目正式签约入驻大禹山创意新社区。交易中心推行线上钱币邮票实物挂牌的交易模式，促进钱币邮票收藏品的市场流动，使投资者投资品种扩展到钱币邮票投资领域。中心未来还将丰富拓展钱币邮票藏品集散中心、钱币邮票托管交收中心、文化收藏品类理财中心、钱币邮票学术中心、钱币邮票会展中心等功能。

8日

▲ 2015年京口区领导干部理想信念教育专题培训班在井冈山顺利开班。国家检察官学院井冈山分院副院长马珉、京口区委副书记施正中出席

开班仪式并讲话，来自京口区各单位的61名学员参加开班仪式。

12日

▲ 新民洲临港产业园与上海卡服物流科技有限公司卡车服务平台项目签约仪式在国际饭店举行。区领导黄万荣、夏卫军，卡服公司总经理王坚出席签约仪式。

17日

▲ 市委副书记李茂川率领市农委、安监等部门负责人以及安全生产领域的相关专家，到中储粮镇江粮油有限公司检查安全生产工作。区委书记裔玉乾陪同检查。

19日

▲ 市委常委、宣传部部长曹当凌先后到京口区白莲巷、田家门社区，现场督查全市建设更高水平文明城市动员部署大会贯彻落实情况。区领导裔玉乾、何广林陪同督查。

24日

▲ 区长黄万荣率区安监、公安、消防等部门负责人，开展安全生产大检查。黄万荣强调，安全生产是最大的效益，企业要严格落实安全生产主体责任，杜绝安全隐患。

25日

▲ 新民洲共青团农场成立55周年。一百多名老职工回到农场参观，农场展示馆内新民洲未来的规划地图和江边货轮来往运输装载物品的繁忙景象勾起在场老职工的回忆，众人相约在农场成立60周年时再相聚。

28日

▲ 省文化厅厅长徐耀新率队到京口区大市口街道古城社区，调研基层综合文化服务中心建设情况。副市长曹丽虹，区委书记裔玉乾、区委副书记施正中、副区长林黎明陪同。

9月

2日

▲ 第十一届中国（南京）软件和信息服务业交易博览会在南京开幕。京口区大禹山创意新社区作为镇江市唯一受邀参展的园区，与区域内十余家具有代表性的互联网企业共同亮相，在博览会上全方位展示该区域互联网产业的发展成果，受到参展观众频频“点赞”。

9日

▲ 市长朱晓明会见镇江考察项目推进情况的爱励国际董事局主席史达祥一行，就加强项目合作和解决企业目前所遇难题等方面情况进行交流。市政府秘书长杭祝鸿，区领导裔玉乾、黄万荣参加会见。

10日

▲ 北京山水文园集团江苏区域总经理梁春申、集团市场部总监周振永等一行，到新民洲临港产业园考察投资环境。客商实地参观新民洲港区、生态健康展示馆及新民洲生态地貌情况后，副区长陈德福主持召开项目座谈会，就文化旅游、健康养生、生态小镇产业项目进行座谈交流。

11日

▲ 2015中国镇江先进制造业发展(厦门)推介会在厦门召开，京口区成功签约总投资30亿元的分布式光伏发电站组件生产项目和总投资8.5亿元的粮食仓储物流贸易项目。副区长朱定明在推介会上对京口区产业发展情况、列入市重点规划建设的高性能材料产业园和新民洲临港产业园作重点推介，并发布招商合作项目。

14日

▲ 市委常委、市纪委书记孙健率领相关部门负责人，到京口区四牌楼街道督查推进更高水平文明城市建设工作。区委常委、纪委书记周奇恒陪同。

▲ 北大青鸟副总裁、博雅教育科技有限公司董事长胡振宇一行到京口区调研文化产业项目，实地考察京口文化艺术中心并洽谈文化教育产业合作项目，就与京口文化艺术中心合作事宜进行具体对接。区长黄万荣会见胡振宇董事长，区委常委、宣传部部长何广林，副区长林黎明就合作事宜分别作交流发言，并一致表示将全力支持“北大青鸟”与京口文艺中心的合作项目。

15日

▲ 市人大常委会在全市开展“人大代表接待选民日”活动。此次接待日活动，京口区采用固定地点接待的方式接待选民，听取群众对京口区经济建设、社会民生事业发展等方面的意见和建议。当天，有132名各级人大代表分别在14个人大代表接待点接待选民538人，收集建议和意见351件，现场解决和答复131件，发放《宪法》手册500本。市领导李国忠、秦海涛、王萍、胡宗元、卢章平、王荣正，区领导黄万荣、倪兆顺分赴京口区各代表小组接待选民。

16日

▲ 市委常委、常务副市长张洪水赴京口区正东路街道推进更高水平文明城市建设工作。张洪水要求，在保证辖区干净整洁的基础上，因地制宜做好环境美化工作，深化文明城市创建成果，改善居民生活，让更高水平文明城市建设工作可观可感。区领导黄万荣、郦锡梅陪同考察。

▲ 副市长倪兴余到京口区大市口街道检查指导文明城市创建提质工作，在实地查看和听取相关汇报后，对下一步创建工作提出具体要求。

17日

▲ 江苏出入境检验检疫局副局长卢艳光率队到京口新民洲临港产业园，调研新民洲港建设发展情况。副区长陈德福重点汇报镇江市以及京口区对港口发展的支持力度，进一步发展遇到的困难。卢艳光表示要做好服务新民洲港的工作。

26日—28日

▲ 国家乒乓球队在镇江市举行一队保级和二队晋级的第一阶段比赛。27日下午，国家乒乓球队教练组到八叉巷小学，对爱好乒乓的小同学进行技术和体能指导。从八小走出去的世界冠军、国家男队教练秦志戬在训练馆手把手地指导小同学握拍要领和发力技巧。

28日

▲ 京口区组织收听收看全省领导干部警示教育电视电话会，观看警示教育片《违纪之鉴》。省委副书记、省长李学勇主持会议。省委书记罗志军出席会议并作重要讲话。区委书记裔玉乾就贯彻落实全省领导干部警示教育电视电话会议精神，要求全区各部门、各单位认真传达学习，以案为鉴，深刻吸取教训，进一步落实好“一岗双责”，严格执行请假制度，真正把中央“八

项规定”和廉洁自律的各项规定落到实处。区领导黄万荣、施正中、孙国平、王琴、郦锡梅、周奇恒、何广林、郑苏真、杜承华、陈德福、朱定明、解军英、林黎明、姜厚荣、宋武平、朱裕根收听收看电视电话会。

▲ 市发改委党组副书记、副主任许军炯率相关处室负责人，赴新民洲临港产业园召开现场办公会，协调推进中林（镇江）生态产业城项目。区领导施正中、陈德福，中林金海岸港口控股集团总裁黄成、中林新民洲港务有限公司总经理徐海平参加会议。

30 日

▲ 市委常委、常务副市长张洪水赴鼎胜铝业、欧尚超市检查节前安全生产。副区长朱定明陪同。

10 月

9 日

▲ 2015 年全市 30 项城建重点项目之一、京口区为民办实事之一的镇澄路中段主干道通车。该路始于莺歌桥东桥头，与雩龙路相交，终点至京口区与镇江新区交界处，全长 1.476 公里，宽 35 米，双向四车道。该路的建成，完善了谏壁地区的路网，缩短了市区到谏壁的距离，也圆了谏壁居民多年的梦想。

13 日

▲ 由团市委主办，团区委承办的“我是向上向善好队员”主题队日活动在江滨实验小学举办，出席活动的嘉宾向“镇江市十佳少先队员”“镇江市十佳少先队辅导员”获得者颁发荣誉证书。副市长曹丽虹出席活动并讲话，区委常委、宣传部部长何广林参加。

15 日

▲ 国务院食安办、国家食药监总局督查组到京口区，检查食品安全工作。省食药监局副局长朱勤虎，市食药监局局长顾大福，区领导黄万荣、夏卫军陪同。

16 日

▲ 区委书记裔玉乾率队赴镇江索乐电子科技有限公司调研。裔玉乾详细了解公司发展运营情况，并听取“索乐健康云（大数据）”项目情况介绍。他表示，在项目推广过程中，政府层面将从科技、人才、企业融资等方面给予全力支持，帮助企业进一步做优做大做强。

▲ 京口区首创河道生态浮岛。虹桥港、胜利港河道河面上漂浮着一块块长满绿色植物和鲜花的人工绿化浮岛，在阳光的映衬下格外艳丽。该生态浮岛是由区环保局负责实施的河道生态修复工程的一项重要内容。至年底，京口区已完成约 3000 平方米的生态浮岛布置，耗资 135 万元。

19 日

▲ 区委书记裔玉乾率领规划、城管等部门负责人，对海峡两岸文创园、台湾风情美食街等台资项目地块进行调研。副区长陈德福参加调研。

22 日

▲ 京口区召开党建学会第一次会员大会。大会审议通过学会《章程》和大会选举办法，并选举产生京口区党建学会第一届理事会。大会还审议通过理事会会长、副会长、秘书长和副秘书长选举办法，并选举产生会长、副会长、秘书长和副秘书长。区委常委、组织部部长郦锡梅出席会议并讲话。会上，市委组织部副部长、市党建学会会长陈晨作重要指示。京口区第一届党建学会会长盛杰作表态发言。

23 日

▲ 镇江黄浦置业有限公司滨江科技金融商务中心项目正式开工建设。该项目位于长江路以南，电力路以西，广电大楼南侧，占地约 0.78 公顷，总投资 7 亿元，项目规划方案确定楼高 84 米，23 层，地下室 2 层，建筑面积 3.95 万平方米。

26 日

▲ 中林产业联合会国际投资贸易促进会工作座谈会在京口举行。会议通报 2015 年促进会工作情况，就中国木材贸易市场情况与走势等问题进行探讨。副区长陈德福出席会议并讲话。

29 日

▲ 省委宣传部督查组到京口区调研基层宣传思想文化工作。督查组实地查看大市口街道古城社区、四牌楼街道综合文化站和京口文化艺术中心。在随后召开的座谈会上，区委常委、宣传部部长何广林从五个方面向督查组汇报京口区宣传思想文化工作情况。

▲ 区委常委会围绕“严以用权”主题，举行第三专题第一次集中交流研讨。区委书记裔玉乾主持会议并讲话。会议传达学习习近平总书记在中央政治局第二十六次集体学习时的重要讲话和省、市“三严三实”工作推进会精神，研究京口区贯彻落实意见。区政协主席孙国平，区人大党组书记、常务副主任倪兆顺，市专题教育协调小组成员曹汝星、杜越列席研讨会。

▲ 中林新民洲港 1 号、2 号泊位对外开放省级验收会在京口区举行。区委书记裔玉乾、区委副书记施正中，镇江市口岸办和“一关三检”等联检部门相关领导参加会议。

11 月

2 日

▲ “慈善爱心启智手工坊”揭牌仪式在京口特教中心举行。市慈善总会副会长许能斌、周梅生、石耘，区慈善总会会长贾国祥、副会长朱长龙及部分社会爱心人士参加揭牌仪式。

3 日—5 日

▲ 区长黄万荣、副区长林黎明率领区委组织部、区科技局、区招商服务中心、京口工业园、大禹山创意新社区和相关企业负责人，赴安徽合肥开展学习交流。副区长汪志勇共同参加中科大学习交流活动。

10 日

▲ 环保部华东督查中心副主任刘国才率队到京口，就环境保护工作进行专题调研。在召开的座谈会上，副区长朱定明对京口区环保工作开展情况和环境执法监管情况进行重点汇报。

11 日

▲ 市委常委、秘书长李雪峰率市文明办、城管局和工商局负责同志，赴京口区象山街道督查推进文明城市迎检工作。区领导黄万荣、何广林陪同。

▲ 市发改委副主任吕仁卿率队，到京口调研经济社会发展情况。调研组对京口区 2015 年以来经济社会发展取得的成绩给予充分肯定，并希望京口区能抢抓机遇，周密筹划，力争 2016 年拥有更大的发展优势和增长空间。副区长朱定明陪同。

16日

▲ 省委第二巡视组巡视扬中市、京口区、润州区工作动员会在碧榆园召开，省委第二巡视组组长韩波作动员部署，市委书记夏锦文就重视配合巡视工作、认真抓好整改落实提出要求。

18日

▲ 市委副书记、政法委书记李茂川到京口区四牌楼街道，调研见义勇为工作。李茂川充分肯定该街道见义勇为工作，并提出三点要求。区长黄万荣陪同。

19日

▲ 省司法厅厅长柳玉祥、省关工委常务副主任李明朝率队，到京口专题调研"五老"参与社区矫正服务工作。副市长赵建生，区委书记裔玉乾，区委常委、宣传部部长何广林，副区长解军英陪同。

23日

▲ 2015年京口区第二次项目集中签约仪式在国际饭店举行。爱励航空板扩能、索普科技园、金山湖文旅综合体等20个重点项目落地，总投资约150亿元。签约仪式上播放京口区招商宣传片《锦绣江南 秀美京口》。区委书记裔玉乾致辞，副区长陈德福推介招商项目。区长黄万荣主持签约仪式；区四套班子其他领导及来自全国各地的60多位客商出席签约仪式。

24日—26日

▲ 区委书记裔玉乾率区招商服务中心和相关街道、园区负责人赴广州、深圳开展小分队招商活动。京口区招商小分队还参加镇江市在深圳举办2015高新技术产业合作对接会，京口区两个项目在会上签约，分别是总投资5亿元的微商产业园项目和总投资2500万元的微电网电池组项目。副区长陈德福参加招商活动。

12月

8日

▲ 由省卫计委副主任徐东红率领医改综合督查组到京口区健康路社区卫生服务中心，考察医疗体制改革工作。督查组在详细听取工作汇报和现场查看后对中心在医改方面的特色做法予以充分肯定，就中心继续发挥社区卫生服务优势，将医改各项政策、措施落实到位，更好地为广大患者和社区居民服务提出要求。

11日

▲ 由中华诗词学会副会长、秘书长林峰，江苏省诗词协会秘书长陈玉金率领的"中华诗词之乡"检查组，到京口检查"中华诗词之乡"创建工作。市政协副主席赵庆荣，区领导裔玉乾、黄万荣、孙国平、何广林、林黎明、朱裕根陪同检查。

14日

▲ 由省发改委服务业处调研员吴滨率领调研组，到京口区新民洲临港产业园调研2016年省级重点服务业项目——中国（镇江）国际木业交易中心。区委常委、常务副区长夏卫军陪同调研。

▲ 区委书记裔玉乾率队赴福建开展城建招商活动。其间，裔玉乾一行重点拜访厦门民盛集团、漳州正兴集团等多家福建知名企业，并与漳州正兴集团签署框架合作协议，拟共同出资投资教育、医疗等民生项目。副区长赵永斌参加招商活动。

15日

▲ 陕西团省委书记李豫琦率领的调研组到京口区四牌楼街道阳光世纪花园社区调研团建工作。团省委书记万闻华，团市委书记贾敬远，区委常委、组织部部长郦锡梅陪同调研。

▲ 市经信委副主任徐志刚带队到京口调研2016年工业经济和信息化工作。区发改和经信委汇报2015年各项工作完成情况和2016年工作思路和举措。徐志刚充分肯定京口区2015年工作，并对"十三五"期间京口区经济信息化发展提出相关要求。区委常委、常务副区长夏卫军陪同调研。

▲ 市妇联主席胡云霞带领相关处室负责人，到京口区调研妇女儿童工作。在听取区妇联2015年重点工作及2016年工作思路汇报、与基层妇联干部交流后，胡云霞对京口区2015年妇女儿童工作予以充分肯定，对今后工作提出希望。区委常委、组织部部长郦锡梅陪同调研。

16日

▲ 市民政局局长尹卫民率队到京口调研民政工作。尹卫民一行实地视察区民政局新办公楼，仔细查看新办公楼各种设施与环境并听取民政工作汇报。区长黄万荣陪同调研。

21日

▲ 江苏省能源计量示范单位（2013—2015年）评选结果日前正式出炉，索普集团以高分通过省能源计量专家评审，成为此次唯一获得"江苏省能源计量示范单位"称号的镇江企业。

22日

▲ 区委书记裔玉乾，区委常委、政法委书记王琴一行到句容市郭庄镇葛村带案下访，深入一线倾听群众呼声，现场解决实际问题。

▲ 1—11月，京口区进出口完成10.2亿美元，同比增长25%，完成年计划的105.1%，序时进度和增长率均居全市第一。其中，出口累计完成8.2亿美元，同比增长30.8%；进口累计完成2亿美元，同比增长5.5%。该区服务外包执行额上报数2.87亿美元，同比增长17.4%，完成年计划的105.6%，总量居全市第一。

23日

▲ 中国农业银行总行战略规划部流程研究处处长孙素民和江苏省分行领导一行，赴新民洲临港产业园考察调研银政支部共建等工作情况。区领导施正中，农行镇江市分行行长陶长辉、京口支行行长郭瑞凤等陪同。

25日

▲ 市史志办主任吴海平一行到京口区调研史志档案工作。吴海平一行实地参观区史志档案办基础设施，对查阅大厅、史料陈列室、图书资料库等场所进行实地查看。随后，听取区史志档案办近年来的工作情况和下阶段工作计划汇报。区委常委、常务副区长夏卫军陪同。

▲ 市科技局长周必松率队到京口区调研科技创新工作，考察京口科技企业和众创空间发展建设情况，了解京口科技"十三五"规划。副区长陈德福陪同。

地情概况

【位置】 京口区是江苏省镇江市市辖区之一，位于江苏省西南部，长江与京杭大运河十字交汇处，东接镇江新区，南和丹徒区为邻，西与润州区隔古运河相望，北接扬州市邗江区。 （马戈）

【面积】 全区总面积124.686平方公里，其中谏壁街道33.418平方公里、象山街道22.582平方公里、国有共青团农场24.773平方公里、正东路街道4.920平方公里、大市口街道2.318平方公里、四牌楼街道4.097平方公里、健康路街道4.5平方公里、长江水域30.686平方公里。 （马戈）

【地貌】京口区地处宁镇山脉东段，属宁镇扬丘陵地区和长江冲积平原区，地势为中部高，东、西及沿江地带地势平坦，岗坡丘陵穿插其间。中部有焦山、北固山、象山、汝山、京岘山、老山、鼎石山和焦顶山，由北自南排列；东部有雩山，东西向排列。区内除新民洲为江中沙洲外，其他基本上形成以丘陵岗坡地为主的地形特征。沿江低地近代由长江泥沙淤积而成。 （马戈）

【资源】 京口区内多低山丘陵，并以黄棕土壤为主，岗地以黄土为主，平原以潜育型水稻为主。全区耕地面积1178公顷，其中粮田993公顷、常年菜田面积185公顷。设施农业面积150公顷，林地1690公顷，优质果品基地18公顷，养殖水面100公顷。

辖区内水资源比较丰富，长江、运河流经境内。现有长江岸线17.5千米，有国家二级长江堤防14.2千米。全区水域面积2986.5公顷，其中长江水面1200公顷。除涝方面，有排涝站16座，装机2245千瓦，总流量37.1立方米/秒；灌溉方面，有灌溉站8座，总装机容量300千瓦，总流量3立方米/秒。

境内有长江鱼类13目25科90多种，其中刀鱼、鲥鱼、鳗鱼、鮰鱼、河豚是我国名贵品种；白鳍豚、中华鲟等更为我国珍贵稀有动物，列为国家一级保护动物。人工饲养的水产品有青鱼、草鱼、鲢鱼、鲤鱼、鲫鱼等及虾、蟹、鳝、鳖等。区内有鸟类32科122种。共青团农场常年有18种鸟类定居，其他野生动物有21科。

区内植物资源丰富，有各类树种80余科，500余种。自然植被以落叶阔叶树为主，其中有麻栎、枪树、黄连木、山槐、枫杨等。药用植物有700余种。引进树种有黑松、杉木、泡桐等。

区内矿产资源种类不全、经济价值不大。谏壁街道的雩山有零星含铁石英砂岩出露，青龙山有白云石、石灰石，象山街道袁家村有石灰石。黏土主要分布在沿江一带。 （丁志国）

【人口】 2015年年末，常住人口总户数125051户，313936人，其中：正东路街办13991户，35376人；健康路街办31146户，83166人；大市口街办23255户，58474人；四牌楼街办21482户，55465人；象山镇20052户，45687人；谏壁镇13876户，32592人；工业园区705户，1988人；共青团农场544户，1188人。 （杨万华）

【建置沿革、区划】 京口是镇江的古称之一，最早见于《尔雅》“绝高为之京”，古人把高平之地称为京，北固山下的江称口，谓之京口。汉称京口里，至东吴孙权筑铁瓮城，置京口镇，使京口一度成为东吴政治中心。晋时置晋陵郡，郡治由丹徒镇移治京口，从此京口始为郡（州）、府治所在地。晋永嘉之乱，大批士族南渡，为此侨置兖、徐二州于京口。南朝宋置南徐州，隋置润州，宋升润州为镇江府，镇江名称一直沿用至今。民国18年（1929年）春，江苏省会由南京迁镇江，治所也一直在京口。1949年，镇江解放后，市、县分设，市区及近郊归镇江市管辖，乡镇归丹徒县管辖。1983年，实行市管县体制，市区设立城区和郊区。同年12月将城区更名为京口区，郊区更名为润州区。1992年10月，镇江市行政区划调整，古运河以东的大市口、四牌楼、健康路、正东路4个街道，象山、汝山、丹徒、谏壁4个乡镇和甘露茶叶试验场，为京口区管辖范围。

2011 年 7 月 22 日，京口区人民政府根据省政府《关于撤销镇江市京口区象山镇谏壁镇分别设立街道办事处的批复》（苏政复〔2011〕43 号）和市政府《关于同意撤销京口区象山镇谏壁镇分别设立街道的批复》（镇政复〔2011〕17 号）精神，撤销象山镇和谏壁镇，分别设立象山街道办事处和谏壁街道办事处。2015 年年底，京口区辖大市口、四牌楼、健康路、正东路、象山和谏壁 6 个街道办事处以及京口工业园区、共青团农场、京露茶场。全区有 59 个社区、6 个行政村。

（耿纪明）

【民族】 截至 2015 年 12 月，京口区少数民族有 27 个族别，人口 7653 人。超过 1000 人以上少数民族有回族、蒙古族，其中回族人口最多，有 5508 人，占少数民族总人口 71.97%，蒙古族 1124 人，占少数民族总人口 14.69%，其他少数民族有满族、壮族、朝鲜族、维吾尔族、苗族、土家族、布依族、侗族等，人数均为 100 人以下。

（汤高余）

【方言】 京口话属于镇江语系，而镇江话是属北方方言的次江淮方言，位于北方方言与吴语两大方言交汇处。古代的镇江话属吴语，由于东晋、十六国期间少数民族入侵，北方人口大量流入镇江、扬州一带，因而语言发生变化。镇江市虽属北方方言范畴，但构成复杂，其中既有吴语的遗痕，又有旗腔（类似京腔）的影响。与普通话相比，镇江话没有全浊声和舌尖后声母，鼻化原音介于前鼻音韵母之间，in、ing、en、eng、n、l 不分，有入声调。词汇中保留丰富的吴语词。 （方志）

【交通】 京口区作为镇江主城区之一，区内交通十分便捷。城市道路：东西向主干道有中山东路、长江路、正东路、东吴路、学府路、京口路、桃花坞路、大西路（东段）、滨江旅游副线、江滨大道、禹山北路、宗泽路等；南北向干道有解放路、电力路（北段）、梦溪路、古城路、石马湾路、小米山路、谷阳北路、谷阳路（北段）、经十二路（北段）、左湖路等。主要公路：镇澄线、金润大道、金港大道、谏辛公路、雩龙公路、新民大道。公交：截至 2015 年年底，辖区内公交枢纽站有：江大枢纽站、焦山枢纽站、大东枢纽站。公交首末站有：我家山水站、工业园区站、九中站、新民洲站、长岗站、江大北站、市委党校站、老焦山公园大门站、梦溪嘉苑站、宝塔山公园站、谏壁站。公交线路有：1、2、3、4、5、6、8、9、10、11、12、14、15、16、18、19、20、21、22、23、24、25、28、28、39、101、102、104、105、106、115、116、118、123、130、133、135 路；大运量公交有 D1、D3、D4、D5；空调专线有 K8、K201、K202、K218、K219 路；专线车有龙山线、驸马庄线。夜班车有 31、32、33、34、35、39 路和丹徒新区夜班专线。其中旅游线路有 2、8、104、115、133 路到金山公园；4、104、133 路到焦山公园；4、8、12、14、116、133、135 路到北固山公园；12、101 路到宝塔山公园；15、18、106 到南山风景区；另外还有镇江到扬州平山堂旅游专线。直达城铁镇江站线路有 2、3、4、5、10、15、19、22、23、24、31、32、33、101、105、118、123、133、K8、K201、K218、K219、D1、D4、D5 路等；直达高铁镇江南站的线路有 202、39 路等；20 千米以上的线路有 9 路（第二人民医院—谏壁）、21 路（迎江桥—上党）、22 路（1）我家山水—韦岗温泉（2）我家山水—小衣庄（3）我家山水—东昌、23 路（1）梦溪嘉苑—高资中学（2）梦溪嘉苑—下蜀、24 路（1）火车站—大港港区（2）火车站—国亨化学、25 路 218 路（大东枢纽站—彩虹城）、28 路（江滨公园—鼎胜铝业）、29 路（江滨公园—东方村）及丹徒新区夜班专线（火车站—端丹花苑）。

（金玉）

【风景名胜】 京口依山傍水，风景秀丽多姿，其真山真水具有独特的山水风貌，以“天下第一江山”闻名于世。著名的镇江三山，有两山在区域内，焦山“山裹寺”，以雄秀见长；北固山“寺冠山”，以险峻称雄。焦山定慧寺为全国重点寺庙。区内“珍珠项链”——长江路上有春江潮广场、江滨公园。古运河风光带上有河滨公园、珍珠广场、宝塔山公园。市区还有大市口广场、梦溪广场、京口广场、健康广场、花山湾广场、古城公园等旅游景区、景点及健身广场。

作为国家历史文化名城，京口不仅有着众多自然风光，还有着深厚历史底蕴。焦山碑林为全国重点文物保护单位。碑林中现存有重要摩崖石刻 80 处，藏碑 400 余方。尤以“大字之祖”瘗鹤铭以及苏轼、米芾、黄庭坚、陆游等书法大家的墨迹碑刻和摩崖石刻为最，堪与西安碑林媲美。五柳堂、张云鹏故居、东晋花山湾古城墙遗址、宋代铁塔等 8 处为江苏省文物保护单位。2011 年，“京江新二十四景”中位于京口区内的有十一处，分别是北水柳浪、摩崖夕照、寒汀芦荻、海门江雪、晋城春望、灯火临流、春江夜月、北固远帆、甘露流芳、鼎石访梅、湾头壁立。 （方志）

【雨情】 2015 年汛期雨量 806.3 毫米，雨日 44 天，最大日雨量 98.5 毫米，发生于 6 月 28 日；最大连续降雨量 173.5 毫米，连续降雨 5 天，发生于 7 月 11 日至 15 日。 （丁志国）

【水情】 2015 年汛期（5—9 月），长江超警戒水位（▽ 7.0 米）天数为 27 天；最高水位为吴淞▽ 7.45 米，出现在 7 月 27 日；最低水位为▽ 3.52 米，出现在 5 月 7 日；长江（大通站）最大流量 58000 立方米 / 秒，出现在 7 月 26 日，长江最小流量为 23100 立方米 / 秒，出现在 5 月 9 日。 （丁志国）

2015 年国民经济和社会事业发展情况

【概况】 2015 年，在区委、区政府正确领导下，面对复杂多变宏观形势和经济下行巨大压力，全区上下积极适应新常态，认真落实“四个全面”战略布局，始终坚持“转型升级、特色发展”总要求，全力推进“1+6”活动，经济社会发展保持稳中有进、稳中有好态势，较好完成年初既定目标任务。全年完成地区生产总值432.9亿元，同比增长9.1%，一般公共预算收入21.2亿元，同比增长11.1%，固定资产投资373.2亿元，增长18.3%，圆满完成区八届人大四次会议确定目标任务。（钱成）

【项目建设成效有大提升】 2015年，滨江科技商务中心等19个项目开工建设，中储粮二期技改扩能等7个项目竣工投产，开工项目、竣工项目数量分别增长271%、150%。14个市级重点产业项目开工率达75%，全年完成投资45亿元，占年计划的101.8%。苏宁广场、凤凰文化广场、北固湾商业综合体等一批在建重点项目进展顺利。“321”项目数量、质量实现双提升，全年推进“321”项目7个。中林（镇江）生态产业园列入省2016年重大项目投资计划，中集宝钢一体式半挂车桥、新河街历史文化街区等13个项目列入市2016年重点产业项目。（钱成）

【服务业发展质态更优化】 2015年，服务业增加值311.8亿元，占GDP比重达72%，较2014年同期提高2.5个百分点，占比继续保持全市第一。新增规模服务业企业25家，规模服务业企业达到221家，占全区规模企业总数的62.4%。完成社会消费品零售总额260亿元，增长10.6%。进出口总额11亿美元，增长26%。服务外包执行额2.88亿美元，增长17.4%。八佰伴税收首破亿元大关，创造京口楼宇经济新历史。新增重点服务业企业15家，100余家总部经济企业落户京口，以名通、易乐公司为代表网络文化产业引领镇江网页游戏开服数位居全国第四，大禹山创意新社区创成全市唯一省级电子商务示范基地和互联网产业园。（钱成）

【工业经济转型升级见成效】 2015年，完成工业技改投资86.3亿元，增长33.7%。规模工业增加值69.3亿元，增长5.1%。工业应税销售收入333亿元，增长5.2%。3个列入省新增长点项目均提前竣工投产。全区六大主导行业中四大行业实现增长，航空航天、电力能源、粮油加工、金属压延行业工业应税销售收入分别增长30.7%、13.3%、12.9%、2%。爱励铝业、谏壁电厂、中储粮、鼎胜新材增长稳定，全年工业应税销售收入分别增长63.3%、13.3%、12.9%、4.7%，效益相应回升。企业上市、发债工作进展顺利，恒伟物流、三艾广告、海龙核科技3家企业率先在“新三板”、区域产权交易市场挂牌上市，新引进设立2支核产业股权基金，均实现历史性突破。（钱成）

【都市农业品质获得新提升】 2015年，实现农业增加值2亿元，保持与上年度持平。农业园区建设成效明显，现代农业产业园区固投总量和农业总产值增幅均列全市第一。现代农业集聚区农业产值占全区农业总产值比重达到95%。重点工程推进顺利，京口现代农业产业园水稻智能化管理平台系统已投入运营，谏壁粮油加工特色产业园粮油检测中心达到国内一流水平。（钱成）

【招商引资结出新硕果】 2015年，通过开展“招商引资百日竞赛”等活动，始终保持招商高频次、高活跃度。全年组织“请进来”洽谈900余批次、“走出去”招商300余批次。举办两次项目集中签约活动，签约亿元以上项目58个，其中10亿元以上6个、外资项目2个，涉及总投资290.5亿元，签约项目数较上年增长145%。新招引项目涉及木材加工、现代物流、电子商务等领域，为进一步优化产业结构、丰富产业业态、加速新兴产业崛起打下坚实基础。（钱成）

【科技人才助力作用再增强】 2015年，R&D支出占GDP比重达2.68%，列全市第二。新增高新技术企业2家、高新技术产品22个，高新技术产业产值占规模工业产值比重达46%，较上年提高0.9个百分点。万人发明专利拥有量65件，位居全省前列。校地合作示范区建设扎实推进，获得市级以上立项科技项目51个，5个省科技成果转化项目均完成年度投资计划，设立省级研究生工作站6个，哈尔滨工程大学—镇江技术转移中心正式挂牌，1个校企合作项目获评省级重大科技成果转化项目。众创空间建设初见成效，成功打造“E客”梦工厂、中企信星等8家众创空间，其中3家企业成功创成省市级众创空间，全区在孵企业300多个，吸引“创客”1200多人。人才支撑发展资源优势更加突出，深入开展“金凤凰”活动，全年新增国家“千人计划”3人、省“双创计划”6人次、市“331计划”10人，培育高技能人才661人，超额完成全年目标任务，创成省“人才工作先进区”。（钱成）

【生态环境和城乡面貌持续改善】 2015年，54个生态文明建设类项目推进顺利。水环境综合整治成效明显，虹桥港清水通道工程建成使用，生态修复工程生态浮岛和除藻曝氧设施已安装到位，玉带河生态恢复试点工程通过投放生物菌种，水质明显改善。空气质量持续改善，污染物减排扎实推进，化学需氧量、氨氮、二氧化硫和氮氧化物排放量削减率超额完成“十二五”减排目标任务。节能工程顺利实施，4家企业清洁生产审核目标任务，淘汰落后产能完成市级验收，8个市级重点节能项目6个项目已竣工、2个主体工程已全部结束。高效推进26个城乡建设项目，建成华诚新村一区二期等安置房13.8万平方米，回迁安置13.2万平方米，征收拆迁19.7万平方米，完成纸浆厂宿舍片区等危房解危任务4.7万平方米，镇澄路中段、滨河南路等道路竣工通车。落实城市长效管理，推动城区环卫保洁和城管网格化全覆盖，“大城管”考核保持全市领先。（钱成）

【社会事业取得新进展】 2015年，城镇、农村常住居民人均可支配收入分别为38811元、21760元，分别增长8.2%、9.1%。新增城镇就业12235人，扶持创业2168人，新增私营企业2125家、个体工商户3180户，新增注册资本105.4亿元。建成“15分钟社会保障服务圈”，实现残疾人人身意外伤害险全覆盖，城乡基本养老保险、城乡基本医疗保险、失业保险覆盖率均达到98%。社会救助、社区建设、双拥优抚、老龄服务、慈善事业等工作扎实深入，建成老年助餐服务点14个，每万人拥有社会组织超过10个，和谐社区创建达标率达98.3%，全年发放各类低保金、补助金、慰问金3300余万元。成功开展全区课堂教学改革，义务教育施教区划分更加科学、合理，创成省学前教育改革发展示范区。43个基本公共卫生服务项目扎实推进，3个社区卫生服务中心开设康复联合病房，建成如意江南社区卫生服务站，通过血吸虫病传播全阻断省级达标验收。区文化艺术中心正式对外开放，区文化馆创建成国家一级馆，创成省首批公共体育服务体系建设示范区，完成47个基层综合性文化服务中心建设。举办“魅力京口”广场文化活动25场，越剧《心愿》获第六届全国曲艺大展金奖。“书香京口”建设全市领先，“15分钟公共图书圈”基本建成。“文明进万家”活动深入细化。平安和法治建设扎实推进，首次被评为“省综治工作（平安建设）先进区”，连续11年荣获“江苏省平安区”称号。（钱成）

京口区2015年精神文明建设工作情况

【概况】 2015年，京口区精神文明建设工作在区委、区政府正确领导和市文明委指导下，贯彻全区宣传思想工作会议精神和市文明委工作要求，以建设更高水平文明城市为抓手，大力倡导和弘扬社会主义核心价值理念，明确职责、找准定位、讲求方法、全力投入，不断增进精神文明建设实效。继续开展“文明进万家”活动，全年完成44个小区整治工作。开展市、区两级文明系列评比验收，全区118家单位当选。各类专项整治使全区环境得到进一步改善。深化社会主义核心价值观教育，打造9个核心价值观主题广场、社区。全年9人入选镇江好人，其中6人成功当选，江一社区李永生荣获“江苏省道德模范”称号。深入开展志愿服务活动，全年组织志愿服务100余场，进一步浓厚志愿服务氛围。推进大祥时尚街、优山美地商业街诚信建设。深入推进“八礼四仪”教育，不断深化未成年人思想道德建设。（李鲁）

【全力巩固文明城市创建成果】 积极开展“文明进万家”活动。全年完成44个小区整治工作，整治环境、物业等方面问题352项。小区环境进一步改善、物管水平进一步提升，文明氛围进一步浓厚。开展群众性精神文明创建活动。组织发动全区118家单位、社区（村）、行业开展市、区两级文明单位、文明社区、文明村、文明行业创建活动，推进全区精神文明建设向纵深发展。在市里组织的抽查中，被检的10家单位、社区都较好通过考核验收。组织各类专项整治。由主次干道向背街小巷延伸，重点整治背街小巷乱堆乱放、店面外溢、流动摊点。由道路交通整治向菜市场、校园周边延伸，重点对花山湾、江滨新村菜市场周边车辆乱停乱放现象进行规范，同时对中山路小学、镇江高专、江苏大学等周边流动摊点集中整治，取缔花山支路、盛达新村等露天菜市场。由主城区四个街道向城郊接合部延伸，在重点整治主城区同时，加大对城郊接合部市容环境卫生及占道经营整治力度，及时清理街巷建筑装潢垃圾、生活垃圾和杂物，垃圾积存现象明显减少。2015年，全区开展集中整治行动80余次，出动人员2000余人，纠正流动摊点占道经营700余次，拆除违法建设400余处，拆除面积7万余平方米。（李鲁）

【深化社会主义核心价值体系宣传教育】 打造主题阵地。以社会主义核心价值观为主题，在全区各街道、园区因地制宜打造9个社会主义核心价值观主题社区、广场。推动示范引领。有9人入选镇江好人候选人，6人当选镇江好人，江一社区李永生经市文明委推荐，当选为全省道德模范。加强宣传发动。在全区4个行政村推进“乡风明德”文化墙制作，提高农村文明新风尚，谏壁黄丝湾、园区左湖村通过市级示范村验收。强化善心立德榜建设，定期组织道德讲堂活动，突出凡人善举宣传教育。认真做好“逢善必扬”手机客户端信息报送工作，以平均每天1篇速度上传全区精神文明建设工作相关报道，弘扬京口正能量。对全区各类公益广告进行梳理，投入20余万元，对全区500余块破损、陈旧广告牌进行更换，新增1000余块公益广告。（李鲁）

【深入开展志愿服务活动】 以“践行核心价值观，建设文明新京口”为主题，在各个街道、园区开展“志愿服务月月行”活动，分层分类开展各类志愿服务活动。全年开展各类志愿服务活动100余场，进一步浓厚志愿服务氛围。“微心愿认领”等特色志愿服务活动得到社会各界好评。（李鲁）

【加强诚信建设】 通过部门联动、完善机制、浓厚氛围，着力推进大祥时尚街、优山美地商业街诚信建设，着力培育京口诚信建设品牌。（李鲁）

【不断深化未成年人思想道德建设】 深入推进“八礼四仪”未成年人文明礼仪养成教育，组织第三届京口区“美德少年”评选活动，并有两名同学代表镇江参加全省“美德少年”评选，其中一人当选全省“美德少年”。积极开展“我们的节日·春节、元宵、清明、端午、七夕、重阳、中秋”“七彩的夏日”“缤纷的冬日”等活动，吸引全区中小学生50000余人次参加。（李鲁）

京口区组织机构及领导人名录

责任编校：段广凤

中共镇江市京口区委员会

书　记

裔玉乾

副书记

黄万荣

施正中

常　委

夏卫军（—2015-12）

宋平生（—2015-07）

王　琴（女）（2015-07—）

郦锡梅（女）（—2015-12）

蒋建中（2015-12—）

周奇恒

何广林

陈卫东（—2015-04）

杨祖华（2015-04—）

区委办公室（区委机要保密局）

主　任

顾明华

副主任

乔引玉（—2015-10）

王　勇（—2015-04）

赵　飞（—2015-10）

蒋伟文（2015-04—）

王　立（2015-04—）

金凡舒（2015-10—）

钟龙达（2015-12—）

区委机要保密局局长

李　瞰

副局长

孙荣军

组　织　部（区委企业工委、区党员电化教育中心）

部　长

郦锡梅（女）（—2015-12）

蒋建中（2015-12—）

副部长

盛　杰

吴大明

刘　平

陈国兴

企业工委书记

吴大明

企业工委副书记

高翠兰（女）

企业工委纪工委书记

李国军

党员电教中心主任

夏　鹏（2015-04—）

区人才办公室、区高层次人才引进服务中心

主　任

赵　飞（—2015-10）

副主任

吴　成

章　晨（2015-12—）

区级机关工委

书　记

丁永忠

副书记

陈军越（女）

陈　涛

纪工委书记

陈　涛

老干部局（关心下一代工作委员会）

局　长

张　健

副局长

王胜云

宣　传　部（精神文明建设指导委员会办公室）

部　长

何广林

副部长

李　军

梅永生

包迎辉

吕小康（2015-09—）

文明办主任

包迎辉

文明办副主任

刘亚洁（女）

新闻中心

主　任

陶宝强（2015-10—）

统战部
（区委台湾工作办公室）

部　长
姜厚荣
副部长
朱家巍（女）（2015-02—）
金德荣
常加华
台办主任
吴红霞（女）
台办副主任
李　斌（—2015-04）

侨　联

侨联主席
王晓方
副主席
潘　昶（—2015-04）

政　法　委

书　记
宋平生（—2015-08）
王　琴（女）（2015-08—）
副书记
张经阁
钱小兵（—2015-10）

社会治安综合治理委员会办公室

主　任
钱小兵（—2015-10）
副主任
戴长喜

依法治区领导小组办公室

主　任
宋平生（—2015-07）
副主任
芮建芬（女）（—2015-02）
许竹春（女）（2015-04—）

国家安全领导小组办公室

主　任
张经阁

信访局

局　长
王志斌（—2015-04）
王　勇（2015-04—）
副局长
李燕敏（女）
纪检组长
胡德林

党　校

校　长
施正中
副校长
邵晓清
徐　波

行政学校

校　长
夏卫军
副校长
邵晓清

史志档案办公室（档案馆）

主　任
满子琴（女）
副主任
耿纪明
丁　杨（2015-12—）

京口区人大常委会

主　任
裔玉乾
副主任
倪兆顺
徐　军
郑苏真（女）
杜承华
党组书记
倪兆顺
党组副书记
徐　军

人大办公室

主　任
谢红星
副主任
张晨阳
刘　勉（女）（—2015-12）

内务司法工作委员会

主　任
徐开宏
副主任
王嘉梅（女）（—2015-10）
刘　勉（女）（2015-12—）

财经工作委员会

主　任
李　勇
副主任
蒋　剑（2015-12—）

教育科学文化卫生工作委员会

主　任
肖　波
副主任
孙文吉

人事代表工作联络委员会

主　任
赵国华
副主任
徐彩华

环境资源城乡建设工作委员会

主　任
刘天安（—2015-10）
王大伟（2015-10—）
副主任
周建华（—2015-04）
王大伟（2015-04—2015-10）
王德标（2015-12—）

京口区人民政府

区　长
黄万荣
副区长
夏卫军（—2015-12）
陈德福
马云明（—2015-07）
朱定明
解军英（女）
林黎明
赵永斌（2015-07—）

政府办公室
（法制办公室、研究室、外事办公室、侨务办公室）

主　任
顾洪涛
副主任
乔引玉（—2015-04）
李成根（—2015-10）
蒋伟文（—2015-04）
许琛雨（女）
王兴伟（—2015-10）
王志斌（—2015-04）
陈　坚
杨　旻
姚奇峰（2015-04—）
王　勇（2015-04—）
金凡舒（2015-04—）
吴伟良（2015-10—）
陈　俊（2015-10—）
党组书记
顾洪涛
法制办主任
顾洪涛
副主任
外事办主任
顾洪涛（2015-04—）
许琛雨（女）（—2015-04）
侨办主任
顾洪涛（2015-04—）
李成根（—2015-04）
纪检组长
陈志慧（女）

区政府接待办公室

主　任
乔引玉（—2015-04）
金凡舒（女）（2015-04—）
副主任
杨寅涛（2015-12—）

机关事务服务中心

主　任
乔引玉（—2015-10）
副主任
金凡舒（女）（2015-04—2015-10）
董泽建（2015-04—）
书　记
乔引玉（2015-04—2015-10）

发展改革和经济信息化委员会

主　任
崔小立（—2015-08）
虞　军（2015-10—）
副主任
许华耕
王玉萍（女）
经　晶（女）
张恒可（2015-04—）
党组书记
崔小立（—2015-08）
虞　军（2015-10—）
纪检组长

教　育　局

局　长
廖伟根
副局长
于咏梅（女）
刘正才（—2015-10）
张　伟
步　蓉（女）
黄　涛（女）（2015-10—）
党委书记
廖伟根
党委副书记
张建强
纪委书记
范冬云（女）

政府教育督导室

副主任
殷晓蕾（女）
金　林（女）（—2015-10）
第九中学校长（京口中学）
于德青
书　记
左云鹏
中山路小学校长
黄　涛（女）（—2015-11）
刘正才（2015-11—）
书　记
刘正才（2015-10—）
李　烽（女）（—2015-10）
市实验小学校长
施　勤（女）
书　记
袁　萃（女）

科学技术局

局　长
薛　莲（女）
副局长
贡　强（—2015-07）
许红兵
党组书记
赵反修
纪检组长
田壮民（2015-10—）

知识产权局

局　长
薛　莲（女）

民　政　局
（民族宗教事务局）

局　长
谢根龙
副局长
谢铭柏
陈　淮（—2015-04）
颜丽娟（女）
赵有保
朱　静（女）（2015-04—）
党组书记
谢根龙
纪检组长
周　震（—2015-02）
范荣庆（2015-10—）

双　拥　办

主　任
韦志明（—2015-04）

民族宗教事务局

局　长

戚秀平

司　法　局

局　长

陈　琳

副局长

李　震

李　卉

曹　刚

党组书记

王　忠（—2015-04）

陈　琳（2015-04—）

党组副书记

纪检组长

殷　红

财　政　局

局　长

谭雪峰

副局长

赵正军

宋　扬

谭志江（2015-04—）

徐兰芳（女）

刘长波（—2015-02）

党组书记

谭雪峰

纪检组长

刘　倩

国资办主任

宋　扬

机关财务结算中心主任

沈　研（女）

人力资源和社会保障局

局　长

刘　平

副局长

张亚南（女）（—2015-04）

赵　军（女）

王正辉（—2015-12）

王　忠（2015-04—）

孙沛晖（女）（2015-04—）

党组书记

刘　平

副书记

傅　岗（—2015-12）

纪检组长

傅　岗

机构编制委员会办公室

主　任

刘　平（—2015-04）

盛　杰（2015-04—）

副主任

孙沛晖（女）

社会保险管理中心

主　任

王正辉（—2015-12）

陈珑境（2015-12—）

劳动就业管理中心主任

庄　严（2015-04—）

住房和城乡建设局

局　长

黄少青（—2015-04）

王志斌（2015-04—）

副局长

朱海平

蒋　松（2015-04—）

张玉金（—2015-02）

冯忠洁（女）

吴新华（2015-02—）

党委书记

黄少青

副书记

蒋　松（—2015-04）

纪委书记

商伟民

村镇办主任

魏贤锋

城市管理局

局　长

王壮保（—2015-10）

王荣兵（2015-10—）

副局长

张枝荣

吴生银

张保忠

郭建成

党委书记

王壮保（—2015-10）

王荣兵（2015-10—）

党委副书记

金凡舒（女）（—2015-04）

成　华（女）（2015-04—）

纪委书记

金凡舒（女）（—2015-04）

成　华（女）（2015-04—）

环卫所所长

张保忠

交通运输局

局　长

周祥华

副局长

王　华

刁华伟

杨少华（女）（2015-04—）

党组书记

周祥华

党组副书记

纪检组长

田壮民（—2015-10）

吴玉才（2015-10—）

农业委员会（水利局）

主　任

戎国平

副主任

岳传荣

马志良

刘卫红（女）

党组书记

柏　经（—2015-04）

戎国平（2015-04—）

纪检组长

李　尧

水　利　局

局　长

戎国平

商　务　局

局　长

虞　军（—2015-11）

李成根（2015-11—）

副局长

李卫红（女）

丰　富

党组书记

虞　军（—2015-10）

李成根（2015-10—）

纪检组长

徐　劲（女）

招商中心（招商服务中心）

主　任

宋小燕（女）

副主任

宋　辉（2015-04—2015-12）

王发龙（2015-04—）

苏安平（2015-10—）

梅康凯（2015-12—）

王大伟（—2015-04）

顾红云（女）（—2015-10）

书　记

王大伟（—2015-04）

宋　辉（2015-04—）

纪检组长

顾红云（女）（2015-10—）

文　体　局

局　长

赵晓文

副局长

成　华（女）（—2015-04）

陈晓君

董朝霞（女）（2015-10—）

旅　游　局

局　长

赵晓文

卫生和计划生育委员会

主　任

张立明

副主任

殷文琪（女）

王德标（—2015-05）

周云鸿

钱俊华

党委书记

张立明

副书记

徐　翔

纪委书记

徐　翔

京口健康街道社区卫生服务中心

主　任

朱琛平

党支部书记

朱琛平

计生协会、红十字会

会　长

林黎明

副会长

高桂蓉（女）

审　计　局

局　长

顾成权

副局长

谭志江（—2015-04）

王珺晨（女）

张　青（女）（2015-04—）

党组书记

顾成权

纪检组长

董荣骏（—2015-04）

史俊生（2015-04—）

安全生产监督管理局

局　长

程　鹏

副局长

赵永明

金　鑫（2015-04—）

党组书记

程　鹏

纪检组长

彭中南（—2015-10）

统　计　局

局　长

张和松

副局长

杭军花（女）

施　晶（—2015-10）

林　亮（2015-10—）

党组书记

陈　峰

物　价　局

局　长

杨志强

副局长

陈　清（女）

吴时斌

党组书记

杨志强

纪检组长

吴志辉

环　保　局

局　长

朱文仲

副局长

刘　玲（女）

钟志敏（—2015-04）

陈　铮

陆光金（2015-04—）

党组书记

朱文仲

副书记

钟志敏（—2015-04）

纪检组长

孔晓颖（女）

京口区市场监督管理局

局　长

魏晓曦（2015-04—）

原工商京口分局副局长

张　竞

曲铎凡

丁桂林

党委书记

魏晓曦（2015-04—）

原工商京口分局纪检组长

蔡重武
原质监城区分局副局长
周国豹
原镇江市质监支队副支队长
周卫东
原工商京口分局健康工商所所长
魏国安
原工商京口分局象山工商所所长
汤智慧
原工商京口分局大市口工商所所长
胡　珏（女）
原工商京口分局谏壁工商所所长
许海凌

国有资产管理中心

主　任
袁在森
副主任
纪嘉洲
高敏修
党工委书记
江克成（—2015-04）
钟志敏（2015-04—）
纪工委书记
曹　钢
财务总监

商业贸易总公司

总经理
袁在森

工业发展总公司

总经理
袁在森

物资集团

总经理

供销合作总社

主　任
庄福寿
副主任
纪成忠
陶　群（—2015-04）
施家文（—2015-10）
党组书记
庄福寿

京露茶场

场　长
副场长
褚　磊（2015-12—）

江苏北固产业投资有限公司

董事长
谢秀英（女）（2015-02—）
总经理
谢秀英（女）
副总经理
黄　培
龙元圣
丁晓云（女）（—2015-02）
刘长波（2015-02—）
财务总监
党组书记
谢秀英（女）（2015-02—）
党组副书记
纪检组长
丁晓云（女）（2015-02—）

政协京口区委员会

主　席
孙国平
副主席
谢志荣
姜厚荣
蒋嵩峰（—2015-02）
宋武平
朱裕根
党组书记
孙国平
副书记
蒋嵩峰（—2015-02）
秘书长
曾　强

政协办公室

主　任
郭　健
副主任
曹明军

提案委员会

主　任
冷　斌
副主任
陈　淮（2015-04—）

学习和法制委员会

主　任
陈　林

经济和科技委员会

主　任
姜春虎
副主任
江克成（2015-04—）

社会管理和社会事业委员会

主　任
倪　坚
副主任
郭海军（2015-12—）

文史资料委员会

副主任

街道园区联络委员会（兼）

大市口街道主任
朱　静（女）（—2015-04）
四牌楼街道主任
张　萌（女）（—2015-02）
正东路街道主任
马伟民（—2015-04）
工业园区主任
许文兰（女）（—2015-04）
港口产业园区主任
吴长安（—2015-04）

京口区纪律检查委员会（监察局）

书　记
周奇恒
副书记
陈洪生

监察局局长

陈洪生

纪委常委

刘　松

陈　俊（—2015-11）

王　芳（女）

王　明（2015-11—）

办公室主任

杨　凯

干部教育室主任

朱丽雯（女）（—2015-10）

基层工作一室主任

刘　松（—2015-10）

张　羿（2015-10—）

基层工作二室主任

史俊生（—2015-04）

彭中南（2015-10—）

监察局副局长

杨少华（女）（—2015-04）

刘　松（2015-04—）

宜建美（女）（2015-04—）

第一纪检监察室主任

刘　松（2015-10—）

党风政风监督室主任

王　芳（2015-10—）

党风廉政建设室主任

王　芳（女）（—2015-10）

纪检监察室主任

陈　俊（—2015-10）

案件监督管理室主任

范荣庆（2015-04—2015-10）

纪检监察干部管理监督室主任

戚志栋（2015-12—）

信访室主任

范荣庆（—2015-04）

王　明（2015-04—）

案件审理室主任

执法监察室主任

蒋　超（2015-04—2015-10）

第二纪检监察室主任

蒋　超（2015-04—）

京口区人民法院

院　长

张子敏

副院长

汪忠春

华　军

喻　石

邱　凯

党组书记

张子敏

副书记

汪忠春

纪检组长

李　焱（女）（—2015-10）

仲亚励（女）（2015-10—）

政治处主任

宦宇新

审判委员会专职委员

吴　震（2014-12—）

执行局局长

仲亚励（女）（—2015-10）

韦　雷（2015-10—）

京口区人民检察院

检察长

方红卫

副检察长

蒯玉梅（女）（—2015-11）

束玉兴

陈　东

贾永平

党组书记

方红卫

纪检组长

董　春

政治处主任

靳　明

反贪污贿赂局

局　长

贾永平

反渎职侵权局

局　长

束玉兴

京口区人民武装部

部　长

陈卫东（—2015-04）

倪新明（2015-04—）

政　委

杨祖华

社会团体

京口区总工会

主　席

吴秋平

副主席

殷　明（—2015-02）

王立玲（女）（2015-04—）

共青团京口区委

书　记

曹　蕾（女）（—2015-02）

李德升（2015-10—）

副书记

孔　鑫（—2015-10）

袁　珊

京口区妇女联合会

主　席

朱家巍（女）（—2015-02）

张　萌（女）（2015-02—）

副主席

栾群文（女）

区　文　联

主　席

梅永生

副主席

陶宝强（—2015-10）

工 商 联

会 长

朱裕根

副会长

朱家巍（女）（2015-02—）

党组书记

朱家巍（女）（2015-02—）

科 协

主 席

吴惠平

副主席

殷云仙

残疾人联合会

理事长

马荣虎（—2015-12）

王正辉（2015-12—）

副理事长

杨立军

蒋文煜

市垂直部门

公安京口分局

局 长

陈 俊

政 委

吴明成（—2015-09）

孙桂林（2015-09—）

副局长

闵锁银

张许镇

陈廷桥

杨建明

蒋锡宇

书 记

陈 俊

副书记

吴明成（—2015-10）

孙桂林（2015-10—）

纪委书记

辛伟荣

政治处主任

吴晨牧

维护稳定工作领导小组办公室

主 任

吴晨牧

国土京口分局

局 长

殷文平

副局长

康 云

祝 迪（—2015-06）

虞明航

沈 坚

党工委书记

殷文平

纪工委书记

吴 瑕

地税二分局

局 长

臧 红（女）（2015-04—）

副局长

杨锡荣（女）（2015-04—）

周利斌（2015-04—）

国税三分局

局 长

韩铜民

副局长

洪丹霞

郑海庆

规划京口分局

局 长

梅 亮（女）（—2015-09）

凌明忠（2015-09—）

副局长

韩建军

杨龙山

（区委组织部干部科）

◆ **资料链接** ◆

该试剑石位于镇江北固山中峰西侧，平地上有几块高大的石头，其中有两块当中裂成两半，裂缝直立，刻有“试剑石”三个大字，传说是刘备用剑所劈。赤壁之战形成三国鼎立的局面，孙权假意将自己的妹妹许配给刘备，引诱他来招降，待入圈套，逼他交出战略要地荆州。刘备凭仗诸葛亮的智谋，将计就计，弄假成真。孙权和刘备在山下同游，各人斩石试剑，心照不宣，问卜成败祸福。刘备祷祝成全亲事，安返荆州；孙权祈求夺取荆州，扩张国势。当时他俩的宝剑都劈开了岩石。事后，刘备招亲返回荆州，孙权也一度攻占了荆州。

聚焦京口

责任编校：段广凤

领导关注

1月19日，省人社厅副厅长周英一行莅临京口区实地调研基层劳动保障平台创业就业工作及创业孵化基地建设情况。副区长陈德福陪同。

2月3日，市委副书记、政法委书记李茂川一行，到京口区慰问困难群众，为两户特困家庭送去党和政府的温暖。市人大常委会副主任陈苏，区领导裔玉乾、施正中、解军英陪同。

2月5日，省统计局局长夏心旻一行，带着慰问品到京口区四牌楼街道，看望慰问街道统计站工作人员。市统计局局长马国进，区委常委、常务副区长夏卫军陪同。

4月1日，市长朱晓明考察苏宁广场项目。朱晓明详细询问工程施工计划、裙楼招商情况、开业时间节点，塔楼酒店式公寓销售情况等。她要求加快工程施工进度，尽早实现裙楼开业。区委书记裔玉乾、区长黄万荣陪同。

4月17日，国家卫生计生委疾控局卫生计生监察专员常继乐率领调研组，到京口区健康路社区卫生服务中心，调研慢性病综合防控工作。

4月21日，市委书记夏锦文赴京口区调研，强调要强化担当意识，瞄准发力方向，放大核心商圈、高校集中和旅游资源等突出优势，转方式调结构焕发新活力，加快打造转型发展新高地，推动镇江中心城市的新发展。夏锦文肯定京口区近年来转型升级有新成效、城乡面貌有新变化、民生改善有新亮点，形成干事创业的良好氛围。他指出，建设“强富美高”新京口，贵在行动，成在实干。要坚持“四个全面”引领毫不偏离，把全部工作放到“四个全面”战略布局中来谋划和推进；坚持发展第一要务毫不动摇，拼抢二季度，奋战“双过半”，全力实现稳中奋进，确保完成全年目标任务。作为老城区，交通拥堵、公共服务短缺等“城市病”在京口已有显现。夏锦文强调，要以改革思维和创新办法实现社会治理的显著进展。持续深化法治建设，把一切工作都纳入法治轨道，为法治镇江建设从“过程领先”到“水平领先”做出贡献。持续深化“两网”模式，与时俱进探索化解基层矛盾纠纷有效路径，有力有序推进和谐社区建设，实现“群众更满意、全国更知名”。持续深化公共服务均等化，下大力气提升基本民生保障水平，让改革发展成果惠及更多镇江人民。市领导李茂川、李雪峰，区领导裔玉乾、黄万荣等区四套班子领导陪同。

5月6日，省司法厅教育实践活动专项督查组组长、机关党委副书记刘贤东一行到京口区，考察司法行政便民服务窗口建设情况。

5月13日，市长朱晓明带领市民政局等部门，到京口区四牌楼街道考察社会救助工作。区长黄万荣陪同。

5月13日省残联副理事长胡乃亮一行考察正东路街道“苏馨家园”残疾人综合服务中心。据了解，“苏馨家园”残疾人综合服务中心运行以来，已累计接待残疾人300多人次，制作产品销售收入突破6000元。区委副书记施正中陪同。

5月15日，市长朱晓明、副市长雷志强就谏壁片区环境整治进行现场督查，并召开专题推进会。专题推进会由朱晓明主持召开。会上传达市委书记夏锦文的批示，并对做好该项工作提出新的明确要求。市政府秘书长杭祝鸿，区领导黄万荣陪同。

5月18日，市委书记夏锦文走进中山路小学，考察调研基础教育和学校教学情况，并与师生们深入交流。他殷切寄语广大学子珍惜大好时光，自觉学习、快乐学习，自我发展、全面发展，科学成才、茁壮成长，努力把自己培养成为未来社会的领跑者，为国家强盛、镇江发展奉献聪明才智。夏锦文与全校两千多名师生站在一起，升国旗、唱国歌，聆听“国旗下的讲话”。随后，夏锦文还参观中山路小学校园和地质科普馆。市领导李茂川、李雪峰、曹丽虹，区领导裔玉乾、黄万荣、何广林、林黎明陪同。

6月26日，市委常委、副市长蒋建明率队到京口区调研科技企业孵化器建设情况。蒋建明一行实地察看镇江市创业孵化基地(创业园)

和翼咖啡“众筹”创业基地，对企业创新创业做法给予充分肯定。区长黄万荣、副区长陈德福陪同。

6月26日，团省委纪检书记、党组成员姚泉江一行到京口区，调研“青春邀约走基层·服务青年听转办”活动开展情况。团市委书记贾敬远，副区长解军英陪同。

7月23日，市委书记夏锦文会见中国林业集团公司党委书记、总经理宋权礼一行，双方就加快项目建设、持续深化合作进行深入交流。市领导李雪峰、秦海涛，区领导裔玉乾、黄万荣、施正中、陈德福，中林集团领导杨湘洪、蔡巽玮、王荣斌、曹效军、林展、朱成庆参加会见。

7月23日，国务院国资委相关厅局领导赴新民洲港，参观考察中林（镇江）生态产业城项目，先后察看中林新民洲港二期陆域、二期在建泊位、内港池及腹地、木材加工园区。据了解，中林（镇江）生态产业城项目由中林金海岸港口控股集团投资建设，项目目前已通过市重大项目评审会、集中签约会签约，项目科研报告已定稿，预计一期用地800亩年内完成上市，争取年内开工建设。项目将建成集贸易、仓储、物流、加工、金融服务为一体的国家级木材战略储备基地。项目全部建成投产后的3—5年内，有望实现年收入过百亿、年税收过亿元的巨大经济效益。区领导裔玉乾、黄万荣、施正中、陈德福陪同。

8月3日，市委副书记、政法委书记李茂川到京口区调研基层法制工作。李茂川一行实地考察了京口区社会管理服务中心，详细了解了京口区基层法制工作开展情况，并听取法制建设和法学会建设的工作汇报。区领导裔玉乾、宋平生陪同。

8月11日，市委书记夏锦文赴索普集团调研，了解生产经营和环境整治情况，要求坚定信心应对挑战，保持定力推动发展，“二次创业”创新求索，内外兼修普惠民生，在转型升级和加强环保中做大做强，走出一条可持续可复制的绿色发展之路。市委常委、副市长蒋建明陪同调研并讲话，市委常委、秘书长李雪峰，区长黄万荣陪同。

8月11日，市委常委、组织部部长秦海涛一行赴江一社区调研妇联网格化管理工作。秦海涛一行首先观看“魅力网格，幸福江滨”PPT，详细了解网格化妇女工作新机制。随后，秦海涛一行参观社区妇联工作室和妇女维权工作室，对社区妇联工作表示肯定。区委常委、常务副区长夏卫军陪同。

8月12日，市委书记夏锦文调研“一湖九河”和谏壁片区生态环境综合整治。专题赴现场督查推进，要求加强统筹协调，以强烈的责任意识和担当精神协同抓推进，全面完成年度目标任务，着力打造亮点精品工程，把实事办实，把好事办好，以可观可感的成效赢得群众真心点赞。市委常委、秘书长李雪峰，区长黄万荣陪同。

8月13日，省委常委、组织部部长王炯，省妇联主席缪志红一行赴江一社区调研妇联网格化管理工作。考察组先后参观社区妇女儿童之家、妇联工作室、妇女维权工作室和社区图书馆，并听取社区妇联工作情况汇报，详细了解网格化妇女工作新机制，对江一社区妇联工作给予充分肯定。市长朱晓明，市委常委、组织部部长秦海涛，市妇联主席胡云霞，区委常委、常务副区长夏卫军等陪同。

8月18日，市委书记夏锦文实地调研京口长江岸线开发利用和保护情况。他强调要牢牢抓住“家门口”的机遇，加强资源整合、统一管理和统筹规划，做好区域联动江河联动大文章，更高水平推动港产城融合和绿色化发展，在全省大格局中体现“镇江作为”、形成“镇江特色”。市领导李小平、王常生，区领导裔玉乾、陈德福陪同。

8月18日，市妇联专程将市长朱晓明为江滨新村社区图书馆捐赠的图书送至图书馆。此次捐赠的图书计500余册，种类丰富多样，适合社区各个年龄层的居民阅读。

9月6日，副省长曹卫星到镇江市调研公共文化服务体系建设。调研组一行到京口区参观米山社区综合文化服务中心。省文化厅厅长徐耀新，省新闻出版广电局局长周琪参与调研，副市长曹丽虹，区领导裔玉乾、林黎明陪同。

9月11日，市委副书记李茂川，市委常委、军分区司令曹寅等领导，到京口督查双拥“七创”工作。李茂川一行首先到京口路社区参加“江苏省双拥示范基地”授牌仪式。随后，李茂川一行考察京口双拥陈列室、社区百米双拥长廊和京口双拥文化广场，详细了解京口双拥工作情况。他对京口双拥创建工作予以充分肯定，并要求进一步营造氛围，注重环境卫生，突出活动内涵，发挥双拥广场、社区双拥长廊的载体作用，常态化做好相关工作。市委副秘书长余国根参加督查，区领导裔玉乾、黄万荣、施正中、杨祖华、解军英陪同。

9月16日，市委书记夏锦文赴京口区调研督查，要求牢牢把握“励精图治、稳中奋进”总基调，紧紧围绕“生态领先特色发展”总要求，加快推进创新驱动，完善提升城市功能，持续改善民生福祉，奋力打造城市经济新高地。夏锦文实地察看了苏宁广场，爱励铝业（镇江）有限公司和江滨新村第一社区。在随后召开的推进会上，在听取有关情况汇报和市相关部门点评后，夏锦文肯定京口区对市委全会精神领会深刻、落实有力，主动性、务实性、创新性很强，同时对下一步如何实现各项工作的更大进展提出具体要求。市委常委、秘书长李雪峰，区领导黄万荣、夏卫军陪同。

9月29日，市长朱晓明带领市相关部门主要负责人，冒雨现场推进京口区棒棰营旧城区、城中村改造项目。区委书记裔玉乾、区长黄万荣陪同。

11月13日，市委书记夏锦文，市委常委、常务副市长张洪水，市委常委、秘书长李雪峰，市委常委、镇江军分区司令曹寅，市人大常委会副主任陈苏，副市长雷志强一行到京口观摩项目。总投资13.5亿元中储粮二期技改扩能项目，目前已竣工试生产，全面投产后可增加年产值50亿元。正在紧锣密鼓建设的凤凰文化广场项目，是涵盖文化消费、休闲购物、人文住宅的城市文化商业综合体，预计2016年6月主体封顶。夏锦文肯定两个项目投资有规模、推进有效率，希望精准对接市场需求，尽快成为区域经济新增长点。区领导裔玉乾、周奇恒陪同观摩中储粮二期技改扩能项目。区领导裔玉乾、王琴、林黎明陪同观摩凤凰文化广场项目。

11月10日，市委常委、市纪委书记孙健到京口区四牌楼街道，督查推进全国文明城市测评迎检工作。区领导周奇恒、杨祖华陪同。

媒体聚焦

1月14日

▲　**《镇江日报》报道《开创转型升级特色发展新局面——访京口区委书记裔玉乾》**内容摘要："市委六届九次全会确立走'生态领先、特色发展'道路，这是贯彻落实习近平总书记视察江苏、镇江重要讲话精神的行动纲领，也是符合镇江实际的科学发展之路。"京口区委书记裔玉乾在接受记者采访时表示，今年，京口区将以总书记视察镇江为强大动力，认真贯彻落实市委六届九次全会精神，坚持走"转型升级，特色发展"之路，加快建设经济强、百姓富、环境美、社会文明程度高的新京口。

裔玉乾认为，转型升级是京口实现科学发展的必由之路。京口将更加强化经济转型升级，以开展企业争当"转型升级先锋"活动为抓手，促进经济转型升级。大力发展现代服务业，进一步加快发展互联网经济、电子商务、网络文化、文化创意、现代物流、健康养生等业态。加强中国中小企业（镇江京口）总部基地建设，努力培育八佰伴等产业"主题楼"、纳税"亿元楼"。实现服务业增加值占GDP比重达70%以上。大力发展新材料、航空航天、高端装备制造等主导产业，鼓励引导工业企业加快技术改造，实现高科技、高附加值、高端化发展。不断提高农业生产经营专业化、标准化、规模化、集约化水平。进一步强化创新驱动。创新开展"金凤凰"活动，全年引进高层次创新创业领军人才25名以上。深化校地联合发展和军地融合发展，促进企业加大技术改造、技术成果转化、科研开发力度，提高企业核心竞争力。新认定国家级高新技术企业8家。进一步提高"三集"园区发展水平。加快推进中国中小企业信息产业园市场化运作试点，建设标准化厂房25万平方米以上，确保"三集"园区应税销售（营业）收入、入库税收收入增长12%以上，现代农业产业园区总产值增长10%以上。

更加强化项目建设，京口将以"项目提升年"为抓手，举全区之力狠抓项目建设。加快推进总投资5亿美元的宝钢爱励铝合金车身板、总投资30亿元以上的中林集团国林产业城、总投资10亿元的长江游戏谷一期等75个亿元以上项目建设。加强专业化招商队伍建设，强化国资、民资、外资的招引，开展境内外各类专业招商活动100场次以上，提高招商引资实效。

"良好的生态环境是人和社会持续发展的根本基础。我们还将更加强化生态文明建设。"裔玉乾说，京口会加快落实生态文明建设38项重点任务，全力以赴推进谏壁地区生态环境综合整治，积极稳妥推进索普、新区化工园区周边居民搬迁，深入推进谏壁电厂等企业治污工作，新增绿色建筑15万平方米，持续改善城区环境。

同时，更加强化城市建设管理。加大旧城区和城中村改造力度，完成铁瓮城片区等征收拆迁30万平方米以上，建设孟家湾等安置房31万平方米以上。加快推进焦山路、汝山路等道路建设，完成年度农村道路提档升级任务，实施新民洲污水管网建设，进一步完善和提升城市功能。深入开展"文明进万家"活动，探索城市公共环境常态化、长效化管理机制，提高城市管理水平。

"在民生改善方面，我们的目标是扶持创业1200人以上，发放创业贷款4000万元以上；确保被征地农民'即征即保'覆盖率达到100%；完成校安工程1.8万平方米以上，建成区残疾人综合服务中心，新建4个标准化示范文化广场。"谈及民生建设，裔玉乾这样表示。

"法治京口"建设也将得到进一步强化。京口将积极推行政府部门"五项清单"制度，常态化开展执法队伍的文明执法教育，切实提高依法治区水平。在全市率先全面推行审判权运行机制改革试点，不断提高政法部门的公信力。加大"六五"普法宣传力度，促进全民守法。加强社会治理创新，提升"两网融合"治理服务水平，积极打造"阳光信访"品牌，扎实做好安全生产工作，确保社会大局和谐稳定。

牢固树立"抓好党建是最大的政绩"理念，京口还将抓好中央、省委巡视组反馈意见整改落实工作，持之以恒推进作风建设，加强对领导干部执行政治纪律、组织纪律、财经纪律、工作纪律情况的监督检查，坚决消除"为官不为"等不良倾向，保持惩治腐败高压态势。同时，深入开展"真·实"活动，推动党员、干部真心诚意与群众交朋友、实实在在为基层（群众）服务，真心诚意与企业家（创业者）交朋友，实实在在为企业服务。

最后，裔玉乾表示，京口作为镇江主城区，落实好习近平总书记"镇江很有前途"的殷切期望，使命光荣、责任重大。"下一步，京口将坚决贯彻落实市委六届九次全会精神，进一步坚定信心，创新实干，奋发作为，加快实现美好蓝图！"

1月26日

▲　**《新华日报》报道《京口："金凤凰"集聚人才大区》**内容摘要："京口区地域面积很小，发展腹地极其有限，靠资源发展的老路肯定走不通，唯有依靠创新驱动，依靠'金凤凰'活动集聚人才。"京口区委书记裔玉乾说，而创新的源头是人才，集聚的人才越多，撬动经济转型的杠杆就越有力。

京口：人才成为经济转型"杠杆"。镇江市京口区鼎盛重工企业的产品是海上浮式平台，一个平台售价就达1.2亿元。到现在为止，企业已向新加坡和印尼卖出8座平台，产品一直供不应求。当年企业做海上装卸吊机设备时，利润微薄不说，还愁产品卖不掉。

鼎盛重工的华丽变身源于与高校的紧密合作——该企业与江苏科技大学联合成立海工装备研究院，

并引进江苏大学机械学院科研团队，成功研发这一填补国内空白、在国际上也处于领先地位的产品，一家老企业因此成功变身为国家级高新技术企业。

京口区集聚的人才究竟有多少呢？目前进入国家“千人计划”的就有11人，进入省“双创计划”的有21人，还有2个团队进入省“创新团队计划”，8名博士进入省“企业博士集聚计划”，9人名列省“六大人才高峰”……这个阵容已是很豪华。

豪华的人才团队当然不是做做样子的，而是实实在在带动京口区经济转型升级。位于该区的安德信超导加速器科技有限公司是孙安博士创办的，他本人曾在美国著名的橡树岭国家实验室和韩国原子能研究院从事超导加速器研究，现在名列国家“千人计划”中，企业生产的加速器能完全利用核能，没有任何核材料残留，主要用于医疗、航天航空、洁净核能源、核武材料制备等军民用领域，突破西方国家对我国清洁核能源的技术封锁，产品刚问世，就被认定为省重大科技成果转化项目。名通科技是一家创办不久的电子信息技术企业，留美归来的王飞博士加盟后，主攻大数据技术应用，没有一间厂房，也不需要多少硬件投入，短短一年，仅仅600多平方米的办公室一年产生数千万利润，成为镇江市产业转型的标杆企业。

引进人才也要遵循市场规律。民营企业成为引进科技和人才的主力军是京口区“金凤凰活动”的主要内容。“政府要做的是引导和鼓励工作。”吴成说，企业家的眼光是最“毒”的，他敢几百万年薪引进人才或花巨资购买科研成果，政府就敢于对其奖励、扶持。区里出台政策，对能够引领战略性新兴产业发展和传统优势产业提升改造的“千人计划”人才，给予50万元的专项配套资金；对领军人才团队给予100万元～200万元的专项资金。单去年一年，京口区就给引才项目拨付1800多万元专项资金。这种引导的效果是很明显的——哈尔滨工程大学在京口区设立技术转移中心，一大批专家学者常住区内，与“海龙核材”一起申报科技部科技合作重大专项——海水提铀项目，与飞驰冷藏车公司联合开发冷藏车保温新材料等等。

引进外地的科技人才，不意味着忽视本地人才资源。京口区辖区内有5所高校，全区39万常住人口中，有四分之一是高校师生。由区科技局牵头，区内企业已跟江苏大学、江苏科技大学合作建立两所研究院，并建设全区性的科技创新服务平台，区内企业可以第一时间了解高校的最新科研成果。到目前为止，区内企业已与高校合作申报省、市科技项目20多项。不久前，京口区以全国第一名的成绩通过“国家知识产权强县工程试点”验收，并被列入“国家强县工程示范区”，“这些荣誉的背后，是人才带来的科技，科技带来的产业转型升级。”

4月3日

▲ **《镇江日报》头版头条报道《京口奋力实现项目建设新突破》**内容摘要：一年之计在于春。记者近日在京口区看到，从苏宁广场到北固湾商业综合体，从中国中小企业信息产业园到新民洲公共码头，塔吊林立、机器轰鸣，一个个热火朝天、只争朝夕的施工场面，让人深切感受到涌动着的发展热潮。今年，京口区主动适应经济发展新常态，着力提振精气神，进一步强化“抓大项目、大抓项目”的意识，全力实现项目建设新突破，为发展积蓄强大后劲。目前，全区当年计划投资98.57亿元的42个亿元在建、签约产业类项目，正在全速推进之中。

总投资40亿元的中国中小企业信息产业园产业研发地块工地，多幢独栋办公楼正在紧张施工，高18层的产业科技大厦“长高”到第6层。大禹山创意新社区管委会主任黄贤宇介绍说，产业科技大厦将于10月份封顶竣工，“三集”园区招商展示中心也正在装修施工。总投资13.5亿元的中储粮二期技改扩能项目，设备安装、调试进入扫尾阶段，谏壁街道党工委副书记王兴伟告诉记者，该项目本月试投产，正式达产后，可日产6000吨大豆食用油和精炼食用油。总投资12.9亿元的新民洲临港物流基地，4个万吨级泊位同时施工，工人们正紧张地忙着打桩、捆扎钢筋和水下工程施工。新民洲临港产业园管委会副主任葛冬军介绍说，目前工人们正在加班加点抢进度，确保年内完成主体工程的70%，“如果汛期能够‘让’时间的话，力争年内主体工程完工。”总投资12亿元的凤凰文化广场建设工地，同样一片忙碌，大市口街道办副主任张玉金表示，综合体8月份将完成“正负零”，转为地面工程施工。

签约项目同样“快”字当头。总投资5亿美元的宝钢爱励铝合金车身板项目，设计年产12万吨汽车用铝合金板。负责项目推进的京口工业园区党工委书记郎德虎透露，该项目正抓紧进行开工前的各项准备，力争9月份启动建设，“这是我市高端制造业的又一重大支撑项目。”总投资35亿元的正邦商业广场项目，将打造谏壁地区商业服务业中心。王兴伟说，目前他们正进行土地报批、规划编制等前期工作，项目力争10月份开工。最新统计数据显示，今年1—3月份，该区总投资264.6亿元的14个市重点项目，已上报完成投资8.37亿元，完成序时29.5%。

切实提升在建项目竣工率、签约项目开工率的同时，京口狠抓在谈项目签约率。该区实行在谈项目星级管理制度，将34个重点推进的亿元以上产业类在谈项目，按照成熟度的高低实行星级滚动管理，对成熟度较高的14个“五星级”项目紧盯不放、跟踪推进。截至目前，京口今年已签约产业类项目6个，总投资11.5亿元，包括总投资5亿元的腾讯游戏积分商城江苏运营中心、总投资3亿元的车立方智能立体停车等项目。

此外，今年该区狠抓载体建设，全年建设包括服务业孵化器在内的标准化厂房16万平方米以上；中国中小企业信息产业园展示平台正在抓紧施工，4月底可建成试运行，苏宁广场展示厅已提前建成对外开放。

4月15日

▲ **《镇江日报》头版头条报道《京口区“1+6”活动有声有色》** 内容摘要：京口区“2015年北京大学经济管理能力提升研修班”在京结业。31名学员在为期一周的研修期间，接受来自北大、清华以及中国社科院等高校院所名师的系统培训，学习智慧城市、招商引资战略、资本运作、创意经济等最新知识和操作实务。举办管理能力提升研修班，是该区正在开展的“三争”活动的一项重要内容。

2015年以来，京口区深入学习贯彻习近平总书记系列重要讲话、特别是视察镇江时的重要讲话精神，创造性地开展“1+6”活动（即实施生态文明建设提升工程，在经济发展上开展“三争”活动——干部争当“经济工作能手”、企业争当“转型升级先锋”、全民争当“创新创业标兵”活动；在科技人才上开展“金凤凰”活动；在党的建设上开展“真·实”活动和“文明进万家”活动），强化转型升级，推进特色发展，加快建设经济强、百姓富、环境美、社会文明程度高的新京口。

实施环境整治扮靓京口。今年，该区排定44个生态文明建设重点工程，总投资约13亿元。截至目前，宗泽沟生态修复等6个项目已完成年度工作目标，黄丝湾、大王山、松林山综合治理等4个项目超序时进度，焦顶山社区恒顺尚都小区垃圾分类试点等项目可望近期竣工。

开展“三争”活动力推发展。干部争当“经济工作能手”，除组织干部研修、举办“一带一路”专题讲座外，上月结束的“我为京口发展献计献策”活动，征集好点子110个；“招商引资百日竞赛”渐入佳境，已举办活动84场次，签约项目总投资5.5亿元。企业争当“转型升级先锋”，截至目前，恒伟物流、海龙核材和三艾广告3家企业成功上市，锐天科技、京口农联和禾润世家等企业的上市工作正在紧锣密鼓推进；爱励一期技改等一批转型项目正在加快建设。全民争当“创新创业标兵”，一季度新增个体工商户数等各项指标全部飘红。4月9日，该区举办创业帮扶“3+1”签约仪式，包括1名创业成功者在内的3名“导师”结对帮扶1名创业人员，有35名创业人员将享受“保姆式服务”。

开展“金凤凰”活动招才引智。今年以来，京口有17名人才申报省“双创计划”，24名人才（团队）入围市第八批“331计划”面试答辩环节，其中国家“千人计划”专家4人。引进航空航天产业人才82名、企业经营管理人才32名，新增高技能人才230名。麻省理工学院材料加工和微光学技术中心与辖区企业海龙核材进行产学研对接活动，在高强度硅酮密封胶、高温隔热涂料和金属表面镀膜等领域达成初步合作意向。

开展“真·实”活动连民心。组织全区党员和干部真心诚意与人民群众交朋友、实实在在为基层服务，真心诚意与企业家交朋友、实实在在为企业服务。截至目前，该区已为基层（企业、社区和居民）解难题400余件，投入资金23万元，进一步融洽党群、干群关系。

组织“文明进万家”提素质。开展环境综合整治行动，今年11个小区整治已投入资金220余万元，京口路12号、桃花坞三区等6个小区已整治结束。开展管理规范行动，各小区强化清扫保洁、停车管理、绿化管护和治安巡查，并对基础公共设施进行维修改造。开展文明提升行动，每个社区及时更新“善心立德榜”，以居民身边的“凡人善举”教育带动居民整体素质的提升；广泛开展志愿服务活动，目前全区已举办大型志愿服务26场次，服务对象超5000人。

4月21日

▲ **《新华日报》头版头条报道《京口：互联网引领产业转型》** 内容摘要：镇江市京口区东部，有几栋造型很别致的楼，楼不高，不知内情的人可能以为是高档小区，其实不是，那几栋楼里云集一批国内知名的电子商务企业，这里是京口区大禹山创意新社区，镇江市唯一的省级电子商务示范基地，并正在创建国家级电子商务示范基地。

“京口区是镇江的主城区，土地资源越来越少，想发展，必须转变思路。”京口区委书记裔玉乾说，怎么转变呢？发展现代服务业是不二选择，而包括电子商务在内的互联网产业无污染、占地少、带动就业效果好、后劲大，抓住这个产业，就是抓住未来。

说起来，京口区是从网游产业的迅速发展中尝到互联网产业甜头的。几年前，一名大学毕业生来到京口区高创园，办起江苏名通信息科技公司，开发网络游戏产品。这家起先并不起眼的企业，5年时间里每年的销售额增幅都超过100%，在全国网页游戏地区排名中名列第四，300多平方米的办公室、100来名工作人员，去年销售额超过亿元，上缴税收1500多万元，一跃成为省内首批重点文化科技企业。另一家网游开发企业——易乐网络科技公司去年实现销售1.472亿元，纳税2752万元，2015年以来发展势头强劲，继续保持高速增长。

“互联网产业如此惊人的发展速度，既令人鼓舞，也让我们意识到，可以从单一的游戏平台电子商务，向全方位、多元化电子商务发展。”大禹山创意新社区党工委书记陆炳西说，从去年起，创意新社区与中国中小企业协会合作，着力建设中国中小企业信息产业园。在搭建良好的创业载体的同时，创意新社区专注于电商企业招商，到目前为止已有37家电商企业入驻，经营模式涵盖多种类型，包括网上交易、网络运营、支付平台、后台支撑、支付配送等电子商务领域的多个环节，互联网产业出现裂变式发展。

腾讯游戏积分商城落户大禹山创意新社区才5个月，现在已有300多家商户进驻，每月营业额以60%以上的速度递增。“不同于淘宝、京东，我们做的是娱乐式电商，是唯一的省级运行中心。”面对记者的疑惑，腾讯游戏积分商城董事长金文解释说，腾讯不是有数以亿计的游戏客户吗？积分商城可以让游戏玩家的积分换成商品或装备，积分是网上商城的“引子”，所以集聚人气速度极快。百度（镇江）地区营销服务中心也在这里落户，公司总经理杨凯说，随着一些一二线城市互联网市场渗透率接近饱和，像镇江这类网上市场未开发的城市逐渐成为电商“渠道扩展”的重点。一年时间，镇江站仅引擎搜索业务销售额增幅就达50%，百度糯米网购平台在镇江市场的营销额也同比增长40%左右。

知名度高的互联网企业来了，科技含量高的电子企业也被吸引过来——京口区与中国电子科技集团的有关科研机构紧密合作，规划建设北斗产业园，目前，北斗位置服务江苏运行中心已经进驻创意新社区。“北斗导航的发展前景不可限量，而数据资源总部就在我们这里。”京口区商务局局长虞军说，除位置服务，这家运行中心还将为我省城市管理、交通运输、自然灾害监测、精细农业、环保和搜索援救等方面提供精准的卫星定位服务。

电子商务的迅速发展，“惊醒”传统实体经济。区内的凯源旅游商贸公司在城区有50多家实体超市，现在，这家公司的电子商务平台已经启用，实现线上线下联动；居家养老服务是城市需求很大但进展较慢的领域，落户在京口区的2460智慧社区服务平台以社区为依托，以居民养老为切入点，借助互联网、云计算、物联网等先进技术，融入居家养老服务体系中……为给电商产业提供更大的发展空间，京口区正筹建生态物流园，电子商务仓储物流配套将得到进一步完善，电子商务第三方物流配送体系与电子商务上游产业协同发展、同频共振指日可待。

5月4日

▲ **《镇江日报》报道《京口作风建设出实招见实效》**内容摘要：京口区组建的4个“五一”作风建设专项督查组，通过抽查、暗访等方式，对辖区内商场、宾馆、酒店进行集中检查，对党政机关留用公务车辆封存情况进行抽查，并安排专人受理信访举报，关注网络舆情。截至目前，暂未发现违规公款吃喝、公车私用等相关问题。

据了解，针对“五一”和即将到来的端午节，京口区召开作风建设情况专项督查工作部署会，再次发出纠正“四风”的强烈信号：继续盯住具体问题，高度关注变换方式违纪的“隐身衣”问题，严肃查处公款吃喝、公款旅游、公款购买粽子节礼等行为，遏制“四风”蔓延势头，推动党风政风进一步好转。

紧盯重要时间节点，驰而不息纠“四风”，是京口落实八项规定、强化作风建设的一项重要举措。该区立足抓早抓小、抓细抓实，在去年开展“清风行动”专项整治的基础上，持续开展以解决作风方面突出问题为重点的“清心行动”。今年一季度，该区累计查处上班时间上网淘宝聊天、违反作息时间、违规发放津贴补贴、违规报销相关票据等问题15起，发出整改意见4条，约谈相关单位主要负责人2人，实施党政纪处分1人。

针对当前仍然存在的少数党员干部违规公款吃喝、公款送礼等问题，该区在加强明察暗访的同时，立足源头管控，建立完善四项制度，切实扎牢财政“钱袋子”。建立完善“实名制”，在全面推行公务卡结算的基础上，实行职务消费个人实名制和票据报销单位实名制，凡署名“客户”或“个人”的发票一律不准列支；建立完善“审批制”，规定公务接待必须先审批再安排，严格控制接待标准和陪同人数；建立完善“清单制”，公务接待活动要如实填写接待清单，清单内容包括接待对象的单位、姓名、事由、场所、费用等，否则相关票据不予报销；建立完善“倒查制”，区纪委会同财政、审计等部门，从报销发票和清单明细入手，强化监督检查，严格责任追究，确保各项制度落到实处。据统计，今年一季度，全区“三公经费”支出同比下降30%以上。

该区还紧扣“1+6”活动，不断加大作风督查工作力度。采取专项督查和综合督查相结合的方法，通过不打招呼实地查看、随机暗访、查阅“真·实”活动笔记等形式，全面准确掌握工作进展情况。1—4月份，全区组织各类督查活动60余场次，发现问题10多件，提出建议、意见26条，有力地促进干部作风的转变和重点工作的落实。

针对基层社区负担过重的情况，该区进一步完善社区公共事务准入制度，明确规定社区事务准入的“四个门槛”，即区级以上党委政府布置的工作，省级以上条口部门布置的工作，与群众密切相关的工作，区社区公共事务领导小组研究确定的其他工作。除此之外的任何事务，一律严禁进入社区。目前，该区公共事务进社区事项已下降50%。此举让社区干部腾出时间和精力，进一步回归服务居民本位。

与此同时，该区着力查处基层党员干部在土地征收、“三资”管理、惠农补贴、低保审批、扶贫救济等方面损害群众利益的问题，以及执法、监管、公共服务等窗口行业和领域违规收费和收红包、购物卡等突出问题，切实加大纠风反腐力度，狠治群众身边的“四风”问题。

6月1日

▲ **新华网报道《京口打通服务企业“最后一米”切实解决难题》**内容摘要：京口区民营企业代表同该区职能部门及所在街道负责人坐在一起，得知此前反映影响企业发展的17个棘手问题得到解决或有了眉目，9家与会企业负责人十分振奋。

据京口区政协副主席、区工商联主席朱裕根介绍，截至目前，该区有规模民营企业362家。为进一步加强政企沟通，打通服务企业的“最后一米”，从3月份开始，京口开展“服务伴我行”主题活动，主动服务民营企业，为企业解决生产经营中的实际问题。经过区工商联前段时间的深入走访，整理收集一些企业急需解决的问题，并请涉及的14个职能部门及所在街道拿出解决方案。

白云宾馆总经理张国华一开始担心活动走过场，后被政府的诚意打动，主动打电话吐露两个诉求：谏壁集镇越河街南侧已开通天然气，而企业所在的北侧尚未开通。希望加快北侧通气进程，从而降低企业的运行成本；企业门前停车位可否优化，变原有的横向为竖向，从而最大限度利用资源，方便客人停车。责任单位谏壁街道很快成立工作小组，与华润燃气及时沟通，并协调道路开挖中的矛盾，现已拿出两套方案备选。经谏壁交警中队与街道城管联合协调，宾馆门前的停车位也将得到优化。

总投资8500多万元的夕阳红康乐中心（德高护理院）董事长金步国前不久碰到难题，致使企业无法开业，急得茶饭不思。其中最棘手的问题是，企业获得8000多平方米出让土地（按照合同已经支付了土地出让金）后，由于相关部门失误，将该地块的一角出让给另一公司。由于部分地块重叠，护理院无法办理完整的国有土地使用证手续。其次，由于汝山南路工程迟迟不能竣工，水、电尚未接通到护理院。现在，经象山街道全力做工作，相关公司同意将重叠地块退让出来，土地证办理迎刃而解；区住建局也为护理院临时接通水、电，保证其正常使用，并设置临时雨水井和临时污水井。

明泰信息科技总经理张强华是从家族鞋企转型从事新兴产业的，目前遇到资金困难，亟须了解科技型企业可享受的创业扶持和科技扶持政策。区人事局给他带来“三大利好”：可分别申请3000元初始创业补贴、最高30万元财政贴息贷款和吸纳高校毕业生就业补贴。区科技局也准备帮助企业申报专利扶持资金、各类科技项目，同时针对企业发展情况，积极帮助争取科技贷款……

京口区区长黄万荣表示，“服务伴我行”主题活动包括“政企即时通”“政企新干线”和“政企直通车”三部曲，力求通过多种渠道，实现政企天天互动、月月互动、季季互动，将服务与需求高效对接，切切实实为企业解决实际问题。

7月6日

▲　**《镇江日报》报道《京口获全国基层党建创新最佳案例》**内容摘要：第三届全国基层党建创新案例征集活动评选结果日前在北京揭晓。京口区“构建联系服务群众常态化长效化工作机制”案例被评为全国30个最佳案例之一。这是该区连续3次获得全国基层党建创新案例奖项。

2010年起，为反映基层党建创新的最新成果，中国浦东干部学院、人民网、中国组织人事报社等单位联合发起全国基层党建创新案例征集活动，每届从3000多个基层党组织提交的案例中，经过网上投票和专家两轮评审，最后评出最佳案例30个和优秀案例60个。

2006年以来，京口区积极探索开展社区党建文化建设，于2010年获首届全国基层党建创新优秀案例。2008年以来，该区探索形成社区“两网”服务型党建工作模式，于2012年获第二届全国基层党建创新最佳案例。

在去年党的群众路线教育实践活动中，该区围绕打通“最后一公里”，把联系服务群众的做法经验加以总结完善，逐步构建起以“两网”治理服务、党员干部直接联系服务群众、社会资源整合三大机制为基础的联系服务群众常态化长效化工作机制。

创新“两网”治理服务机制，实现联系服务群众零距离。京口区顺应群众期盼，深化网格和网络互动互融，在四牌楼街道试点“网格+网络”智能管理服务平台，同步推出手机APP，推动社区干部下网格、进家门、知民情、办实事，在“线上”和“线下”同步推动“马上就办”。

完善党员干部直接联系群众机制，推动联系服务群众常态化。该区广泛开展“真·实”活动，全区党员领导干部结对辖区企业227家、挂钩基层社区（村）65个、帮扶困难居民422户，1831名机关党员到村（居）认岗领责，已办结群众“微心愿”620个。建立健全各级党委委员联系党代表、党代表联系党员、党员联系群众的“党群联系链”。区委书记裔玉乾带头履行党代表职责，及时协调解决长岗社区群众反映的原镇大公路整修和养护、村组缺少公交站台等问题。在去年底进行的综合测评上，社会各界对全区党代表民主评议的满意度已超过90%。

建立社会资源整合机制，实现联系服务群众高效化。该区以“京口先锋”志愿服务活动为载体，建立以党员为骨干，各级各类志愿者工作站、志愿者工作室为平台，专业义工与社会志愿者相结合的志愿服务工作体系，广泛推行以“便民服务‘代理式’、窗口服务‘一站式’、诉求服务‘民主式’、共建服务‘结对式’、帮困服务‘互助式’、志愿服务‘菜单式’”为主要内容的“六式服务”工作法。酒海街社区整合辖区资源，充分发挥志愿服务优势，成立“苏馨家园”残疾人综合服务中心，为辖区残疾人提供康复训练、庇护性就业、文体活动、日间照料“四位一体”服务，截至目前，中心已为700余人次的残疾人提供服务，受到社会各界的好评。

7月13日

▲　**《镇江日报》头版头条报道《“平安京口”建设交出满意答卷》**内容摘要：京口区近日被江苏省社会治安综合治理委员会评为“2014年度全省综治工作（平安建设）先进区”，是我市辖区中唯一获此殊荣的单位。在省委政法委组织的测评中，该区公众安全感和法治满意度分别高达96%和95.1%，连续10年被命名为“江苏省平安区”。

去年以来，京口主动适应形势任务的新变化，坚持系统治理、依法治理、综合治理、源头治理，不断健全社会矛盾纠纷多元化调处机制，加快构建立体化现代化社会治安防控体系，不断提升群众安全感满意度。

着力预防化解，全力维护社会稳定。创新发展多元化矛盾纠纷防范化解机制，区调处中心两名人民调解员受聘区检察院涉法涉诉信访案件社会第三方调解员，聘任两名区法院退休法官为区调委会专职人民调解员。加强专业性行业性调解组织建设，建立区价格争议人民调解委员会，区人社、工商、住建等部门设立行政调解工作室。从区法院、区检察院、公安京口分局分别抽调人员充实到区涉法涉诉联合接访中心工作，实现区涉法涉诉联合接访中心实体化运作，此项工作在全市属首创。今年上半年，区、街道调解矛盾纠纷418件，调解成功数414件，调解成功率99.04%。健全社会稳定风险评估机制，上半年对22个重大建设项目开展了社会稳定风险评估。全力化解信访案件和群体性事件，上半年区领导接待研判处理信访问题131批844人次，把一批疑难复杂问题解决在萌芽状态。全区安排律师信访接待36次，协调处理信访事项77件，参与会办重点信访事项11件。

坚持多措并举，营造安全社会环境。严厉打击违法犯罪活动，2015年上半年破获各类刑事案件339起，破获侵财案件257起，破案数位列全市前列。扎实推进治安防控工程，今年组织开展打击食品药品环境犯罪“利剑行动”，采取刑事强制措施21人；“两抢”案件同比下降41.2%，入室盗窃案件同比下降23.9%，盗窃电动车案件同比下降22.2%。强化现代化一体化技防建设，对老旧损坏的监控一律更换高清探头，维护、新建监控1300余个，社会面覆盖率达到80%。

完善分类管理，加强重点人群管控。目前，该区排查出重点管控的严重肇事肇祸精神病人26人，由区综治部门牵头，区民政部门出面等方式多渠道解决患者经济负担，保障患者就医。全区累计接收社区矫正人员1108名，今年累计期满解矫89名，无一脱管、漏管，无重新犯罪情况。开展“青春牵手五色花——关爱重点青少年群体行动”，结对帮扶100多名重点青少年。

着眼基层基础，夯实平安建设根基。构建社会管理三级平台，总面积约1800平方米的区社会管理服务中心投入运行，区综治办、区司法局整建制入驻，其他13家综治委成员单位派员进驻。投入30多万元，建成区综治信息中心。扎实开展“平安单位”“平安家庭”“平安企业”等系列平安创建活动，开展“贤孝家庭”评比、“最美家庭”寻访等活动。深化“平安校园”建设，目前全区100%的公办中小学、幼儿园获得市平安（文明）校园称号，其中13所学校获得江苏省平安（文明）校园称号。

8月3日

▲ **《镇江日报》头版头条报道《京口经济转型稳中有进》**内容摘要：2015年以来，面对复杂多变的宏观形势和经济下行压力加大的严峻考验，京口区始终坚持“稳中奋进、改革创新”主基调，紧扣“转型升级、特色发展”总要求，奋力拼搏，攻坚克难，经济发展保持稳中有进的良好态势。

全力攻坚克难，重大项目建设提速。京口全力解决项目建设中的土地、规划、环保、用电等问题50余个，有力有效推进84个亿元以上项目。中储粮二期技改扩能、鼎胜PS板基及钎焊箔技改等项目竣工投产。中林新民洲仓储物流基地等11个项目开工建设。苏宁广场东塔楼即将突破200米，全面启动全球招商工作，200余家国内外品牌签订入驻协议。中林（镇江）生态产业城、长江游戏谷一期、凤凰文化广场等项目加速推进，新民洲港区一期对外开放通过市级验收。精心组织第一轮“招商引资百日竞赛”，集中签约亿元以上项目35个，总投资约177亿元，进一步增强区域发展后劲。

转方式调结构，转型升级步伐加快。该区产业结构进一步优化，服务业增加值占GDP比重达71.8%，继续在全市名列前茅。企业转型升级步伐加快，园区支撑作用更加明显，上半年完成工业技改投资47.8亿元、增长23.8%；鼎胜铝业、中储粮镇江基地等骨干企业加大技改投入，上半年利税总额分别增长167.7%、92.4%；企业上市取得历史性突破，恒伟物流、海龙核科技、三艾广告成功挂牌上市。

坚持创新驱动，科技人才工作给力。深入开展“金凤凰”活动，新增国家“千人计划”人才2人、累计达13人，新增高技能人才376名，人才工作继续保持全市前列。全社会研发投入占比达2.68%，高新技术产业产值占比达46%。中企信星孵化器列入省级科技企业孵化器管理。深入推进校地合作示范区建设，与江科大、江大、南京财大等高校对接合作，共同申报21个市级以上科技项目、6个省级研究生工作站。万人发明专利拥有量达56件，位居全省第一。

聚焦大众创业，创新创业氛围浓厚。在群众中开展争当“创新创业标兵”活动，推出“3+1”创业帮扶（即包括1名创业成功者在内的3名“导师”结对帮扶1名创业人员），已有35名创业人员享受“保姆式服务”，直至创业成功。打造翼咖啡、科航创新工场、京口高创中心等6家众创空间，为创客提供线上线下服务，无论是数量还是实质化运作都走在全市前列。上半年该区新增私营企业937户、个体工商户1467户、注册资本37.83亿元，其中新增私营企业数已超额完成全年目标任务。

8月20日

▲ **《镇江日报》报道《强抓“三严三实”全力拼搏实干——访京口区委书记裔玉乾》**内容摘要：京口区于7月28日召开区委七届九次全体（扩大）会议，全面贯彻落实镇江市委六届十次全会精神，部署下一阶段工作。如何将全会精神落到实处，京口区委书记裔玉乾接受本报记者的专访。

裔玉乾说，下半年，京口区将以“四个全面”战略布局为引领，强抓“三严三实”，全力拼搏实干，确保完成全年各项目标任务。如何才能确保完成全年各项目标任务，裔玉乾说，京口区将重点抓好以下七个方面工作。

全力以赴狠抓经济发展。集中精力，千方百计，攻坚克难，保持经济发展稳中有进的良好态势。进一步优化产业结构。大力发展电子商务、北斗位置服务、网络文化、文化创意、高端商贸、现代物流、健康养生等现代服务业。加快苏宁广场、凤凰文化广场建设，加速推进财富广场商户回迁，实现商业城重新营业，推动大市口商圈业态升级、品质提升。加快建设镇江（京口）北斗产业园。进一步强化项目支撑。进一步营造“一切围绕项目干”氛围，推动党员、干部集中精力抓好总投资50亿元以上的中林（镇江）生态产业城、总投资10亿元的长江游戏谷一期等80个亿元以上项目。进一步狠抓招商引资。务实高效开展第二轮“招商引资百日竞赛”，精心组织招商引资活动100场以上，举办第二次项目集中签约活动，努力实现“321”项目的新突破。进一步推进产业“三集”发展。积极推进大禹山创意新社区争创国家级电子商务示范基地。中国中小企业信息产业园市场化运作试点出经验、出成效。

致力打造科技创新和人才高地。抢抓国家苏南自主创新示范区建设机遇，深入实施创新驱动战略，加快建设校地合作示范区，进一步加强与国内外高校、院所的对接合作，精心选派“科技镇长团”，举办特色产业校地合作专场对接会3场以上，共建省级工程中心2个，共同申报省级以上科技项目20个以上，全方位提升校地合作实效。深入开展“金凤凰”活动。加大人才引培力度，新增创新创业领军人才12名、高技能人才200人以上。切实发挥企业自主创新的主体作用，推动爱励创新中心创成省级外资企业研发机构，新增国家级高新技术企业5家。加大科技金融创新力度。设立创新创业种子基金、产业发展引导基金3个以上，为产业发展、项目建设提供资金支持。加大企业上市工作力度，推动锐天科技等企业年内上市。

强力推进生态文明建设。深入实施生态文明建设提升工程，加快推进54个生态文明建设重点项目，大力推进东部地区环境综合整治，稳妥有序推进索普和新区化工园区周边居民搬迁，深入推进企业治污工作。切实抓好青山碧水蓝天提升工程，完成虹桥港清水通道建设和生态修复以及大雩山等山体整治任务，实现秸秆“零焚烧”。加强低碳文明建设，打造3个生态文明建设主题广场和2个生态文明教育基地。

大力实施民生幸福工程。高质量推进城区建设，完成征收拆迁26万平方米以上，回迁安置10万平方米以上，恒运路北段、纬八路东段、镇澄路东段、滨河南路年内竣工通车。全方位提升城市管理水平。积极推进精细化、网格化、长效化的城市管理机制，完成17个城市环境综合整治项目。深入开展“文明进万家”活动，扎实推进20个小区环境整治和城乡居民文明素质提升工作。

着力加强社会治理创新。加大社区治理创新力度，全面深化提升“两网融合”治理服务水平，建成区级社会组织孵化基地，提高社区服务水平。深入推进法治京口建设，落实政府部门“五项清单”制度，有序推进执法质量终身负责制工作，改进和提升基层社区议事会工作，巩固“六五”普法成果，科学谋划“七五”普法规划，切实提高依法行政、公正司法、全民守法的水平。

深入推进全面从严治党。认真贯彻落实省委、市委关于全面从严治党的一系列部署要求，制定出台京口推动全面从严治党迈上新台阶的“1+6”系列文件，扎实开展“三严三实”专题教育，坚持从严管理干部，加快实施“双型”先进党支部建设工程，深入开展“清心行动”，加强执纪监督检查，坚决整治“为官不为”“为官慢为”等行为。

科学谋划好“十三五”规划。高标准、高质量编制好京口“十三五”规划，提高规划的务实性、科学性和可操作性。同时，积极向上对接，力争我区有更多的项目纳入国家、省、市“十三五”规划。

采访结束前，裔玉乾表示，下一步，京口区将坚决贯彻落实市委六届十次全会的部署和要求，进一步振奋精神，励精图治，创新实干，全力以赴完成全年目标任务，为加快建设“强富美高”新镇江做出新的更大的贡献！

8月24日

▲ **《镇江日报》报道《京口“四大工程”打造美丽城区》**内容摘要：虹桥港水环境整治现场，总投资1700万元、引金山湖水贯通虹桥港与胜利港的清水通道建设，已完成顶管施工1000余米，扫尾工程正在九中桥南侧进行；一夜河、胜利港河道内，合计面积近2000平方米的生态浮岛和多个除藻设施已安装完成，由美人蕉、狐尾藻、香菇草构建的生态浮岛，可起到净化水质、提升整体景观效果的作用，正在运行的太阳能曝气机，可增加水体中含氧量，消除水质富营养化现象。据施工方负责人戴平介绍，后期他们还将投放可改善水质的微生物菌种和螺蛳、鱼类等底栖生物，重构河道生物链，提升河道自净能力，从而实现“水清岸绿、鱼虾洄游”的整治目标。

2015年以来，京口区以镇江市国家首批生态文明先行示范区、全省唯一生态文明建设改革试点市建设为契机，强势推进生态文明建设提升工程。在去年实施并完成31个生态文明建设项目的基础上，提升标杆，自加压力，全面启动54个生态文明建设类项目，计划总投资19.3亿元，年度总投资达12.6亿元，并对各项重点任务进行细化、量化，分解到人、到月，建立常态化督查问责推进机制，坚持工程化管理、项目化推进，实行“周检查、月通报、季考核”。截至目前，该区已完成投资超7亿元，已有20个项目完成年度工作目标。

大力开展青山碧水蓝天提升工程。实施城市山体保护修复，完成总投资2500万元的黄丝湾、大王山、松林山山体综合治理。实施水环境整治，在重点实施虹桥港清水通道建设、生态修复工程的同时，玉带河生态恢复试点工程正在投放生物菌种；总投资3000万元的新民洲污水管网建设工程即将进场施工。餐饮油烟污染防治工程已完成对370余家餐饮单位油烟排放调查摸底。

积极推进城乡环境综合整治。重点实施谏壁片区生态环境综合整治，治理关停污染企业，目前金阳颜料烘焙酞菁生产线已关停，中强混凝土关停进入法院强制执行阶段；加快推进化工园区周边居民搬迁工作，2015年以来已搬迁居民200余户、2.6万平方米；完成总投资1.36亿元的谏壁节制闸建设；加快实施翻水河南岸城中村改造、谏壁地区老旧小区整治等。

全力开展生态试点示范建设。加快建设节能低碳企业，已完成谏电、鸿泰钢铁、鼎胜铝业等5家重点碳排放企业碳资产管理系统建设，推进4家企业自愿性清洁生产审核，年内完成1家企业强制性清洁生产审核，全面淘汰2003年前生产的Y系列在用电机。积极实施总投资约4.5亿元的京口工业园区循环化改造工程，新建绿色建筑15万平方米，全力推进绿色社区创建，上隍村省“水美乡村”创建通过初审。

增强大众生态文明理念意识。开展“生态文明进万家”活动，已建成4个生态文明主题广场，成立“绿微客”环保协会。全力推进2个生态文明教育基地、1个生态文明示范学校建设。在机关开展“每周少开一天车”低碳出行活动，在校园开展生态文明主题教育实践活动，营造浓厚的生态文明建设氛围。

9月18日

▲ 《镇江日报》头版头条报道《夏锦文赴京口督查推进市委全会精神贯彻落实情况时要求创新驱动打造城市经济新高地》内容摘要：市委六届十次全会精神正引领全市上下凝心聚力谋发展。16日下午，市委书记夏锦文赴京口区调研督查，要求牢牢把握“励精图治、稳中奋进”总基调，紧紧围绕“生态领先特色发展”总要求，加快推进创新驱动，完善提升城市功能，持续改善民生福祉，奋力打造城市经济新高地。

刷新镇江城市建筑新高度的苏宁广场，主体由高338米和228米的两幢塔楼组成，2015年6月份以来，这座地标性建筑加快“长高”，东塔楼施工至45层，西塔楼在建第25层。夏锦文详细了解建设进度和招商情况，得知广场购物中心“一间铺子五个商家竞争”，他表示赞赏。夏锦文说，苏宁在镇江投资建设第一高楼，是富有远见的战略选择，镇江城市经济和苏宁广场项目一定会同成长、共发展、得双赢。他还叮嘱进驻项目“高度”要匹配于地标性载体，有关方面要加大支持服务力度，争取项目早日建成见效。经济下行“寒冬”下，爱励铝业（镇江）有限公司大型车间内却一派繁忙景象，作为亚太地区唯一获波音和空客适航认证的航材企业，1—8月份高端铝板销售额同比提高60%。夏锦文一边参观生产线，一边就工艺技术、市场空间等与企业负责人深入交流，勉励进一步增强创新能力和核心竞争力，加快二期项目建设，争取更好更快发展。

近年来，江滨新村第一社区探索实施“网格+网络”服务模式，有效打通联系服务群众的“最后一米”。夏锦文仔细察看社区服务中心，了解社区建设和居民生活等情况，肯定网格长记“民情日记”等有利于对接居民需求提升服务水平。康盛剧社里，几位居民戏迷即兴清唱起京剧名段，赢来阵阵热烈掌声。夏锦文说，京剧等戏曲是我国传统文化艺术瑰宝，全社会都有责任传承和弘扬，尤其要让更多“新生代”恋上优秀传统文化。社区是社会的细胞，要开展多样多彩的睦邻文化活动，丰富群众精神文化生活，以文化人促进和谐。

推进会上，在听取有关情况汇报和市相关部门点评后，夏锦文肯定京口区对市委全会精神领会深刻、落实有力，主动性、务实性、创新性很强。如何实现各项工作的更大进展？夏锦文指出，京口区高校资源和人才优势独特，要把加快推进创新驱动作为战略路径，勇立“大众创业、万众创新”潮头，在抓载体、建机制、引人才三个方面力求新突破。重点打造电子商务、文化创意方面的“众创空间”，以高效率、常态化的校地合作促进科研成果产业化，放宽视野引入更多高素质的“金凤凰”，不断激发京口的创新活力。

城市经济是京口经济的重要特征，当前也是一块“短板”。夏锦文强调，要把加快提升城市经济作为第一要务，借鉴先进城市经验做法，实现理念思维、运作模式、建设层次的提升突破。聚焦重大项目建设，全力以赴抓招引、推进和产出，打好顶住经济下行攻坚战，全面完成年度目标任务；聚焦服务业升级，做精高端商贸，做强现代旅游，做大临港物流，质态向高端攀升；聚焦工业转型，一手抓传统产业改造，一手抓新兴产业发展，促进提质增效。夏锦文指出，对照苏南一流现代化主城区标准，要把加快推进城市建设作为紧迫任务，扎实抓好“补欠账”“强品质”，大力提升城市功能，大力推进旧城区改造，大力开展环境整治，让京口更具历史韵味、更富人文气息、更加宜居宜业宜游。

发展的根本目的是保障和改善民生。夏锦文强调，要把加快实现民生改善作为根本目标，围绕总书记“七个更”要求，把“三安”工作抓紧抓实抓到位，突出办好民生实事、保障困难群体、加强社会治理，织密民生保障网和公共安全网，增进人民群众的获得感。夏锦文还强调要以“四个全面”为引领，紧扣建设“强富美高”新镇江的目标，高质量、高水准编制好“十三五”规划，引领和推动各项工作迈上新台阶。

市委常委、秘书长李雪峰参加调研督查。

9月21日

▲ 《镇江日报》报道《京口抓作风建设促区域发展》内容摘要：中秋、国庆双节临近，京口区要求各单位、各部门严格执行“八项规定”“廉政准则”，坚决制止各种奢侈浪费行为，切实做到“五个严禁”。同时，区纪检监察部门通过明察暗访等形式，认真履行监督执纪问责职责，狠抓“五个严禁”的落实。这“五个严禁”指的是：严禁违规公款吃喝、公款旅游、公车私用；严禁用公款赠送月饼等节礼；严禁违规收受礼金、礼券、购物卡；严禁违规滥发津贴、补贴、奖金和实物；严禁违规参与带彩娱乐或各种形式的赌博活动。

严格落实“五个严禁”要求是该区狠抓干部队伍作风建设的一个缩影。“三严三实”专题教育开展以来，该区按照全面从严治党要求，着力解决领导干部思想、责任、作风与发展要求不相适应的问题，重点在提振干部精气神、严格执法执纪、提升干部素质上下功夫，为京口经济社会发展提供坚强的组织和作风保障。

提振干部精气神的核心在于坚定理想信念。该区除组织领导干部挂钩基层一线、开展专题研修、举办京口讲坛外，还组织全区30名县处级领导干部，赴句容赵亚夫先进事迹展览馆和新四军纪念馆开展现场教育，重温入党誓词。分两批组织全区80余名乡科级以上领导干部，赴井冈山开展“理想信念教育”专题培训班，感受理想和信仰的伟大力量。截至目前，全区已开展各类现场教育活动30多场次，受教育机关干部达930余人次。

推进作风建设的关键在加强立规执纪。从小事入手，进一步规范会议、请销假等制度，强化党员干部“守纪律、讲规矩”意识。完善《区管领导班子和领导干部“为官不为”问责办法》，列举出“不作为”情形12项、“慢作为”情形9项、“乱作为”情形14项，大力整治“慵懒散”“为官不为”“为官慢为”等不良现象。由区纪委牵头每旬召开一次“1+6”活动督查推进会，进一步浓厚各级干部竞相作为的氛围。该区还进一步加大执法执纪力度，2015年以来，已查处违纪违法案件20件，大市口街道原党工委书记姚峰等3名科级、副科级干部被移送市检察机关。

提升干部素质的关键在于加强能力建设。该区与北大合作举办“经济管理能力提升研修班”，组织31名中青年干部参加，并召开“学以致用”研讨会。深入推进“争当经济工作能手”活动，举办专题培训13场。选派13人到国家部委、省级机关、上海浦东等地挂职，建立“带着课题参加挂职，围绕课题学习交流，提出课题解决方案，回到单位成果转化”的挂职培训“四步法”，促进干部提升思维层次，增强能力素质。

干部队伍作风建设的进一步加强、各项举措的进一步落实，有力地促进区域经济社会的平稳较快发展。大力实施10项民生实事工程，截至目前，已完成招商北固湾邻里之家建设等6项，区级残疾人综合服务中心建设等4项正在快速推进。亿元以上产业类项目加速推进，新开工建设项目11个，竣工投产或即将竣工投产项目8个。据统计，1—8月，全区已完成固定资产投资237亿元，同比增长17.5%；社会消费品零售总额173亿元，同比增长10.8%；进出口总额6.8亿美元，同比增长40.4%，增幅全市第一。

10月12日

▲　**《镇江日报》报道《京口文化广场建设全市“领跑”》**内容摘要：占地1000余平方米，法治宣传牌、法治文化石、公正亭、清风亭、法治文化长廊等设施一应俱全，朗朗上口的《法治颂歌》、寓意深远的法治警句名言、贴近生活的法律法规解析。近日投入使用的新民洲新红旗社区法治文化广场，不仅成为居民茶余饭后休闲健身的重要场所，更成为推动全民学法、尊法、守法、用法的户外“法治大讲堂”。这是京口区推进文化广场建设全覆盖的生动诠释。

“文化广场是以文惠民的重要阵地，是以文聚人的生动舞台，是以文悦人的靓丽窗口，更是构建京口现代公共文化服务体系的特色工程。”据京口区文体局负责人介绍，2015年以来，文体局切实推进4个标准化文化广场和6个生态文明主题广场建设，按序时进度完成古城公园广场、四牌楼文体中心广场、谏壁公园广场、京口广场4个文化广场的标准化建设，目前4个广场即将迎接市文化广场标准化建设验收；已建成梦溪广场、东吴绿地广场、古城公园广场、谏壁公园广场4个生态文明主题广场，京口广场正在按要求建设，合山公园生态主题广场初步方案已产生。截至目前，全区已建成文化广场62个，其中中心型文化广场4个（单个广场占地面积3000平方米以上）、基本型文化广场5个（单个广场占地面积1000平方米以上）、小型文化广场53个（单个广场占地面积200平方米以上）。该区文化广场建设走在全市前列，文化广场建设的经验在全市推广。

京口区高质量实施文化广场建设。中心型、基本型文化广场建设严格按照“六个一”标准（即有一个场地和舞台、一支专兼职管理队伍、一个电子显示屏、一套音响系统、一个阅报栏、一个资源安排表）。同时，挖掘广场的文化底蕴，打造文化品牌，提升文化品位，着重将古城公园广场打造成法治文化广场，梦溪广场打造成名人文化广场，北固湾广场打造成东吴文化广场，四牌楼街道文体中心广场打造成党建文化广场等。

如何确保文化广场高效运行？该区着力构建政府、街道社区和市民共同管理的机制。由区文体局负责统一管理文化广场活动，向每个街道（园区）赠送1套音响设备，并进行业务指导；文化广场的管理单位确保广场的电源、灯光等硬件以及绿化、卫生的日常维护；街道主要调动属地单位、商业机构、文艺团体的积极性，推动举办形式多样、丰富多彩的广场文化活动。其次，激发活力，加强对文化站长、文艺团队骨干的培训，加强对文艺团队的扶持、奖励，增强文艺骨干和文艺团队的原创能力。再次，打造广场文体活动的品牌和特色，如正东路街道的“梦溪大舞台”，象山街道的“幸福象山”，四牌楼街道的“滨江大舞台”，健康路街道的“健康圆梦行”等。

10月23日

▲　**《镇江日报》报道《京口区生态文明建设给力》**内容摘要：京口区京口召开生态文明建设重点项目推进会，该区前三个季度生态文明建设成果喜人。截至目前，全区54项生态文明建设重点项目中，22个项目已完成年度工作目标；28个项目达序时或超序时进度，完成及达序时率达92.6%。从整个推进情况来看，预计到10月底28个项目中还有8个项目可以完成年度目标任务。

在2014年实施并完成31个生态文明建设项目的基础上，2015年京口区全面启动54个生态文明建设类项目，计划总投资19.3亿元，年度总投资达12.6亿元。区生态办对各项重点项目进行细化、量化，分解到人、到月，每月跟踪项目进展情况，帮助协调解决问题，全区生态文明建设取得阶段性成果。

青山碧水蓝天提升工程成果初显。京口对城市山体进行保护修复，完成总投资2500万元的黄丝湾、大王山、松林山山体综合治理。实施水环境整治，在重点实施虹桥港清水通道建设、虹桥港（胜利港）生态修复工程的同时，玉带河生态恢复试点工程通过投放生物菌种，水质较上半年已有明显改善。总投资3000万元的新民洲污水管网建设工程已进场施工。大气环境整治方面，实施燃煤锅炉整治，预计10月底全面完成6台10吨以下燃煤锅炉淘汰任务；投资300万元，建成并运行王家湾停车场，解决7家运输公司渣土运输车统一清洗、管理等问题。

城乡环境综合整治深入推进。该区重点实施谏壁片区生态环境综合整治，加大企业节能减排力度。推进化工园区周边居民搬迁工作，2015年以来已搬迁居民近300余户、3.3万平方米。大力实施城市环境综合整治，实施健康路、解放路南段、金阳大道三期等道路综合整治和建设；开展花山湾五区老旧小区、市政路、烈士路等6条背街小巷以及农贸市场、疏导点的改造，切实改善市容市貌。

生态试点示范建设持续发力。开展“万家企业”节能低碳行动，顺利完成索普集团、谏壁电厂、闽乐建材、强力空心砖、建科建设的资源综合利用重新认定，龙源环保、全盛节能等企业资源综合利用年检工作。推进节能项目建设，鼎铝的采用钎焊用铝箔成果先进技术对生产线提升效率降低能耗的改造项目和鸿泰的炼钢除尘系统改造项目等已竣工投产。结合文化广场建设，已建成东吴绿地广场、古城公园广场、谏壁公园广场等5个生态文明主题广场。

京口区环保局负责人表示，针对因资金筹集、上级调整以及矛盾协调等原因未能达序时进度要求的4个项目，该区将进一步加大项目推进保障力度。

11月19日

▲ 《镇江日报》头版头条报道《京口“金凤凰”助力富民强区》内容摘要：乌克兰籍核材料专家卡驰诺夫·弗拉基米尔教授再次到江苏海龙核科技股份有限公司，就企业最新研发的核级水性耐DBA防火涂料的专利申报与产业化，为企业出谋划策。这位新晋市“331计划”人才是企业通过省科技厅中乌合作平台引进的高端人才，现任企业技术总监。

此前 海龙核科技在新品研发中遭遇技术瓶颈。引进弗拉基米尔博士及其团队后，双方经过一年多的联合攻关，最终突破掌握关键技术。该研发成果主要用于各类核电站建设运行中的核防护，产品填补国内空白，目前专利申请已上报国家知识产权局审核，产业化运作同步进行，“企业正在筹集资金，该项目将于近日上马，明年上半年可望竣工投产，届时将结束该产品全部依赖进口的历史。”

人才是第一资源，是创业创新主力军。2015今年以来，京口区坚持“人才引领、创新驱动”发展战略，深入开展“金凤凰”活动，加快建设校地合作示范区，着力打造创客“梦工厂”，进一步强化“宜业京口”的强磁场效应，吸引激励人才在京口施展才华、建功立业，带动企业、发展产业，使之成为撬动京口经济转型升级、实现富民强区目标的有力“杠杆”。

聚力招引，打造一流人才高地。对能够引领战略性新兴产业发展和传统优势产业提升改造的“千人计划”人才给予50万元的专项配套资金；对领军人才团队给予100万～200万元的专项资金。该区高层次人才引进服务中心副主任吴成介绍，2015年前10月已引进国家“千人计划”3人，自主申报1人；省“双创计划”6人次；入选市第八批“331计划”10人，引进人数和质量在各辖市区中名列前茅，已提前超额完成全年目标任务。截至目前，京口已有国家“千人计划”14人，省“双创计划”个人23人，团队3个（11人），市“331计划”74人，人才工作继续在全市领跑。

携手奋进，创建校地合作示范区。京口挖掘主城区和高校集中区这一资源禀赋，年初在全市率先启动校地合作示范区建设。经校地双方共同努力，共建全区性的科技公共服务平台，先后开展专利申报转让等服务300多件；在中储粮、鼎盛重工等重点企业共建省级研究生工作站6家，共同申报省、市科技项目50个，争取扶持资金3000多万元。其中，现代造船与江科大合作的“船舶设计与管理信息系统”项目获国家火炬计划产业示范项目，鼎盛重工与江大合作的“海上浮式高效多功能转载平台重大成果转化及产业化”项目获省重大科技成果转化项目。推进人才共享，率先成立“科技创新团”，江大、江科大先后选派11名教授、博士，脱产到该区街道、园区和重点企业挂职，为基层解决各类科技难题130余件。

聚焦双创，搭建人才创业大舞台。今年以来，该区打造多种形式的“众创空间”，为各个层次的创业人才构建低门槛的展业平台，培育新的经济增长点。该区科技局局长薛莲介绍，截至目前，京口已开放“E客”梦工厂、中企信星、翼咖啡等8家各具特色、错位发展的众创空间，面积达2.42万平方米，可为广大创新创业者和初创小微企业提供政策扶持、科技研发、设备使用、融资对接、市场开拓等全方位、一条龙服务。现已入驻“创客”1144人，在孵企业300多个，前10个月实现销售16.2亿元、利税1832万元。

11月24日

▲ 《镇江日报》“看京口”报道《京口优化党群联系机制见成效》内容摘要：第三届全国基层党建创新论坛暨基层党建创新最佳和优秀案例颁奖仪式在北京举行。京口区凭借“构建联系服务群众常态化长效化工作机制”案例，入选全国30个最佳案例。这是该区连续第3届获得这一全国基层党建创新案例奖项。

京口能连续3次获此殊荣，是近些年来结合群众路线教育实践活动和“三严三实”专题教育，着力强化制度建设，不断优化工作机制，有力提高各级党组织和党员联系服务群众的常态化、规范化水平的结果。

强化“两网”机制，服务群众“零距离”。京口不断创新社区治理方法，通过合理设置网格、建设网络平台、打造专业队伍，进一步探索形成网格化治理、网络化服务的“两网”治理服务机制，同时借助现代信息互通技术，不断拓展“两网”服务功能。通过网格、网络、声讯了解群众需求，健全完善12大类涉及居民自身信息的基础性数据库，将贴心服务送到居民身边；提升社区管理能力，从源头上防范和化解社会矛盾，实现小事不出网格、大事不出社区。

强化“直联”机制，联系群众

"点对点"。实施党员干部基层联系点制度，全体区领导和400多名乡科级干部每人结对1～2家企业、1个社区（村）、1户居民，1831名在职党员赴村居认领一个以上服务岗位，7100多名无职党员担任网格长或网络版主、网评员、信息员。实施党员承诺践诺服务群众制度，2014年全区607个基层党组织公开承诺4421条，12879名党员公开承诺55879条。实施党代表直接联系群众制度，在街道(园区)、社区(村)以及企业、学校、社会组织等领域建有89个党代表实体工作室和75个网上工作室，182名区级党代表从"举手代表"变成"天天代表"，面对面主动问政于民、问需于民、问计于民。

强化"活动"机制，帮扶群众"全方位"。开展"真·实"活动，推动党员干部真心诚意与群众交朋友、实实在在为基层（群众）服务；真心诚意与企业家（创业者）交朋友、实实在在为企业服务，为居民、企业解决各类问题矛盾1000余件。

12月14日

▲ **《镇江日报》报道《"双创"高级人才战略工程启动》**内容摘要：由京口区、市发改委、市工商局、北大青鸟教育集团等多家单位共同主办的"大众创业万众创新高级人才战略工程"项目在京口文化艺术中心全面启动。

该工程包括京口文化艺术中心与北大青鸟（江苏）教育中心战略合作、北大青鸟品牌中国镇江创新创业高级人才CMBA研修班、镇江名企与全国名企百业联盟、CCTV老故事频道品牌中国栏目组走进镇江名牌活动、成立团中央中华未来之星镇江组委会、成立世界洲际小姐大赛镇江赛区组委会等十余项内容。其中，镇江创新创业高级人才CMBA研修班作为该工程的首个教育培训项目率先落地，将于本月底启动，2016年3月正式开学。

12月29日

▲ **《镇江日报》"看京口"报道《京口区委七届十次全会召开》**内容摘要：京口区委七届十次全会召开，动员全区上下认真践行"五大发展"理念，团结拼搏，开拓创新，积极进取，进一步强化特色发展，奋力开启京口"十三五"发展新征程。

2015年，面对复杂多变的宏观形势和经济下行的压力，京口区积极适应新常态，创新克难，奋力作为，认真落实"四个全面"战略布局，始终坚持"转型升级、特色发展"的总要求，全力推进"1+6"活动，经济社会发展保持稳中有进、稳中有好的态势。"十二五"期间，京口成功跻身全国民生建设百强区，先后创成全国和谐社区建设示范区、国家知识产权强县工程示范区、省社会治安安全区、省法治创建先进区等一批国家和省级品牌，实现圆满收官。

2016年，京口预期目标地区生产总值、固定资产投资、一般公共预算收入分别增长8%、17%、8%，城乡居民收入增长与经济增长同步。实现服务业增加值占GDP比重达72.5%以上。大力支持高新技术产业发展，实现高新技术产业占规模以上工业产值比重达47%以上。

2016年，京口将突出重点，狠抓落实，全力做好五个方面的工作。奋力推动城市经济转型取得新进展，加快构建现代产业体系，全力以赴抓项目建设。要提高项目建设的"三率"，切实提升产业"三集"发展水平，不断增强重点板块的支撑力。奋力推动创新驱动发展战略取得新进展，深入推进校地合作示范区建设，深入开展"金凤凰"活动，深入推动科技创新机制改革。奋力推动生态文明建设取得新进展，在生态环境保护和修复方面要有更大提升，在谏壁片区生态环境综合整治方面要有更大提升，在弘扬生态文明理念方面要有更大提升。奋力推动现代山水花园城区建设取得新进展，努力打造宜居宜业宜游的城市环境。奋力推动社会民生事业取得新进展，加快实施民生幸福工程推动创业富民，加快推动基本公共服务优质均衡，加快建设更高水平的"法治京口"。

"十三五"期间，是京口全面建成小康社会的决胜阶段和加快建设"强富美高"新京口的关键时期。京口区把握大势，结合实际，精准定位，科学谋划未来发展的新蓝图。全区将紧紧围绕"五个迈上新台阶"的"十三五"发展总体目标，总体定位"三区三高地"：打造校地合作示范区，创新创业活力区，宜居宜业魅力区，现代服务业发展高地，科技创新高地，文化旅游高地。始终做到"五个突出"：突出"五大发展理念"这一总纲，突出转型升级这一主线，突出项目建设这一关键，突出"1+6"活动这一抓手，突出作风建设这一保障。全面建成更高水平小康社会，基本实现现代化的路径更加明确，展现出"强富美高"新京口令人鼓舞的现实模样。

在贯彻落实“四个全面”中
加快建设“强富美高”新京口

中共京口区委书记、区人大常委会主任 裔玉乾

2015 年 4 月 25 日

4 月 21 日，市委夏书记调研京口时指出，要自觉担当起率先践行“四个全面”的重大责任，把全部工作放到“四个全面”战略布局中来谋划推进。下一步，京口将认真贯彻落实夏书记调研讲话精神，牢牢把握“四个全面”战略布局，紧抓今年各项目标任务的落实，全力推进“四个全面”在京口的生动实践。

一、坚持发展第一要务，大力提升城市经济能级

坚持发展第一要务是贯彻落实“四个全面”战略布局的首要任务和根本所在。对京口而言，就是要大力推进城市经济转型升级，着力提升城市经济能级。

1. 加快经济转型升级步伐。京口将立足主城区实际，始终坚持“必须生态环保优先、必须资源节约高效，强化地方财税贡献、强化居民就业收入”的产业发展导向，大力发展高科技、高附加值、高端化的生态产业，着力构建以现代服务业为主导，以先进制造业为支撑，以现代都市农业为补充的产业体系。进一步优化产业结构，大力发展电子商务、北斗位置服务、网络文化、文化创意、高端商贸、现代物流、健康养生等现代服务业，加快建设镇江（京口）北斗产业园。紧抓苏宁广场、八佰伴等高端商贸、大祥时尚街等特色街区建设，大力发展总部经济、楼宇经济，推动大市口商圈的业态升级、品质提升。继续做强做大新材料、航空航天、高端装备制造等产业，进一步扶持爱励铝业、鼎盛重工、海龙核材、惠通集团等企业发展，引导鸿泰钢铁等企业加速转型，加快建设江苏核科技产业园，推动先进制造业高端化发展。加快推进新民洲夏朵庄园等项目建设，着力推动现代都市农业的集约化、高端化、品牌化发展。进一步强化项目支撑。努力营造“一切围绕项目干”的氛围，推动党员、干部集中精力抓好总投资 50 亿元以上的中林（镇江）生态产业城、总投资 10 亿元的长江游戏谷一期等 77 个亿元以上项目。进一步狠抓招商引资。务实高效开展第二轮“招商引资百日竞赛”，精心组织招商引资活动 100 场以上，举办第二次项目集中签约活动，努力实现“321”项目的新突破。同时，加大金融创新，设立创新创业种子基金、产业发展引导基金 3 个以上，为产业发展、项目建设提供资金支持。

2. 全力打造校地合作示范区。夏书记调研京口时要求，把“打造校地合作示范区”作为发展城市经济的战略重点。京口认真落实夏书记的指示要求，研究出台《打造校地合作示范区实施意见》，与江苏大学、江苏科技大学等驻地高校签订了合作协议，与常熟理工学院、南京财经大学、哈尔滨工程大学、中国核动力研究院等国内高校院所深度对接合作，共同申报 21 个市级以上科技项目、6 个省级研究生工作站。下一步，京口将加大与国内外高校院所的对接合作力度，年内启动企业家院校行暨院校专家企业行活动，举办特色产业校地合作对接会 3 场以上，共建 2 个省级工程中心，共同申报省级以上科技项目 20 个以上，全方位提升校地合作实效。

3. 促进中小微企业平稳健康发展。一是在全区群众中持续开展争当“创新创业标兵”活动。出台“大众创业、万众创新”政策和措施，着力构筑10个众创空间，大力开展大学生（青年）创业竞赛等系列活动，充分激发全民创新创业激情和活力。二是扎实开展“真·实”活动，主动深入企业开展服务，落实小微企业减半征税等优惠政策，协调解决资金、土地、规划、市场等发展难题。

二、加快生态文明建设，彰显现代化山水花园城区品质

建设现代化山水花园城市，京口作为主城区，责无旁贷。京口将进一步发挥主力军作用，深入实施生态文明建设提升工程，加快推进54个生态项目建设，全力打造宜居宜业宜游的美丽京口。

1. 加强生态环境综合整治。坚持问题导向，围绕东部地区生态环境、城区市容环境等突出问题，稳妥有序推进索普和新区化工园区周边居民搬迁，切实抓好青山碧水蓝天提升工程，加大“一湖九河”综合整治、山体修复和企业治污力度，持续改善生态环境。

2. 高质量推进城区建设。加快实施新河街片区等旧城区和东部片区城中村改造，大力推进江二社区等海绵城市建设试点，年内完成“7+1”项目征收拆迁扫尾和棒槌营等危房解危任务，建成华诚新村二区一期安置房17万平方米，恒运路北段等7条城乡道路竣工通车。

3. 加快建设更高水平的文明城市。深入贯彻镇江建设更高水平文明城市动员部署会精神，按照“常态化、长效化”的要求，大力整治背街小巷、集贸市场环境、校园周边环境等重点难点区域，每周督查整改推进，严防回潮反复，确保城区环境持续改善。同时，深入开展“文明进万家”活动，扎实推进20个小区环境整治，大力开展居民文明素质提升工作。

三、狠抓社会治理创新，不断增进民生福祉

目前，京口的城镇化率已达97%，城市居民有38.4万人，占总人口的97%，社区治理工作已成为社会治理现代化的重中之重。

1. 深化推进“法治京口”建设。法治是社会治理现代化的核心。京口将以法治为引领，持续提高依法治区的水平，努力营造生产安全、生活安宁、社会安定的社会秩序，不断增进社会和谐。

2. 加强社区治理创新。京口将全面深化提升“两网融合”治理服务水平，同时借鉴上海市经验做法，努力在体制机制、资源整合、队伍建设、经费保障等方面加强改革创新，为全市乃至全省创造更多经验。

3. 持续改善民生。人民对美好生活的向往就是我们的奋斗目标。京口将紧扣“七个更”目标，不断提高城乡居民“两个收入”，进一步完善社会保障体系，提高文化、教育、体育、社会养老等公共服务水平和社会文明程度，努力让京口人民生活得更加美好。

四、强化全面从严治党，切实增强管党治党的能力和水平

全面从严治党是做好各项工作的根本保证。京口将认真贯彻落实省委、市委关于全面从严治党的部署要求，高标准、高质量开展“三严三实”专题教育，进一步强化党员、干部守纪律、讲规矩，大力选拔重用敢担当、有本事、肯吃苦的优秀干部，坚决消除为官不为、“消极观望”等不良倾向，不断加快“双型”先进党支部建设，从严抓好市委巡查组反馈意见整改工作，持续改进作风，严厉惩治腐败，努力以优良的党风政风带动社会风气的好转，为加快建设“强富美高”新京口提供坚强的保障。

北固湾

深化依法行政 打造法治京口

京口区人民政府区长 黄万荣

2015年11月4日

推进依法行政事关大局、事关长远，不仅与政府治理能力的提升息息相关，更与群众切身利益紧密相连。当前，京口正处于"转型升级、特色发展"关键时期，除了靠改革和发展外，正确履行职能、规范法治秩序尤为重要，提高行政水平、加快法治政府建设更为迫切，必须将法治理念、思维和方式贯穿于政府工作全过程，全面深化依法行政，加快打造法治政府，为建设"强富美高"新京口提供有力保障。

一、确立法治思维，加快政府职能转变

法治思维是习近平思维方法论的重要内容，法治思维在本质上是合法性思维、理性思维和实践性思维。我们将利用3～5年时间，建成职能科学、权责法定、执法严明、公开公正、廉洁高效、守法诚信的法治京口，实现"三健全、三领先"，即：健全完善符合区域发展要求的各类制度规范，确保制度建设水平保持领先；健全完善与经济社会发展需要相匹配的行政管理体系，确保依法行政水平保持领先；健全完善与民生改善、社会和谐相适应的法治手段，确保法治惠民水平保持领先。

具体做到"四个坚持"：坚持统筹推进。将法治建设纳入全区发展大局中统筹谋划、有序推进，在重点领域发挥好法治的引领、规范和保障作用。坚持问题导向。从思想观念、体制机制、监督考核等环节着力，将问题化解过程转变为提升依法行政水平的过程。坚持共建共享。坚持法治政府、法治社会协同推进，努力营造守法律、重制度、讲规矩的良好氛围。坚持特色发展。围绕政府服务体系建设、行政权力公开和法治阵地打造等，努力形成更多特色，培育更多可复制、可推广的亮点。

二、狠抓机制创新，不断规范行政行为

一是切实提高依法决策能力。规范决策程序。落实各项法定程序，实现流程控制、规范运行。健全政府法律顾问团制度，畅通法律顾问参与决策渠道，扩大法治服务覆盖面。提升决策成效。全面实施决策后的跟踪落实、督办检查、信息反馈、绩效考核等制度，主动了解利益主体和社会公众的意见建议，对落实过程中的问题进行应对和纠正。

二是着力规范行政执法行为。习近平总书记在十八届中央政治局第四次集体学习时指出："行政机关是实施法律法规的重要主体，要带头严格执法，维护公共权益、人民权益和社会秩序。"理顺执法体制。按照执法权责依法界定、明确清晰、分工到位要求，减少执法层次、整合执法力量。顺应执法重心下移和"网格化"管理要求，健全完善"以区为主、责任覆盖、属地管理"的工作格局，提升综合管理水平。改进执法方式。细化执法流程，明确执法权限、步骤环节和具体时限，将规范执法与主动服务结合起来，做到管理与服务相适应，处置与疏导相统一，实现法律效益和社会效益同步提升。巩固执法成效。围绕"一湖九河"水环境综合整治、企业污染整治、山体治理和大气污染防治等，树立依法治污、源头截污、长效控污理念，走出一条契合京口实际的环保执法新路。

三是创新行政运行体制机制。落实"清单制度"。深化行政审批制度改革，以"五张清单"为抓手，确保行政权力一律纳入"清单"管理，非行政审批许可一律取消，不符合法律规定的事项、收费一律取消。实施"多评合一"。优化审批流程，推进统一受理、统一评估、统一评审操作模式。在鼓励企业将新上项目纳入"多评合一"体系的同时，简化程序、优化细节，不断压缩审批时限。深化权力公开。完善行政权力网上运行系统，确保各类行政权力如数公布、全部上网。对重要民生信息和财政预决算、"三公"经费等内容，向群众说真话、交实底。强化宣传教育。落实"谁执法谁普法"的普法责任制，建立行政执法人员、律师等以案释法制度。大力开展群众性法治文化活动，放大法治建设的社会影响。

三、提升能力水平，努力营造良好环境

一是不断强化权力监督制约。权力的规范行使是依法行政、建设社会主义法治国家的重要内容，是现代政治文明的必然要求。接受人大、政协监督。依法接受区人大及其常委会的监督评议，支持政协履行政治协商、民主监督、参政议政职能，主动办理好人大代表建议和政协委员提案。接受行政监督。积极参与答辩、有效进行处置，充分发挥行政复议在监督行政行为、化解行政争议、促进社会和谐方面的重要作用。接受司法监督。坚持权限合法、实体合法、程序合法相统一，使各项行政行为符合规范、扎实可靠。接受专门监督。加强对财政预算执行、项目招投标、国有资产出让、政府采购、行政效能等事项的跟踪监督，确保政令畅通、令行禁止。

二是围绕"三安"提升法治水平。历史实践证明，实现好、维护好、发展好人民群众的根本利益，法治是必由之路，也是根本保障。推进民生事业。做好劳动纠纷受理，妥善化解企业欠薪、欠保问题。实施困难群体托底保障工程，规范低保、重残、慈善社会救助程序，严把准入关、审核关、发放关。加快实施"政社互动"，提升基层管理法治化水平。维护群众权益。健全社会矛盾纠纷预警、利益表达、协调沟通机制，完善执法投诉举报、行政听证、民意征集等制度，深化司法援助，引导群众以合法理性方式表达诉求。维护安定和谐。建立健全主要领导负总责、分管领导具体负责、班子成员协同推进的安全工作责任体系，压实责任、落实到人，强化各领域安全检查，狠抓各环节无缝监管，确保安全生产和食品药品安全。

三是全面推进政府廉政建设。坚持谨慎用权、秉公办事，努力塑造为民务实清廉的良好形象。用法治思维推进政府系统廉政建设，不断推动政府工作制度化、程序化。持之以恒抓好中央“八项规定”的深化落实，执行党风廉政建设“一岗双责”要求，用制度管钱、管事、管权，努力约束行政行为。

增强开拓创新推动发展的能力

京口区政协主席 孙国平

2015年8月5日

习近平总书记在“9·21”讲话中，希望人民政协继承光荣传统，提高履职能力现代化水平，为实现“两个一百年”奋斗目标、实现中华民族伟大复兴中国梦做出新的更大贡献。全国政协主席俞正声强调要以改革创新精神加强履职能力建设，着力推进履职能力现代化，努力在党和国家事业发展中发挥更大作用。结合基层政协工作实践，我们认为，基层政协提高履职能力现代化水平，要着重在三个方面下功夫。

围绕第一要务，增强推动发展的能力。基层政协履职必须把促进发展作为第一要务，主动适应经济发展新常态，紧扣转方式调结构这一关键，以提高经济发展质量和效益为中心，更好地为率先发展献智出力。

突出转型升级协商建言。围绕党委、政府年度工作部署，把协商议政的重点放在如何培植优势主导产业上，放在如何转型升级、培育新的增长点上，放在板块经济的重点区域上，积极建言献策，为党委、政府科学、民主决策提供参考。抓住涉及经济发展的关键问题，着重在转变发展方式、追求质量、提高效益和可持续发展方面，加强协商成果的转化，促进协商成果的落实。

践行群众路线，增强促进和谐的能力。政协是党委、政府联系各界别群众的桥梁纽带、了解汇集民情民意的独特渠道，要把构建和谐作为义不容辞的责任，把反映群众意愿、体察民生问题作为重要工作内容，在关注民生、履职为民中不断丰富新时期政协工作的履职内涵。

以提案工作为抓手，访民情集民智。充分运用提案形式，积极反映群众的意愿和要求，在提案征集中更加突出民生指向，关注以改善民生为重点的社会建设和社会管理问题，及时收集、及时反映，确保提案征集有重点、有质量。要更加注重提案督办的过程监督，完善提案办理协商机制。近年来，镇江市京口区政协加强对区城管局、住建局等提案大户提案办理的督查督办，对重点提案坚持政府、政协领导联合督办，推动菜市场改造、公共卫生设施配套等民生项目的建设。从“二次评议”的情况来看，委员对提案落实的满意率有新提高。

以社情民意为平台，问民计解民忧。社情民意是社会的“风向标”，是民意“直通车”。应主动聚焦群众关注的热点，选择校园周边安全、食品安全等问题，开展专项视察活动，推动相关民生问题的解决。广泛收集社情民意，开设社情民意信箱，完善网上提交平台，多渠道反映不同阶层、不同界别、不同群体的意愿，协助党委、政府做好理顺情绪、协调关系、化解矛盾、鼓劲造势的工作。

适应时代要求，增强开拓创新的能力。改革创新是人民政协事业发展的动力之本和活力之源。推进履职能力现代化建设，就是要以改革创新的精神，探求把握政协工作的内在规律和外部要求，以改革兴利除弊，以创新增添活力，使政协工作始终体现时代性、把握规律性、富于创造性。

不断加强履职制度创新。进一步健全完善有序政治参与机制，京口区政协依托专委会和委员小组，邀请基层干部群众和专家学者，参加政协的调研座谈、视察考察等活动，参与提案办理的评议监督和政协组织的民主评议，真正做到问计于基层、问需于群众，不断拓展协商议政的广度和深度。加强履职手段创新。推进联动联合履职，发挥政协各专委会、各界别、各街道联络委的作用，经常就涉及全局性、领域性和共同关注的重大课题进行协商交流和联合履职，形成上下联动、左右互动、共同推动的局面。充分运用现代技术，积极搭建服务、互动平台，及时更新京口政协门户网站内容，改进网站版面，增强服务功能，调整优化网站的栏目和结构，力求能够及时反映政协的工作动态，体现政协的时代风貌，使之日益成为展示政协工作的重要窗口和政协委员参政议政的重要平台。

坚持与时俱进 强化依法监督 全力助推京口现代化建设进程

京口区人大常委会党组书记、常务副主任 倪兆顺

2015 年 12 月 26 日

2015 年是全面深化改革年，也是全面推进依法治国年。在新的一年里，区人大常委会将坚持以科学发展观为指导，认真贯彻党的十八届三中、四中全会和习总书记对江苏提出的五个“迈上新台阶”的指示精神，认真落实省委人大工作会议以及区委七届八次全体扩大会议提出的工作目标，继续巩固群众路线教育实践活动成果，围绕中心、突出重点、求实创新、增强活力，依法行使好决定、监督、任免职权，充分发挥代表作用，为推动京口区现代化建设做出应有贡献。

一、与时俱进推进民主法制建设

人大及其常委会处于民主法制建设的第一线。我们将紧紧围绕依法治区工作目标，把区委决策的、政府正在推动实施的重点工作和解决群众普遍关心的热点难点问题作为工作重点，坚持听取专项工作报告与执法检查相结合，常委会视察与会议审议相结合，综合调研与专项监督相结合，不断推进京口民主法制建设进程。一是进一步增强坚持和完善人民代表大会制度的自觉性和坚定性。持续推进人大工作与时俱进，准确把握地方人大工作面临的新形势新任务，坚持把党的领导作为根本保证，把保证人民当家作主作为根本立足点，把推动宪法法律实施作为重要任务，把坚持民主集中制作为重要原则，把改革创新作为重要途径，始终保持人大工作的蓬勃生机和创造活力。把加强社会主义民主法治和人民代表大会制度，列入普法教育、理论宣讲的重要内容。把强化对《宪法》知识的学习列入任前法律考试的重要内容。认真落实宪法宣誓制度，凡经人大及其常委会选举或者决定的国家工作人员正式就职时公开向宪法宣誓，增强国家工作人员对宪法的敬畏，感受宪法的神圣和尊严，牢记对宪法所作出的庄严承诺。二是继续强化对法律法规执行情况的监督。加强执法检查力度，强化对执法、司法工作的监督，确保法律法规得到有效实施，确保行政权、审判权、检察权得到正确行使，确保公民、法人和组织合法权益得到尊重和维护，促进法律法规在京口的遵守执行。选取法院、检察院的重点工作强化监督，切实推进“一府两院”依法行政、公正司法工作，更高水平推进法治京口建设。切实配合做好省、市人大执法检查等工作。三是加强规范性文件备案审查工作。按省委文件要求，切实做到“充实力量，健全制度，做到有件必备、有备必审、有错必究，切实维护法制统一”。

二、与时俱进助推改革发展

紧紧围绕全区中心工作和改革发展稳定大局，把关系全区经济发展和社会稳定的重大问题作为监督重点，始终保持与区委“一个调”、与“一府两院”“一台戏”、与人民群众“一条心”、与全区工作“一盘棋”，综合运用工作监督与法律监督、专项监督与跟踪监督、重点监督与日常监督相结合的方法，进一步加强和改进监督工作。一是助推深化改革。围绕全区深化改革的总体部署，精确定位，依法履职，给力支持，积极推动各项改革措施的实施。二是助推转型升级。围绕推进产业“三集”发展，调研重大项目实施情况、企业转型升级进展情况，促进京口区产业承载能力、集聚效应和园区产出效益不断提升。三是助推城乡建设。跟踪推进旧城区城中村改造、村庄环境整治长效管理、“三新”建设指标体系建设，推动城乡面貌实现更大变化。四是助推民生改善。选择城乡居民“两个收入”等群众关注的热点难点问题，通过听取专项工作报告、视察调研等形式，强化督查推进，助推民生幸福工程落到实处。五是助推生态文明建设。继续跟踪监督大会议案办理工作，开展对山体生态修复工作的视察调研，积极助推低碳城市建设，促进京口“宜居、宜游、宜创”工作进一步得到强化。

三、与时俱进提升监督效能

省委下发的《关于坚持完善人民代表大会制度，推动人大工作与时俱进的意见》，为人大工作指明方向，明确任务，提出要求，我们将按照省市区委对人大工作的新要求，在坚持原则、掌握实情、把握规律、依法履职的基础上，以增强监督实效为核心，不断形成新思路、新举措，更好地发挥人大监督对促进依法行政、公正司法、维护人民利益的作用。一是做好决定重大事项工作。围绕全区发展战略和工作思路，强化与“一府两院”的沟通，初排年度决定重大事项计划，对涉及经济建设、政治建设、文化建设、社会建设和生态文明建设五位一体总体布局的重大事项进行审议，适时作出决议、决定，通过法定程序全力推动区委重大决策部署的贯彻落实。二是积极推进全口径财政预决算审查监督。认真落实 2015 年 1 月 1 日起执行的区人大常委会通过的《关于加强全口径预决算审查监督的暂行办法》，把一般公共财政、政府性基金、国有资本经营、社会保险基金等政府全部收支纳入预算管理，进一步细化报人大审批的预决算草案。积极探索参与式预算、前置式监督的预算审查监督的新路径，不断健全程序性监督与实质性监督并重的全口径预决算监督新机制。三是进一步完善干部任免工作机制。坚持党管干部和人大依法任免相结合原则，充分发扬民主，为党和人民的事业选好人；继续完善

加强任后监督的工作机制，切实增强国家工作人员依法行权、勤勉为民的公仆意识。四是不断完善专项评议、履职评议工作制度。按照省市文件要求，切实做好对人大任命干部的工作监督、法律监督。围绕依法行政、公正司法，进一步完善评议程序，创新评议方式，拓展评议范围，使专项评议和被任命干部履职评议成为助推"一府两院"依法履职、推动发展、服务人民的重要举措。五是有效探索人大依法监督的新路径。紧紧围绕全面推进依法治区的工作目标，综合运用专题询问、特定问题调查、质询、专项工作报告审议票决、建议办理公示制、政情报告会等监督手段，积极回应群众关切，切实增强监督实效。按照《区人大常委会跟踪督办暂行办法》，强化对人大常委会、主任会议等各项监督工作中相关意见的跟踪督办，提高建议的办成率，促进相关问题的有效解决。

四、与时俱进发挥代表作用

代表工作是人大工作的基础，切实做好代表工作，充分发挥代表作用，不断提升代表履职能力和水平是一项经常性工作。一是强化代表联系机制。常委会组成人员按照《加强与区人大代表联系的办法》，切实做好联系代表工作，继续做好区人大代表列席区人大常委会、参加人大调研视察、开展专题调研等工作，切实保障代表知情参政的权力。做好代表联系群众工作，充分发挥阵地作用，深入开展代表接待选民活动，切实提高代表议案、建议和意见的质量，提升代表履职的影响力和效果。二是强化代表履职激励和保障机制。按照《人大代表履职积分实施办法》，不断完善和强化代表履职积分、代表联系选民情况通报、代表述职、代表培训等"四项制度"的实施。落实建议办理"三三制"要求，切实提高建议办理的办成率。强化街道人大工委"两专一办"组织建设，充分发挥组织代表、联系代表、服务代表的能动作用。三是强化服务代表工作机制。按照省委文件要求，围绕区人大代表和京口辖区内的省市人大代表开展专题调研、执法检查、会前视察等活动做好服务，为代表知情知政、依法履行职责、充分发挥作用提供服务保障。切实做好区属市人大代表向区人大常委会述职工作。

五、与时俱进加强自身建设

切实加强常委会组织建设和人大干部队伍自身建设，以改进作风为主题，进一步浓厚"四风"，努力提高人大服务经济建设、社会事业发展和民主法制建设的能力和水平。一是浓厚勤政为民之风。把人大的权力行使牢固建立在广泛的民意基础之上，使人大作出的决议决定更加顺应民心民意。二是浓厚高效务实之风。创新探索"一线工作法"，实实在在地做好区委决定、政府推进、群众称赞的事。强化对街道人大工委的工作指导，切实推进人大机关信息化建设，持续做好信访和老干部工作。认真做好代表小组、人大代表的"双评"工作。三是浓厚学习调研之风。加强法律知识、人大知识和拓展知识的学习，使人大干部和人大代表在思想观念和能力建设上始终保持与时俱进，把智慧和力量凝聚到推动人大工作与时俱进的实践中来，提高民主法制建设的能力和本领。四是浓厚廉洁自律之风。认真落实中央"八项规定"和省市区委相关规定，切实抵制"四风"，始终严格自律，牢固树立勤政务实、廉洁高效的地方国家权力机关形象。

焦山公园风景

坚定不移落实“两个责任”持之以恒推进作风建设

中共京口区委常委、区纪委书记 周奇恒
2015年6月3日

2015年以来，京口区纪委坚持党要管党、从严治党的方针，全面落实作风建设各项规定，始终保持惩治腐败高压态势，着力强化党员干部的监督管理教育，有力推动了党风廉政建设和反腐败各项工作的开展，为京口加快建设苏南现代化示范区提供坚强的政治保证。

一、聚焦中心任务，全面落实党风廉政建设两个责任

1. 构建京口特色惩防体系，细化“两个责任”目标任务。一是分层分类组织签订2015年党风廉政建设责任书。区委、区政府全体领导和人大、政协主要负责同志以及各单位“一把手”分别在责任书中“签字背书”，在全市率先推行由区纪委书记与基层纪检监察组织负责人签订责任书，进一步明确党委（党组）主体责任和纪委（纪检组）监督责任。二是试点开展乡科级党政正职向纪委全会述廉述责并接受评议工作。进一步强化“一把手”党风廉政建设“第一责任人”的意识。三是制定下发《2015年京口区党风廉政建设“两个责任”重点工作任务》，将全年重点工作明确为37个项目，由区委、区政府分管领导作为项目牵头人，挂钩推进惩防体系项目化管理工作，并按季度通报工作进度。

2. 实施“四位一体”联动，确保“两个责任”落地生根。一是常委会专题会议强化党委主体责任。区委常委会集中学习传达两个责任“1+2”文件精神，突出解决认识误区，强化主体责任意识，促使区委以高度的政治责任感，切实担负统一领导、直接主抓、全面落实党风廉政建设和反腐败工作的主体责任。二是“1+2”文件进一步规范两个责任。一方面，梳理责任清单、明晰责任链条，转发了两个文件，细化党委的主体责任和纪委的监督责任；另一方面，在配套制度上，梳理出需要重点落实、修订、新建46项相关机制制度，为“两个责任”的落实提供制度保障。三是纪委专门会议部署纪委监督责任。召开“落实两个责任、狠抓作风建设”工作部署会，进一步明确纪委履行7项责任，要求各纪（工）委书记按照“三转”要求，聚焦中心任务，突出主业主责，切实履行好监督执纪问责的职能。四是分层分类开展监督检查。按照统一部署、分级负责和督查面不少于20%的要求，区纪委常委分赴联系点单位，通过听取汇报、现场座谈、征求意见等方式，督促各单位强化“两节”期间党风廉政建设，确保监督执纪问责落到实处。

3. 完善“一案双查”机制，确保责任追究实施到位。强化“一案双查”线索排查和同步追究两项机制。明确对党委在履行主体责任、纪委在履行监督责任上严重失察失管，造成所在部门和单位发生重大腐败案件和不正之风长期滋生蔓延，在追究当事人责任同时，倒查追究相应党委主体责任和纪委监督责任。2014年以来，对照《镇江市党风廉政建设责任追究实施办法》，共对2名乡科级领导干部实施责任追究，起到较好的警示威慑作用。

二、坚持标本兼治，推进作风建设常态化

1. 突出领导带头，率先垂范。中央“八项规定”和省市作风建设各项规定出台后，京口区高度重视，区委主要领导带头以“坚定理想信念、改进工作作风、打造‘京口高度’”为主题，给全区“一把手”上党课，树标杆。出台反对“四风”五项举措，区委常委以身作则，以“知行合一”为要求，带领全区党员干部反对“四风”转“作风”，形成上行下效的正能量。

2. 突出制度约束，建章立制。健全完善各项规章制度。制定修改完善《京口区国有资产出租管理的实施意见》《进一步规范领导干部外出（离岗）等事项报告制度的通知》以及《京口区区管领导班子和领导干部“为官不为”问责办法》等一揽子制度，汇编包括公务接待、机关差旅费管理等一系列规章制度，率先出台领导干部婚丧喜庆事宜“两报告一承诺”制度，做到用制度管权、管事、管人。同时，注重源头防控，通过细化预算编制管理、推行国库集中支付、公务卡结算等方式、加强财务监控，从源头上控制“三公经费”支出。据初步统计，2014年京口区“三公经费”支出与去年同期相比下降约40%左右。

3. 突出监督检查，动真碰硬。2014年围绕元旦端午、中秋国庆、元旦春节等重要时间节点开展明察暗访的同时，我们注重常态化、长效化，驰而不息狠抓作风建设。全面开展“清风行动”。组织开展以整治会所中的歪风、不遵守作息时间、公务用车使用管理、公务接待、国内公务学习考察等5个方面问题为重点的“清风行动”。共派出督查组16个，发现问题11项，涉及单位和部门17家，提出整改意见9条，下发专项检查通报1期，由区纪委直接约谈7人，其中相关部门和单位“一把手”3人。试点推行作风建设积分制考核。从解决“小微问题”和“作风顽疾”入手，制定出台了《京口区作风建设积分制考核实施细则（试行）》，列举作风建设方面14项“负面清单”，对20家单位涉及7个方面问题进行通报、扣分。2014年，全区共问责各级领导干部21人，其中科级以上领导干部10人。

改革创新　务实作为
着力打造京口宣传思想文化新高度

中共京口区委常委、区委宣传部部长 何广林

2015年11月19日

党的十八届五中全会提出“到2020年全面建成小康社会”的奋斗目标。小康社会最大的张力体现在文化和文明上。客观审视京口宣传思想文化工作，面对人民群众思想文化活跃、舆论生态复杂的现象，主流思想文化引领力度还不够；面对多元多样多变的群众文化需求的现实，优秀精神文化产品供给还不够丰富；对照“三集”发展的要求，文化产业小而散、规模支撑不足现状还未得到根本改变，等等。因此，对照中央、省、市全面建设更高水平小康社会要求，对照区委区政府文化建设迈上新台阶的部署，对照人民群众对文明和文化生活的期待，2016年全区宣传思想文化工作的总体思路是：贯彻落实党的十八大和十八届三中、四中、五中全会以及习总书记系列重要讲话精神，以“四个全面”战略布局和“五大发展理念”为统领，树立科学统筹的思想方法，弘扬改革创新的时代精神，强化法治引领的实践指向，瞄准一个中心，即瞄准全面建成小康社会、加快建设“强富美高”新京口这一中心目标，全力以赴凝聚共识、鼓劲造势。守好一个阵地，即意识形态斗争这个主阵地，坚持正确政治方向，强化正面宣传引导，进一步巩固马克思主义在意识形态领域的指导地位。突出两条主线，即推进文化文明、事业产业两翼齐动、协调并进，保持公共文化服务和文化产业发展继续走在全市前列。强化三个抓手，即以理论武装平台建设为抓手，使人民群众真切感受到社会正能量；以建设更高水平文明城市为抓手，使人民群众真切感受到文明提升感；以推进文化建设迈上新台阶为抓手，使人民群众真切感受到文化获得感。

一、以理论武装平台建设为抓手，唱响主旋律、提振精气神，使人民群众真切感受到社会正能量

主要做好三个方面：一是做优学习平台。把学习党的十八大、十八届三中、四中、五中全会精神，以及习总书记系列重要讲话精神作为长期重要政治任务，通过做实“中心组学习”、做精“京口讲坛”、做强“党员冬训”、普及“大学生村干部宣讲团”、深化“党员上台讲理论”五大平台，开展对象化、分众化、互动式、体验式的学教活动。组织开展好2015—2016年度党员冬训工作创新品牌评比活动，全力争创省级党员冬训工作先进集体。二是突出学习重点。突出领导干部，进一步创新中心组学习制度，完善中心组督学述学评学考学制度，全面推行“三原学习法”，开展形式多样的读原著、学原文、悟原理活动。突出广大党员，不断深化学习型党组织建设，推进理论学习制度化、常态化，真正使学理论、用理论成为党员干部守纪律、讲规矩的一项重要内容。面向广大群众，不断深化学习型城区建设，组建“京口讲师团”，广泛开展以专家讲理论、干部讲政策、典型讲事迹、群众讲感受等多种形式的主题宣讲活动，引导干部群众坚定中国特色社会主义道路自信、理论自信、制度自信。三是加强宣传引导。对内，围绕京口“十三五”经济社会和民生事业发展的重点工程、重大项目、重要工作组织宣传报道，提振全区精气神，进一步坚定发展信心，汇聚社会正能量。对外，精心策划宣传主题，开展“京口高度”系列宣传活动；创新媒体合作方式，不断拓展宣传阵地，借助不同媒介的特长优势，提高京口的美誉度和影响力。舆情引导方面，发挥京口网军作用，重点开展好全区机关干部、党员团员网上“发声音、亮观点”活动，专门搭建统一的指挥管理平台，加强实战练兵，量化实绩考核，整合力量妥善化解负面舆情，年终组织评比表彰。

二、以建设更高水平文明城市为抓手，弘扬美德、倡树新风，使人民群众真切感受到文明提升感

重点做好三个着力：一是着力推进更高水平文明城市创建工作。深入实施“更高水平文明城市建设三年行动计划”，按照新的测评体系、测评手册要求，倒逼各项阶段性工作。完善文明城市长效管理机制，以“文明进万家”活动为载体，改善群众生活环境，提升群众文明素养。年内完成50个小区的综合整治任务。二是着力推动社会主义核心价值观入脑入心见行。通过京口网站、京口手机报、户外广告、宣传栏等宣传阵地，广泛开展公益宣传，扎实推进“我们的节日”、经典诵读等优良传统涵育活动，持续叫响核心价值观。通过先进人物的培树弘扬、志愿服务活动的常态开展、诚信建设的深入推进等实践涵养，引导人们学先进、作善行、讲诚信，推动核心价值观落地生根、开花结果。2016年起，我们将开展“京口最美+”系列先进人物评选活动，加大对身边的凡人善举的发现和弘扬力度。三是着力提升市民公共文明素养。深化文明礼仪养成教育、美育教育、德育教育，引领未成年人思想道德建设。推动“八礼四仪”养成教育在全区中小学深入开展，进社区、进家庭、进未成年人社会实践基地，使文明礼仪养成教育实现更大范围覆盖。扎实开展优秀传统艺术进课堂活动，培育每一个孩子的艺术爱好和鉴赏水平，全面提升未成年人综合素养。普及“爱、敬、诚、信”国民文化，引领社会大众思想道德建设。开展“善心立德榜”评比，持续推进群众性立德行善教育活动，深化道德

讲堂等载体，营造崇德向善的良好社会氛围。以诚信街区、诚信菜市场建设为抓手，推进诚信建设。倡导党员干部带头学习、践行先进文化、先进理论。以“京口先锋”党员志愿服务为引领，加强志愿服务队伍和阵地建设，开展“志愿服务月月行”活动，进一步做响“滨江公益坊”“星光义工”等志愿服务品牌，不断扩大影响力和号召力，引导广大群众向上向善。

三、以推进文化建设迈上新台阶为抓手，繁荣文化事业和产业，提高人民群众的文化获得感

文化事业方面，按照区委区政府《关于推动全区文化建设迈上新台阶的意见》要求，大力实施文化惠民工程，完善公共文化服务体系，推进公共文化供给侧改革，着力提高公共文化服务的均等化、标准化水平。具体做好“两个确保”：一是确保“硬件”高标准。全面实施街道综合文化站的提档升级，全面完成社区（村）基层综合性文化服务中心建设。强化与文旅集团的合作，加快实施社区图书馆提档升级工作。改善硬件设施，优化居民阅读环境，完善城市“15分钟文化圈”建设。放大京口文化艺术中心资源优势，创新建立PPP管理运行模式，提高运营效益。二是确保“软件”上水平。做实品牌活动：深入开展“魅力京口”文化惠民品牌系列活动，着力扩大品牌影响，按“一街一特”“一街一品”要求，深入打造文化广场活动“品牌群”；加快“书香京口”建设，构建现代公共阅读服务体系，以“梦溪读书节”品牌文化活动为载体，开展“书香八进”系列活动，使全区居民综合阅读率保持在90%以上，进入全省先进行列。做精文艺创作：开展“繁荣社会主义文艺年”活动，以“中国梦·我的梦·魅力出彩京口人”为主题，调动各方力量参与作品创作，全力做好小剧场扬剧《白蛇传》、男子群舞《我和我的机器人》、微电影《丑小鸭照镜子》、报告文学《大戏奴》等文艺作品的创作工作，打造精品力作，力争1～2部作品获省“五星工程奖”。做强业余文艺团队：持续打造“康盛剧社”、“京口八坤”品牌。持续开展十佳业余文艺人才、团队评选，培育乡土文艺能人，壮大文艺人才队伍，提升文艺创作水平。做活文化遗产传承：依托京口文化馆建立京口区非物质文化遗产保护中心，建设1个非物质文化遗产专家工作室；编撰《京口文化丛书》，挖掘传承京江画派，体现京口地域文化特质，扩大京口文化影响力。

文化产业方面，以开放的理念为引导，以项目为主抓手，创新方式，实施“文化产业7.0”计划，到“十三五”末奋力实现文化产业增加值占GDP比重达到7.0%以上。一是全力推进重大项目。继续抓好中小企业信息产业园科技大厦、凤凰文化广场、大学生创业科技园等续建项目建设，确保及早建成运营。跟踪推进长江游戏谷、网游总部基地、大卫茂未来城、新河街历史街区、铁瓮城遗址改造等在手重点项目，加快工程建设步伐，为强化京口文化产业“三集”发展提供更加有力的载体支撑。二是全力推进招商引资。整合招商资源，加大走出去招引力度，组织小微文化企业赴广州、深圳举办专场推介会，力争在吸纳天使、创业、产业投资上取得突破。整合文化资源，把京口文化艺术中心、社区图书馆等静态的公共文化资源变成文化产业发展“种子资金”，大胆在文化产业发展基金上积极探索。创新孵化模式，引导发展众创、众包、众扶、众筹空间，扶持文化创客，不断在打造文创平台上创造特色。瞄准资本市场，大力推动名通科技、微端科技等重点文化企业的上市工作，继续在企业上市上寻求作为。三是全力服务企业发展。打造游戏产业公共服务平台，加快完善产业发展环境，培育形成一批规模企业，进一步放大京口网游产业和省级文化科技园区的品牌效应。坚持“文化+”、“互联网+”战略，引导企业走“文化+科技”、“文化+金融”、“文化+旅游”融合发展之路，重点扶持北大青鸟（江苏）教育中心、江苏深度旅游、三艾国际等企业发展，催生更多新型文化业态。强化与市文广新局、市体育局以及文广集团、文旅集团等市级部门平台的合作，共同推进相关重大项目建设，做好借力发展文章。

金山寺风景

以干部清正，凝聚建设“强富美高”新京口正能量

中共京口区委常委、区委组织部部长 郦锡梅

2015年12月9日

党的十八大深刻指出，“反对腐败、建设廉洁政治，是党一贯坚持的鲜明政治立场，是人民关注的重大政治问题。这个问题解决不好，就会对党造成致命伤害，甚至亡党亡国”。在全国组织工作会议上，习近平总书记指出好干部的标准是“信念坚定、为民服务、勤政务实、敢于担当、清正廉洁”，强调“党的干部必须敬畏权力、管好权力、慎用权力，守住自己的政治生命，保持拒腐蚀、永不沾的政治本色”。无论是十八大，还是习近平总书记的重要讲话，已表明中央已经把反腐败斗争、建设廉政政治提到关系党和国家生死存亡的高度。

干部清正、政府清廉、政治清明，既是建设廉洁政治的要求，也是建设廉洁政治的目标。只有干部清正，才能实现政府清廉和政治清明。干部清正是建设廉政政治的根本所在。何谓干部清正？就是要“强化宗旨意识和公仆意识，用人民赋予的权力为人民谋利益，不以权谋私、不贪赃枉法、不奢侈浪费、不消极懈怠，正直诚信，秉公办事，恪尽职守，勤勉奉献，把群众放在心坎上、做人民的好公仆”。

那么，干部如何做到清正，我感到，要把握好以下五个方面：

一、干部清正，就是要切实提高党性修养。增强道路自信、理论自信、制度自信的关键在于提升党性修养。在党性修养的提升上，我们领导干部要在四个方面下功夫：要加强政治修养。把“忠诚、干净、担当”作为我们党性修养的核心内容，坚持党的基本理论、路线和纲领，在任何情况下坚持政治信仰不变、政治立场不移、政治方向不偏，在各种风浪和诱惑面前经得住考验。要加强法纪修养。习近平总书记鲜明指出，“我们党有8200万党员，在一个幅员辽阔、人口众多的发展中大国执政，如果不严明党的纪律，党的凝聚力和战斗力就会大大削弱，党的领导能力和执政能力就会大大削弱。”我们党员干部，严明党的纪律，首先要牢固树立党章意识，严格遵守党章、依章办事，不踩“红线”，不越“雷池”。要加强道德修养。转变“官念”，树立正确领导观，做科学决策者、管理者、服务者；加强“官德”，用优良的党风政风带动民风，营造良好的社会道德风尚；率先垂范，真正在公民道德建设中起到示范带动作用。要加强作风修养。永远与人民群众在一起，真正把人民群众当主人、当亲人、当老师，倾听群众呼声、关心群众疾苦、体察群众情绪，认认真真办好群众期盼的事，解决好群众的实际困难。

二、干部清正，就是要永葆党员清廉本色。廉洁不仅是一种自律的行为，更是一种巨大的精神力量。1936年，美国记者斯诺访问延安，被共产党领袖们的廉洁节俭深深感动，断言这种廉洁的作风会产生一种伟大力量——“东方魔力”。1949年美国大使司徒雷登对国民党的军官们说，“共产党战胜你们的不是飞机大炮，而是廉洁，是靠廉洁换得的民心。”廉洁奉公是我们党赢得民心民力的重要法宝，也是党永葆先进性、纯洁性的本质要求。党员干部的一言一行、一举一动，都代表着党委政府的形象，影响着民意向背。我们要立足全区发展大局，在工作和生活中牢牢守住廉洁底线，不能有丝毫松懈，真正让廉洁成为一种生活方式、一种精神追求。

一是正衣冠洁品行。自古以来，廉和洁不可分割。古人说：“不受曰廉，不污为洁”；在当前丰富多彩却又纷繁复杂的社会生活中，我们要做到洁身自好，就必须严格遵守《领导干部廉洁从政准则》，始终做到在权力面前不糊涂、利益面前不动摇，顶得住歪风，抗得住诱惑，管得住自己，自觉培养健康的生活情趣，保持高尚的精神追求，真正做到“不受”和“不污”。二是从严管好队伍。认真落实“一岗双责”，扎实抓好本单位、本系统的反腐倡廉建设，抓好责任分解、责任落实、责任考核各个环节，做到一级抓一级、层层抓落实。要本着对同志关心、爱护和负责的态度，理直气壮、动真碰硬地抓好班子成员执行党风廉政建设责任制情况的监督检查，用制度约束规范，用典型警示教育，经常提醒、严格管理，绝不能碍于情面、听之任之，否则就是对工作的失职，对同志的不负责。三是严格管好家人。怎样爱自己的子女，不同的人却做出了不同的选择。有的清廉似水，没有为子女留下片金只银；有的贪赃枉法，想为子女积累万贯家财。结果，清廉的官员虽没为子女留下什么物质财富，却给他们最宝贵的精神财富，让他们能够独立自强，有所作为；而本想让子女衣食无忧的贪官，不但没有给子女带来幸福，反而使子女骄奢放纵、深陷灾祸。古语说：“父母之爱子，则为之计深远”。作为领导干部，应该对子女从小抓起、常抓不懈，给他们好的思想、好的作风、自立自强的本领，这才是留给他们取之不尽、用之不竭的无价之宝。另外，我们还要严禁家人越位插手、干预自己工作上的事情，努力把家庭建设成为抵御社会不良风气的堡垒和阵地。

三、干部清正，就是要正确使用手中权力。作为领导干部必须懂得，权力是一把“双刃剑”，用权为公、执政为民，可以造福社会；以权谋私、贪污腐败，必然身败名裂。随着经济社会的快速发展，尤

其是在一些特殊岗位、热点部门，领导干部代表党委、政府，掌控着关键的资源，行使着关键的权力。越是这样的时候，我们越是要保持头脑清醒，警惕腐败对公共权力的侵蚀。要坚决反对以权谋私。更加主动地在自己头上套一个“紧箍咒”，认真算好“三本账”。算好政治账，不要自毁前程；算好经济账，不要倾家荡产；算好名誉账，不要身败名裂，做到在利益面前不贪心、诱惑面前不动心。要坚持公正办事。古人说，“公正无私，一言而万民齐。”党员干部，作为表率榜样，必须按照党的原则办事，不因私情废公事，不拿原则做交易。只有自身行得正，才能有威信、受拥护。要牢固树立公仆意识。坚持权为民所用、情为民所系、利为民所谋，全心全意为人民群众办实事、解难题。要不断增强责任意识，用党和人民赋予的权力为京口、为镇江的各项事业添砖加瓦。

四、干部清正，就是要时刻接受组织监督。我们领导干部，要“把权力关进制度的笼子里”。事实证明，主动接受监督的干部一般较少犯错误，拒绝接受监督的干部迟早要出问题。可以说，领导干部一旦不按规章制度办事，往往就是危险的开始；一旦放任自流，往往就是犯罪的前奏。我们要认真贯彻《中国共产党廉洁自律准则》《中国共产党纪律处分条例》等重要文件，时时处处用这些制度对照自己的言行，经常审视自我，自觉在思想上真诚欢迎监督，在行动上勇于接受监督，摆正个人和组织、个人和群众的关系，真心实意地听取各个方面的意见，积极主动地接受各个方面的监督，既严格“自律”，又接受“他律”，凡是要求别人做到的自己首先做到，凡是要求别人不做的自己首先不做，始终把自己置于组织和群众的监督之下，清清白白做人，干干净净做事。

五、干部清正，就是要转变作风创造佳绩。领导干部既要清正更要勤政。勤政的基础在于转变作风，成效体现于创造佳绩。要坚定目标追求不动摇。走“转型升级，特色发展”之路，加快建设经济强、百姓富、环境美、社会文明程度高的现代化山水园林新城区，是全区人民现阶段共同的目标追求。面对新常态，如何放大京口在区位格局、高校资源、自然人文等方面的突出优势，抢抓“一带一路”、长江经济带和苏南现代化示范区建设的战略机遇，实现镇江中心城市新发展，擦亮“新京口”名片。关键在于把全区党员干部的思想和行动统一到中心工作上来，不断强化担当意识，瞄准发力方向，汇聚起实现美好蓝图的强大力量。要苦干实干提高执行力。牢固树立创新、协调、绿色、开放、共享的发展理念，以项目建设为抓手，以强化科技创新为动力，不折不扣落实转型升级、特色发展的各项举措，狠抓绩效紧盯目标完成，以时不我待、只争朝夕的干劲，全力以赴抓好工作落实。要勇于创新提高创造力。目前，京口发展在很多领域，都面临着许多挑战，如产城融合如何进一步推进，人才红利如何加速释放，如何进一步打造高素质的干部队伍等等，在这些影响长远的关键领域，故步自封、因循守旧，就永远不可能实现新突破，更谈不上争先发展。我们要突破一般性、常规性、传统性的思维，推动理念、制度和方法创新，尊重创新、支持首创，让创新成为京口发展的重要动力。

总之，干部清正作为建设廉政政治的根本，作为建设“强富美高”新京口的重要保障，每位领导干部都要率先垂范、做好表率，形成上行下效的正能量，以奋进的姿态、过硬的作风、清廉的形象，在各自岗位上发挥作用、勇挑重担、多做贡献。

◆ 资料链接 ◆

甘露寺铁塔又称卫公塔，位于镇江市北固山甘露寺内。唐浙西观察使兼润州刺史李德裕于宝历年间建寺及石塔。乾符间塔倾圮。北宋熙宁间重建铁塔，元丰元年（1078年）落成。塔原为9层，明万历十年（1582年）被狂风刮倒，修建时改为7层。清道光二十二年（1842年），塔顶和相轮遭英军破坏。同治七年（1868年），塔顶折断，光绪十二年（1886年）又遭雷击，上面4层落地。1960年整修时，于塔座及1、2层宋代原构上将明代重铸的2层加置上成4层，通高约8米。塔呈八面，仿木阁楼式。青石塔基刻须弥海，上置八角形铁须弥座，镌海水波浪纹。八面各铸有二力士像及双凤、双龙戏珠。塔身八面四门，位置交错相闪。塔身铸莲座、飞天、坐佛、立佛，赤脚飞天犹存唐风。第二层铸有“国泰安宁”“法轮常转”八字及僧人严守、惠经、应夫（等职位及）名字，二、四层每面各铸坐佛，第四层有铭文“中宪大夫”“奉政大夫”“承直郎”等明代文官职名。各层铸有腰檐、平座，其下均由宋式斗栱承托。此塔是我国现存的六座古铁塔之一。

中共京口区委员会

责任编校：耿纪明

综　述

【概况】　2015年，面对复杂多变的宏观形势和经济下行压力，京口区积极适应新常态，认真落实“四个全面”战略布局，始终坚持“转型升级、特色发展”总要求，全力推进“1+6”活动，经济社会发展保持稳中有进、稳中有好态势。完成地区生产总值432.94亿元，增长9.1%；一般公共预算收入21.16亿元，增长11.1%；固定资产投资373.15亿元，增长18.3%；进出口总额11.11亿美元，增长21.2%；社会消费品零售总额260.04亿元，增长10.6%；城镇居民人均可支配收入38811元，增长8.2%；农村居民人均可支配收入21760元，增长9.1%。顺利完成全年目标任务。

（卞贵健）

【强化有效投入，项目建设取得新突破】　举全区之力，狠抓项目建设和招商引资。长江游戏谷、滨江科技商务中心等19个项目开工建设。中储粮二期技改扩能等7个项目竣工投产。苏宁广场裙楼完成全球招商。中国中小企业信息产业园、凤凰文化广场等项目进展顺利。务实开展两轮“招商引资百日竞赛”，精心举办两场项目集中签约活动，总投资30亿元的中集宝钢一体式半挂车桥、总投资20亿元的大卫茂未来城、总投资14.5亿元的镇江中林国际木业交易储备中心等58个亿元以上项目签约落户。全面完成市下达的“321”项目考核任务。

（卞贵健）

【狠抓转型升级，经济发展质态更优化】　以电子商务、北斗位置服务、网络文化、总部经济等为代表的新兴产业、新型业态加速集聚。引进100余家总部经济企业落户京口。“三集”园区公共服务平台实现全覆盖。引进设立2支核产业股权基金，江苏（京口）核科技产业园建设步伐不断加快。飞驰汽车公司获批省“两化融合试点企业”。惠通集团强化科研创新，鼎胜新材加快技术改造，企业效益稳步增长，年利润总额分别增长76%、53%。

（卞贵健）

【深化创新驱动，区域核心竞争力不断增强】　深入实施创新驱动战略，R&D投入占比达2.68%。全力打造校地合作示范区，出台《建设校地合作示范区的实施意见》，深化与高校院所合作，获得市级以上立项科技项目51个，设立省研究生工作站6个，争取资金支持2700余万元。创新开展“金凤凰”活动，新增领军人才19人次。企业创新步伐加快，新增高新技术企业2家，高新技术产品22个，高新技术产业产值占规模以上工业产值比重达46%。

（卞贵健）

【立足常态长效，生态环境和城乡面貌持续改善】　全面完成54个生态文明建设项目年度任务。扎实推进谏壁片区生态环境综合整治，搬迁周边居民722户12.5万平方米，完成索普废气提标改造工程等6个治污项目。高效推进26个城乡建设项目，建成华诚新村一区二期等安置房13.8万平方米，回迁安置13.2万平方米，征收拆迁19.7万平方米，完成纸浆厂宿舍片区等危房解危任务4.7万平方米。推动城区环卫保洁和城管网格化全覆盖，拆除违法建设12.6万平方米，大城管考核保持全市领先。投入2000余万元整治出新44个老旧小区，高分通过全国文明城市年度复评。

（卞贵健）

【突出民生为本，社会大局保持和谐稳定】大力开展“创新创业标兵”活动，加快建设“苗圃＋孵化器＋加速器”立体众创空间，创成1家省级众创集聚区和3家省级众创空间，启动实施与北大青鸟集团合作的创新创业人才培养工程。完成学府路小学等校安工程3100余平方米，开工建设瓯龙小学，通过“全国义务教育发展基本均衡区”督导评估。完成医药卫生体制改革年度任务。区文化馆创成国家一级馆。创成首批省级公共体育服务体系建设示范区。获评“全省综治工作（平安建设）先进区”，谏壁街道东京村创成国家级民主法治示范村。社区网格智能化服务项目列入国家级社会管理和公共服务综合标准化试点。开展“信访积案化解百日攻坚”行动，有效化解镇江商业城劳资纠纷等一批信访矛盾。安全生产工作走在全市前列。（卞贵健）

【坚持全面从严治党，党的科学化建设水平取得新进展】 举办理论中心组学习和专题交流研讨等活动，推动全区党员、干部进一步提高党性修养。坚持“以实绩论英雄、以德才论人才”的用人导向。扎实开展“双型”先进党支部建设，圆满完成星级党支部创建任务。加快推进“三社联动”，全区社区（村）办公用房全面达标。开展“清心行动”，在全市率先出台“两报告一承诺”制度，率先组织“一把手”向纪委述职述廉并接受评议，营造风清气正政治生态环境。区人大围绕区委中心工作开展调研和监督，区政协“委员助推民生建设年”活动成效明显，服务大局、助推发展水平进一步提升。（卞贵健）

重要会议

【区委七届九次全体（扩大）会议】 会议于2015年7月28日召开。会上，区委书记裔玉乾代表区委常委会作题为《强抓“三严三实”、全力拼搏实干、确保完成全年各项目标任务》报告。

全会指出，当前发展形势复杂多变，但总体呈现向好趋势。做好下半年工作，就要清醒认识和把握全区经济发展战略机遇期，坚定不移、持之以恒狠抓发展这个第一要务。要清醒认识和把握全区经济转型发展加速期，坚定不移、持之以恒“转型升级、特色发展”。要清醒认识和把握全区作风建设深化期，坚定不移、持之以恒推动全面从严治党。

全会要求，下一阶段要狠抓重点，创新实干，确保完成全年各项目标任务。要全力以赴狠抓经济发展，进一步优化产业结构，提高转型升级水平；强化项目支撑，扩大有效投入；狠抓招商引资，努力培育新增长点；推进产业“三集”发展，提高发展质量和效益。致力打造科技创新和人才高地，加快建设校地合作示范区，深入开展“金凤凰”活动，加大科技金融创新力度。奋力加快生态文明建设，加快东部地区环境综合整治，切实抓好青山碧水蓝天提升工程，加强低碳文明建设。大力实施民生幸福工程，高质量推进城区建设，全方位提升城市管理水平，扎实推动基本公共服务优质均衡。着力加强社会治理创新，加大社区治理创新力度，深入推进法治京口建设，加强公共安全管理。科学编制好“十三五”规划，要有明确战略定位、科学发展目标任务、具体项目支撑。

全会强调，要认真贯彻落实省委推动全面从严治党“1+6”文件精神和市委相关决策部署，坚定理想信念、提振发展精气神，树立鲜明导向、强化从严管理干部，立足强基固本、夯实基层党建基础，持续改进作风、加强党风廉政建设，坚决把全面从严治党落到实处，营造风清气正政治生态。

全会号召，全区各级党组织、广大党员和干部群众要进一步坚定信心、振奋精神，励精图治，创新实干，全力以赴实现全年目标任务，为全面完成“十二五”规划，加快建设“强富美高”新京口而努力奋斗！

会议由区委副书记、区长黄万荣主持，区领导施正中、孙国平、倪兆顺、夏卫军、王琴、郦锡梅、周奇恒、何广林、杨祖华参加会议。（卞贵健）

【区委七届十次全体（扩大）会议】 会议于2015年12月28日召开。会上，区委书记裔玉乾代表区委常委会作题为《践行五大理念、强化特色发展、奋力开启京口“十三五”发展新征程》的报告。

全会指出，“十三五”时期，全区上下要牢牢把握“全面建成小康社会；‘五个迈上新台阶’和‘强富美高’新京口建设取得明显进展”这一总体目标，全力打造宜居宜业魅力区、创新创业活力区、校地合作示范区和现代服务业高地、科技创新高地、文化旅游高地。

全会明确，2016年工作的指导思想是：全面贯彻落实中央、省、市决策部署，协调推进“四个全面”战略布局，深入践行“以人民为中心”的发展思想和“五大发展理念”，坚持“稳中奋进、改革创新”，适应引领经济发展新常态，对接落实“五大任务”，统筹抓好产业转型升级、科技进步、生态文明、新型城镇化、民生改善、法治建设和党的建设等各项工作，全力实现“十三五”发展良好开局。

全会要求，做好2016年工作，必须突出重点，狠抓关键。要加快构建现代产业体系，全力以赴抓项目建设，切实提升产业“三集”发展水平，不断增强重点板块的支撑力，奋力推动城市经济转型取得新进展。要深化科技创新机制改革，深入推进校地合作示范区建设，深入开展“金凤凰”活动，奋力推动创新驱动发展战略取得新进展。要努力在生态环境保护和修复、谏壁片区生态环境综合整治、弘扬生态文明理念等三个方面实现更大提升，奋力推动生态文明建设取得新进展。要高起点规划、高标准建设、高水平管理，奋力推动现代山水花园城区建设取得新进展。要加快实施民生幸福工程，加快推动基本公共服务优质均衡，加快建设更高水平的“法治京口”，奋力推动社会民生事业取得新进展。

全会强调，要坚决贯彻落实中央、省委、市委关于全面从严治党的系列决策部署，狠抓管党治党各项工作，加强思想政治建设，推进综合素质新提升；加强干部队伍建设，练就干事创业新本领；加强基层组织建设，构建基层党建新格局；加强党风廉政建设，塑造为民务实清廉新形象，为京口各项目标任务的实现提供坚强保证。

全会号召，全区各级党组织、广大党员和干部群众要以习近平总书记系列重要讲话精神为指引，在市委、市政府的正确领导下，进一步坚定信心，从头抓紧，创新实干，奋发作为，为实现“十三五”发展良好开局，加快建设“强富美高”新京口而努力奋斗！

会议由区委副书记、区长黄万荣主持，区领导施正中、孙国平、倪兆顺、夏卫军、王琴、郦锡梅、周奇恒、何广林、杨祖华参加会议。（卞贵健）

重要工作

【推动经济发展迈上新台阶】 始终把项目建设作为经济发展生命线，深入开展“真·实”活动，高效实施“多评合一”，2015年签约项目、开工项目、竣工项目数量同比分别增长145%、271%、150%。爱励航空板扩能等项目顺利签约，中林新民洲仓储物流基地等项目开工建设，鼎胜PS板基及钎焊箔技改等项目竣工投产。江苏网商自贸区暨镇江网商产业园入园企业突破2500家，大禹山创意新社区创成全市唯一的省级电子商务示范基地和互联网产业园。现代服务业集聚区应税营业收入和入库税收收入全市第一。新增规模以上企业25家。（卞贵健）

【深入实施创新驱动战略】 深化与江苏大学、江苏科技大学、中国科技大学、常熟理工学院、中国核动力研究所等高校院所合作，获得市级以上立项科技项目51个，海龙核科技公司与江苏大学合作的“中子吸收板关键技术研发及产业化”项目获得省重大科技成果转化项目立项。加大人才引培力度，累计引进国家“千人计划”14人、江苏省“双创计划”23人，高层次人才占人才资源总量比例达5.9%，拥有高技能人才15400人、每万劳动力中高技能人数达675人，为京口创新发展提供强有力人才支撑。加强知识产权保护工作，万人发明专利拥有量65件，列全省第一。（卞贵健）

【持续改善城乡环境】 常态化开展水环境综合整治，虹桥港清水通道和生态修复工程竣工，玉带河水质明显改善。黄丝湾、大王山、松林山废弃宕口整治、疏导点改造等9个项目完成年度任务。完成谏壁电厂11、12、13号机组超低排放技改工程。实施索普周边和新区化工园区周边居民搬迁，累计完成搬迁6.35万平方米。建立文明城市创建长效管理机制，实现城区主次干道、背街小巷环卫保洁市场化运营，大城管考核保持全市领先。建成6个生态文明主题广场，2个生态文明教育基地。深化“立德行善”群众性主题活动，不断提升城市宜居品质和城乡居民文明素质。（卞贵健）

【加快发展社会事业】 推行营业执照“三证合一”并联审批制度，降低创业准入门槛。全年扶持创业2168人，新增私营企业2125家、个体工商户3180户，新增注册资本105.4亿元。推进教育、医疗卫生、文化体育服务均等化，获评江苏省“学前教育改革发展示范区”。创成江苏省首批“公共体育服务体系建设示范区”。成立京口区法学会。获评“全省综治工作（平安建设）先进区”，连续11年荣获“江苏省平安区”称号。深化提升“两网（网络、网格）融合”治理服务水平，建成四牌楼街道综合服务信息平台。大力推动政社互动，积极培育社会组织，社会组织中标省、市公益创投项目数量居全市前列。（卞贵健）

【党建工作科学化水平进一步提升】 全区县处级干部带头上专题党课，开展专题研讨交流活动，带头践行“三严三实”，为全区党员、干部当好标杆、做好示范。完成全区乡科级领导班子和领导干部综合分析研判工作，优化干部队伍结构，建立科级非领导职务设置与管理机制，充分调动各年龄段干部干事创业的积极性。开展基层党组织书记集中轮训，项目化推进党建品牌建设，“构建联系服务群众常态化长效化工作机制”案例被评为全国第三届基层党建创新最佳案例。立案查处30件违纪违法案件，营造风清气正政治生态环境。（卞贵健）

组织工作

【概况】 2015年，在区委正确领导下，全区组织系统坚持全面从严治党主线，围绕“四个全力”，出台《推动全面从严治党迈上新台阶的实施意见》，扎实推进干部队伍、基层组织和人才队伍建设，“三严三实”专题教育扎实有效，党建责任链更加健全，干部队伍活力更加彰显，基层党建更加扎实，产才融合更加深入，组工“家”文化建设成效明显，多项工作在省市有一定影响力，《构建联系服务群众常态化长效化工作机制》荣获第三届全国基层党建创新最佳案例，为京口“转型升级、特色发展”提供坚强组织保证。（李国军）

【加强分析研判，强化班子建设】 在2014年对38家单位综合研判基础上，2015年对剩余23家单位开展研判工作，实现乡科级领导班子和领导干部综合分析研判全覆盖。研判中，注意改进工作方式方法，拓宽评价渠道。研判后，向相关单位和个人反馈了研判结果，要求对照结果进行整改。强化研判结果运用，注重人岗相适选用干部，加强干部交流，优化干部资源配置。对任职时间较长，德才表现较好、工作实绩突出、群众公认度高的干部，晋升上一级非领导职务。根据公务员职务职级并行有关规定，通过初核、民主测评和考核、公示、报批等环节，198名干部晋升职级。（唐辛鑫）

【强化年轻干部培养使用】 落实市委《进一步加强优秀年轻干部培养选拔工作实施意见》要求，明确年轻干部培养选拔目标，推动优秀年轻干部到基层一线锻炼历练，重视加强以选调生和大学生村干部为主体的基层年轻干部队伍建设。开展优秀年轻干部集中荐选工作，经报名、走访调查、履职评价、面试、推荐考察、差额票决等环节，荐选32周岁以下乡科级正职干部2名、29周岁以下乡科级副职干部7名，其中选调生1名，大学生村干部3名。组织大学生村干部开展知识培训、专题座谈、反法西斯战争胜利70周年纪念、中秋联谊会等活动。2名大学生村干部纳入选调生培养管理。（唐辛鑫）

【规范选人用人机制】 坚持落实好动议、推荐、考察、讨论等关键环节，实施干部考察关口前移，考察对象确定前，征求纪检监察机关意见。对提拔任职的干部实施干部档案任前审核、个人有关事项“凡提必核”制度。认真执行票决制、任前公示制、任职试用期制和干部选任全程纪实制，将任职公示扩大到重要岗位拟任人选。制定出台《镇江市京口区国有企业领导人员管理暂行办法》《关于加强干部德的考核暂行办法》《关于对乡科级党员领导干部进行关爱提醒、函询和诫勉谈话的暂行办法》，进一步规范干部选任工作程序，完善管理机制。（唐辛鑫）

【提升干部综合素质】 组织区四套班子领导、街道（园区）、机关部门党政正职77人，分两批赴井冈山举办党性修养专题研修班，提高领导干部党性修养。注重能力提升，组织31名中青年干部与北京大学合作举办经济管理能力提升研修班，着力提高领导干部从事经济工作能力和水平。积极配合省、市干部教育培训工作整体安排，不折不扣地完成各项调训任务。创新开展“经济工作能手”活动，选派3名干部到区信访局、6名年轻干部到中小企业（京口）总部基地、5名优秀年轻干部到省级机关、8名干部到上海黄浦区挂职锻炼，让干部在不同岗位中拓宽视野、提升能力。（戚志栋）

【从严监督管理干部】 严格落实《从严管理干部“五个要”的若干规定》要求，坚持从严管理与关爱激励，监督教育与预防警示相结合，不断完善干部监督管理体制。扎实推进专项治理，全面完成超职数配备干部清理工作。严格执行领导干部因私出国（境）登记备案制度。落实领导干部个人有关事项报告制度，完成全区乡科级干部、村（社区）两委主要负责人、基层站所主要负责人等420余名干部个人有关事项报告填报和数据录入工作，并按照10%的比例随机抽查核实42人次。加大经济责任审计工作力度，强化对党政“一把手”的监督力度。（黄玥）

【实化从严治党责任】 制定区委《推动全面从严治党迈上新台阶的实施意见》和《区委直属党（工）委（党组）落实全面从严治党责任清单》，建立抓组织领导、抓指导推进、抓督促落实、抓考核问责、抓激励保障等五项基本措施，健全专项督查、述职评议、评比表彰、责任追究等四项保障机制，推动区委直属党（工）委（党组）及班子成员切实承担从严治党责任。清理规范党组设置，调优配强党组成员，制定议事规则，实行清单管理，有效落实党组管党治党责任。（丁毅）

【健全巩固教育实践活动成果长效机制】 牢固树立持续整改、长期整改思想，建立“一把手”抓后续工作责任清单，持续抓好区委常委会26项整改任务落实，深化中央21项、省委18项、市委15项和区委10项专项整治。加强制度建设，坚持整改落实月报制度，定期盘点分析，推进联动整改，实行销号管理。组织开展“回头看”，对整改落实工作和巩固拓展教育实践活动成果情况开展专项检查，严格问责问效，形成作风建设新常态。（丁毅）

【深入开展“三严三实”专题教育】 注重示范引领，区委常委带头讲党课，带头开展6次专题学习研讨，带头深入一线推进问题解决。抓好关键动作，按照“六个一”要求，认真开展专题调研，举办专题党课19次，组织句容赵亚夫先进事迹展览馆和新四军纪念馆现场教育，取得“真学真用真改”实效。坚持边学边改，对照“六查六看六整治”要求，区委初步梳理出14个方面“不严不实”问题清单，全区县处级领导干部查摆出268条个人问题清单、列出305条整改举措。开展不作为乱作为等损害群众利益问题专项整治，对查找出的92条问题实行“一事一策一档”整改落实。（丁毅）

【强化基础保障工作】 加大基层党建工作经费保障力度，按照每名党员不少于100元标准，建立稳定基层党建工作经费保障制度，落实“两新”组织党务工作者特殊津贴制度。提前完成2个园区党群服务中心建设任务。新增3个社区综合服务用房达省定标准，全区社区（村）综合用房全部达标，并通过市验收。全面完成“三社联动—1315”计划，全区专业社工数、社会组织注册备案数突破200人、600家，进一步提升基层社会化、专业化服务能力。严格执行社区准入制，坚决纠正和防止“明降暗不降”问题。（丁毅）

【推进“双型”先进党支部建设工程】 认真制定《实施意见》，明确三年晋位升级创建目标，细化年度“对标申报、分类考核、动态管理”三大实施步骤。坚持问题导向，各党支部梳理制定出整改措施4185条。逐条明确责任人和整改时限。坚持抓“两头带中间”，区文体局党支部、江一社区第五党支部创成全市首批“五星”党支部，全区“四星”、“三星”党支部分别达45个、164个，占比8.4%、30.5%。对照七种“一票否决”情形，排查出4个“无星”党支部。（丁毅）

【深化“京口先锋”党员志愿服务活动】 推行以“群众点单、支部下单、党员接单”为主要内容“三单制”志愿服务模式，开展圆梦“微心愿”活动，全区党员领办群众“微心愿”1254个，受到基层和群众普遍好评。加强社区（村）志愿服务站建设。推广“四式”（诉求服务‘民主式’、共建服务‘结对式’、帮困服务‘主导式’、志愿服务‘菜单式’）服务工作法，落实好“5+2”轮值等制度，将服务延伸到群众家门口。（丁毅）

【提升“两网”融合治理服务水平】 试点四牌楼街道“网格＋网络”社区智能管理服务平台，推动网格信息数据化管理，建立人口户籍等20类基础信息库，形成完整翔实的网格电子档案。推出“两网”治理服务智能手机APP，形成网格长、社区干部、职能部门联动参与社区治理，“登记—派遣—办理—审核—核查—归档”六步闭环式管理工作规范。建立“智慧党建”平台，设置网上党校、“微党课”、红色理论等学习模块，探索党员积分信息化管理，拓展组织活动手机签到、电子记录等功能，打造“党建＋互联网”工作新模式。（丁毅）

【推动基层党建工作创新创优】 “构建联系服务群众常态化长效化工作机制”案例荣获全国第三届基层党建创新最佳案例。试行党建重点创新课题领办制，形成26项基层党工委优秀创新成果。持续开展党建服务品牌创建活动，表彰命名城管局“百姓城管”、东京村“法治惠民”、欧尚“红心工程”等40个党建品牌，全区基层党建服务品牌累计达120个，实现村居党建服务品牌全覆盖，有效推动基层治理法治化、服务群众特色化。（丁毅）

【加大人才引培力度】 结合产业发展和企业需求，组织街道、园区和辖区重点企业参加“创业中华·创新镇江—2015侨资侨智对接洽谈会”和“镇江华创会”等活动，搭建企业与人才对接交流平台，促进科技人才项目交流合作。赴美国、加拿大开展专题“招才引智”活动，在美国硅谷举办京口人才政策推介会，设立海外引才联络点，聘请引才顾问。2015年，全区新增国家“千人计划”3人，省“双创计划”个人2人、团队1个（成员3人）、博士1人，市“331计划”10人。加大人才培育力度，组织人才参加江苏省高层次人才创新创业暨双创人才研修班、江苏创新创业大讲堂、科技企业家专题培训班、省“333工程”清华专题培训班，全区人才创新创业水平明显提升。（赵琴）

【创新开展“金凤凰”活动】 紧密结合全区重点产业板块发展需求，出台《2015年京口区创新开展“金凤凰”活动实施方案》《2015年京口区创新开展“金凤凰”活动月度计划分解表》等，引导全区人才工作向重质量重效益方向转变。对符合“金凤凰计划”申报条件人才、企业，发挥人才优惠政策作用，大力扶持企业加速发展。年终，对区机关相关部门及各街道（园区）2015年度创新开展“金凤凰”活动目标任务落实情况进行考评，确定先进集体3家、先进个人6名。（杨明）

【打造校地合作示范区】 出台《关于建设京口校地合作示范区的实施意见》，全面参与本区和江科大、镇江高专、常熟理工学院等高校合作协议签订工作。充分发挥科技镇长团作用，深化与中科大、哈工程等著名高校合作，举办“院士专家镇江（京口）行”“专家教授企业行”“企业家高校行”等系列专家人才对接峰会，打造京口人才工作“金字招牌”。针对高端领军人才、专家教授、大学生等不同层次人才需求，分别打造亿致核聚工场、大学科技园、大学生创业园等十大特色众创空间。加快发展载体加速器，兴建京口工业园区标准化厂房，扶持孵化成熟的人才企业做大做强。（赵琴）

【提升人才发展质效】 以“人才质效提升年”为工作主题，充分释放人才红利，加速产业转型升级。积极帮助人才企业争取各类各级科技和人才政策支持。2015年拨付各类人才项目资助资金1585万元。探索建立人才投入多元化体系，组织江苏科捷参加深交所资本市场论坛，动员江苏名通、江苏安德信、江苏恒创等企业参加镇江市“资本运作讲座”和“资本运作沙龙暨金融对接签约”活动。推进江苏银行为全区人才企业量身定做人才贷政策，为人才提供免抵押、免担保信用方式贷款，引导和鼓励金融机构、风投机构加大对人才信贷融资支持。加大人才载体建设力度，为易乐科技、海龙核科、江苏科捷、江苏锐天等重点企业开展驻点服务，制定专门人才发展计划，服务产业集聚发展。2015年3月海龙核科在北京“新三板”成功挂牌上市，实现人才企业上市发展零突破。（赵琴）

【强化人才项目绩效考核】 牵头成立由区财政局、科技局、人社局等相关单位组成的考核组，严格依照《镇江市引进培育创新创业领军人才专项资金管理暂行办法》及《京口区引进创新创业领军人才工作专项资金使用和管理考核暂行办法》规定，对第六批（部分第五批）市“331计划”资助项目进行绩效考核。考核18个项目，实现销售收入4405.25万元，形成利税1633万元，带动就业400余人。将考核结果作为后续资助资金拨付依据，对于健康发展优质项目给予进一步扶持，鼓励做大做强。对于孵化缓慢、考核不合格项目逐一约谈并限期整改。（赵琴）

宣传工作

【概况】 2015年，在区委坚强领导下，京口宣传思想文化战线紧紧围绕学习宣传贯彻习近平总书记系列重要讲话精神这个重中之重，紧紧围绕建设“强富美高”新京口这个工作大局，紧紧围绕推动文化建设迈上新台阶这个战略任务，坚持把牢方向导向，努力求实务实，推进创新创优，各方面工作有巩固有加强、有突破有提高，有特色有亮点，呈现积极健康、蓬勃向上良好态势。（金晓秋）

【理论武装在真学真用中得到加强】 区委中心组学习任务有效落实，“京口讲坛”获镇江市学习型党组织建设优秀品牌提名奖，区委班子成员撰写了调研文章30余篇。开展各类宣讲教育活动120余场、受众10000余人次。《正东路街道“3363”理论宣教学用模式》被评为省“十佳创新案例”。四牌楼街道党工委的“党员干部学习‘互联网+’新模式”获“全市首届学习型党组织建设优秀品牌”荣誉。（金晓秋）

【京口形象在内宣外宣中实现新提升】 对内，围绕京口经济社会和民生事业发展重点工程、重大项目、重要工作组织宣传报道，全年累计在《镇江日报》头版刊登头条、二条稿件35篇，在《镇江日报》二版及其他新闻版面刊登头条稿件53篇，位居各辖市区前列。对外，精心策划宣传主题，开展“京口高度”系列宣传活动，累计在新华网、人民网、中国网、新浪网、凤凰网、腾讯网等各大知名网站刊发新闻稿件120余篇，国家级新媒体宣传实现新突破。全年有5篇稿件在新华日报重要版面刊登，6篇稿件在中央电视台播出。发挥京口网军作用，重点开展了全区机关干部、党员团员网上“发声音、亮观点”活动，全年累计化解“商业城职工维权”、“城管欺压桥头卖菜老太婆”等负面舆情30余件。（金晓秋）

【文明创建在真抓实干中取得新绩效】 围绕建设更高水平文明城市，积极开展“文明进万家”活动，全年整治完成各类小区44个，整治环境、物业方面重点突出问题352项。开展各类群众性精神文明活动900余次，小区环境、物管水平、文明氛围全面提升，高标准、高质量通过全国文明城市年度复评工作。在文明城市建设双月测评、模拟测评中，正东路街道两次位居全市第一。组织发动全区118家单位、社区、村、行业开展文明创建活动，全区精神文明建设持续深入发展。（金晓秋）

【价值引领在实践养成中弘扬正能量】 以社会主义核心价值观为主题，打造8个主题社区、广场。积极选树先进典型，全年有9人入选镇江好人候选人，5人当选镇江好人。江一社区群众李永生当选为全省道德模范，京口环卫所职工袁金凤荣获2015年度“感动镇江十大人物”提名奖。开展“志愿服务月月行”活动，分层分类开展各类志愿服务活动530余场，帮助各类群众完成微心愿1200多项。深化未成年人思想道德建设，持续推进“八礼四仪”养成教育，评选“京口美德少年”，开展“我们的节日”等系列主题活动，吸引全区中小学生30000余人次参加。（金晓秋）

【文化产业在建设招引中增强新动力】 稳步推进全区重大文化产业项目，大学生创业科技园、中国中小企业信息产业园、凤凰文化广场等全区重大文化产业项目均按时序稳步推进。长江游戏谷、网游总部基地项目顺利签约并启动建设。江苏易乐获“江苏省2015年度互联网十大新锐企业”。与北大青鸟的战略合作取得实质性进展，北大青鸟（江苏）教育中心成功入驻。（金晓秋）

【文化事业在为民惠民中取得新成绩】 开展基层综合性文化服务中心建设国家试点工作，建成10个市级示范点、37个区级示范点，古城和米山社区综合文化服务中心作为全市现场推进会的2个示范点，得到了与会的国家专家组和省文化厅领导的高度评价；建成区文化艺术中心，创成国家一级馆。深入开展“魅力京口”文化惠民品牌系列活动，举办“魅力京口”广场文化系列活动25场(总216场)，开展“群众文艺作品创作推进年”活动，“梦溪大舞台”“滨江大舞台”“幸福象山”“健康圆梦行”等“一街一品”建设有序开展。以“梦溪读书节”品牌文化活动为载体，扎实推进“书香京口”建设，建成区级机关“图书漂流角”，培育梦溪书友会等10个阅读示范点，组织120名阅读推广人培训；积极打造“15分钟公共图书圈”，完成红旗小学等3个单位市图书馆总分馆建设。积极组织作品参加省市文艺赛事，有16件作品获省级以上奖项。（金晓秋）

【宣传思想文化工作取得长足进步】 互联网运用管理经验，两网模式全国认同；中央和省级主要媒体用稿位居全市第一方阵；创成全市唯一的省级文化科技产业园区；建成一流水平的文化艺术中心、创成国家一级图书馆、文化馆；基层综合性公共文化服务中心建设全面破题、全市领先；网络游戏产业省、市领跑，走在全国前列；获得全国关心下一代工作先进集体以及全省未成年人思想道德建设先进集体、中心组学习先进集体和基层党员党训工作先进集体等荣誉称号；树立了张凤霞、卜美琴、杨凌、李永生、袁金凤等先进典型。（金晓秋）

【各类道德模范、镇江好人名单】 第五届全省道德模范：李永生；江苏好人：张凤霞（5月入选江苏好人）；镇江好人：张凤霞、卢长庚、崔亦男、江青垣、杨俊达、展翠琴、袁金凤。（李鲁）

统战工作

【概况】 2015年区统战工作以学习和贯彻中共十八大和十八届三中、四中、五中全会精神和习近平总书记系列重要讲话精神为主线，认真学习《中国共产党统一战线工作条例（试行）》，认真贯彻省市委统战工作会议精神，紧紧围绕区委中心工作，充分发挥全区统一战线优势作用，履行团结和联合的职能，在协调“五大”关系（政党关系、民族关系、宗教关系、阶层关系、海内外同胞关系），加强“六类代表人士”（民主党派人士、无党派人士、少数民族人士、宗教人士、非公有制经济人士、港澳台和海外代表人士）思想政治工作，凝心聚力促进全区“6+1”主题活动中，积极进取，努力作为，以创新思维破解统战工作中难题。同时，加强统战干部“三严三实”主题教育活动，以务实作风推进基层统战工作开展，取得良好效果。（金德荣）

【开展系列统战工作】 及时学习和贯彻中央和省委统战工作会议精神，按照市委、区委的部署，进一步从政治上、思想上、组织上、行动上增强对做好新常态下统一战线工作的共识。认真学习贯彻区委扩大会议精神，谋划年度工作。与各街道和有关党委单位，面对面开展统战工作研究。

协调民主党派基层组织建设，凝聚党派智力。组建民盟、致公两个基层委员会，实现区域统战人际资源优化组合，有利于在智力建言献策上发挥更新作用

围绕区委全年工作任务引发统战优势作用。组织统一战线代表人士，为全区“十三五”规划建言献策。搭建平台，在政策咨询、法律服务、科技创新、投融资服务、对外联络等方面，促进工商联、侨联发挥作用。推进统战同心工程建设，开展“同心社区、同心企业、同心文化、同心校园、同心共助”活动，更好地发挥统战团结联合独特功能作用。

贯彻“八个必须”①统战工作新要求。通过不懈努力提升新时期基层统战工作水平。推进特色统战活动持续健康开展。着力打造法治信访特色，推进民主党派“双联”（党派联系街道、党派支部联系社区）活动，引导同心工程广泛开展，在社区、企业、校园等载体中加入统战元素，探索统战工作新思路。“守法诚信”作为主题教育重点，关注非公经济“两个健康”（非公有制经济健康发展、非公有制经济人士健康成长），搭建平台为全区各类统战代表人士提供施展身手舞台，以积极活动寻求“最大公约数”，为全面建成小康社会贡献力量。

发挥侨联组织海外联谊广泛独特优势，为全区经济社会事业发展做好服务工作，利用国内海外两个平台、财力智力两种资源，全力参与到全区“金凤凰”活动中去，为京口区扎实推进苏南现代化示范区建设做出新贡献。协助区内企业完成“市331”人才引进1名。进一步完善基层侨联组织网络建设，延伸侨联组织服务基层手臂，加强侨情联络员队伍建设。（金德荣）

【开展统战创新工作】 全面贯彻全市统战工作会议精神，推动基层实践。推进网格化社区统战工作实践，其经验材料作为全市唯一在省委统战工作会议上书面交流材料。促进民主党派与街道、社区的“双联”活动，为非公有制经济代表人士化解发展困难，走访党外政协委员，关注党外干部和后备干部思想及成长状况等。

全面推进特色统战工作实践，助力发展大局。围绕发展，统战部以“最后一米，服务伴我行”为主题，下到企业面对面调研，归纳出影响企业生产经营的17个问题，通过政企见面会的形式，逐一分析，集中会办，现场解决12个问题，另有5个问题拿出具体解决方案。区侨联盯住“智力财力”两种资源，助力金凤凰计划，引进“331”人才一名。继续以信访工作为结合点，推动律师服务信访工作规范化实践。引导非公经济人士践行回馈社会活动，累计奉献28万余元钱物。面向非公有制经济代表人士开展以“守法诚信”为主题教育，通过看、听、讲、行等一系列活动，巩固非公有制经济人士坚定走中国特色社会主义道路决心。特色统战成为新常态下工作重点。（金德荣）

【开展民主党派工作】 建立区委常委联系党外代表人士的制度，9名常委联系11名党外代表人士。区委下发关于加强党外代表人士队伍建设的实施意见，将此项工作纳入规范化议事日程中。在政治安排中，加大民主党派成员的安排力度，全区七个党派支部有60多名吸纳到人大和政协。同时，积极撰写提案议案，履行参政议政职责。积极配合上级组织骨干培训选调人员工作。

（金德荣）

【党外干部工作】 人大、政府、政协均有党外领导干部。区教育、监察、司法、农委、科技、文体、审计配有党外领导干部。目前尚有住建、卫生和计生、环保待配。法院、检察院尚无合适的党外人士担任领导职务。6个街道有3个街道配有党外领导干部，还有3个街道待配。有6名党外人士担任正科职职务，其中有3个在政府的重要工作部门。完成选调党外人士参加市级培训工作。（金德荣）

【无党派知识分子工作】 按要求加强队伍建设，达到四个明确，即政策上明确、目标上明确、措施上明确、任务上明确。区域性调研每半年进行一次，两会期间积极撰写提案，做到人人有提案。无党派联谊会班子健全，活动基本正常，但有特色的活动不显明。对新阶层和“海归”人员做到“四个参与”，即参与筛选、参与考评、参与谈心、参与推进，协助区人才部门完成七批“331人才计划”的推荐。

（金德荣）

【注释】

（1）：“八个必须”

1. 做好新形势下统战工作，必须掌握规律、坚持原则、讲究方法，最根本的是要坚持党的领导，实行的政策、采取的措施都要有利于坚持和巩固党的领导地位和执政地位。

2. 做好新形势下统战工作，必须正确处理一致性和多样性关系，不断巩固共同思想政治基础，同时要充分发扬民主、尊重包容差异，尽可能通过耐心细致的工作找到最

大公约数。

3. 做好新形势下统战工作，必须善于联谊交友，统一战线是做人的工作，搞统一战线是为了壮大共同奋斗的力量。

4. 积极引导宗教与社会主义社会相适应，必须坚持中国化方向。

5. 必须提高宗教工作法治化水平。

6. 必须辩证看待宗教的社会作用。

7. 必须重视发挥宗教界人士作用，引导宗教努力为促进经济发展、社会和谐、文化繁荣、民族团结、祖国统一服务。

8. 统战工作是全党的工作，必须全党重视，大家共同来做。

台湾工作

【概况】 2015年，区台办深入学习贯彻中共十八大、十八届三中、四中、五中全会精神、习近平总书记系列重要讲话及省委十二届十次全会、市委六届十次全会和区委七届九次全会精神，按照中央、省、市对台工作决策部署，围绕区委、区政府经济建设中心工作，紧扣“特色发展、转型升级”总要求，以对台载体建设、对台招引服务、打造台商发展“第一福地”为主线，坚定信心，实干苦干，努力开拓创新各项对台工作，加快建设“强富美高”新京口。 （徐丹）

【各项涉台工作安全稳定开展】 认真贯彻中央对台方针政策，按照上级台办部署和要求，注重提高思想认识和政治敏锐性，在对台交往交流、对台经贸合作、宣传报道、台企台属的管理和服务等各项涉台工作方面，严格纪律，保证各项工作不偏离党的对台方针政策原则。加强对赴台人员行前返后教育工作，避免负面影响。尽量为台企台胞台属排忧、解难、办实事，较好地把宣传、了解、沟通、互信、合作融于各项涉台服务中，安全稳定开展各项涉台工作。 （徐丹）

【积极拓展对台交往交流】 对台交流交往是开展对台招商必备途径之一，按照“以交流带招引，以活动促交流”工作思路，根据全区产业招引方向，搭建各类活动平台，有针对性拓展对台交流交往范畴。搭建产业招商平台，拓展交往交流范畴。积极组织区基层责任单位参加产业专题论坛，结识客商。2015年1月组织全区7家责任单位参加“2015·上海 两岸经营者俱乐部年度论坛”，5月组织参加“两岸大健康、大农业”上海招商会，通过2场论坛活动，结识台湾文化创意、健康照护及现代农业方面知名台商。12月，组织区相关责任单位赴南京、无锡等地考察台湾在大陆成功创办的农业台创园，学习、借鉴先进经验，开拓全区现代农业发展思路。举办文创讲座，拓宽交往交流方式与群体。以“文化交流、产业交流带动招引”为宗旨，结合全区“经济工作能手”活动要求，2015年6月，邀请台湾文创产业大师——台湾逸升设计包妆整合股份有限公司总经理曹仲标先生在市图书馆文心大讲堂举办以“创意、创新、创造、创值、创质”为主题的文化创意讲座。区各有关部门及有创业意向的学生代表等约400人出席此次讲座，有效加强全区领导干部及创业学生对文化创意产业的了解，扩宽对台交往交流的方式及群体。 （徐丹）

【精心组织各类对台招引活动】 在重点打造对台合作载体、紧密推进在手项目同时，积极做好项目招引“牵线搭桥”工作。根据全区产业规划及台湾优势产业，开展各类对台招引活动。全年组织赴台招商2场，赴上海、苏州、南京等大陆台商集聚地区招商16场，接待来访考察团组19批次，重点推进文创设计合作、台湾喜满客影城、核产业、洗衣工厂等在手在谈项目，力争对台招引有成效。 （徐丹）

【大力提升对台服务新水平】 以“服务”为工作抓手，结合全区“1+6”活动，通过热情、主动、优质服务，营造优质投资环境，不断提高对台服务水平。助转型升级，在做大做强台企上做文章。在台企调研中，了解到世鸿工业与隆全锅炉有转型升级的计划，立即安排专人跟踪跟进，在世鸿工业技改项目的推进中，上门服务，帮助企业做好项目申报、报批等工作。8月，联合市台办，赴京口区优秀的民营企业——江苏鼎盛重工有限公司开展了台企民企专题交流座谈会活动，通过参观学习、交流座谈，更好的鼓励和引导台资企业“转型升级、提质增效”，把台资企业做优做强做大。解生产经营之忧，在增强台商信心上下功夫。继续落实好六大服务举措，全年上门走访调研台企10次，积极争取到上级部门对全区台企的关心和支持，接待省台办王少邦副主任到京口区开展“三解三促”调研活动，联合市台办开展“全区台资企业调研月”活动。全年受理大润发货场与周边居民矛盾，良奕置业地产项目规划、燃气图纸对接及污水管道对接等台商反映问题7起，妥善协调处理7起，答复满意率为98%。提高赴台审批效率，在服务招引上做实事。在遵照中央“八项规定”基础上，克服出访时间紧、出访人员多、人员组成复杂等困难，成功为全区经贸、农业、企业自主招商等多领域赴台团组快速办理赴台，并加强对赴台人员行前返后教育工作，避免负面影响，确保对台招引工作顺利开展。抓有利之机，在确保台商安心上求实效。海峡两岸同宗同族，血脉相连。为此，抓住中秋、春节、元旦等中华民族传统节日之机，组织开展一系列联谊交流活动。通过举办台商联谊会，组织区领导与广大台商共度节日，共话发展，在欢乐祥和之中让台商感受亲情、温情。组织台协春节之际走访慰问困难儿童，加强两岸人民沟通联络，切实感受“两岸一家亲”的温暖。 （徐丹）

老干部工作

【概况】 2015年，京口区委老干部局以全省老干部工作会议和市局工作要点为指导，以“双先”表彰大会为重点，以“三严三实”教育实践活动为动力，加强老干部思想政治建设，积极探索老干部管理服务新途径，注重老干部文化养老，努力为老干部办好事做实事，积极发挥老干部作用，老干部正能量得到释放，“双结双帮，服务基层”，较好地完成年度工作目标。

（缪静敏）

【加强老干部思想政治建设】 抓好政治理论学习。采取多种形式，组织学习中共十八届四中、五中全会精神，学习习近平总书记系列重要讲话，以及全国和省、市“双先”表彰大会精神，引导广大离退休干部永葆共产党人优良传统和崇高精神境界。全年举行情况通报会、形势报告会、座谈会等5场，700人次参加，向老同志发放学习资料2000余册；离退休党支部有活力。以“三严三实”教育活动为抓手，加强组织、作风和制度建设，努力把离退休党支部建成团结、凝聚老干部的核心。完善组织生活、民主评议和党费收缴等制度。资源共享使离退休党支部“活动有阵地、经费有保障、学习有资料、娱乐有设施”；引入关怀和激励机制。利用走访慰问、学习座谈、参观考察等机会，广泛与老干部接触，了解他们的需求和困难，努力为他们排忧解难。涉老报纸杂志是广大离退休干部的精神支柱和生活寄托，为此，2015年全区从党费中拿出4万多元，为离退休干部订阅《镇江日报》，订阅《银潮》和《中国老年报》，以报刊订阅筑牢老干部精神支柱。区关工委常务副主任钟程发被评为全省离退休干部先进个人，老干部贾国祥、邵淑娟被评为全市离退休干部先进个人，区人大机关被评为全市离退休党支部先进集体。9月，为全区15名抗战老同志颁发抗日战争胜利70周年纪念章，区财政拿出7.5万元为每人发放5000元慰问金。

（缪静敏）

【注重老干部文化养老】 充分利用和挖掘社会资源，构建区、街道、社区和辖区内市级老年教育、活动机构“四位一体”文化养老体系。根据老干部年龄和兴趣爱好，按不同时节开展活动。上半年率30余名县处级离退休干部赴沙家浜革命博物馆参观，接受传统教育。倡导当“和谐家庭”、做“敬老好子女”，让老同志在精神上得到照顾。主动与区文体局、老年体协、老年大学和关工委等合作，组织老干部参与活动。参与京口区老年传统体育项目展示，形成广泛的社会影响；组织参加镇江市老年人健身比赛，展示全区老干部风采；区关工委开展“老少共筑中国梦”活动，老干部报告团宣讲12场，受教育青少年达2万余人；组织老干部参观全区重点项目和城市建设，让老干部亲身感受身边巨大变化。老同志纷纷表示，要珍惜美好生活，积极为实现中华民族伟大复兴的“中国梦”做出应有贡献。

（缪静敏）

【老干部正能量得到释放】 抓组织协调，让老同志奉献有热情。依托离退休干部党支部，支持涉老协会组织建设，搭建平台，让老干部施展才能，激发活力。发挥党组织引领作用，在离退休干部中开展“展示阳光心态、体验美好生活、畅谈发展变化”主题实践活动，形成“生态领先、特色发展”重要支持力量；抓平台搭建，让老同志奉献有舞台。至年底全区有多个以老干部为主体的社团组织，会员众多，是一个人力资源宝库。组织老干部按照自身的优势和兴趣爱好，参与到各个组织中发挥作用。区关工委被中央文明办和中央关工委评为先进单位。抓活动载体，让老同志奉献有成效。组织开展向赵亚夫同志学习活动，用老干部先进事迹激励老干部。开展“服务‘两个’率先、再展夕阳风采”“树立新风尚、文明伴我行”“关注环保、爱我家园”主题活动，使老同志发挥作用更具有强烈的时代性和更广泛的社会效益。

（缪静敏）

【努力为老干部办好事做实事】 落实定期通报情况、走访慰问、阅读文件、参观学习、参加重要会议等制度。春节前，区委、区政府召开老干部情况通报会，区委常委及人大、政协主要领导参加，区长黄万荣通报情况，区委书记裔玉乾作重要讲话，他充分肯定老干部对京口区发展所做的历史性贡献，对老干部工作提出要求。区四套班子领导分组走访慰问老干部，区“两会”邀请老干部列席，重要人事变动及时向老干部通报。老干部提出的9条建议得到区委、区政府主要领导的肯定，并在区委常委会上通报。积极协调财政、社会保障、卫生和老干部供养单位，落实离退休干部的生活费发放、医疗保障及财政支付机制，解决运行中遇到的问题。完善《京口区离退休干部困难帮扶办法》，组织对20多名因病致困的离休干部进行慰问帮扶，帮扶资金达8万元，使老同志充分感受到区委、区政府的温暖；开展个性化服务。与社区联手，完善居家养老，解决老同志实际困难；做好易地安置老干部管理服务工作。实行易地安置和本区离休干部同学习、同活动、同考察、同慰问、同服务、同表彰“六同”，增强他们的归属感；做好老干部社区医疗网络化服务。通过家庭健康团队，建立健康档案，发放服务卡，实行常态化联系，动态化服务。试行“医养结合”，定期组织老干部体检，建立健康档案，开展健康知识专题讲座，指导老同志合理养生。

（缪静敏）

【积极探索老干部管理服务新途径】 充分利用社区“两网”（网络、网格）资源，深化居家养老，实现老干部管理服务精细化、便捷化和多元化，提升老干部幸福指数。实现网格服务全覆盖。实行网格化管理，向老同志宣传政策、了解需求、调解矛盾，为老服务实现管理到家，服务到户，无缝对接；构建网络平台。依托镇江“金山网”，将虚拟网络改造升级为“网上居委会”和“网上党组织”，建立社区QQ群、微博、微信等开放平台，与社区离退休人员实现网上网下互动；社区医疗进“两网”，对辖区内800余名离退休干部签约服务，建档发卡，优先服务，缓解老干部就医难；建立“两网”联系机制。指定副局长蹲点社区，每周不少于1天，指定1名工作人员为兼职“版主”，帮助完善“两网”管理制度，协调有关工作；组织丰富多彩活动。开展“百名老干部看镇江活动”，参观城市建设成就，感受身边变化。帮助开展文化养老，定期慰问“五老人员”，从而延伸管理服务触角，方便广大离退休人员。拓展服务内容，提升服务效率。老干部担任网格长使他们发挥余热有了新舞台。省局处室领导前来调研，给予充分肯定，并作为优秀案例上报。

（缪静敏）

【“双结双帮，服务基层”】 “双结双帮，服务基层”活动取得初步成效，区老干部局被区委、区政府评为“全区‘真·实’活动（服务基层）先进集体”。活动中组织全体党员认真学习习总书记系列重要讲话，着力解决好本支部党员与基层联系不紧密、服务不主动、工作不到位、群众不满意的问题。局党支部与江二社区党委结对，互帮互学。机关党员与“五老”结对，济困解难。一班人放下架子，俯下身子，真心与群众交朋友，努力为基层办实事。每月20日党代表活动日支部成员都要到社区与党员群众座谈，听取意见，协调解决问题。5名在职党员均到社区报到，认领服务岗位。发挥自身优势，重点在居家养老方面提供服务。端午节，局工作人员带上慰问品看望社区孤寡老人，送上儿女般的温暖。“七一”前夕，看望慰问社区老党员，带去组织关怀。中秋节，对网格长进行慰问，表达敬意。与结对帮扶困难户保持经常联系，定期上门看望、慰问，帮助他们实现“微心愿”，为重病人员提供医疗信息，帮困难家庭联系增收渠道，每年为他们提供数千元物质帮助。与社区开展党建主题活动，“七一”共同组织社区“五老”文艺演出，国庆节共办“五老”书画展。9月，开展纪念抗战胜利70周年系列活动，缅怀英烈，不忘历史。先后投入1.5万元用于江二社区党建。局党员还到社区和居民家中，宣传文明知识，倡导文明新风，调节社会矛盾等。还投资3000多元为社区少儿电子图书室增添1台电脑。

（缪静敏）

史志档案工作

【概况】 2015年，京口区史志档案办服务全区中心工作，扎实开展“真·实”活动，全力推进史志档案业务工作，各项工作取得新发展。2015年，区档案馆顺利通过省AAA级数字档案馆测评，区史志档案办被省妇联评选为省“巾帼文明岗”，获得2012—2014年度镇江市、京口区文明单位荣誉称号，成功创建京口区三星级“双型”党支部，被评为2015年度京口区书香机关示范单位。《京口年鉴》“社会养老保险”条目在“全省综合年鉴优秀框架设计和条目”评选中获“特色（创新、规范）栏目”三等奖。《镇江年鉴》京口条目“中国中小企业信息产业园正式揭牌”被评为优秀条目。

提升基层档案规范化水平。开展全区档案等级复查指导工作，京口区检察院通过省五星级档案室复查。组织开展业务培训，建立档案业务培训QQ群，举办2次档案业务培训，参培人员100余人次。推进农村土地确权档案整理，指导谏壁雩山村收集整理农村土地确权档案资料。加强宗教档案管理，指导古润礼拜寺积极争创省三星级档案室。全年接待社会各界档案利用者4000余人次、查阅档案数量5000余卷（件）。

推进档案信息化建设。区级馆成功创建省AAA级数字档案馆，在全市档案馆数字化创建中名列前茅。开展全区档案数字化星级创建工作，正东路街道、四牌楼街道完成省AAA级数字档案室创建。

拓展档案资源收集范围。完成大市口街道、谏壁街道等8家场圃、街道、园区2010年前永久、长期档案1102份。接收京口区民政局2010—2013年退伍军人档案373份。

推进史志编研工作。完成《江苏年鉴（2015）》《镇江年鉴（2015）》京口部分。出版发行《京口年鉴（2015）》，全书共计96万字，新增“363行动”专记内容。修改完善《京口区志（1983—2007）》稿件，邀请丹徒区史志办副主任王雪松等4位专家和江滨实小5位语文老师对区志内容和文字进行复审修改完善。创刊京口《大事记》。根据市史志办《党史（三卷）》编写要求，完成《2007—2012年京口区经济改革与发展》稿件。

强化史志档案宣传。积极开展史志档案成果“六进”（进社区、进学校、进乡镇、进军营、进企业、进机关）活动。运营完善京口区史志档案信息网，截至2015年年底，全年更新信息24条，浏览数5863次，同步更新京口《大事记》内容，4期内容阅读量1928次。强化对外宣传报道，全年在“京口”网站刊载部门信息17条，市档案局信息网刊登9条，《镇江史志信息》刊载信息5条，《京口信息》刊载信息5条。开展的“送书进社区”“档案普法进社区”活动分别被《京江晚报》《镇江日报》报道。在《镇江市史志研究论文集Ⅲ》中发表论文《试述明朝西南移民对文化的影响》。

（凌晨）

【区级馆创成省AAA级数字档案馆】 京口区史志档案办于2015年1—8月开展省级数字档案馆创建工作。8月27日，受省档案局委托，镇江市档案局副局长王平率评估组对京口区创建省AAA级数字档案

馆测评要求，授予区档案馆省AAA级数字档案馆称号。（凌晨）

【创刊京口《大事记》】以记录并集中反映全区中心工作、重要事项和部门动态创刊京口《大事记》，全刊分为重要活动、大事记、光荣榜、媒体聚焦四个版块。以内网纪要、媒体报道、“镇江·京口”等网站平台动态为信源，筛选汇编整理然后出版。每季编印一期，除部分存档外，均作为内部交流刊物通过邮寄等形式免费分发给全区近70家单位。（凌晨）

【开展史志档案成果“六进”活动】联合区级机关工委、区文体局举办“首届图书漂流角”活动。在档案馆服务大厅设置书柜并安排管理员进行规范管理。全区四十多家单位党员共捐赠经济、科技等10多类书籍700余册。将书香活动和“真·实”活动紧密结合，向结对社区象山街道孟城社区图书室捐赠新书60余册，投入资金1600余元。结合“‘6·9’国际档案日”主题，在机关和结对社区以漫画展的形式开展档案普法，分发《档案管理违法违纪行为处分规定》和《档案家庭小知识》宣传手册200余本，普及档案常识，讲解档案规范，宣传档案利用。（凌晨）

【强化队伍建设】成功创建京口区三星级“双型”党支部。根据区委下发的《关于实施法治型、服务型先进党支部建设工程意见》要求，以“依法治档 服务民生”为主题，进一步强化队伍建设，规范党员队伍管理，推动党务政务公开，成功创建区级三星级“双型”党支部。扎实开展“真·实”活动。充分发挥部门职能，不断提升为百姓、为社区、为企业服务的能力。全年组织慰问结对居民户4次，帮助3名社区困难居民户完成微心愿，帮助2名社区居民完成创业创新工作，明确1名党员兼职社区“网上居委会”版主工作。开展“书香进社区”“档案普法进社区”“消防安全知识进社区”等多项活动。根据省委、省政府办公厅相关文件要求，扎实推进社区档案室建设。企业方面，结对腾达电动科技镇江有限公司，为对方转型升级提供力所能及的帮助。推荐江苏大学作为其电机检测单位并促成合作；根据公司对实用性人才的需求，联系江苏科技大学汽车、机械专业研究员，促成双方商谈。全年“真·实”活动共计投入经费2万元。（凌晨）

信访工作

【概况】2015年，全区信访工作在区委、区政府高度重视和正确领导下，创新机制，综合施策，切实加大工作力度，努力畅通信访渠道，全面规范信访秩序，信访形势总体平稳可控，有力维护全区社会稳定。高效有序做好信访积案化解百日攻坚活动交办案件办理工作，实现抗战胜利七十周年纪念活动期间信访稳定工作目标，受到上级组织和群众的充分肯定，被区委、区政府评为“‘真·实’主题活动先进单位”“2012—2014年区级文明单位”。（柳如永）

【推进领导接访下访】全区上下坚持把信访工作摆在突出位置、列入重要议事日程，不断开创信访工作新局面。出台《关于进一步加强领导干部接访下访工作的实施意见》，深入推进领导干部“四访”，坚持领导信访接待两级联动，推动干部走基层、访民情、倾听民声、化解民忧。全年接待研判处理信访问题182批968人次，包案处理信访案件92件，下访处理信访问题65件，把一批疑难复杂问题解决在当地。（柳如永）

【建设阳光信访系统】积极推动建设“阳光信访”信息系统，在全区43个单位和部门安装51个终端。在市信访局门户网站下设区级窗口，直接受理网上投诉。全区实现接待来访、办理来信、督查督办、网上投诉等全部信访事项网上流转，受理、办理和结果等重要环节通过网络公开，实现信访事项“可查询、可跟踪、可督办、可评价”，增加信访工作透明度，提高信访公信力。（柳如永）

【创新机制，促进社会和谐】创新举措、畅通渠道，动员和组织社会各方面力量，有效化解社会矛盾，推进信访疑难问题解决。成立区信访矛盾调处服务中心。联合各职能部门，融合各方力量，综合运用各种调解措施，有效化解信访矛盾。建立信访工作律师服务团。党外律师义务为来访群众提供法律咨询服务，宣传国家法律法规政策，引导群众依法解决矛盾纠纷。建立大学生村干部社情民意信息网。扩大信息员队伍和工作范围，加强培训，召开现场会，切实提升工作能力。放大现有工作品牌效应。继续推行信访代理制，深化“两网”工作经验，实现矛盾纠纷早发现早化解、不累积不上行。2015年4月，主办全市大学生村干部社情民意信息员现场观摩会。通过大学生村干部社情民意信息网平台，收集社情民意50多条，化解信访矛盾10多起，工作走在全市前列。全区安排律师信访接待70余次，协调处理信访事项40多件，参与会办重点信访事项18件，该项工作成为特色品牌。（柳如永）

【强化责任，抓好源头控制】实施信访工作目标管理和保证金制度，采取目标化考核和过程化管理，提升基层主动化解矛盾和对信访对象的吸附力度。推进社会治理创新，推广“网格—社区—街道”三级矛盾纠纷调处机制，做到预警在先，苗头问题早消除。信访调解在先，矛盾纠纷早处理。坚持对全区专兼职信访干部进行分期分批培训，提升干部素质。加强矛盾纠纷排查化解，严格落实属地管理和“谁主管、谁负责”原则，逐案提出对策，制

定处置预案，坚决防止矛盾激化、事态升级。（柳如永）

【注重化解，推进事要解决】 建立“接处日日清，积案周周调”制度，严防矛盾上行或形成积案。相继开展依法治理进京非正常上访、矛盾纠纷排查化解、信访积案化解专项行动，采取“集中清理、认真梳理、分类处理、重点治理”措施，充分利用亲情、友情、人情等人性化模式跟进调处，促成信访积案最终化解。全年妥善化解席某某、姚某某等10余件信访积案，对辖区内其他老户起到极大触动作用，收到较好效果。（柳如永）

机关工委工作

【概况】 2015年，区级机关党工委紧紧围绕“服务中心、建设队伍”这个核心任务，以强化“双学”“双联”“双建”“双查”为主要措施，以深化“真·实”活动为主导，深入实施法治型、服务型先进党支部建设工程，不断提升机关党建科学化水平，为加快建设经济强、百姓富、环境美、社会文明程度高新京口做出积极贡献。强化理论业务学习，建设学习型党组织明确学习重点。政治理论重点学习《习近平总书记系列重要讲话读本》《中共中央关于全面推进依法治国若干重大问题的决定》《中国共产党党章》《中华人民共和国宪法》等。抓好理论培训。举办区级机关基层党组织负责人和入党积极分子培训班，开展中国特色社会主义理论体系教育和党务知识学习。建设“书香机关”。按照“书香机关”建设要求，广泛开展读书讲学和读书漂流活动。强化基层党员群众联系，建设服务型党组织广泛开展“真·实”主题活动。组织机关部门、党员干部与企业、社区、居民结对共建共进，促进机关作风转变，提升办事效率、工作质量、服务效能。开展“法治型、服务型”先进党支部建设。把“法治型、服务型”先进党支部建设作为机关党建工作牛鼻子工程来抓，积极发挥机关党建“强基础、带队伍、促工作”职能作用，推动机关党建工作规范化。强化责任作风督查，建设勤廉型党组织切实抓好机关作风建设。完善机关目标绩效管理考核办法，实施“向日葵计划”，切实加强机关作风日常检查督查，形成常态化、制度化机关作风建设机制。切实抓好党风廉政建设。贯彻落实中央“八项规定”精神和省、市、区作风建设规定，坚持违纪行为“零容忍”。强化党风廉政建设责任制，认真落实党风廉政和惩防体系重点目标任务。（陈涛）

【广泛开展“真·实”主题活动】 按照区委、区政府统一部署和工作要求，以更加坚定意志、更加过硬作风、更加科学方法推动全区机关扎实开展“真·实”主题活动。据不完全统计，2015年，仅区级机关就为社区、居民、企业办理各类实事3000余件，直接投入100余万元，受到广泛好评。注重服务实效。围绕“一、三、五”工作目标，推动区级机关结对服务社区，进一步聚焦创新创业、聚焦更高水平文明城市创建。结对服务企业进一步聚焦转型升级、聚焦提质增效，全力助推区委、区政府中心工作。另一方面，推动区级机关部门进一步增强职能服务意识，切实依托本单位职能作用发挥，为全区各社区、各企业和广大居民群众开展“零距离”服务。注重会商会办。及时搭建会商会办平台，启动会商会办机制，促使一批涉及城市管理、建设规划、拆迁征收、环境保护、项目用电、发展场地等方面难点问题得到有效解决。全年通过会商协调解决12件，通过会商给予答复解决4件，进行会办交办解决5件。注重分类督导。4—5月，分片召开4场区级机关部门和街道、园区机关专题座谈交流会。6—9月，先后到8家街道（园区）和28家区级机关政府口工作部门进行逐家调研、逐个指导、逐层督查。对25家区级机关党群口工作部门和5家市垂直管理部门分5个类别进行集中调研、分类指导、重点督查，实现督查推进全覆盖、无死角。10月，对58家区级机关部门和8家街道、园区开展活动情况进行初步评估，并对各单位存在不足之处逐一提出整改意见，随后及时、持续加以跟踪督查，等等。有针对性分类指导、督查推进提升活动实效性。注重检查督查。构建“点对点”反向督查和“点对块”综合研判督查体系和机制，及时、客观、公正了解机关部门开展“真·实”活动情况。注重考核考评。2015年区级机关“真·实”活动考评实行结对服务“点对点”反向督查、年终满意度评议与定性定量日常考核有机结合，考核结果纳入到年度目标绩效考评体系。（陈涛）

【组织区级机关目标绩效考核】 采取目标管理类考核、党建工作类考核、作风效能类考核、创先争优类考核和综合评议相结合的办法（简称“四考核一评议”）。其中：目标管理类考核设基本分70分，由区发改和经信委负责组织实施；党建工作类考核设基本分30分，由区委组织部负责组织实施；作风效能类考核设基本分20分，由区纪委（监察局）负责组织实施；创先争优类考核采用加分制，由区发改和经信委负责组织实施；综合评议设基本分20分，由区委区级机关工委负责组织实施。2015年参加区级机关目标绩效考核的部门总计56家，其中：区直机关部门50家、市垂直管理部门5家、参照考核部门1家。2015年度区级机关目标绩效考核“优秀”单位22家，“良好”单位28家，“达标”单位6家。2015年度“目标绩效考核优胜单位”8家。2015年度“服务优胜单位”6家。（陈涛）

【实施“双型”党支部建设工程】 在区级机关党组织中全面组织实施“法治型、服务型”先进党支部建设工程。抓好宣传发动。3月27日召开全区机关党建工作会议专门动员部署，同时积极借助“京口党员之家”QQ群等工作平台，进行高密度、高频率宣传和引导。抓好分类指导。采用集中座谈和深入到部门、支部调研相结合的办法进行分类指导。抓好跟踪推进。对工作过程中存在的普遍薄弱环节和一些支部存在的明显不足，加大跟踪、督查力度。抓好典型引路。10月28日，在区文化艺术中心召开区级机关“双型”先进党支部建设现场推进会，7家单位就“双型”先进党支部建设工作作PPT演示交流。抓好检查评比。2015年有30家机关党支部创成三星党支部，8家创成四星党支部，1家创成5星党支部。（陈涛）

党校工作

【概况】　2015年，区委党校领导班子围绕区委、区政府中心工作，努力服务于全区改革、发展、稳定大局，解放思想，统一认识，更新观念，完善机制，创造性地开展工作，在干部培训、队伍建设等方面取得一些成绩。（冯娟）

【抓好队伍建设】　按照省、市党校和区委的要求，发挥好党校理论培训“主阵地”和“主渠道”作用，区党校坚持把思想政治建设摆在首位，强化党性锻炼，把以人为本理念放在首位。认真组织学习中央《关于加强党员经常教育的意见》和保持共产党员先进性六个长效机制文件，不断提高党员领导干部的理论素质和执行政策水平。组织全体教职员工积极开展解放思想大讨论，深入学习有关政策法规，使全体教职员工解放思想，增加压力，增强素质，鼓足干劲。作风建设明显转变。党校健全和完善领导干部党建工作联系点制度，定期深入到联系点调研指导工作，帮助解决基层实际存在的问题，加强与群众的沟通互动，及时了解群众所想所盼，有针对性地解决帮扶点存在实际问题。坚决执行民主集中制原则，做到决策科学民主，转变干部作风，进一步密切党群、干群关系。（冯娟）

【组织全区中青年干部培训班】　2015年4月中旬和润州区联合在北京大学联合举办中青年干部培训班，实行集中学习、专题讲座与座谈讨论相结合。采取互动式、研讨式、情景式教学形式。7月中旬，在井冈山检察官分院举办乡科级领导干部党性锻炼培训班，在培训中还采用理论学习与实际工作相结合方式方法，听取经验介绍，学习先进典型。增强学习培训针对性和实效性，使参训人员思想素质、政策水平和工作能力等诸方面都得到明显提高。（冯娟）

【开展“真·实”活动】　党校专门成立了党校“真·实”主题活动领导小组，由“一把手”做组长，要求所有党员都要积极投身到活动中去，认真记录“真·实”活动笔记，努力实现机关干部精神状态、机关作风、工作效率明显提升。建立工作报告制度，做到将党校“真·实”活动具体实施方案和每个月活动进展情况都在当月30日前上报给督察组。建立信息专报制度，把活动情况通过信息专报的方式上报给学教办。开展结对服务活动，党校结对企业是江苏安德信超导加速器科技有限公司。常务副校长亲自作为联系人，到企业去了解情况。由于企业困难党校难以帮助解决，校长到有关单位了解情况，在各类会议、活动中帮助该企业呼吁。结对东吴社区，属大市口街道，党校工作人员经常到社区去，帮助社区党员讲课，每月20号党员活动日都能积极参与，帮助社区解决慰问资金。结对居民是东吴社区朱明，住花山湾六区23号405。王英，住花山湾六区14号105。积极与居民联系，了解情况，不定期到居民家中慰问送去米、油等生活用品。（冯娟）

【开展党的群众路线教育实践活动】　党校坚持开门搞活动，到群众中“听心愿、听诉求、听意见、听良策”，听取各个部门以及机关干部对党校的意见，特别是干部培训的建议。通过“走基层、听建议、转作风、办实事”，帮助基层讲党课等形式推动党校工作不断改进和提高，切实转变工作作风和工作方式，认真梳理分析活动前期准备阶段征集到的意见建议。帮助谏壁、大市口、东吴社区、米山社区等部门讲课，采取自学、座谈、观看电教片等形式学习教育，组织党员干部认真学习中国特色社会主义理论体系，学习党章和中共十八大、十八届五中全会精神，学习习近平总书记系列重要讲话精神等相关文件。（冯娟）

京口区文体（旅游）局

举办现场会推进书香京口建设工作

京口区全民健身中心揭牌

2015年，京口区文体（旅游）局以党的十八大、十八届二中、三中、四中、五中全会精神为指导，以习近平总书记“四个全面”重大战略和视察江苏（镇江）时“五个迈上新台阶”指示为指引，以区委、区政府和市主管部门工作布局为引导，以打造文体旅工作“京口高度”为主目标，以事业惠民生、产业促转型为工作主线，以“工作创新突破年”为突破口，以实施“十六项工程”项目化管理为工作方法，各项工作创造了新业绩，迈上了新台阶，2015年获得江苏省公共体育服务体系示范区、江苏省第十八届运动会三等功单位、镇江市首批“双型”5星先进党支部、镇江市文明城市建设网格化管理工作先进集体等一系列荣誉。京口区文化馆创成国家一级馆。

安全生产检查观海楼酒店看台账

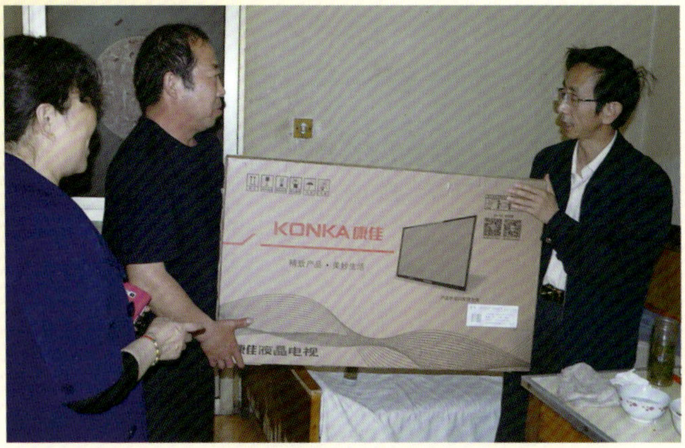

帮助困难群众完成微心愿

剪纸公益课

法治京口广场活动

京口区第二届“梦溪读书节”启动仪式

京口区财政局

党组书记上党课

召开“三严三实”座谈会

谏壁街道财政分局揭牌

象山街道财政分局揭牌

组织学习《中国共产党廉洁自律准则》和《中国共产党纪律处分条例》

慰问“真实”活动结对户

到区廉政教育基地开展警示教育

打击非法集资广场宣传

开展清洁家园美化环境集中行

赴元致亨现场核查项目

通过省财政“六五”普法考核验收

12·4学习宣传宪法、弘扬法治精神

现场认领“微心愿”

与田家门社区结对共建

组织党员参观韦岗纪念碑

组织党员干部开展野外拓展训练

镇江市京口区环境保护局

2015年，京口区环保局围绕区委、区政府和市环保局的中心工作，以优化环境服务发展为目标，坚持一手抓执法监管，一手抓服务，深入推进生态文明建设、污染减排以及多项专题执法检查整治工作，全面完成各项指标和重点任务。2015年先后被京口区委区政府评为“生态文明建设先进单位”、“城市管理先进单位”、“2015年度区级机关目标绩效考核优秀单位”。

市、区两级环保局对索普集团进行夜间监察

工地扬尘控制现场考核

胜利港生态修复工程生态浮岛

田间村头开展秸杆禁烧宣传

13号机组超低排放改造

阳光大地幼儿园开展“小小环保志愿者”主题活动

京口区史志档案办公室

赴正东路街道开展档案室定级

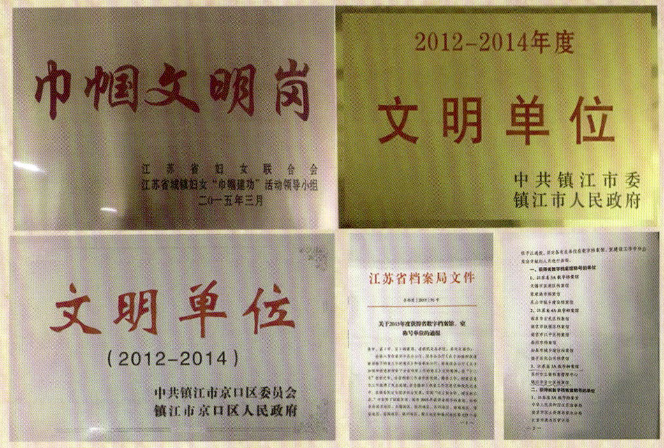

赴孟诚社区看望困难居民

京口区史志档案办开展“档案普法进社区”活动

京口区史志档案办开展送书进社区活动

2015年，京口区史志档案办在区委、区政府的正确领导下，在市级业务部门的精心指导下，深入推进党建、业务工作全面发展。2015年，区史志档案办顺利通过省AAA级数字档案馆创建验收，被省妇联授予省“巾帼文明岗”荣誉称号，被评为镇江市、京口区文明单位、区书香机关示范单位和区三星级“双型”党支部。截止2015年年底，全区创成省五星级档案室2家、四星级档案室3家、三星级档案室12家、省AAA数字化档案室4家，3家宗教场所创成省三星级档案室。

江苏省级开发区

镇江京口

京口区区委书记裔玉乾（左二）推进中集宝钢一体式宝挂车桥项目

江苏镇江京口工业园区地处美丽富饶的长江三角洲中下游地区，西临南京，东接上海,位于沪宁经济走廊发达地区江苏省镇江市。京口工业园区为省级金属新材料产业集聚区，先后获批国家“千人计划”（镇江）新材料研究院，省发改委“江苏镇江京口高性能铝材料产业园”、省经信委“省级小企业创业示范基地”、省商务厅“江苏省航空铝材特色产业基地”、省知识产权局的“知识产权试点园区”、省环保厅、商务厅和科技厅 “省级生态工业园区”等。2015年，面对复杂多变的宏观形势和经济下行压力加大的严峻考验，园区主动适应新常态，始终贯彻“全面改革创新、突出高效投入、强化提质增效”的核心要求，迎难而上，奋发作为，切实推进项目建设和转型发展，较好地完成了各项目标任务,全年完成固定资产投资47.1亿元；公共财政预算收入6389万元；工业应税销售收入75亿元；产业类实际利用外资2900万美元；高新技术产业产值占规模以上工业产值比重超过90.5%；进出口总额2.6亿美元。深入开展“金凤凰”人才招引工作，全年新增国家“千人计划”1人，新增省“双创计划”1人，新增市“331计划”3人。

江苏核科技产业园

工业园区

京口高创中心

江苏宝京汽车部件有限公司

江苏鼎胜新能源材料股份有限公司

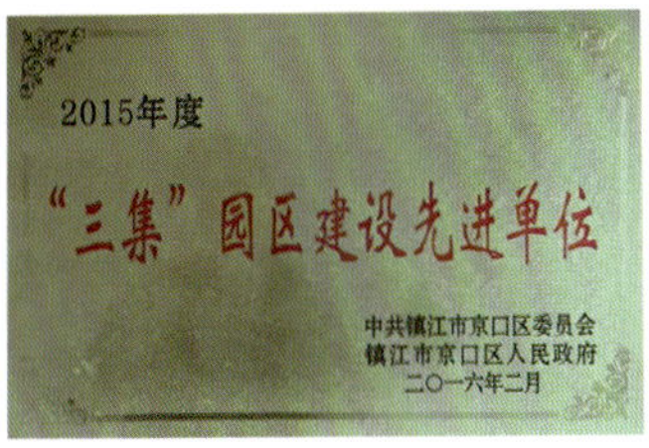

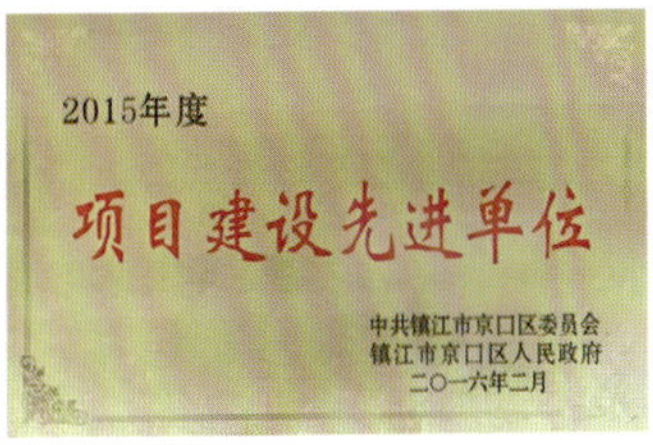

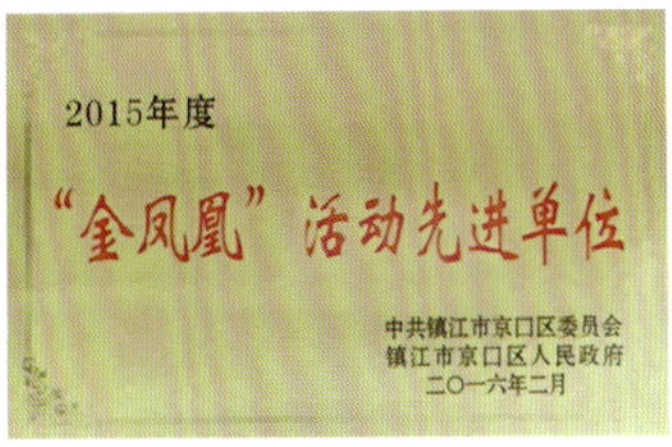

京 口 区 健

市委常委、组织部长秦海涛（左三）调研苏宁广场

副市长曹丽虹调研苏宁广场建设

2015年，京口区健康路街道围绕京口区委、区政府“转型升级，特色发展”的总要求，以“1+6”活动为切入点，加压奋进，跨越赶超，经济发展稳中有升，城市管理量质并举，社会民生创新有为，基层党建扎实有效，各项事业突飞猛进。全年公共财政预算收入1.1亿元，固定资产投资49.98亿元，社会消费品零售总额85.98亿元，实际到位科技研发投入1.0259亿元，产业类实际利用外资300万美元，工业应税销售收入6.5亿元；新增规模服务业企业6个。大市口中央商贸商务集聚区效应日益显现，重点项目扎实推进，镇江“苏宁广场”施工进展顺利，东西塔楼建设序时推进，裙楼具备开业硬件条件；财富广场裙楼商铺回迁取得较大进展；大学生创业科技园主体竣工。2015年街道先后获镇江市综治工作先进集体、镇江市法治工作先进集体、镇江市禁毒工作先进集体、镇江市见义勇为先进集体等荣誉称号。

“健康圆梦行”文体活动启动仪式

深入开展“书香健康，阅动人生”系列活动

康路街道

圆梦健康微心愿，汇聚发展正能量

打造“双拥”健康品牌，全力推动军地共荣

“共庆党的生日，共建和谐健康”庆祝大会

“爱的驱动，善的接力”慈善工作座谈会

京口区四

市委书记夏锦文（右二）调研街道“两网”工作

市长朱晓明（前左三）赴四牌楼街道调研“两网”工作

市委常委、组织部长秦海涛（左二）调研街道

全省五老志愿服务工作现场会

市委常委、纪委书记孙健调研四牌楼街道文明城市创建工作

牌楼街道

“网格长之家”挂牌成立

市人大调研四牌楼街道“一门受理”工作

道德模范事迹宣讲

在镇江率先动员“五老”志愿者参与社区矫正启动仪式

四牌楼街道开展“文明城市创建集中行动”

双拥晚会

镇江新民洲临港

市委书记夏锦文（前排左三）视察新民洲港

市长朱晓明（中）视察新民洲港

镇江新民洲临港产业园位于江苏省镇江市长江北岸，是一座与镇江隔江相望的半岛型沙洲，南望镇江，北连扬州，行政区域面积22.5平方公里。产业园区东接宁通高速公路，西靠扬州开发区、润扬大桥，北连苏北沿江高等级公路。毗邻京杭大运河与长江“十字口”交汇处，是镇江与扬州之间的“桥头堡”。处于强有力的上海辐射圈和沪宁城镇聚合轴上，同时处于江苏省沿江发展带和沪宁发展轴线上，是具有无限生机的“苏南板块经济”的有机组成部分，地理位置十分优越。

2015年以来,在区委、区政府的正确领导下，新民洲临港产业园围绕建设“强富美高”新京口的奋斗目标，以“1+6”活动为抓手，坚持生态领先、特色发展，抢抓机遇、攻坚克难，园区经济社会各项事业呈现出健康稳定发展的良好态势。

100多名老职工回到新民洲，庆祝江苏省国营共青团农场成立55周年

产业园管委会

中国林业集团公司党委书记、总经理宋权礼（前排左三）考察新民洲港

江苏省发改委投资处到新民洲调研省重点项目情况

新民洲港区一期对外开放通过省级验收

新民洲港靠泊首艘外轮

大禹山创

市委书记夏锦文（前左一）视察管委会镇江青壳众创空间

京口区大禹山创意新社区位于京口区东部，规划总面积3.7平方公里，可开发建设面积233公顷，是全市唯一的江苏省互联网产业园、全市唯一的江苏省电子商务示范基地和首批省级众创集聚区。管委会主要的服务对象是“两大园区”（即中国中小企业信息产业园、华夏幸福整体开发项目）、“四大载体”（即高创中心、归国博士园、航空信息产业园、互联网创新创业大厦）。管委会在“三集”发展方面全市领先，中国中小企业信息产业园全面完成固定资产投资、应税营业收入、入库税收等全年“三集”核心指标，增幅位于全市前列；在项目招引上量质并举，网商产业园累计实现入园、服务企业2300余家，百度营销中心、文交所等重点电商项目签约入户；园区内共有国家青年千人计划4人，省“创新团队”2个，省“双创计划”个人（团队）14个，市“331计划”人才(团队)30人，省“企业博士集聚计划”1个，核心人才引进指标占全区近三分之二，人才的“硅谷效应”明显。“十三五”期间管委会将严格按照上级党委政府的总体部署，结合自身实际，实现两大产业园建设稳中有进，产业集聚度、品牌度持续凸显，努力将大禹山打造成特色产业集聚、重点项目集聚、科技人才集聚的样板区、示范区，成为京口区乃至镇江市现代服务业发展“新名片”。

市长朱晓明（左四）视察管委会网商产业园

市委常委、宣传部长曹当凌（中）视察管委会大学生创业服务工作

意　新　社　区

区委书记裔玉乾（前左一）参加管委会“中以网商自贸区”揭牌仪式

区委副书记、代区长殷敏（右四）调研辖区重点企业江苏易乐网络科技有限公司

辖区企业——南京文交所钱币邮票交易中心

辖区企业——百度镇江地区营销服务中心

辖区企业——网商产业园

中小企业信息产业园

辖区企业——江苏易乐网络科技有限公司

京口区人力资源和社会保障局

市政协领导视察京口区全民参保登记工作

京口区创业帮扶“3+1”活动签约仪式

仲裁调解

劳动监察开展清理整顿人力资源市场秩序专项行动

社保“五进五送”进社区

京口区“迎三八 架金桥”就业专场招聘会

技能竞赛

大学招聘会

京口区人民代表大会

责任编校：耿纪明

综　述

2015年，在区委坚强领导下，区人大常委会牢牢把握正确政治方向，以深化“三创”活动为主线，以开展“三严三实”专题教育为抓手，围绕全区发展大局，切实履行宪法和法律赋予职责，为全面深化改革和建设“强富美高”新京口做出贡献。

围绕中心求作为，务实推进改革发展。审议国民经济和社会发展计划执行情况报告，听取《京口区“十二五”规划纲要》实施以及《京口区“十三五”规划纲要编制情况》汇报。推进预算决算监督转向全口径、全过程。关注政府融资平台建设及资金筹集、使用情况，积极助推苏宁广场、大学生科技创业园等大项目建设，推动区委重大决策、重要工作有效落实。调研《京口区“六五”普法实施纲要》落实情况，跟踪监督检察院反贪工作，听取区法院“环境资源类”案件集中审理工作汇报，切实推进法治京口建设。

紧扣民生抓助推，积极呼应群众关切。强化对“生态京口”建设跟踪监督，审议《区政府关于食品安全工作情况的报告》，听取《007号〈关于回迁安置房理顺关系、规范管理〉重要建议办理》报告并实施满意度票决。视察防汛工作和水利设施建设情况，调研道路规划建设和城建重点工程建设情况，强化对民生工程实施重点监督。调研基层综合文化服务中心建设和文化体育惠民工程、计划生育、居家养老、残疾人事业、东部地区教育资源均衡配置等工作。妥善处置来信、来访16件22人次，有效地维护社会稳定。

求真务实促提升，积极发挥代表作用。坚持人大常委会组成人员联系代表、主任会议成员联系代表小组等工作制度，进一步密切与代表联系。深入开展“统一接待选民日”、定时定点集中接待选民和代表小组活动，推进代表履职活动制度化、常态化开展。组织政情报告会并实施专题询问，促进代表知情知政，政府深入了解民情民意。实施代表履职积分制，进一步调动代表履职积极性。代表建议办理质态提升，建议办理实现由“答复型”向“落实型”转变。

坚持不懈抓作风，有效激发队伍活力。深入开展“三严三实”专题教育，深化机关部门“承诺践诺”活动，积极争创“法治型、服务型”先进党支部，以每月“双学”为载体，强化政策、理论和业务学习，组织机关干部参加省、市人大举办各类业务培训，为人大干部持续“补钙”“加油”。坚持求真务实，开展“真·实”活动，深入基层一线，接地气、摸实情、找问题，以扎实作风汇聚正能量。（刘勉）

重要会议

【区人大常委会会议】 一年中，召开8次常委会会议，听取和审议“一府两院”16项工作报告，组织15项专题视察和调研，结合审议开展2次专题询问，就3部法律法规贯彻实施情况开展执法检查调研，分别对市2项立法议题及授荣工作配合联动，任免国家机关工作人员89人次，有效发挥人大在全局工作中重要作用。

2015年1月7日，召开区八届人大常委会第二十一次会议：补选赵国权、窦礼念为镇江市第七届人民代表大会代表。

2015年2月27日，召开区八届人大常委会第二十二次会议：审议通过区人大常委会2015年工作要点；通过人事任免事项。

2015年4月27日，召开区八届人大常委会第二十三次会议：听取和审议区政府关于生态文明建设“三年行动计划”落实情况报告，并进行满意度票决，参加票决常委会组成人员23人，票决结果为满意14票，基本满意7票，不满意2票；

对卜美琴、戎国平、王德标、杨丽华、史良雨5名市人大代表开展述职评议工作；审阅2014年述职评议审议意见落实情况和区检察院关于反贪工作审议意见整改落实情况书面报告；通过人事任免事项。

2015年6月29日，召开区八届人大常委会第二十四次会议：组织学习《中共人民共和国食品安全法》专题讲座；听取和审议区政府《关于食品安全工作情况报告》；听取和审议区政府《关于京口区2014年度财政决算情况的报告》《关于2014年度京口区本级财政预算执行和其他财政收支的审计工作报告》；听取和审议区政府《关于007号〈关于回迁安置房理顺关系、规范管理〉重要建议办理情况报告》，并实施满意度票决。参加票决常委会组成人员23人，票决结果为满意6票，基本满意9票，不满意8票；通过人事任免事项。

2015年8月26日，召开区八届人大常委会第二十五次会议：听取和审议区政府《关于2015年上半年国民经济、社会发展计划和财政预算执行情况报告》；对刘正才、宜建美、许竹春、王荣明4名市人大代表开展述职评议；通过人事任免事项。

2015年10月27日，召开区八届人大常委会第二十六次会议：听取和审议区政府《关于区八届人大四次会议代表建议办理情况报告》；会议听取和审议区检察院《关于深化人民监督员制度改革试点工作情况报告》；组织区监察局局长陈洪生、区交通运输局局局长周祥华、区法院副院长华军、区检察院副检察长束玉兴4名人大任命干部履职评议，并根据《区人大常委会述职评议办法》规定，对被评议人员进行民主测评；审阅《关于生态文明建设三年行动计划审议意见整改落实情况》书面报告、《关于007号〈回迁安置房理顺关系，规范管理的建议〉办理情况审议意见整改落实情况》书面报告；通过人事任免事项。

2015年11月13日，召开区八届人大常委会第二十七次会议：通过人事任免事项，决定接受马荣虎辞去区八届人大常委会委员、代表职务，并报区八届人大常委会第五次会议备案。

2015年12月29日，召开区八届人大常委会第二十八次会议：通过人事任免事项，决定接受裔玉乾辞去区八届人大常委会主任职务，曹蕾、张青、钱小兵辞去区八届人大常委会委员职务，并报区八届人大五次会议备案；审议区政府《关于2015年财政预算调整报告》，作出《关于批准调整区2015年财政预算决定》；讨论区八届人大五次会议筹备工作意见，作出《关于召开区八届人大五次会议决定》；讨论通过《代表资格审查情况报告》；讨论《区八届人大五次会议主席团和秘书长、主席团常务主席、副秘书长、计划和财政预算审查委员会、列席人员名单（草案）》，《区八届人大常委会法制委员会、财政经济委员会组成人员名单（草案）》；听取和审议《关于评选和表彰先进代表小组、优秀人大代表、优秀代表建议、承办代表建议先进单位意见》，作出表彰决定；讨论《选举办法》（草案）；讨论《区人大常委会工作报告（讨论稿）》；审阅区政府《关于2014年财政同级审计发现问题整改情况》书面报告、《关于食品安全工作情况审议意见整改落实情况》书面报告。

（刘勉）

【区人大常委会主任会议】 2015年，区八届人大常委会召开6次主任会议，听取“一府两院”工作汇报9项。

2015年1月29日，召开第十七次主任会议：讨论《区人大常委会2015年工作要点（讨论稿）》和主要工作安排。

2015年3月27日，召开第十八次主任会议：听取区政府《关于019号〈进一步巩固文明城市创建成果使创建常态化〉重要建议办理情况》汇报。

2015年5月28日，召开第十九次主任会议：听取区政府《关于山体生态修复和宕口整治工作情况》汇报；听取区政府《关于校地合作、科技成果转化情况》汇报。

2015年7月29日，召开第二十次主任会议：听取区政府《关于018号〈加大科技孵化器建设力度，推动产业“三集”发展〉重要建议办理情况》汇报；听取区政府《关于服务性社会组织建设情况》汇报。

2015年9月24日，召开第二十一次主任会议：听取区法院《关于“环境资源类案件”集中审判工作情况》汇报；听取区政府《关于〈“十二五”规划纲要〉实施和〈“十三五”规划纲要〉编制情况》汇报。

2015年11月30日，召开第二十二次主任会议：听取区政府《关于〈加强全口径预算决算审查监督的暂行办法〉执行情况》汇报；听取区政府《关于基层综合文化服务中心建设和文化体育惠民工程情况》汇报。

（刘勉）

重要工作

【全面推进全口径财政预决算审查监督】 认真落实《区人大常委会关于加强全口径预算决算审查监督的暂行办法》，把政府全部收支纳入预算管理，进一步细化报人大审批的预决算草案，积极探索参与式预算、前置式监督预算审查监督新路径，不断健全程序性监督与实质性监督并重全口径预决算监督新机制。区八届人大常委会第21次主任会议专题听取区政府《关于〈加强全口径预算决算审查监督的暂行办法〉执行情况》汇报。针对存在问题，建议政府及相关职能部门，强化预算决算公开时限意识，建立预算执行重大情况即时报告制度，及时报送月度、季度财政收支预算情况，严格控制政府性债务，有效防范和化解财政风险，强化人大对政府预算审查和监督。（刘勉）

【代表接待选民工作常态化开展】 深入开展“统一接待选民日”和定时定点集中接待选民活动，让代表更好地了解民情、反映民意、上情下达、凝聚合力。“统一接待选民日”活动中，132 名全国、省、市、区人大代表参加接待选民 538 人次，收集建议意见 351 件，现场解决和答复 131 件，发放《中华人民共和国宪法》单行本 100 本。182 名区人大代表通过接待选民中心接待选民 1268 人次，梳理形成代表建议意见 483 件，妥善解决 209 件，代表年平均接待选民 2 次以上。

（刘勉）

【代表履职激励和保障机制进一步健全】 落实《人大代表履职积分实施办法》，不断完善和强化代表履职积分、代表联系选民情况通报、代表述职、代表培训等“四项制度”实施。围绕区人大代表和京口辖区内省、市人大代表开展专题调研、执法检查、会前视察等活动做好服务工作，为代表知情知政、依法履职提供服务保障。强化对街道人大工委工作指导，切实推进“两专一办”组织建设，充分发挥组织代表、联系代表、服务代表能动作用。

（刘勉）

【与时俱进加强自身建设】 切实加强常委会组织建设和人大干部队伍自身建设，以改进作风为主题，努力提高人大服务经济建设、社会事业发展和民主法制建设能力和水平。组织群众路线教育实践活动“回头看”，认真开展“三严三实”专题教育活动，深入推进“承诺践诺”活动、“真·实”活动和“双型”先进党支部建设活动，切实加强机关勤政廉政建设，强化政策理论和业务学习，使人大干部和人大代表在思想观念和能力建设上始终与时俱进。创新探索“一线工作法”，实实在在做好区委决策、人大决定、政府推进、群众称赞的事，提高民主法制建设的能力和本领，推动人大各项工作落到实处，人大机关老干部工作获市先进集体。（刘勉）

◆ 资料链接 ◆

华严阁是赏月的好地方，“华严月色”是焦山最富诗意的十六景之一。每当皓月当空，江上银涛万顷，波光粼粼，天空一碧如洗，交相辉映。如置身于玻璃水晶世界，恍若进入仙境。中国佛教协会主席赵朴初居士在此挥毫题写“无尽藏”，寓意双关，耐人寻味。

华严阁位于定慧寺西南，面临大江，背倚峭壁，是一座两层楼临水建筑。华严二字出于《华严经》，比喻这里是“百花齐放，包罗万象”的胜境。楼上厅堂正中原是一副“大江东去，群山西来”的对联，对登楼观景有画龙点睛之妙。现已换成“一片浮玉，十分江景”。楼下为“浮玉斋”素菜馆，颇具特色。

综　述

【概况】 2015年，京口区完成地区生产总值432.94亿元，增长9.1%；完成固定资产投资373.2亿元，增长18.3%；一般公共预算收入完成21.16亿元，增长11.1%；完成进出口总额11.1亿美元，增长21.2%；服务业增加值占GDP比重72%；城镇居民人均可支配收入、农村居民人均可支配收入完成38811元、21760元，分别增长8.2%、9.1%。（朱粪平）

【转型升级步伐加快】 产业"三集"发展成效彰显。围绕园区建设打基础、抓突破、促提升，积极推进平台建设，中储粮粮油检测中心、中小企业信息产业园招商展示中心和新民洲水稻智能化管理平台建成运营。市场化运作试点进展良好。园区基本建设加快，高性能材料产业园区标准化厂房开工建设，新民洲临港产业园港区1号、2号泊位对外开放通过省级验收，码头二期泊位主体工程已基本完工。开展两轮"招商引资百日竞赛"，举办两场项目集中签约仪式，58个亿元以上项目签约落户。现代服务业提速增效。大禹山创意新社区创成省级电子商务示范基地和互联网产业园，启动"中以网商自贸区"。网游动漫产业蓬勃发展，网游开服数量位居全国第四位，江苏易乐科技入选省互联网十大新锐企业。5个项目获得省市文化产业引导资金扶持。中林（镇江）生态产业城木材初加工区、滨江科技商务中心项目开工。苏宁广场、凤凰文化广场等项目加速实施。中储粮长三角物流综合基地、谏壁新市镇商业广场、北大青鸟（江苏）教育中心等一批优质服务业项目顺利推进。新兴产业发展壮大。规划建设江苏（京口）核科技产业园和镇江（京口）北斗产业园，引进设立2支核产业股权基金。中集宝钢一体式半挂车桥项目顺利落户。爱励铝业、鼎胜新材、海龙核科技、立达纤维四家企业入选镇江市工业企业"单打冠军"名录库，新兴产业集聚能力不断增强。传统产业提档升级。全年完成工业技改投资80亿元，增长20%。飞驰汽车入选省"两化融合"示范企业。中储粮二期技改扩能、鼎胜新材汽车用锂电池电子箔、谏壁电厂脱硫增效项目竣工投产。鼎盛重工、四洋柴油机、中福马机械等企业转型升级提速。（朱粪平）

【创新能力明显提升】 新认定省级以上研发机构6家，新增高新技术企业2家，20个项目获省级以上科技计划项目立项，31个项目获市级立项，为企业争取各类扶持资金2700余万元。万人发明专利拥有量65件，位居全省前列。高新技术产业产值占规模工业产值比重46.1%，R&D经费支出占GDP比重2.68%。京口工业园区通过省知识产权试点园区验收，正东路街道荣获省科普示范街道称号。与市人社局合作设立镇江创业园500万元种子基金。打造科航创新工场、翼咖啡等8家众创空间。大禹山众创集聚区被认定为省级众创集聚区，中企信星纳入省级科技企业孵化器管理。与江苏大学、江苏科技大学、中国核动力研究院、中国科学技术大学等高校院所深化校地合作，组建省级研究生工作站6个。加大人才引培力度，新增国家"千人计划"3人，省"双创计划"6人次，市"331计划"10人。（朱粪平）

【城乡环境继续改善】 生态环境不断优化。扎实开展谏壁片区环境综合治理，完成3座山体修复绿化，关闭1家"五小"企业，谏壁电厂超低排放技改工程竣工验收，索普化工氮氧化物废气提标改造全面完工。构建水环境长效管理机制，完成玉带河、一夜河河道清淤疏浚任务，虹桥港清水通道建成使用。建成6个生态文明主题广场。新增绿化造林面积15公顷，林木覆盖率26%。秸秆综合利用率95%。地表水好于三类水质比例达80%。2015年化学需氧量、氨氮、二氧化硫和氮氧化物排放量分别削减14.9%、19.4%、20%和7.6%。城乡改造有序推进。启动新河街历史文化街区修缮整治，完成王家花园、索普周边和新区化工园区周边等地块征收搬迁19.7万平方米，实施古更楼巷、新建里3—5号、梦溪路71—77号、棒棰营等片区 4.7 万平方米危房解危。完成花山湾 5 区老小区 8 万平方米整治任务。华诚新村一区二期安置房竣工交付，二区一期安置房全面封顶，开工建设孟家湾安置房。完成薛家湾、小朱家湾等地块回迁安置 13.2 万平方米。镇澄路中段、汝山路、滨河南路竣工通车，纬八路、恒运北路加快建设。实施新民洲区域农村道路提档升级。完成华润新村二期、置业新村等小区物业提升工作。朝阳小区、江二社区开展海绵城市试点建设。城管水平稳步提升。落实城市长效管理“网格化”和执法重心下移要求，完善环卫保洁体系，实现城区主次干道、背街小巷环卫保洁市场化全覆盖，“大城管”考核保持全市领先。投入 1200 万元新建垃圾中转站 2 座，新建改造公厕 10 座。拆除各类违法建筑 12.6 万平方米。开展户外广告、占道经营、渣土扬尘专项整治，对迎江桥、江山名洲菜市场等 17 个疏导点实施项目化管理。王家湾渣土车停车场建成启用。（朱癸平）

【民生水平不断提高】 新增城镇就业 12235 人，扶持创业 2168 人。新创建省级充分就业示范社区 4 家，打造全市人社基层服务标准化建设示范平台 4 家。成立全市首家青年（大学生）创业实训基地。顺利通过全国义务教育发展基本均衡区评估验收和 2015 年县级政府教育工作省级督导考核，四牌楼街道、解放路小学等 27 家单位创成市教育现代化单位。瓯龙小学开工建设，完成学府路小学等校安工程 1 万平方米。完成如意江南社区卫生服务站建设，与江滨医疗集团合作打造基层康复联合病房。通过血吸虫病传播全阻断省级达标验收。区全民健身中心投入使用，成功举办区第三届运动会，创成省首批公共体育服务体系建设示范区。完成 47 个基层综合性文化服务中心建设，区文化艺术中心正式对外开放。区文化馆创成国家一级馆。康盛剧社作品《心愿》获第六届全国曲艺大赛金奖。区档案馆创成省 AAA 级数字化档案馆。区残疾人综合服务中心建设加快推进。社会组织公益创投项目省、市中标率均居全市第一。（朱癸平）

【社会大局和谐稳定】 新建四牌楼综合服务信息平台，“社区网格智能化服务项目”在全区推广。京口路中心社区建设正式启动。高质量完成“六五”普法市级验收，顺利通过“七创”双拥模范城考核，谏壁街道东京村创成国家级民主法治示范村，象山街道创成省级和谐社区建设示范街道，谏壁街道东街社区创成省和谐示范社区。江科大社区、宝塔山社区创成全国综合减灾示范社区。建立价格争议大调解机制，完善京口区价格信用体系数据库，市场价格秩序得到有效规范。狠抓基层安全生产监管能力建设，安监办规范化建设全部达标。实现食品安全全产业链监管全覆盖。创成省级节能示范单位。开展土地卫片执法专项整治，切实保障土地高效集约利用。深入推进“阳光信访”系统建设，化解各类信访积案 35 件，社会大局保持稳定。（朱癸平）

【自身建设持续加强】 紧扣“六查六看六整治”主线，深入推进“三严三实”专题教育，查摆整改各类问题 94 条。坚持依法行政，加快法治政府建设。深化行政审批改革，“三集中三到位”审批模式初步建立，工商登记全面实行注册资本认缴和“一照一码”制度，推进项目审批“多评合一”。规范国有、集体资产处置，实现资产保值增值，强化对政府投资性工程建设管理，建立区属国有独资及国有控股企业担保行为联席会议审批制度，严格防控政府投资风险。自觉接受区人大及其常委会的法律监督、工作监督，全年区政府共承办人大代表建议 67 件，政协委员提案 123 件，满意和基本满意率达 100%，有效解决一批群众关注的热点难点问题。严格执行中央“八项规定”，省、市、区委各项规定及各类专项整治任务要求，认真落实省委、市委巡视（查）组各项整改要求和党风廉政建设责任制。深入开展“三解三促”和“真·实”活动，积极为辖区单位做好服务，民族宗教、外事侨台、工商联、妇女儿童、广播电视、机关事务等各方面工作均取得新进展。（朱癸平）

重要会议

【区政府全体组成人员会议】 2015 年，区政府召开 2 次全体组成人员会议。

3 月 26 日，区政府召开全体组成人员会议，区长黄万荣作题为《突破项目建设 锤炼过硬作风 全力开创政府各项工作新局面》的报告。报告对如何推动全区各项工作开创新局面提出三个方面的要求。一要全力以赴实现项目建设新突破。各地各部门要始终紧紧抓住项目建设这一发展的“牛鼻子”，牢固确立“项目为大”的理念，强化“抓大项目、大抓项目”的意识，攻坚克难，奋力作为，全力实现项目建设的新突破，为发展积蓄强大后劲。具体要做到以下几点。第一，要坚定不移主攻重点项目。总体要求，各地各部门要遵循“成熟项目抓报批，落地项目抓开工，在建项目抓进度，竣工项目抓投产”原则，按照紧前不紧后的要求，进一步细化时间节点、责任分工，严格按序时推进，切实提高项目签约率、开工率和竣工率。第二，要推动项目招引量质齐升。各地各部门要进一步创新举措，提升招商层次和水平，力争在新一轮项目招引中赢得新优势。一是加大招商频率。二是转变招商理念。总原则就是要坚持“高大上”和“短平快”项目齐头并进。三是配强招商力量。招商力量配备的基本要求是要做到“专职招商、招商专业”。第三，要丰富提升载体建设。要加快标准化厂房和孵化器建设。要加强公共服务平台建设。第四，要凝聚项目推进合力。项目建设涉及方方面面，必须加强领导，落实责任，统筹协调，合力推进。一是突出“一把手”亲自抓。二是突出督查考核。三是突出氛围营造。二要持之以恒实现作风建设新提升。第一，要依法行政、按规办事。政府全体人员都要牢固树立“按法律办事，按制度做事”意识，按照

“四化”要求，严格规范抓好工作推进。第二，要求真务实、真抓实干。抓落实是政府工作的生命。要大力倡导求真务实的工作作风，推动区委、区政府各项决策部署不折不扣落实到位。要坚持群众路线教育实践活动“收官不收场”，努力取得让群众满意的成效。要眼睛向下、多到基层，通过开展“真·实”活动、公开接访等途径，主动深入一线解决实际问题，倾听民声、了解民意，千方百计为发展、为群众排忧解难，以实实在在的工作成效推动全区发展迈上新台阶。第三，要敢于担当、勇于负责。要在应对复杂局面，直面多种挑战时保持定力，在解决矛盾、完成任务时持续发力，真正做到“肩上有担子、心中有责任、行事有担当”。第四，要只争朝夕、紧张快干。要对照具体要求和时间节点，将“快”字当头的效率意识落实到每一项工作、每一个环节中去，加快工作节奏，提升工作效率，牢牢掌握发展的主动权。第五，要以身作则、廉洁自律。政府全体人员都要谨慎用权、秉公办事，塑造勤政为民良好形象。三要一着不让实现各项工作新进展。会前，区政府已将《京口区人民政府2015年度重点工作目标任务分解》印发给大家，并就六大类60项重点工作的具体要求、责任领导、责任单位和完成时限进行明确。希望各地各部门围绕目标任务，对照时间节点，进一步细化“时间表”和“路线图”，一着不让抓好落实，确保完成到位。1. 奋力实现一季度“开门红”。2. 切实加强生态文明建设。一是狠抓谏壁地区环境综合整治工作。二是推进青山碧水蓝天提升工程。3. 扎实做好转型升级工作。4. 持续改善城乡环境面貌。5. 着力提升民生保障水平。按照“保基本、兜底线、促公平、可持续”原则，确保完成9个民生重点项目。一是加强社会保障。二是完善公共服务。三是维护社会稳定。

10月14日，区政府召开全体组成人员会议，区长黄万荣作题为《深化依法行政 建设法治政府 全力推动政府工作迈上新台阶》的报告。报告对如何进一步深化依法行政、建设法治政府提出四个方面的要求。第一，认清形势，切实增强深化依法行政、建设法治政府的责任感和紧迫感。近年来，在各方共同努力下，全区依法行政工作取得新成效，主要体现在以下三个方面。一是工作机制更加完善。二是职能转变持续加快。三是法治惠民成效彰显。在肯定成绩的同时也要清醒地看到，工作还存在问题和不足：一是少数同志法治思维和理念不强，二是个别部门在决策推进过程中，程序不规范、信息不公开、方式不得当的现象时有发生；三是少数执法人员存在执法不规范、不严格、不文明的行为。上述问题，需要区政府抓紧制定有力措施，切实加以有效解决。2015年是“十二五”收官、“十三五”即将开启之年，当前，京口区正处于“转型升级、特色发展”的关键时期。在保持经济持续健康发展的同时，经济社会生活中的一些深层次矛盾和问题也不断显现。区政府必须把依法行政贯穿于政府决策、执行、监督的全过程、各环节，更好地发挥政府的职能作用，更好地管理经济社会各项事务，使行政决策充分体现公众意愿，行政执法切实维护群众合法利益。第二，明确目标，准确把握深化依法行政、建设法治政府的内涵要求。指导思想是：认真贯彻落实中央、省、市关于依法行政各项部署要求，以法治理念和法治思维为引领，以推动政府职能转变为重点，以深化体制机制创新为动力，以提升群众满意度为标准，强化法律实施，推进规范执行，不断提高依法行政能力和法治文明程度，在全社会形成学法、遵法、守法、用法的良好局面，为加快建设“强富美高”新京口提供坚强的法治保障。总体目标是：利用3～5年时间，建成职能科学、权责法定、执法严明、公开公正、廉洁高效、守法诚信的法治京口，法治政府建设水平处于全市前列，规范性文件公开率、备案率达100%，行政诉讼案件零败诉，行政执法争议协调机制执行率80%以上，群众对法治政府建设满意度达90%以上，实现“三健全、三领先”。具体路径是：做到“四个坚持”：一是坚持统筹推进。二是坚持问题导向。三是坚持共建共享。四是坚持特色发展。第三、突出重点，全面提升深化依法行政、建设法治政府的能力和水平。建设法治政府的核心是促进政府依法行政，约束和规范行政行为，使行政权力授予有据、行使有规、公开有度、监督有效。各地、各部门要朝着建设法治京口这一目标，突出重点、强化措施，始终在法律框架内履职尽责、开展工作，不断提升依法行政水平。1. 切实提高依法决策能力。一方面，要规范决策程序。另一方面，要提升决策成效。2. 着力规范行政执法行为。一要理顺执法体制。按照执法权责依法界定、明确清晰、分工到位的要求，减少执法层次、整合执法力量，以制度优化促进规范执法。二要改进执法方式。一方面，要细化执法流程，明确执法权限、步骤环节和具体时限，确保环环相扣、有序推进，减少执法随意性，做到执法从严、管理从紧；另一方面，将规范执法与主动服务紧密结合起来，做到管理与服务相适应，处置与疏导相统一，实现法律效益和社会效益的同步提升。三要巩固执法成效。落实法律法规各项要求，强化执法措施，坚持一抓到底，实现执法成果的常态化、长效化。3. 创新行政运行体制机制。一要落实“清单制度”。深化政府行政审批制度改革，以“五张清单”为抓手，切实做到“三个一律”。二要实施“多评合一”。着力优化区级审批流程，积极推进统一受理、统一评估、统一评审的操作模式。三要深化权力公开。完善行政权力网上公开透明运行系统，持续深化政务公开，确保各类行政权力如数公布、全部上网。四要强化宣传教育。落实行政机关“谁执法谁普法”的普法责任制，建立行政执法人员、律师等以案释法制度。4. 不断强化行政监督制约。一要自觉接受人大、政协监督。二要自觉接受行政监督。三要自觉接受司法监督。四要自觉接受专门监督。5. 围绕“三安”提升法治水平。一要扎实推进民生事业。落实“大众创业、万众创新”各项政策，推进充分就业、高质量就业。二要依法维护群众权益。坚持以法治手段化解矛盾纠纷，建立依法维权的工作机制，将矛盾纠纷化解纳入法治化轨道。三要切实维护安定和谐。认真落实新《安全生产法》和《食品安全法》各项要求，建立健全主要领导负总责、分管领导具体负责、班子成员协同推进的安全工作责任体系，压实责任、传递压力、落实到人。6. 全面推进政府廉政建设。全体政府公务人员要对照“三严三实”的要求，以“严”和“实”的精神抓好各项工作的落实，坚持谨慎用权、秉公办事，努力塑造为民、务实、清廉的良好形象。第四，强化保障，不断推动深化依法行政、建设法治政府取得实效。加快法治政府建设，实现依法治区各项目标，需要进一步完善分工负责、协同推进的工作机制。一是加强组织领导。推进依法行政，责任在政府，关键在领导。各地、各部门要将推进依法行政与改革发展稳定任务一同部署、一同推进。二是狠抓能力建设。要加强法制机构、行政执法队伍、法律服务队伍和基层法治队伍建设，法治队伍人员、基础设施、装备条件建设等重点向基层倾斜，按照执法重心和执法力量下移要求，科学配置人员，充实一线执法人员力量，保证重点领域执法需要。三是强化督查考核。由区政府法制办牵头，切实加强对各地、各部门依法行政工作的督促指导和考核评价，充分发挥考核的导向、评价和监督功能。（朱奕平）

外事工作

【概况】 2015年，京口区外事办贯彻落实中央、省、市外事工作会议精神，服务中心，强化管理，发挥优势，开展活动，各方面工作进展顺利。（何健）

【优化外事服务】 全年办理党政领导干部因公出国（境）申请报批8批27人次，教师出国3批次6人次；审批外国来华人员邀请32人次，涉及德国、美国、塞尔维亚、孟加拉、乌克兰、印度、伊朗、以色列、巴基斯坦、荷兰10个国家；办理企业APEC商务旅行卡6人办理企业因公出国2批2人次。（何健）

【主动融入招商】 围绕“互联网+”、高端装备制造、现代仓储物流、核科技、新材料产业，配合开展好赴美国、德国、加拿大、俄罗斯、新西兰、澳大利亚等外出招商活动；邀请以色列驻上海、总领事出席“中以网上自贸区”揭牌仪式。（何健）

【开展交流活动】 解放路小学七色光合唱团于7月访问奥地利维也纳、意大利，“汉语桥——英格兰中小学校长访华团”参观访问京口实验小学，中山路小学2名英语教师和14名学生参加与澳大利亚维州“姐妹学校”结对游学活动。（何健）

侨务工作

【概况】 2015年，京口区侨办认真贯彻落实省、市侨务工作要求，紧紧围绕区委、区政府的中心工作，不断创新服务手段，拓宽服务内容，积极服务经济发展大局，服务侨界群体，侨务各项工作有序开展。（钱倩）

【侨企梳理和服务工作】 5月起，京口区侨办与各街道社区联合对辖区内的涉侨人士和企业进行梳理，并会同科技、人才等部门定期组织对侨资企业进行走访，与侨商保持经常性的沟通联络，深入了解侨商想法，就企业在建设和发展过程中的困难会同有关部门做好服务工作；积极与市侨务部门联系，借助华创会等平台为区内侨资企业争取更多的人才和项目信息。（钱倩）

【组织参加2015年度华创会】 “第七届华侨华人创新创业镇江洽谈会”于6月29日至7月1日举行，京口区侨办认真落实“华侨华人专业人士创业发展镇江洽谈会”对接工作，经过对海外高层次创新创业人才及项目信息的研究梳理，有选择、有重点地向辖区内各街道、园区相关部门进行推介、宣传。随后，会同各街道、园区对重点企业进行走访，并根据企业的生产经营方向和需求，对华创会的项目进行推介。落实洽谈会参会人员22人，涉及6个街道、2个园区相关负责人及9家企业中高层人员。（钱倩）

【协助开展“正恺育秀”捐资助学活动】 2015年7月，京口区侨办协助谏壁街道与江苏正恺电子科技有限公司举办第五届“正恺育秀”捐资助学活动。捐助资金24000元，共18名学生受到捐助。（钱倩）

【开展“暖侨敬老温暖20”活动】 阳光世纪花园社区是京口区侨界人士相对集中的区域，社区将每月20

接待以色列驻上海总领事（区政府办供稿）

为侨服务志愿队为空巢老人及侨属侨眷送去粽子和祝福（区侨办供稿）

日定为社区为侨服务日，固定时间开展各类为侨服务活动。大力弘扬“温暖爱您”精神，以“情系归侨侨眷，温暖我爱您”为主题，以“点亮微心愿、争做圆梦人”为载体，全面打响“暖侨敬老温暖20”志愿服务品牌，探索为侨服务的新途径。（钱倩）

【组织成立志愿服务队】 香江花城、阳光世纪花园等社区开展“暖侨敬老 关爱空巢侨眷”活动，帮助老人们实现“微心愿”，组建为侨服务志愿队，开展归侨侨眷大走访活动，采用“社区干部+网格长+网格志愿者+网格信息员”的架构配备走访服务力量，走访归侨侨眷家庭，收集归侨侨眷反映问题，并逐一解决。（钱倩）

【做好信息宣传工作】 京口区14篇侨务信息被镇江侨网选用。京口区侨办积极利用镇江侨网、镇江京口、《华人时刊》等媒体平台，宣传辖区侨务为侨服务、为全区经济建设和社会事业发展服务的各项工作。（钱倩）

机关事务工作

【概况】 2015年，京口区机关事务服务中心围绕“1+6”活动和“真 · 实”活动，以创建“三星”党支部和“五心”服务型机关为抓手，强化科学管理，规范后勤服务，“重点工作出亮点、基础工作抓质量、特色工作求突破”，圆满完成区委、区政府交办的各项任务。（凌铭蔚）

【机构规格调整为正科级建制】 经京口区机构编制委员会研究，决定将京口区机关事务服务中心调整为正科级建制，新增公有住房管理科，承担全区干部职工及离退休人员住房补贴审核和廉租房管理职能。（凌铭蔚）

【公共机构节能工作取得新突破】 采用合同能源管理，对电力、燃气、自来水等方面进行节能改造，更换8000多盏LED灯，新增23盏太阳能路灯，引进电力在线监测系统，更换节气灶具和自来水管道等等。经江苏省机关事务管理局评定，京口区机关大楼节能率在全市8家单位排名第一，并满分获得省级节能示范单位称号。（凌铭蔚）

【新一轮车改工作有序推进】 按照新一轮车改工作的相关要求，京口区机关事务服务中心会同相关部门在全区范围内对公务用车的数量、人员等进行统计和核查、测算节支率，草拟车改文件，并于12月31日封停36辆处置车辆，其中一般公务用车7辆、执法执勤车辆29辆。（凌铭蔚）

【后勤保障工作优质高效】 修改完善各科室工作职责、考勤制度、例会制度等，明确职责，责任到人；会务服务方面，规范会议接待服务，承接各类会议200余场次；规范食堂管理，严把食品安全关，精心安排好每次会议用餐、接待用餐；安保方面，严格执行24小时值班保卫、夜间巡查制度和出入人员车辆查验、登记制，配合有关部门共劝阻群众上访100余批次、3000余人次，门卫登记8000余人次，开展消防应急演练1次；公车管理方面，节假日、非工作日时间车辆集中停放，并进行抽查考核；卫生保洁方面，责任到人、任务到人，及时做好公共区域的净化、美化、亮化工作。（凌铭蔚）

【公共租赁房和住房补贴发放规范到位】 强化动态考核和跟踪管理，对全区低保和低收入家庭申请人员进行全面调查，严把政策关。2015年度发放保障金3249660元，对全区179户住房困难家庭实施实物配租，审批一次性住房53户，补贴金额130余万元。（凌铭蔚）

【成功创建“三星”党支部】 开展全员素质建设，定期组织学习，通过下发文件、组织学习、岗位培训等形式和措施，提升党员思想觉悟、转变工作作风。赴赵亚夫先进事迹展览馆，开展“学习亚夫精神，践行‘三严三实’”主题活动，学先进、争先进。深入开展“真 · 实”活动，帮助镇江维科置业集团协调解决劳资纠纷，助力宗泽路社区困难居民实现“微心愿”10个，并多次参与社区“清洁家园”活动和文明城市创建活动。（凌铭蔚）

【扎实打造“五心”服务型机关】 始终将干部职工需求放在第一位，顺应“互联网+”发展趋势，适时推出“京口区机关事务服务中心”公众微信号，拓宽干部职工意见和建议收集渠道；严把食品安全关，推出“放心点心”，供干部职工选购；满足干部职工生活所需，成立综合服务部，严格把控进货渠道与货品质量。（凌铭蔚）

综　述

【政协委员及组织机构】 2015年，镇江市京口区第八届委员会共有17个界别（中共、工商联、教育、科协科技、医疗卫生、农业、经济、工会、共青团、妇联、侨联台联、新闻出版、文艺体育、民族宗教、特邀、社会科学、无党派），委员210人，常委会组成人员26人。区政协设“一办四委”，即办公室、提案委员会、学习和法制委员会、经济和科技委员会、社会事业和社会管理委员会。（严涵）

【区政协工作概况】 全年区政协共举行4次常委会议，5次主席会议。区政协第八届四次会议以来，政协委员、政协各参加单位和政协各专委会共提交提案153件，立案123件，共向区委、区政府及有关部门报送建议案、专项建议和调研视察报告18篇。（严涵）

重要会议

【政协京口区八届四次会议】 2015年1月12日—15日召开。会议听取和讨论区委书记裔玉乾作的重要讲话，审议通过政协镇江市京口区第八届委员会常务委员会工作报告和提案工作报告。与会人员列席京口区第八届人民代表大会第四次会议，听取和讨论《政府工作报告》和其他报告，通过区政协提案审查委员会关于八届四次会议提案情况的审查报告。会议拥护区委书记裔玉乾代表中共京口区委所作的讲话，同意区政协主席孙国平代表区八届政协常委会所作的工作报告和区政协副主席朱裕根代表区八届政协常委会所作的提案工作报告。会议赞同黄万荣区长所作的《政府工作报告》，并赞同其他报告。（严涵）

【区政协八届常委会议】 全年共举行4次。

八届十三次常委会议，1月26日举行。会议传达省、市政协全会精神，协商通过相关人事任免事宜，研究讨论《区政协2016年工作要点》以及《区政协2016年主要工作计划》。区政协主席孙国平，副主席谢志荣、姜厚荣、宋武平、朱裕根参加会议。

八届十四次常委会议，6月12日举行。会议传达学习市委书记夏锦文调研京口讲话精神，听取区统计局、发改和经信委关于上半年全区经济运行情况通报，民主评议城管局工作情况汇报，讨论通过有关人事任免事项。区政协主席孙国平参加会议并发表讲话。区领导夏卫军、姜厚荣、宋武平、朱裕根参加会议。

八届十五次常委会议，9月21日举行。会议听取区亿元以上项目建设情况通报、政协八届三次会议提案办理及“委员助推民生建设年”主题活动情况通报，协商通过相关人事任免事宜，区政协主席孙国平带领与会人员总结上半年工作并就当前政协工作作出具体部署。区政协副主席谢志荣、姜厚荣、宋武平、朱裕根参加会议。

八届十六次常委会议，12月30日举行。会议传达区委七届十次全会精神，听取区八届政协委员调整情况的说明，讨论通过区政协《常委会工作报告》《提案工作报告》《“委员助推文化建设年”主题活动实施意见》，以及区政协八届五次全会筹备相关事宜，区政协主席孙国平参加会议并发表讲话，区政协副主席谢志荣、姜厚荣、宋武平、朱裕根参加会议。（严涵）

重要工作

【决策建言】 聚焦“十三五”建言献策。开展“适应新常态，建言十三五”主题活动，围绕产业发展、科技创新、城乡建设、民生改善、生态保护、社会事业等方面撰写各类建议案32件，精选出《加快创新驱动，促进企业转型升级的思考》、《推进基层医疗卫生体制改革的建议》、《加快城市建设，打造宜居京口》等15篇建议案编印成册，报送区委、区政府，为编修“十三五”规划提供参考。（严涵）

【视察调研】 围绕产业"三集"发展现代服务业发展、新兴产业成长等课题，听取全区"亿元以上"项目及"321"项目建设情况通报。视察中林（镇江）生态产业城、镇江（京口）北斗产业园、滨江科技金融商务中心等项目现场。助推"法治京口"建设，深入调研社区矫正、食品安全等群众关注的热点问题。开展"委员助推民生建设年"主题活动，视察解放路小学新校区、镇澄路西段改造、雩龙路改造工程，专题调研安置房建设、东部地区环境综合整治项目，专项评议社区卫生工作，就社会救助等惠民政策执行情况、社会保险扩面征缴工作与职能部门开展对口协商。全年组织视察40次，召开座谈会18场，提出各类建议、意见260余条，编辑《政协通报》专辑7期。（严涵）

【提案工作】 开展提案线索网上公开征集活动，全年立案并交办委员提案123件，其中涉及民生改善方面的提案近60%，内容涵盖医疗卫生、生态环境、教育公平和社会养老等多个方面。创新提案办理方式，通过承办单位、提案人、提案委"两见面，三结合"办理、"二次评议"等多种形式，加大办理力度，提高办理实效。截至2015年12月底，所有提案全部办复，委员对提案办理工作满意率为96%，基本满意率为4%。（严涵）

【创成"中华诗词之乡"】 开展诗词采风、交流、研讨、吟诵等各类活动30余场，重点培植春秋、绿野、枫华、梦溪等15家诗社，编辑《京口诗词》《京口校园诗撷》《近体诗写作十二讲》等诗词书籍10余种，刊登诗词作品1200多首。建成宗泽诗词文化公园、谏壁农家诗词公园，通过国家级考核验收，获得"中华诗词之乡"称号。（严涵）

2015年镇江市京口区政协重点提案目录统计表

（共3件）

表1

案　由	提案者
加快发展科技服务业，为创新驱动提供支撑	王志强
关于建立文明城市创建工作长效机制的建议	大市口联络委
关于一村（社区）一法律顾问制度在我区全覆盖的建议	刘秋生

中共京口区纪律检查委员会

责任编校：耿纪明

综　述

2015年，京口区各级纪检监察组织按照中央纪委和省、市纪委五次全会部署，履行党章赋予职责，聚焦中心任务，坚持挺纪在前，抓好各项任务落实，京口区党风廉政建设和反腐败工作取得新成效。（杨凯）

纪检工作

【层层压实党委主体责任和纪委监督责任】　研究制定《2015年京口区党风廉政建设“两个责任”重点工作任务》和《2015年京口区党风廉政建设责任清单》，分层分类签订党风廉政建设责任书，明确党委主体责任和纪委监督责任。区委常委会专题听取8个街道（园区）党工委及4个机关部门党委（党组）书记履行党风廉政建设主体责任述职。区纪委还在全市率先组织6家单位“一把手”向区纪委全会述廉述职并接受评议。坚持以问责倒逼“两个责任”落实，2家单位主要负责人因主体责任落实不到位被实施责任追究。“两个责任”齐抓共管、协同推进的格局进一步形成。（王芳）

【纪检监察工作项目化管理】　坚持清单式管理、项目化推进，按季度通报“两个责任”具体项目进度。制定出台《京口区落实党风廉政建设责任制考核办法（试行）》，区委常委和党员副区长亲自带队，对京口区12个单位和部门落实党风廉政建设责任制情况进行检查考核，并及时反馈情况。（王芳）

【动真碰硬抓好作风建设】　组织开展“作风整顿月”活动，派出检查、督查组10个，暗访组7个，监督检查单位部门24家（次），辖区内商场、超市、饭店及旅行社等34家（次）。印发4期作风建设通报，对13名个人、1家单位进行点名道姓通报，对2名正科级、4名副科级干部进行约谈，充分发挥通报和约谈提醒警示作用。（王芳）

【组织开展“清心行动”】　重点围绕违规发放津贴补贴和福利、收送礼品礼金购物卡、违规操办婚丧喜庆事宜、违反工作纪律、违规配备和使用公车等五个方面开展专项整治，推动党员干部从“不敢腐”向内心“不想腐”转变。针对检查中发现的突出问题，制定发放6份《专项督查整改通知书》，督促即知即改。立案查处3件违规发放津贴补贴和福利案件。在全市率先制定并实施党政机关干部婚丧喜庆事宜“两报告一承诺”制度，21名科级干部向区纪委报备婚丧喜庆事宜，立案查处1起违反规定大操大办婚宴、不如实报备案件。（王芳）

【不断加大纪律审查力度】　2015年，区纪委接收信访举报73件（次），涉及副科级以上干部26人次，立案30件，同比增长50%，其中10万元以上大案要案9件，涉及科级干部12名（正科级干部8名），挽回直接经济损失218.88万元。正确把握和运用好执纪监督“四种形态”（党内关系要正常化，批评和自我批评要经常开展，让咬耳扯袖、红脸出汗成为常态；党纪轻处分和组织处理要成为大多数；对严重违纪的重处分、作出重大职务调整应当是少数；严重违纪涉嫌违法立案审查的只能是极少数）。2015年，京口区问责30人，党政纪轻处分和组织处理21人，党纪重处分5人，涉嫌违法移送司法机关4人。（刘松）

【开展廉政宣传教育】　组织学习新修订《中国共产党廉洁自律准则》和《中国共产党纪律处分条例》，编制《京口区学习〈中国共产党纪律处分条例〉对照自查表》，全区421名副科级以上干部签字领取，并进行对照检查。同时，全区各级党组织以专题党课形式进行集中学习。围绕“严守党的纪律”这个主题，召开全区警示教育大会，通报中纪委网站上曝光的十大类、20起典型案例，发挥警示教育作用。（杨凯）

【加强党风廉政制度建设】完善党风廉政制度建设，先后制定《关于开展党风廉政建设专项巡查工作的办法（试行）》《京口区领导干部操办婚丧喜庆事宜“两报告一承诺”实施办法（试行）》等规章制度。出台《京口区纪检监察机关规范性文件审查备案规定》，加强京口区反腐倡廉制度体系统一性和规范性建设，对财政、审计领域的《镇江市京口区关于政府投资项目概预算审核的实施细则》《镇江市京口区关于政府投资项目跟踪审计的实施办法》和《京口区国有资产出租管理的实施意见》进行绩效性和廉洁性评估。（杨凯）

监察工作

【加大行政监察力度】 充分发挥高位监督职能，重点对信访稳定、国土卫片执法整改、工程招投标等工作实施高位监督。督促推进行政审批制度改革，五张清单（行政审批事项目录清单、政府行政权力清单、产业发展目录、政府部门专项资金管理清单和行政事业性收费目录清单）对外公布，权力库录入顺利完成，录入1738条。对工作推进中不作为、乱作为、慢作为相关人员按照问责办法规定进行问责。有3名领导干部因工作中慢作为、履职不力被问责。对2015年政府性投资项目进行检查并形成督查报告，针对发现问题，提出有针对性的建议和意见。（蒋超）

【加强行政权力网上公开运行系统的日常监管】 对监管中发现的问题，及时与相关部门和系统运营维护单位进行协调处置。2015年运行办件1777件，其中，行政许可670件，行政处罚11件，行政确认120件，行政其他976件。发现处理红灯报警7件，黄灯预警96件。整体行权办件质量和效率均有明显提升。（蒋超）

【做好巡视（查）工作服务、保障工作】 2015年11月15日至12月31日，江苏省委第二巡视组对京口区进行巡视。2015年6月23日至7月22日，镇江市委第一巡查组对京口区进行专项巡查。严格按照巡视（查）工作要求，做好配合、服务和保障工作。对巡视（查）反馈意见做好整改工作，研究制定《中共镇江市京口区委关于省委巡视组巡视反馈意见整改工作方案》，整改措施四大类35条。对巡视（查）组交办问题逐一登记建档，做到严查快结。（王芳）

金山湖风光

民主党派·工商联

责任编校：凌　晨

民主党派

【概况】　2015年，京口区共有民革、民盟、民建、民进、农工党、致公党、九三学社7个民主党派，设立3个基层委员会，19个支部。其中民建京口基层委员会53人（下设5个支部）、中国致公党社区基层委员会69人（下设5个支部）、民盟镇江市京口区委员会（下设4个支部）、民革京口支部26人、民盟京口支部24人、民进京口小教支部40人、民进京口中教支部22人、农工党京口支部48人、九三学社京口支部20人。各支部成员多是全区各条战线的代表人士（含退休人员），少数是辖区市属单位代表人士。建立区委常委联系党外代表人士的制度，9名常委共联系党外代表人士11名。（佘玉敏）

【民进成员调研成果入《吴韵汉风》】　民进京口小教支部侯晓佳在民进江苏组织开展的“现状对策——江苏文化建设与发展”论文征集中撰写的《高考方案改革艺术类教师奇缺显现，政策配套解决艺术类课程教师缺口》一文被民进江苏省委收入由江苏人民出版社出版的《吴韵汉风》一书。（金德荣）

【基层委员会】　至年底，京口区共有3个基层委员会，2015年新增2个——民盟镇江市京口区委员会、中国致公党社区基层委员会。民盟镇江市京口区委员会，2015年6月13日成立。林黎明任主委。薛莲、陆彩云、王家健、薛维杰、李宏、缪延明任副主委。黄礼龙任组织委员，蒋周健任宣传委员。下设4个支部分别是：京口一支部主委陆彩云；京口二支部主委薛维杰；京口三支部主委王家健；京口四支部主委李宏。中国致公党社区基层委员会，2015年7月5日成立。谢志龙任主委，宜健美、陈军任副主委，张自维、殷坚、邹波、蒋剑、李镇生任委员。下设5个支部，分别是：张自维任京口区委一支部主委（兼）；殷坚任京口区委二支部主委（兼）；宜建美任京口区委三支部主委（兼）；蒋剑任京口区委四支部主委（兼）；邹波任京口区委五支部主委（兼）。（佘玉敏）

工商联

【概况】　2015年，京口区工商联以服务为抓手，充分发挥桥梁纽带和助手作用，积极开展非公有制经济人士理想信念教育活动，扎实推进各项工作开展，工商联的凝聚力、吸引力得到进一步显现，被评为镇江市工商联系统思想引导、调研工作先进集体。（徐振平）

【走访调研】　及时掌握企业的运行状况，积极给企业出谋划策，增强企业发展的信心。加强与政府职能部门联系，对存在问题进行沟通，协调解决企业发展中一些困难。成功帮助方源化学公司进行信用评价等级复评，及时弥补了企业在不知情的情况下造成的信用缺失。加强对商贸服务业企业的调研，完成向市工商联申报的调研课题，撰写调研报告《互联网时代的商贸服务业发展之路》。（徐振平）

【参政议政】　“两会”期间，工商联界别的政协委员和人大代表，认真履行参政议政、民主监督职能，积极撰写议案提案，向党和政府建言献策，共有提案39件，议案20条。（徐振平）

【组织会员参加市联各类活动】　组织10名会员参加《2015镇江市工商联商道高峰论坛——大数据重构企业智慧》公益讲座；组织5名会员参加市民营企业新型金融工具应用对接会；组织3名会员参加“全省军民融合培训班”；组织会员参加市联举办书画绘画摄影展，提交作品10幅，入围1幅。（徐振平）

【开展理想信念教育活动】　根据中央统战部和全国工商联统一部署，积极开展以守法诚信为重点的理想信念教育实践活动。及时制定了教育实践活动实施方案，调整了非公有制经济人士理想信念教育实践活动指导小组，按照市委统战部、市工商联的要求，对京口区的教育实践活动进行动员部署，提出要求。开展“诚信一条街”创建活动，通过氛围营造、准入监管、规范管理、文明经商、联合整治、星级评比将优山美地小区风情商业街打造成“诚信一条街”。（徐振平）

【积极投身社会公益事业】 引导非公经济人士争做社会主义事业建设者，引导其在自身发展同时努力回报社会。副主席徐正出资1万元春节慰问孤寡老人，出资2万元帮助谏壁地区18名学生完成学业，“慈善一日捐”捐款5万元；副主席鄂秀萍“慈善一日捐”捐款1万元；副主席孟家富“慈善一日捐”捐款2万元，为江一社区建设免费提供洗化产品10余万元；副主席王红旗出资2万元，积极参加“夏日送清凉，关爱失独老人”活动，执委马淳沂发起了关爱环卫工人的“暖茶”行动。5名副主席各出资1万元，积极参加“社会儿女”活动，为关心孤老起到表率作用。（徐振平）

【区领导调研工商联工作】 1月28日上午，区委副书记施正中赴区工商联调研指导工作。施正中对工商联工作给予肯定，并要求工商联要发挥好桥梁和纽带作用，密切联系和服务会员企业，帮助企业协调解决生产经营中遇到的问题，加强组织建设，发挥基层商会的作用，开展形式多样的活动，不断增强工商联的吸引力、凝聚力和影响力，发挥商会在招商工作中的助力作用，借助商会平台宣传推介京口投资环境，开展“以商引商”活动。会上，区政协副主席、工商联主席朱裕根专题汇报区工商联基本情况、2014年来开展的各项活动以及2015年工作思路。（徐振平）

【执委会议】 2015年共举行2次执委会议。

五届四次执委会，3月19日下午举行。区政协副主席、统战部部长姜厚荣，区政协副主席、工商联主席朱裕根参加会议。会议选举上海海矿公司总经理施嘉林为执委，朱家巍为执委、副主席、副会长，完成工商联、商会领导班子的调整。会上，朱裕根作2014年工作报告并部署2015年主要工作，姜厚荣对区工商联2014年工作给予肯定，并对工商联工作提出具体要求。

五届五次执委会，12月17日举行。区政协副主席、统战部部长姜厚荣，区政协副主席、工商联主席朱裕根参加会议。会上，朱裕根作2015年工作报告并部署2016年主要工作，姜厚荣对区工商联2015年工作给予肯定，并对工商联工作提出具体要求。（徐振平）

【经济服务】 开展“服务伴我行”主题活动，主动服务民营企业，为企业解决生产经营中的实际问题，进一步加强政企沟通，打通服务企业的“最后一米”。通过2个多月的深入走访调查，整理收集9家企业急需解决的17个问题。在政企现场会上，区长黄万荣带领涉及的职能部门和街道主要领导现场落实解决企业家提出的问题12个，5个不能直接解决的也拿出了解决方案。中国江苏网、新华网、江苏文明网、新华报业网、镇江日报、金山网等媒体对活动进行报道。

（徐振平）

◆ **资料链接** ◆

宝墨轩又名焦山碑林，为全国重点文物保护单位。摩崖石刻环集焦山西侧峭壁，气势磅礴，

存有六朝以来刻石百余方，“大字之祖”——《瘗鹤铭》原址即于此。摩崖唐刻《金刚经偈句》、宋刻《米芾摩崖题名》、《陆游踏雪观瘗鹤铭》等，均属上品，弥足珍贵。从观澜阁穿小桥，过假山，便就是掩映在银杏树下的宝墨轩。这里原是自然庵、香林庵、玉峰庵、海云庵的旧址。碑林内先珍藏着历代碑刻四百多块，数量之多，仅次于西安碑林，为江南第一大碑林。这些碑刻镶嵌在回廊亭阁之中。有书法、艺术、史料、历代墓志、石雕艺术等，内容极其丰富，其中有唐仪凤二年（677年）多立的魏法师碑，被誉为“初唐妙品”，碑文完整，字体工整道劲，为国内罕见的唐碑。

区总工会

【概况】 2015年，京口区总工会在区委、区政府和市总工会的正确领导下，紧紧围绕京口发展目标，充分发挥工会组织、引导、服务和维护职工合法权益的重要作用，在建设强富美高的新京口中再做贡献。共获得市级以上集体和个人荣誉51项。其中，全国3项、省级10项。　（周文娟）

【开展企业创新升级劳动竞赛】 在全区开展“百家企业创新升级劳动竞赛”活动，省劳模鼎胜铝业公司徐长林提出《工业尾水循环和再生利用》的建议，每年为企业节水112万吨，节省水费373万元，企业获得省级技改专项资金60万元，在省总工会、省经信委、省环保厅开展的“我为节能减排献一计”专项合理化建议中荣获三等奖；中储粮镇江粮油有限公司杨厚磐研发的“袋包自动装船机”荣获镇江市职工“十佳技术创新成果”。　（周文娟）

【开展劳模评比和授荣推荐活动】 京口区赵鹏、程海亮、秦谦、石广勇、陈兆伟、陈晓梅、宋小燕、杨凌、孟家富9名职工获得市劳模荣誉称号；中储粮镇江粮油有限公司获得省“五一劳动奖状”的荣誉称号；镇江胡氏光电科技有限公司冲压车间E26工段获得省“工人先锋号”的荣誉称号。评选“京口状元”激励建功立业。2015年4月区总工会在梦溪广场举行了“京口状元”评选启动仪式。会同区发改等相关部门评选出招商高手、项目能手、创新达人、杰出人才、创业楷模、安全卫士、技能标兵等七个行业的45名“京口状元”。　（周文娟）

【开展规范劳动规章主题活动】 全区85%的企业参与规范劳动规章为主要内容的主题活动，对50多家企业劳动规章进行了法律评估，督促企业修改和补充劳动规章187条。建立职工评价机制，全区10多家企业数百名职工参与“我为企业劳动规章进一言”职工评价活动，职工对工会开展“共决劳动规章”活动满意率达98%，此项工作被列为京口区2015年度法治惠民实事项目之一，并荣获镇江市工会工作创新创优成果奖。　（周文娟）

【全力推进和谐劳动关系】 3月启动工资集体协商、签订集体合同要约行动。到5月底25人以上企业及区域（街道、园区、村、社区）工资集体协商达98%以上。并分别在家装、洗染、餐饮、美容美发、物业管理和建筑等行业签订行业工资集体协商协议。针对夏季安全生产特点，开展“送清凉、送安全、送法律”和创建“工会劳动保护规范化单位”活动，签订劳动安全卫生专项集体合同等措施，保障职工安全健康权益。宝华物流公司获得省“安康杯”竞赛优胜单位，立达纤维公司职工夏锁民同志的作品《电缆沟未封堵到位》获省“安全隐患随手拍”优秀奖。　（周文娟）

【建设帮扶“助梦驿站”】 5月初在全区启动“助梦驿站”，向各基层工会发放包括困难救助、就业服务、法律援助、心理疏导等服务项目的“微心愿”征集卡，通过京口职工电子书屋、QQ群等平台向社会公布，全年面向全区困难职工、环卫一线以及建筑工地进行三批次征集活动，区总工会、人社局、招商服务中心、教育局、交通局、审计局、新民洲临港产业园等单位工会及广大社会爱心人士筹集资金3.86万元，使58名困难职工实现了洗衣机、微波炉、电饭煲等心愿。同时，为118名环卫工人免费送健康体检卡。开展送温暖慰问活动。春节前，省、市、区总领导专程慰问部分困难职工，全区全年慰问困难职工 485名，累计发放25万余元。积极做好对低收入省劳模补助金及荣誉津贴发放工作。对1名低收入在职省劳模、2名低收入农民省劳模发放补助金4万余元；对6名达到退休年龄的农民省劳模及企业退休省劳模每人发放荣誉津贴2400元，选送8名劳模到疗养院疗养。8月底在京口区职工服务

中心举行了“金秋助学”资助仪式，使35名家庭困难的职工子女圆了上学梦，资助资金4.92万元。（周文娟）

【开展“咱们工人有力量”系列广场会演】 先后在大市广场、梦溪广场、京口广场和江滨广场等地举办职工会演，展现京口职工的艺术水平。4月29日晚，区总工会在大市口广场举办“共筑中国梦，同唱劳动美”劳动者歌咏大赛，全区机关、企事业单位的14支代表队，近千名职工参赛。区教育局工会代表队获得一等奖。举办“优山美地”杯“劳动美”艺术作品大赛。活动自3月中旬开始到7月中旬，共收到书画作品200多幅、摄影作品100多张（组），歌曲、诗歌、对联、征文等其他文艺形式作品若干，经专家评选出一、二、三等奖及优秀奖48名，7月在区政府大厅举办为期一周的获奖作品主题书画摄影展，并于8月16日在“优山美地”举行了大赛颁奖仪式。（周文娟）

【推进模范职工之家提档升位】 以“六型职工之家”建设为抓手，夯实基础，丰富内涵，推进模范职工之家提档升位。全区共创建成市以上模范职工之家（小家）18家，其中，鼎胜铝业、中储粮镇江基地工会分别获得国家和省模范职工之家称号，宝华物流运输部工会小组、正恺电子装配电缆车间分工会分别获得国家和省模范职工小家称号。（周文娟）

【积极开展评选企业星级工会干部】 总工会出台企业星级工会干部参评条件，明确参评对象所在企业必须劳动关系和谐、能积极开展职工之家建设等10项评选条件。具备10项条件的区总授予5星级工会干部称号，具备9项和8项的分别为4星级、3星级工会干部。经过申报、自评、检查、考核，全区首批评出星级工会干部22名。其中，5星级6名、4星级6名、3星级10名。（周文娟）

共青团京口区委员会

【概况】 2015年，共青团京口区委员会围绕“1+6”活动，深入思考，积极打造学习型、专业型和服务型团组织。创新作为，切实提高了共青团的吸引力和凝聚力。凝心聚力，富有成效的团结带领全区青年为建设强富美高新京口贡献应有的力量。至年底，京口区有青年49964人，团员4536人，直属团委13个，支部189个。（陈文）

【完善团委组织建设】 大力推进街道实体化“大团委”建设，丰富非公有制及社区（村）团工作载体。至年底，京口区各街道均已建立共建单位不少于15家的区域青年工作共建委员会。新建非公有制经济和新社会组织团组织20家，全面完成年度目标任务。全力推进“一团一品”工程，在巩固传统领域团建的基础上，拓展青年自组织、外来青年集聚区等新领域团建，持续打造团建工作特色品牌。建立青年网络、滨江青春鸟应急救援服务队、绿微客环保志愿协会，阳光雨露工作室等社会组织。其中，阳光雨露工作室的七巧板新小市民社会支持项目获得江苏省民政厅社区公益创投2015年中标项目。（陈文）

【扶持青年创业就业】 为有效促进农村劳动力转移就业，2015年，共青团京口区委员会对接京口区人社局，开展招聘会10余场，组织招聘单位120余家。规范青年文明号创建活动，以各级青年文明号集体为阵地，激励青年职工立足岗位建功成才。全年共4家单位获得2014年度镇江市“青年文明号”称号，京口区团校被评为2014年度江苏省“青年文明号”。2015年10月，镇江市青年商会换届，京口区6名青年企业家入会。（陈文）

【服务文明城市创建】 创新思路开展志愿服务进“两网”活动，与3所高校签订《区校共建双向服务协议书》，形成区与高校团委对接，街道与院系挂钩，社区网格与班级结对的“三级”志愿服务体系。在文明城市创建期间，共青团京口区委员会积极响应区委、区政府号召，引导大学生志愿者参加各类志愿服务，做好“文明交通”的劝导、引导和宣传工作。（陈文）

【加强青少年思想引导】 为激励广大青少年学习先进典型、争当先进，开展“高举团旗跟党走，青春建功新京口”青春分享会。承办镇江市少先队建队66周年主题活动，鼓励孩子们争做向上向善好队员。主动适应网络时代青少年群体的特征，对团区委微信平台进行改版，每日发布团情动态、时政要闻及当下热门话题等信息。发挥新媒体在宣传教育中的作用，开设以微博、微信等新媒体为载体的“890微课堂”，2015年共开展线下团课4次，线上团课60余次。（陈文）

【打造情系京口交友品牌】 以“凝聚引导服务青年”为宗旨，积极打造交友平台，建立青年资源数据库。2015年，共青团京口区委员会与中建大观、句容监狱、镇江邮储银行共同组织青年交友活动3场，承办团市委情满南山交友活动1场，彩虹网交友活动1场。累计服务青年百余人，正确引导青年树立正确的婚恋观、家庭观，为青年的恋爱交友搭建良好平台。（陈文）

【开展青少年维权工作】 依托街道现有的青少年法制教育基地和服务站建成3家“青春加油站”。推进青少年自护情景剧大赛、自护训练营等“青春自护”系列活动，强化对中小学生的自护教育。举办青少年模拟法庭大赛，开展送法进社区、进学校、进家庭等“六进”活动，加大“两法一条例”宣传力度，推动青少年法制宣传教育常态化、机制化发展。（陈文）

【服务重点青少年群体】 开展管

护、牵手、回归、阳光、关爱“五色花行动”，打造组织、政策、经费、信息、阵地等“五大保障体系”，逐步完善重点青少年群体服务管理网络。正东路街道江科大社区团支部组织江科大学生成立“启航”青年志愿者服务队，设立社区“启航辅导站”，专门为社区内留守儿童提供学习辅导、生活指导、品德教育等服务。（陈文）

区妇女联合会

【概况】 2015年，京口区妇女联合会在区委、区政府的领导和市妇联的精心指导下，围绕区中心工作，服务大局，立足基层，不断开创妇女事业发展新局面。全年共创建6家市级巾帼文明岗。京口公安分局刑事科学技术室主任金怡被授予全国“三八红旗手”，花山湾卫生服务站主任杨凌被授予江苏省“三八红旗手标兵”，京口区机关财务结算中心被授予镇江市“三八红旗手”集体。（杨莹）

【妇女就业创业】 与区人社局、工会、团委联合开展为期三个月的“创业的青春最美丽”青年大学生创业项目竞赛，促进青年创业创新项目的健康发展。在全区开展“发现身边的女性创业之星”，广泛宣传京口区创业就业的妇女典型，发挥其示范带动作用。举办“春风送岗位”女职工专场招聘会，提供就业岗位661个，发放“春风卡”300余份，就业指南400余张，应聘人员300余人。与各街道劳动保障所举办创业、厨艺、家政等培训33期，参加人员共857人次，增加了妇女的创业就业意向。（杨莹）

【庆“三八”活动】 积极发挥妇联联络优势，找准服务经济建设与促进会员企业发展的结合点和切入点。3月8日下午，区妇联举行京口区女性创业促进会成立大会，择优发展会员57名。区领导裔玉乾、郦锡梅、林黎明、郑苏真、解军英等出席座谈会。（杨莹）

【排查助学进社区】 2015年以来，区妇联通过社区网格反馈、入户家访等形式，摸排统计京口留守流动儿童174名，并对所有人员建档立卡，通过认真梳理筛选，2015年70名社会妈妈共计为全区70名结对贫困儿童发放助学金以及学习用品共计43400元。8月，组织部分留守流动儿童参观镇江地震馆。（杨莹）

【关爱女性健康】 与359医院联合成立“京口区女性健康关爱中心”，发放免费体检卡5万份，为辖区内育龄女性开展宫颈疾病公益筛查活动；完善巾帼志愿服务组织网络，壮大注册巾帼志愿者队伍，新增巾帼志愿者300余人；举行“魅力女性”健康讲座，邀请南京一加健康管理有限公司的主任医师朱爱民围绕女性健康的主题，作了图文并茂、深入浅出的授课，让大家受益匪浅。（杨莹）

【开展“书香京口家年华”系列活动】 以“大兴阅读之风，建设书香京口”为主题，开展“书香京口家年华”系列活动，激发更多的家庭热爱读书，热爱学习，热爱生活；开展“最美家庭”寻访，联合江滨实验小学开展“家风家训”征集活动，共征集“家风家训”500余条；与区委宣传部联合开展“文明家庭”创建评选活动，在辖区内将评选出京口区诚信守法、孝老爱亲、文明风尚、卫生整洁的“文明家庭”。（杨莹）

【妇女儿童合法权益维护】 充分发挥好妇联信访接待、基层康乃馨家庭工作室等妇女维权阵地的作用，认真做好信访接待处理工作，2015年以来，妇联维权室共接来电来访50件，其中来访32件40人次，来电18人次，已结50件，结案率达100%。基层“康乃馨工作室”共接到来电来访36件，已结36件，结案率达100%。邀请京口法院施正星法官作为区妇联“婚姻家校”的义务普法宣传员，举办3场普法宣讲，增强居民的法治意识。（杨莹）

区文联

【概况】 2015年，京口区文联在区委、区政府和区委宣传部的正确领导下，在市文联的关心支持和精心指导下，紧密团结和带领全区广大文艺工作者，紧紧围绕京口经济社会发展中心大局，文联工作亮点频现。同时，充分发挥“联络、协调、服务、指导”职责，立足新的形势，做强文化品牌，助推“京口八坤”、康盛剧社发展；繁荣群众文艺，开展丰富多彩的文化活动。（梅永生　陈悦）

【书法课程进校园——《小学书法基础教程》出版发行】 由京口区著名女书法家阚爱萍精心编撰的《小学书法基础教程》出版发行新闻发布会，6月在北京举行，进一步传承、弘扬国学文化。“书法课程进校园”被新华社以通稿的形式刊发。（梅永生　陈悦）

【做强京口本土文化品牌——康盛剧社】 11月举办的“中华颂”第六届全国小戏小品曲艺大赛上，京口选送的原创作品——小越剧《心愿》荣获剧目金奖、优秀编剧奖、优秀导演奖、优秀演员奖（2名）、优秀音乐奖、优秀舞美奖等7个奖项，一个剧目获得如此多的奖项，在本次大赛上尚属唯一。12月19日和20日，《心愿》在央视戏曲频道（11频道）《戏曲采风》栏目中播出。12月18日，康盛剧社社长吕国泰作为镇江市代表，参加全省戏曲工作座谈会。（梅永生　陈悦）

【组织开展丰富多彩的群众文化活动】 京口区文联依托区各文艺家

协会，或借力上级文艺组织，精心开展了一系列群众喜闻乐见、广泛参与的文化活动。

举办京口区“优山美地”杯“劳动美”艺术作品征集大赛。活动自3月中旬开始至7月中旬止，共收到书画作品200多幅、摄影作品100多张（组），歌曲、诗歌、对联、征文等其他文艺形式作品若干。经专家评审，钱小兵、董金祥、胡荣生等48人分获书法类、美术类和摄影类一、二、三等奖及优秀奖。主办方还在区政府大厅举办为期一周的主题书画摄影展。

两部作品获2015年度镇江市重大文艺创作生产扶持资金4万元（即：康盛剧社的小剧场扬剧《新白蛇传》、京口区少年宫的舞蹈《我和我的机器人》）。

区作家协会，共出版3部文学作品：刘利群的散文集《人生如书》，20万字，由团结出版社出版；许晶的纪实历史小说《虹口大爆炸》，20万字，由江苏大学出版社出版；钟程发、刘金坤、吉梅、王网保等人主编的征文集《真善美伴我行》，15万字，为内部出版发行。

会员在市以上媒体杂志上刊登各类文学作品450余篇（次）。

钟程发的诗歌《祖国常青》，获市广电、区文体局组织的《中国梦，我的梦》征文竞赛一等奖。王娟瑢的散文《塞上江南银川》，获新视野杯全国散文二等奖；诗歌《继往开来中国梦》和《畅想中国梦》获新视野杯全国诗歌大赛一等奖；微电影剧本《丑小鸭照镜子》获镇江首届微电影“金杯奖”。钱俊梅的散文《那些农具》入选《中国随笔年度佳作2013》，散文《蝴蝶在飞》荣获镇江市第八届政府文学艺术奖提名奖。王娟瑢《家藏一枚银戒指》获《雨花》编辑部诗歌类优秀奖。

区书法美术家协会，第三届“百花争艳”·宁镇扬女书画家作品邀请展3月8日在镇江美术馆开幕。本次展览由省美术家协会、市委宣传部、京口区委宣传部等联合主办，共展出41人百余幅作品，歌颂江南山河秀美和人民生活安泰。作为镇江代表，阚爱萍、孙海莎等10名“京口八坤”成员作品参展并获观众好评。

区摄影家协会，5月开展“春漾京口”人像摄影采风。8月赴新民洲临港产业园开展“绿色京口、美好家园”摄影采风，并参加省委宣传部主办的“绿色江苏”摄影大赛。

区音乐舞蹈家协会，在省级文艺赛事中有16个作品获奖。其中，在2015江苏省戏曲小票友邀请赛上，选送的2个“小票友”凭借京剧《铡美案》获得“优秀演唱奖”；在第十九届中国戏曲小梅花荟萃江苏赛区选拔赛中，共有6人获奖，其中1人获“银花奖”，5人获“优秀奖”； 男子群舞《我和我的机器人》获“江苏省第五届中小学生艺术展演”一等奖；舞蹈《穿新鞋》在江苏省民委举办的艺术展演中获优秀表演奖；6篇征文获江苏省红领巾读书征文比赛一、二、三等奖。在市级文艺赛事中有6个作品获奖，选送的京剧《迎来春色换人间》、舞蹈《吉祥谣》、京剧《铡美案》分获“民星总动员·广场天天乐”全民才艺大比拼年度总决赛的一、二、三等奖，小品《苦酒清风》、舞蹈《彝山欢歌》获优秀奖；舞蹈《繁忙的红绿灯》获镇江市第八届文学艺术奖提名奖。

区戏剧曲艺家协会，编排应时话剧小品《苦酒清风》《我的儿子是警察》《好人多事》等。小越剧《心愿》荣获“中华颂”第六届全国小戏小品曲艺大赛剧目金奖、优秀编剧奖、优秀导演奖、优秀演员奖（2名）、优秀音乐奖、优秀舞美奖等7个奖项。康盛剧社的小剧场扬剧《新白蛇传》获2015年度镇江市重大文艺创作生产扶持资金4万元。

（梅永生　陈悦）

区关工委

【概况】　2015年，京口区关心下一代工作委员会紧紧围绕党委、政府的中心工作，坚持服务青少年的正确方向，以丰富多彩的教育实践活动为载体，着力加强青少年思想道德建设，引导青少年树立和践行社会主义核心价值观，以校外教育辅导站为平台，丰富“七彩的夏日”活动内涵、开展纪念抗战胜利70周年活动、组织动员“五老”参与社区矫正服务、继续推进对特殊、弱势群体青少年的关爱助学等系列活动，并取得较好成绩，被中国关工委和中央精神文明建设指导委员会办公室授予全国关心下一代工作先进集体荣誉称号，被评为镇江市文明单位。

（吉梅）

【学习宣传习近平总书记就关心下一代工作作出的重要指示】　自2015年9月以来，京口区关工委认真组织基层关工委和“五老”志愿者学习宣传习近平总书记就关心下一代工作作出的重要指示和省委、省政府主要领导对关心下一代工作的指示精神，通过多种形式，把学习宣传贯彻“指示”精神推向深入。

根据区委要求，区关工委将习总书记的“指示”印制成张贴版300份，分发到全区各街道（园区）、社区（村）、学校关工委和各辅导站张贴；同时将习总书记“指示”和省委、省政府主要领导“指示”及镇江市委夏锦文书记、京口区委裔玉乾书记的批示汇编成册，并将关心下一代工作的方针、工作定位、“五老”精神和社会主义核心价值观、八礼四仪等重要内容附录在后，印制成关心下一代工作学习材料合订本750册，分发给四套班子全体领导、各机关部门、各街道（园区），社区（村）、学校的党政主要领导以及关工委系统各级主任、常务副主任，为学习宣传“重要指示”，提供依据和学习资料，以进一步扩大影响，增强效果。区关工委在2015年对各基层关工委进行年终总结考核评定时，把学习宣传贯彻“重要指示”贯穿于年终总结考核评定的全过程，对照“重要指示”总结经验，寻找差距，研究落实整改措施。

（吉梅）

【开展青少年思想道德建设主题教育】 区关工委按照宣讲认知、读书明理、征文感悟、实践转化和总结提高等五个阶段，扎实有效地全力推进主题教育活动的开展。区关工委和教育局关工委共同撰写主题教育宣讲提纲，组织15名“五老”报告团成员深入全区17所中小学对18000余名中小学生宣讲20场次，各街道、园区关工委利用校外教育辅导站的微学堂阵地对青少年进行“真善美伴我行”主题学习与实践活动。区关工委联合区慈善总会向全区100名品学兼优的贫困学生和15个社区、3所学校赠送价值50000余元关于中国梦、思想道德建设、素质教育和科学教育的系列丛书4000余册。在省《关心下一代周报》开展的以真善美为主要内容的成语征文大赛中，京口区有16名青少年获得优胜奖。为巩固读书成果，扩大学习影响，区关工委专门挑选了200余篇优秀读书征文汇编成专集出版，并下发给各中小学和社区（村）校外辅导站供广大青少年阅读学习。（吉梅）

【以校外辅导站为载体，丰富“七彩的夏日”活动内涵】 2015年暑假期间，全区各级关工委认真组织青少年开展“七彩的夏日”暑期社会教育实践活动，注重突出“社会主义核心价值观”“八礼四仪”“崇德守法，真善美伴我行”等主题，开展思想道德教育和社会实践活动，取得显著成效。全区各街道、园区和中、小学共开展各类社会教育实践活动280余场，参与活动的青少年达20000余人次，有130余场活动被江苏少年网、阳光少年网和镇江市报纸、电视等媒体宣传报道。区关工委专门编印简讯12期，交流暑期青少年活动信息108条。暑期活动结束后，对36个先进单位和19个先进个人进行表彰。

（吉梅）

【开展纪念抗战胜利70周年活动】 2015年是纪念抗日战争暨反法西斯战争胜利70周年，全区各级关工委以此为契机，积极组织青少年运用电子阅览室观看抗战题材影视剧200多部（集），阅览抗战名人事迹介绍500余篇，30多个社区（村）关工委组织青少年参观南京大屠杀纪念馆、新四军茅山抗日纪念馆和镇江革命烈士纪念馆，四牌楼街道江一社区关工委组织青少年参观由“五老”王荣拍摄的抗战遗址图片展，10多个社区关工委组织青少年纪念抗战胜利歌咏大会和书画创作活动。在市、区关工委开展的纪念抗战胜利70周年诗文竞赛活动中，有400多名青少年和“五老”撰文应征，有5名作者在市关工委组织的诗文评选中分别获得一、二、三等奖。在江苏阳光少年网发起的“走访抗日老英雄”先进集体和先进个人评选活动中，全区共有2个集体、6名辅导员和3名学生获得先进奖，在全市名列第一。（吉梅）

【开展三大系列关爱活动】 2015年京口区关工委重点开展三大系列关爱活动。“爱的奉献”：京口区关工委利用各种途径、采取多种措施对家庭困难的学生开展帮困助学活动。同时，组织开展“三百”行动：即对百名外来务工人员子女的“圆梦行动”、对百名困难学生的“关爱朝阳行动”和组织“百名优秀学子看京口话发展”（童眼看京口）的活动。牵手活动：京口区关工委发挥多种优势，积极配合街道、社区（村）开展“城乡青少年手拉手”“大学生与中、小学生手拉手”“慈善企业家与贫困学生手拉手”等牵手活动，通过互动活动交流情感、增进和谐、优势互补，实现共牵手共追梦。“时雨”活动：京口区关工委注重发挥民营企业关工委的优势，组织开展“服务人民、回报社会”的活动。在捐资助学活动中，大市口街道华润新村、新民洲临港产业园新红旗社区关工委向青少年赠送了学习文具和书籍；谏壁街道关工委开展第五届“正恺育秀”捐资助学活动，发动企业向18名贫困学生捐赠助学金2.4万元，四牌楼街道会同慈善部门为26名贫困生捐赠助学金6.3万元，发动辖区军休一所的老干部为6名特困生每人捐赠300～500元的助学金。2015年，关工委系统帮困助学资金达到68万元，资助贫困学子810多名。（吉梅）

【组织动员“五老”参与社区矫正服务】 区关工委认真贯彻落实苏关工委〔2014〕20号和镇司法〔2015〕11号文件精神，组织“五老”参与社区矫正志愿服务，47名“五老”以高度负责的政治责任心和社会责任感，认真切实履行社区矫正8项服务要求。39名与“五老”结对的社区服刑人员都能遵守司法规定，安心接受社区矫正，努力改造思想，主动参与社会公益活动，无一人有新的犯罪行为。区关工委积极主动会同司法部门协商制定组织“五老”参与区矫正志愿服务的实施方案，并形成文件下发各街道贯彻执行。采取以会代训形式专门召开各街道关工委负责人会议，专题部署“五老”参与社区矫正工作的具体任务，专门印制下发“五老”志愿者参与社区矫正工作活动记录簿，要求“五老”按照社区矫正服务的8项内容，对开展社区矫正工作的活动进行全记录，并作为评选社区优秀志愿者的重要依据。各街道关工委会同街道司法所专门举行社区矫正志愿服务启动仪式，“五老”和矫正对象实行“一对一”或“多对一”挂钩结对，现场签订矫正服务协议书。

四牌街道关工委组织“五老”参与社区矫正志愿服务的实践做法先后被中国文明网、光明网、新浪网、中国普法网和《江苏法制报》、《镇江日报》等8家媒体报道，省司法厅、省关工委召开全省矫正工作座谈会上，作为现场参观点。

（吉梅）

区科协

【概况】 2015年，京口区科协工作坚持以中共十八大和十八届四中五中全会精神为指导，认真贯彻上级科协组织工作要求，紧紧围绕区委、区政府中心工作，进一步解放思想，不断丰富、深化、拓展“三服务一加强”内涵，着力推进科技与经济、民生、文化、生态的紧密结合，奋力开创京口科协工作新局面。（吴惠平）

【合力推进，全民科学素质显成效】全面贯彻京口区《全民科学素质行动计划纲要（2011—2015年）》，认真把握科学素质工作的新特点、新要求。按照“政府推动、全民参与、提升素质、促进和谐”的要求，不断强化科协组织的协调职能，进一步明确区各相关部门的科普工作职责，发挥各自比较优势，密切协同配合，探索大联合、大协作的新路子，努力形成更强的工作合力。继续围绕未成年人、农民、城镇劳动人口、领导干部和公务员、社区居民等五类重点人群，开展针对性强的科普活动。不断扩大和优化科普志愿者队伍，努力形成更好的科普人才优势。切实用好科普讲师团资源，大力推行“点菜式”科普宣讲活动。深入开展“送科技下乡”、农村党员基层干部科技素质培训活动，增强农民的科技意识和经营能力。2015年居民科学素质达标率达7.91%，提前完成“十二五”末达到7.2%的任务。成功承办镇江市第27届科普宣传周暨“京口区生态文明育新风”活动，组织“京口区2015年全国科普日‘科普进基层’活动，吸引城乡居民广泛参与，赢得社会一致好评。（吴惠平）

【典型示范，科普惠农益民彰特色】实施科普项目是有效普及科学知识和技能的重要抓手。深化社区科普益民计划，大力加强社区科普组织网络、社区科普场所、社区科普文化、社区科技教育网络平台、社区科普志愿者队伍等方面的建设，不断创新科技成果推广普及、科技知识培训、科技咨询服务、科普文化展示等益民举措。深化农村科普惠农计划。加大涉农协会、科普村、

镇江市第二十七届科普宣传周暨京口区“生态文明育新风”活动启动仪式（区科协供稿）

科普基地、科普惠农服务站等建设和培植力度，通过举办农业实用技术培训、奖补先进等办法，进一步扩大农村的科普惠农面。2015年，气象里社区荣获“全国科普示范社区”称号，酒海街、田家门社区荣获“江苏省科普示范社区”称号，正东路街道荣获“江苏省科普示范街道”称号，江山名洲社区等5个社区荣获“镇江市科普示范社区”称号。（吴惠平）

【贴近基层，组织科普宣传周系列活动】 5月16—23日，是京口区第27届科普宣传周活动时期。京口区科协积极承办镇江市第27届科普宣传周启动仪式。京口区本届科普宣传周，实际时间跨度约1个月（5月16日—6月15日），以“生态低碳，科普惠民”为主题，以提升全民科学素质为主线，广泛、深入地开展科普宣传系列活动。

5月16日上午，京口区科协和正东路街道等单位，在梦溪广场成功承办“镇江市第27届科普宣传周暨京口区‘生态文明育新风’活动启动仪式”，市科协领导、市科普宣传周活动成员单位领导和区委常委、宣传部部长何广林出席现场活动。启动仪式上，市科协向城区每个社区赠送一套由100个生活主题组成的“科学生活”科普影视光盘和“银发义工”科普志愿者宣誓仪式。在启动仪式活动现场，举办“科普扫一扫”有奖知识问答活动，“垃圾分类”宣传咨询，闲置物品爱心交换、过期药品有奖回收、假药鉴定，低碳与计量、电梯安全咨询，转基因生物安全，急救知识和方法普及等贴近百姓的科普活动，深受欢迎。为配合镇江市成为全国“海绵城市”和全省“绿色建筑”的试点城市，现场开展“海绵城市”和“绿色建筑”知识宣传，发放各类宣传资料10000余份。此外，大力开展科普知识宣讲活动，充分发挥区老专家协会和科普讲师团的作用，实施“点单式”教学，在全区组织各类科普知识宣讲20余场次；大力开展科普知识宣传展牌巡展活动，以街道为单位将50余块展牌在重点社区等场地巡回布展6次；组织科普影视展播月活动。

（吴惠平）

区残联

【概况】 2015年，京口区残联坚持“稳中奋进、改革创新”主基调，扎实推进就业增收、兜底保障、普及服务三项重点任务，不断激发残疾人主体内力、社会助残动力、残

联自身发展活力，推动全区残疾人事业加快转型升级、持续健康发展。全年处理各类来信来访89件，节日慰问贫困残疾人76户，临时救助96人次，居家护理150人次，累计办理残疾人免费公交车卡2287张。（缪谦）

【开展残疾人基本服务状况和需求专项调查】 2015年1月，京口区残联启动全国残疾人基本服务状况和需求专项调查，成立专项领导小组、专项调查办公室，并制定调查实施方案。以社区为单位成立72个工作组，组织140多名调查人员深入残疾人家庭，做好调查资料录入工作。先后组织5期调查组骨干业务知识培训。2015年3月，圆满完成调查的各项任务。全区调查总人数为3554人，其中入户调查3404人，电话调查61人，未完成调查89人（外出、搬迁或死亡等）。入户调查率为98.24%。抽样复录10%为370人，100%复录操作完成率，复录合格。（缪谦）

【建设残疾人综合服务中心】 区政府将区残疾人综合服务中心项目列入2015年政府为民办实事项目之中。按照省、市残联“七位一体”（即残疾人康复服务、康复训练、康复理疗、就业服务、职业技能培训、法律援助、文体娱乐）综合服务的要求，项目占地面积约0.33公顷，总建筑面积5000平方米。现场平整已全面完成，正在进行施工图纸审图和招标前期准备工作。（缪谦）

【实施残疾人阳光品质康复工程】 2015年，全区配发各类辅助器具148件；免费白内障手术19例；安装假肢2人；配发助听器28名；残疾儿童抢救性康复训练84人；给符合条件的199名精神残疾人免费发放药物，做好残疾人免费服药卡的换发工作；对24名重度精神残疾人住院费用实行减免。（缪谦）

【加强残疾人就业帮扶工作】 区残联在正东路棒棰营残疾人综合服务中心正常运行基础上，大力建设大市口蔡家山残疾人综合服务中心，建筑面积450平方米，吸纳各类残疾人员22名，提供医疗保健服务、康复训练、日间照料、技能培训，并组织简单的生产加工，实现庇护性就业。截至2015年年底，京口区组织开展网络、园艺、陶艺、盲人按摩培训8期，培训残疾人150人次。大力对接5家企业开展助残招聘活动，推荐就业35人，安置辅助性就业20人。（缪谦）

【成立首家区级残疾青少年艺术团】 2015年5月17日，“扶残助残小城情，和谐幸福大爱梦”活动在大市口城市客厅举办。活动由区残联主办，区特教中心协办，旨在弘扬社会文明和谐和大爱精神。在活动现场，全市首家区级残疾青少年艺术团揭牌成立。（缪谦）

区侨联

【服务全区经济社会事业发展】 充分发挥侨联组织海外联系广泛的优势，利用国内海外“两个平台”、财力智力“两种资源”，全力参与到全区的“金凤凰”活动中去，为京口区扎实推进苏南现代化示范区建设做出新贡献。协助区内企业完成“市331”人才1～2名。（佘玉敏）

【完善基层侨联组织网络建设】 延伸侨联组织服务基层的手臂，加强侨情联络员队伍建设。（佘玉敏）

◆ 资料链接 ◆

定慧寺原名普济禅寺，始建于东汉兴平年间，距今一千八百多年。唐朝玄奘大师的弟子法宝寂到山创建大雄宝殿，宋代改称普济禅院。元代改名焦山寺，后毁于火，明宣德年间，和尚觉初心重建。清代康熙南巡来游焦山时才将寺名改为定慧寺，沿用至今，寺庙现仍保持明代的建筑风格。大雄宝殿内雕龙描凤的屋顶不用钉子，全部用小方块木头拼合而成，图案美观，还有飞檐、斗拱，艺术高妙，国内少见，加上殿堂三尊金碧辉煌的大佛，更显得大殿气宇轩昂。康熙帝亲书的“香林”两字闪烁于烛光香雾之中。正中的释迦牟尼、迦叶、阿难像栩栩如生，两旁排列着几十尊新塑罗汉像，玲珑的长明灯高悬半空，紫铜炉里香烟缭绕，整个大殿显得庄严肃穆，古刹空灵。殿前的两株银杏树至今已有四百余年。

法 治

责任编校：倪文波

政法委及综治

【概况】 2015年，京口区政法系统围绕区委、区政府决策部署，恪尽职守、依法履责，较好地完成各项目标任务。首次被省综治委评为“全省综治工作（平安建设）先进县（市、区）”，连续11年获得“江苏省平安县（市、区）”称号，连续两年被市综治委授予“社会治安综合治理先进辖市区”荣誉称号。（陈定秋）

【社会大局保持安全稳定】 圆满完成全国“两会”、“9·3”大阅兵、国庆等重大活动、重要时期的安保维稳任务。妥善化解郑茂海、刘德胜等35件信访积案，及时有效处置涉及面广、矛盾复杂集中的镇江商业城劳资纠纷和区属教师反映购房补贴问题等12件群体性事件。严格落实社会稳定风险评估机制，实施重点建设项目稳评事项35个。深入开展反邪教斗争，全年没有发生影响国家政治安全的重大案事件和暴力恐怖事件。（陈定秋）

【平安建设质效不断提升】 京口区社会管理服务中心运行态势良好，共受理法律援助145件、社会矛盾纠纷调处服务687人次。开展“满天星电子眼”高清专网改造工程，实现24小时全天候视频监控。综治信息管理平台建设有序推进，流动人口、基层矛盾调处等数据管理工作位居全市前列，工作经验在全省推广。基层综治办规范化建设步伐加快，华润新村等4家社区被评为市优秀综治办。社会治理模式不断优化，四牌楼社区智能管理平台建成，服务居民实效进一步提升。（陈定秋）

【法治京口建设深入推进】 大力推动行政审批制度改革，全面公开“五张清单”，共梳理登记权责事项1772项。加强司法执法规范化建设：区法院受理案件9633件，审执结7935件，涉案标的总额36.8亿元，创历史新高；区检察院职务犯罪案件立案数量、侦查终结率、起诉率均位居全市前列；公安京口分局成功侦破“尼古丁的私欲”等3起公安部挂牌督办案件，继续保持命案破案率100%。深入推进“两法”衔接制度落实，建立信息平台共享机制。以民生需求为导向，组织开展法治为民实事项目24件。成立京口区法学会，编辑《法治京口》期刊，加强法治建设理论研究，开展法律咨询、法律服务。全区省级民主法治示范村（社区）创建率和省级法治文化示范点覆盖率保持全市领先水平。（陈定秋）

法治政府建设

【概况】 2015年，京口区政府认真贯彻中共中央十八届四中、五中全会精神，严格落实国务院《全面推进依法行政实施纲要》《国务院关于加强市县政府依法行政的决定》和《国务院关于加强法治政府建设的意见》文件要求，加快法治政府建设步伐，全面提升发展质效，为加快建设“强富美高”新京口提供强有力的法治保障。（殷雨薇）

【健全领导机制】 京口区成立由区长任组长，常务副区长任副组长，各相关部门负责人参加的“全面推进依法行政工作领导小组”。其后随人事变动，适时调整领导小组成员。各行政执法单位也都建立推进依法行政工作领导机构和办事机构，将依法行政工作落到实处。2015年3月，经区编委会专题讨论通过，在区政府办增设“法制科”，股级建制，人员编制内部调剂，由法学专业的工作人员专门处理涉及区政府的法制工作，为全面推进依法行政提供机构和人力保障。（殷雨薇）

【加强规范性文件管理工作】 近两年，京口区的规范性文件工作，主要以执行上级政府和部门制定的规范性文件为主。2015年全区未制定需报送备案的规范性文件。为及时、准确地完成市政府文件的征求意见工作，区法制办在收到征求意见稿后，即通过政务内网送交相关区领导查阅，同时向文件涉及的部门征求意见。通过双管齐下的方

式，大大节省文件流转时间。截至12月月底，完成市政府征求意见稿9件。（殷雨薇）

【深入推进基层立法工作】 2015年镇江市正式成为拥有立法权的地级市。为配合市政府立法工作的顺利开展，区法制办于6月中旬，在全区范围内征集立法项目建议，经收集整理，上报立法建议4件，主要涉及城市管理和环境保护方面。立法建议产生于执法一线，结合执法现状，立足于解决行政执法中面临的新情况和新问题。在市法制办指导下，京口区的四牌楼街道江一社区被选为首批省政府立法基层联系点，也是全市唯一一家。（殷雨薇）

【规范社会稳定风险评估工作】 为进一步规范京口区社会稳定风险评估工作，区维稳办与区法制办联合印发《关于建立重大行政决策事项社会稳定风险评估与合法性审查联动机制的意见》，两部门加强合作，共同推动全区社会稳定风险评估工作的顺利开展。2015年，经区法制办合法性审查的风险评估项目有32个。（殷雨薇）

【开展重大行政决策实施后评估工作】 为跟踪了解重大行政决策的实施情况，京口区在总结往年开展重大行政决策实施后评估工作的基础上，严格按照《京口区重大行政决策实施情况后评估制度》开展后评估工作。对梦溪路71号三幢危房解危搬迁项目开展实施后评估工作。通过查看现场，听取项目实施主体的工作汇报，与有关人员座谈，查看台账资料等形式了解项目的整体情况，并就了解的情况进行评议，提出一些意见和建议，最终形成评估报告。（殷雨薇）

【开展行政审批制度改革工作】 按照全市统一部署，京口区行政审批改革工作由区编办牵头组织，布置工作任务，区法制办负责合法性审查，各职能部门落实改革任务。最终形成《区级行政审批事项目录清单》，保留行政审批事项83项，取消9项，暂停行使13项，清单内容均在政府门户网站予以公示。（殷雨薇）

【开展行政执法案卷评查工作】 2015年10月，区法制办组织对全区行政执法部门行政执法案卷进行评查。收到11家单位的15份行政执法案卷，其中行政许可案卷6份、行政处罚案卷9份。行政执法案卷做到事实认定清楚、证据确实充分、适用法律准确、程序合法、权利告知明确。（殷雨薇）

【推进“两法衔接”工作】 京口区制定《京口区行政执法与刑事司法相衔接工作机制实施办法》，详细规定行政执法部门、公安、检察院在“两法衔接”中的工作职责。为顺利实现案件移送，试行两种不同的衔接模式：一种以区市场监督管理局为代表，开通网络专线，专线专用，将已发生的行政执法案件信息通过封闭网络定期报送区检察院，接受检查监督。另一种以区环保局为代表，由区检察院在其单位设点，直接联系执法大队，掌握第一手办案信息。截至2015年年底，两种模式均进展顺利。（殷雨薇）

【检查行政处罚、强制案件办理工作】 2015年6月中旬，区法制办联合区监察局对全区行政处罚和强制案件办理工作情况进行监督检查。2015年1—5月，京口区发生行政处罚案件37件，已办结34件；未发生行政强制案件。通过执法检查，一方面督促相关单位及时将案件上网运行，真正实现权力在阳光下运行；另一方面督促相关单位及时将重大行政处罚案件向区法制办备案，提高事后监督的意识。（殷雨薇）

【加强行政执法工作人员法律培训工作】 2015年11月，京口区政府法制办印发《关于开展2015年行政执法人员公共法律知识培训考核工作的通知》。保证每位执法人员培训时间不得少于15天。培训结束后，已有行政执法证人员由各单位自行组织考试，试卷由区法制办统一提供；新增行政执法人员由区法制办组织统一考试。通过集中与分散相结合的培训形式，既实现对行政执法人员的有效管理，又不影响日常工作，得到行政执法人员的认可。（殷雨薇）

【深化行政权力网上公开透明运行工作】 为配合镇江市统一的阳光权力系统改版升级，京口区20家行政执法单位录入行政权力1671项，行政许可69项，行政审批12项，行政处罚1533项，行政强制24项，行政征收3项，行政给付1项，行政奖励1项，行政确认8项，行政其他20项。2015年5月1日，新系统正式运行。（殷雨薇）

【认真做好行政应诉工作】 京口区全面贯彻落实行政诉讼出庭应诉制度，主动加强与法院和被诉单位的联系，充分发挥桥梁纽带作用。一方面及时联系法院，了解掌握行政案件开庭审理的情况；另一方面联系被诉单位，核实出庭人员名单，确保出庭应诉工作的顺利进行。全区2015年发生行政诉讼案件14件，已审结7件，开庭审理8件，行政负责人均出庭应诉，出庭应诉率达到100%。（殷雨薇）

【落实行政复议公开制度】 按照《关于在全市开展阳光复议，法制惠民，着力提升行政复议公信力工作实施意见》文件要求，区法制办积极开展行政复议“三公开”工作。一是通过政府门户网站上的“行政复议”专栏，对外公开行政复议工作流程、受理范围和法律依据。二是通过“街道行政复议受案点”栏目，将6个街道行政复议受案点的具体地址、联系人和联系电话全部上网公示。三是通过“行政复议决定书”栏目，将行政复议决定书在结案后10日内对外公示。2015年度已结案的行政复议决定为1件，已按规定在政府门户网站予以公示。（殷雨薇）

【规范街道行政复议受案点设置】 京口区严格按照“五统一”的工作要求，积极完善行政复议受案点的设置。印发《关于开展行政复议受案点规范化建设的通知》，明确规范各街道行政复议受案点的制度建设、机构设置、宣传培训和案件登记。各街道均已配备专兼职工作人员负责此项工作。区法制办定期召开工作人员座谈会，交流日常工作中的问题，并探讨解决模式。将适时将复议受案点和街道信访接待室对接，资源共享，信息互通，充分发挥其维护稳定、化解矛盾的作用。

（殷雨薇）

【规范建设区政府行政复议办案场所】 2015年，区法制办根据《镇江市行政复议工作规范化建设实施方案》的要求，对原有办公环境进行改造装修，办案场所达到规范化建设标准。截至2015年年底，已能够投入使用。（殷雨薇）

【深入推进行政调解工作】 2015年，京口区受理行政调解申请2713件，办理2701件，办结2533件。主要涉及治安纠纷、民事纠纷和劳动者维权、消费者维权。全区6个街道均设立行政调解工作室，统一规范工作制度、格式文本等，并定期对行政调解工作人员开展学习培训，全面提升行政调解的能力和水平，促使行政调解工作室各项工作步入规范化轨道。在办公场所统一悬挂标牌，并公示统一格式的行政调解范围、流程和工作职责等，便于群众了解行政调解工作。

（殷雨薇）

【健全公共突发事件应急管理机制】 为妥善处理各种突发事件，维持正常的社会秩序，京口区成立应急管理委员会和综合应急救援大队，并建立健全各种预警和应急机制。主要包括《京口区突发公共事件总体应急预案》《京口区地震应急预案》和《京口区地质灾害事件应急预案》等12项应急预案。

（殷雨薇）

【加强法制队伍建设】 为加强管理，京口区法制办对街道行政复议受案点、法制工作室和行政调解工作室统一规范。各街道以文件的形式明确负责上述工作的人员。区法制办提供统一的工作制度和工作流程，并对工作人员进行指导培训，确保“一点两室三员”在基层真正发挥作用。（殷雨薇）

公　安

【概况】 2015年，京口区公安机关在京口区委、区政府和市公安局的坚强领导下，以深入贯彻中共十八大、十八届三中、四中、五中全会和习近平总书记系列讲话精神为指导，秉承“一心为民、精益求精”的理念，坚持“有红旗就扛、有第一就争”的勇气和决心，大力开展“四项建设”“公安改革”和“一体两翼”等工作，实现绩效明显提升、队伍满意度持续保持全市第一方阵的工作目标，为建设“强富美高”的新京口充分发挥公安职能作用。（俞福勇）

【全力开展安保维稳工作】 强化情报信息搜集。建成以社区民警为主，多警种和社会力量参与的情报网络体系，共搜集上报各类信息1276条，其中涉稳预警信息342条。加强互联网信息监控，及时获取处置网络负面舆情、帖文189条，切实掌握网上维稳主动权；强化网络舆情引导。滚动摸排涉疆涉稳重点人员共107名，其中涉疆人员23名，国保重点人员5名，非访重点人员52名，信访重点人员6名，肇事肇祸精神病人21名。在重要节点坚持每日两见面制度，确保责任到人、严盯死守。成功处置重点人员进京赴省上访7批52人次，共打处非访人员16人次，其中刑事打击1人，行政处罚15人，强化群体事性件处置。共成功化解调处各类民事纠纷10460起，成功处置“东方之星”客轮翻沉事故、林宁苏果超市停业、江苏大学学生扬言集中维权等涉稳事件16起，全区未发生影响稳定的重大群体性事件。

圆满完成省、市“两会”安保维稳工作任务。市人大七届四次会议和市政协七届四次会议分别于1月20日、1月19日开幕，省十二届人大三次会议和省政协十一届三次会议于1月26日至2月1日在南京召开。分局按照上级的部署和要求，认真开展并圆满完成安保维稳工作任务。其间，共搜集处理涉及省、市“两会”的重要情报线索23条。对所有关注对象和涉稳重点人员管控情况全部实行一日一报制度，切实落实管控力量和措施，确保动态情况及时掌握。未发生关注对象和重点人员漏管失控及滋事情况；强化不稳定因素排查化解。强化应急处突准备和社会面巡防，专门修订完善应急处突工作预案，全

2015年2月10日，省厅指挥中心赴京口分局开展上基层报告工作活动（魏琳摄）

区实行一级巡防和24小时武装巡逻，切实加强对社会面的控制。

圆满完成全国“两会”安保维稳工作任务。3月5日、3日，十二届全国人大三次会议和全国政协十二届三次会议分别在北京召开。分局按照上级的部署要求，超前动作，强化措施，全力做好全国“两会”期间安保维稳工作。共搜集涉稳情报信息65条，排查化解因征地拆迁、企改制等问题引发的各类矛盾纠纷11起，有效防止赴省进京集访信访、挑头滋事、制造影响等涉稳情况的发生；按照上级的部署要求提高巡防等级，加强对社会面及政府部门、水气电部门等重点要害部位的巡防。其间未发生一起重大案事件。

圆满完成高考、中考安保工作任务。6月，分局严密组织，多措并举，共出动警力500余人次，先后圆满完成高考、中考安保任务。期间，强化组织领导，分局成立专门工作领导小组，具体负责高考、中考安保工作；强化社会面稳控，提高巡防等级，加强对社会面、校园周边等重点要害部位的巡逻防范，确保社会面稳定；强化矛盾纠纷排查，全面排查化解考点周边各类矛盾纠纷10余起；强化网络舆情监控，及时通过网络掌握涉及高考、中考稳定的苗头信息3起，并有针对性地开展落地查证、依法处理等工作。

圆满完成“9·3”安保维稳工作任务。9月2日上午，分局召开“9·3”大阅兵安保工作战前动员会。分局各单位、各部门全警参与、扎实措施，全力开展安保维稳工作，确保了社会大局的稳定。强化情报信息工作，实行情报信息每日研判机制，强化搜集上报信息、发布预警信息、编写每日综合研判专刊等工作。强化重点人员管控工作，对重点人员实行分类管理，落实“一人一策”措施，查控赴京非访重点人员9人。强化安全监管工作，检查重点单位900余家次，发现整改隐患50余处。四是强化社会面巡防工作，提升巡防等级，确保辖区社会面平稳可控。

积极开展“11·20”专案维稳处置工作。12月9日以来，分局针对“11·20”专案（“e租宝”网络金融平台及其关联公司涉嫌违法犯罪案件），认真贯彻落实12月26日市维稳办召开的“11·20”专案维稳处置工作会议精神，提前介入，主动作为，积极开展情报信息搜集研判、重点人员教育稳控、违法犯罪打击处理、网络舆情巡查监控和维稳处置应急准备等工作。截至12月31日，全区公安机关累计审查涉案人员74人，抓获犯罪嫌疑人1人，接受群众报案180人，涉案金额1900余万元。梳理排摸“e租宝”投资涉稳重点人员2人，教育训诫发布煽动性言论“e租宝”投资人16人。 （俞福勇）

【全力开展破案打处工作】 开展“质效提升年活动”“净网行动”“打防攻坚战”等专项行动，始终保持对犯罪行为的高压打击势头。着力侦办侵财性犯罪。共破获各类刑事案件943起，其中侦破侵财案件701起，破案率达15.8%。共抓获犯罪嫌疑人845人，其中公诉428人、侵财公诉167人、侵财判三年以上有期徒刑19人，全区刑侦综合绩效位列全市第一；着力侦办重大有影响案件。相继破获了大市口“3·25”和“4·18”系列抢劫案、“8·25”聚众斗殴案、“10·2”抢劫杀人案，怡海家园日籍人士财务被盗案、部挂牌督办张某某等制售假药案、部挂牌督办王某制售假药案、部挂牌督办“9·06”互联网销售假冒伪劣卷烟案、15万元海参被盗案等重大案件；着力侦办经济犯罪案件。依托新型犯罪侦查合成队，共受理经济案件22起，立案20起，破案8起，追缴赃款赃物总值1000余万元，共查获各类经济违法犯罪嫌疑人70余人，抓获犯罪嫌疑人30人(其中网上逃犯18人)，刑拘25人，取保候审17人，提请逮捕7人，公诉8人；着力侦办黄赌毒案件。共查处涉毒违法犯罪人员379人，其中刑事处理66人、治安处罚313人，破获涉毒刑事案件61起、治安案件282起，缴获冰毒、海洛因等各类毒品199.06克。其中，破获省级毒品目标案件1起。完成打击毒品犯罪公诉人员52人、完成率133.3%，查处吸毒人员325人次、完成率101.6%。始终保持对涉黄涉娼涉赌违法犯罪高压态势，先后查处了群众反响强烈的酒海浴场、大光明休闲2家洗浴场所，共查获14个涉赌窝点，行政处罚66人。全年完成娼赌人员公诉30人，率先完成市局绩效指标。组织开展打击食品药品环境犯罪“利剑行动”，采取刑事强制措施21人；着力开展“灭狐”和“2015震慑”专项行动。捣毁邪教“法轮功”团伙1个，抓获法轮功邪教组织人员6人，其中提请逮捕2人，治安拘留4人，收缴邪教“法轮功”宣传资料1000余件、邪教“法轮功”反宣币46张。

扎实推进禁毒会战工作。1月23日下午，分局召开禁毒会战推进会。全年会战中，分局共查处吸毒人员308人，超过目标数17.6%，抓获涉毒犯罪嫌疑人67人，超进目标数34%，缴获毒品68.19克，工作绩效明显。

部署开展打击侵财犯罪专项行动。4月9日下午，分局召打击侵财犯罪专项行动部署会。分局党委书记、局长陈俊就打击侵财犯罪专项行动提出要求：一要对一季度打击侵财犯罪工作认真进行总结回顾，找出问题和不足；二要加强对两个考核办法的学习，吃透精神，找准要点，量化目标，分清责任；三要坚决落实好市局确定的六项重点工作，加强队伍管理，强化作风建设，做好后勤保障。专项行动共抓获侵财犯罪嫌疑人88名，破获案件140起，工作成效明显。

“打防攻坚战”专项行动成效明显。“打防攻坚战”专项行动以来，分局周密部署，成立专项行动工作领导小组，制定打防工作预案；全警动员，充分调动各种积极因素，确保全力以赴开展专项行动；明确责任，局领导包干到联系点派出所督查指导，各派出所所长为专项行动第一责任人；强化督促，每天在网上公布各单位专项行动战果，每周召开一次专项行动点评会。截至8月10日专项行动结束，分局完成公诉数171人，其中侵财公诉数67

人，涉毒公诉数28人，工作成效明显。

破获省挂牌“2015-183”毒品目标案件。4月以来，分局在工作中发现，市区范围内有一名绰号“赵哥”的男子从事海洛因贩卖活动，且数量巨大。为此，分局专门成立专案组全力攻克此案，并向省厅申报挂牌目标案件。5月底，分局在市局禁毒支队、技侦支队的指导、配合下，首先成功抓获了谈某（男，47岁，住镇江市京畿路153号）等贩毒嫌疑人4人，缴获毒品海洛因50余克，随后又抓获谈某等人的下线李某某等8人。为进一步侦破全案，专案组继续开展攻坚。7月7日下午，分局在市局禁毒支队、技侦支队、水上分局的指导、配合下，抽调禁毒大队与正东路派出所警力20余名，在镇扬汽渡成功抓获主要犯罪嫌疑人赵某某（男，1965年9月19日生，住镇江市航运新村），当场缴获毒品海洛因100余克，成功破获了省挂牌“2015-183”毒品目标案件。

破获一起抢劫强奸案件。6月12日凌晨3时许，犯罪嫌疑人柳某某（男，22岁，甘肃省玉门市人）窜至镇江市花山湾，采用攀爬入室并捆绑受害人的手段抢劫人民币150元左右，后强奸受害人徐某。7月4日晚，健康路派出所根据线索，在分局刑警大队的配合下在桃花坞将柳某某抓获。

摧毁一个“酒托”诈骗团伙。8月11日以来，分局根所倪市长批示和市局要求，针对市区一个“酒托”诈骗团伙活动猖獗的案情，及时成立专案组，全力开展案件侦破工作，成功摧毁该“酒托”诈骗团伙。截至8月21日，抓获嫌疑人13名，当场查获赃款1.6万余元、笔记本电脑3部、POS机3台以及账单若干。并初步查明，该“酒托”诈骗团伙自2015年7月底到镇江，先后在市区万达广场、第一楼街、大港新区等地作案百余起，诈骗金额17余万元。

部署开展“提质效、冲目标”五十天奋战专项行动。2015年9月以来，分局认真开展“提质效、冲目标”五十天奋战专项行动。截至11月23日专项行动结束，完成公诉数80人，其中侵财公诉数34人，侵财判三年以上公诉数5人，破获侵财案件191起，工作成效明显。

深入开展打击涉黑涉恶犯罪专项行动。2015年，分局根据上级部署和要求，深入开展打击涉黑涉恶犯罪专项行动。打黑除恶专项行动工作开展以来，分局共破获市局挂牌督办案件2起，涉恶案件1起，工作成效明显。（俞福勇）

【全力开展社会管理工作】 分局加强与市局巡特警支队和各派出所“110”巡逻处警队协同配合，实行以定人、定岗、定位、定责为主要内容的“网格化”巡防，全面提升巡防质效。共出动警力4万余人次，盘查可疑人员15166人、可疑车辆3158辆，通过巡逻盘查抓获各类违法犯罪嫌疑人76人，辖区“两抢”案件同比下降37.8%，入室盗窃案件同比下降2.2%，进一步强化场所管控。以规范场所行业经营为重点，加强治安混乱地、重点行业场所的监管力度。共清查行业场所6200余家次，现场发现、敦促整改各类安全隐患问题521处，共处罚不按规定如实登记旅客信息36家次、不按规定登记住宿旅客信息的旅馆2家，下发检查意见书126份；进一步强化安全监管。以构筑社会消防安全“防火墙”为主线，着力提升社会防控火灾能力，共检查单位1573家，发现火灾隐患并督促整改1408处，下发《重大火灾隐患限期整改通知书》3份、《责令改正通知书》525份。加强涉危单位安防达标建设，严密危化物品流向监管，共收缴炮弹1颗、气枪3支、子弹175发、管制刀具136把，剧毒化学品1.1公斤，收容留检大型犬、无证犬、流浪犬116只，开展广场、小区安治安宣传68场次。

开展“110与您携手共创平安”主题日宣传活动。在全国第29个“110”宣传日之际,1月10日上午，分局根据市局统一安排会同“110”联动单位在大市口城市客厅开展了以“110与您携手共创平安”为主题的广场宣传活动。通过拉横幅、设展板、现场讲解等方式，向广大群众宣传防范诈骗、远离毒品、防盗抢等内容，并现场听取群众对“110”的意见和建议。市局党委委员、副局长梁坚，分局党委书记、局长陈俊等部分局领导参加了咨询活动，并和群众进行了互动交流。活动中共发放“110”宣传单600余份，现场接受群众咨询120余人次，收到了良好的社会效果。

开展打防通信网络诈骗犯罪“净网行动”主题宣传日活动。根据省厅、市局统一部署，6月6日上午，分局在八佰伴商场门口开展了打防通信网络诈骗犯罪“净网行动”主题宣传日活动。活动通过拉横幅、设展板、视频播放、现场咨询等方式，向广大群众宣传防范通讯网络诈骗的内容。市局党委副书

2015年9月7日，京口公安分局组织慰问消防退伍官兵（魏琳摄）

记、副局长张卫东，分局党委书记、局长陈俊等领导参加了宣传日活动并向群众发放了宣传资料。副局长张卫东还为部分群众发还了追回的赃款。辖区各派出所在规定的地点分别开展了打防通信网络诈骗犯罪宣传活动。活动中共发放宣传资料1000余份，现场接受群众咨询100余人次，收到了良好的社会效果。

（俞福勇）

【全力开展执法服务工作】 紧紧围绕“实战、实用、实效”的要求，以基层派出所、业务大队民警为重点受训对象，开办公安法制夜校培训班8期。狠抓执法资格管理，年内14人通过高级执法资格考试，190人通过中级执法资格考试；强化执法机制建设。制定《镇江市公安局京口分局案件审核、审批程序规定》，明确了“行政案件、刑事案件重点环节归口法制部门统一法律审核制度”。建立刑侦治安民警“星级化”管理考核办法，实现对执法活动的全程管理，有效激励民警“想办案”，引导民警“多办案”，促使民警“办好案”，保证民警“能办案”。会同京口区检察院及法院建立了定期联席会议机制，年内有效解决疑难复杂案件8起，规范证据收集标准5项，规范文书制作2项；强化执法管理建设。制定下发《关于推进案件管理中心（室）建设的通知》，明确了案管室目标任务、硬件标准、运行机制、实施步骤等方面要求，有效提高案事件的办理效率及规范化水平。制定《全京口区公安机关开展涉案财物专项治理工作方案》，实现规范有序管理涉案财物，年内未发生因涉案财物管理不规范引起的涉法投诉问题。

12月11日上午，市局执法服务先进典型宣讲团在市局党委委员、政治部副主任桂耀武带领下，赴分局开展宣讲活动。五位宣讲团成员分别从规范执法、社区警务、巡逻处警、信访接待及交通管理等方面介绍了各自在工作中积累的好的经验做法，用民警身边人、身边的事教育启迪民警如何做好执法服务工作。分局相关局领导，各派出所、大队，机关各处室分管领导及民警代表80余人聆听了宣讲。（俞福勇）

【全力开展队伍建设工作】 实行队伍培训正规化。按照警务实战化要求，不断加强队伍实战技能培训，建立健全队伍培训机制，依托“公安夜校”作为培训基地，定期开展对群众工作、侦查破案、执法办案、社区警务、语言文字等业务培训。建立机关部门挂钩基层派出所工作机制，做到上下联动、交流学习、共同提高；建立“1+4”队伍管理机制，落实了处警巡逻、执法破案等重点工作问责制度。年内共编发督察通报12期，发布问责通报3期，发布典型案例20余条，查处酗酒滋事的民警1人，给予违反工作纪律的民警警诫1人，并对违反《记分管理办法》的38名民警，13名工作人员予以了考核扣分；实行从优待警常态化。成立摄影组、书画组、登山队、乒乓球队、足球队、篮球队等文体组织，组织了“迎新春·凝警心”掼蛋比赛、春季登山比赛等一系列警营文化活动；先后培养出了江苏省“三八红旗手”标兵、镇江市“最美警察”、“镇江市人民奖章”获得者、江苏省“最美警察”提名奖金怡，镇江市“最美警察”赵阳，“江苏公安青春警星”李晓飞，“全国优秀法制员”蒋厚磊，全市公安系统首位捐献造血干细胞捐献者李文杰等一批民警佼佼者。

举办“迎三八·暖警心”女警文体活动。3月5日下午，在“三八”妇女节即将来临之际，为了进一步丰富女警业余生活，分局在警察文体中心举办了“迎三八，暖警心”女警文体活动。分局党委副书记、政委吴明成首先向与会的女民警代表送上节日的祝福，并希望她们代为转达分局党委对所有女民警、女辅警以及女家属的亲切问候。

召开党风廉政建设和反腐败工作会议。4月3日上午，分局召开全区公安机关党风廉政建设和反腐败工作会议。会议总结回顾2014年全区公安机关反腐倡廉和作风建设工作，分析当前形势，研究部署2015年任务。会上，各单位递交了党风廉政建设责任状。分局全体党委委员，全体中层领导参加会议。

治安大队民警李文杰成功完成骨髓捐献。5月4日上午，京口区公安分局治安大队民警李文杰在宁捐献造血干细胞过程中，克服困难，勇敢坚定，全程耗时近5个小时，成功捐献造血干细胞。其间，分局政治部主任吴晨牧、市局团委副书记石晨，前往南京东南大学附属中大医院慰问李文杰；省红十字会领导向李文杰颁发了奖章，并表示亲切慰问。患者也通过北京人民大学附属医院工作人员向李文杰表达了感恩之情。

部署开展“秉公执法、人民公

2015年12月8日，副市长、公安局局长赵建生（右二）赴京口分局指导派出所工作

（魏琳摄）

安为人民”主题教育活动。10月29日上午，分局召开党委会专题研究部署“秉公执法、人民公安为人民”主题教育活动。分局党委书记、局长陈俊要求：一要坚持按照方案要求，认真组织好、落实好、执行好，特别是亮点工作、规定动作要一丝不苟，自选动作要出彩出色；二要将学习贯彻到全过程，提高中心组学习频率，强化学习讨论；三要始终坚持领导干部带头，领导干部要自身做起，先学、先查、现改；四要始终坚持问题导向，对照问题清单认真梳理，列出自己的问题清单；五要始终坚持边整边改，对发现的问题立即整改，并能拿出整改办法和计划；六要政治处牵头，相关部门配合，明确时间节点，按照项目化要求推进；七要加强典型选树工作，对工作突出、表现优秀的民警要多方面开展宣传推介工作。会议组织学习了《全区公安机关开展“秉公执法、人民公安为人民”主题教育活动实施方案》，并就相关工作进行了具体部署。在此基础上，分局通过全员动员部署、集中警示教育、问题排查整改等环节，排查整改28个问题，制定落实7条整改措施、3项工作机制，主题教育活动取得明显成效。（俞福勇）

【全力开展服务发展工作】 全力保障党委、政府中心工作。始终围绕京口区委、区政府“四个全面”建设任务和“稳中奋进、改革创新”主题，紧扣“苏宁广场”“凤凰书城”等重点工程建设，积极开展“服务企业月”走访等活动，落实“警企绿色通道”等举措。年内主动开展“平安体检”活动36次，实行上门服务、跟踪服务、预约服务等措施，协调解决涉及工程推进的治安、消防等方面难题；全力优化行政服务管理。进一步优化服务举措，全面实行首问负责制、限时办结制，规范公安内部运行，提升工作效率，积极稳妥地推进户籍制度改革，深入推进群众满意的标准化窗口建设，规范窗口基础设施、工作制度，星级月度考评机制。年内群众对户籍窗口满意度和身份证受理点满意度均为100%。（俞福勇）

【全力开展公安改革工作】 以创新的思维、品牌的意识不断深化公安改革，推动公安工作科学发展。开展“一考四评”试点工作。从派出所等级化、民警星级化管理入手，逐步健全和完善基层考评工作机制，探索建立了“一考四评”工作模式，通过“一考”，就是民警工作实绩考核，“四评”，就是民警自评、全警互评、分管领导点评和领导班子综评，具体评价民警在日常制度执行、工作状态、工作执行力、群众满意、廉洁执纪等情况，建立“传统+科技”的“邻里守望”工程。该工程通过建好一批守望哨点、加密两张防范网络、综合运用三个平台、整合四支防范力量、建立五项工作机制，初步实现了“警力有限、民力无穷、警民互动、共筑平安”的良好格局，形成了“人人都是信息员、社区处处警灯闪、一呼百应来帮忙、居民安心乐悠悠”的良好氛围。培植壮大特色品牌项目。以贴近实际、贴近实战为指导，开办了“公安夜校”，着力提升民警执法办案水平，年内已举办8期夜校，培训民警200余人。建立对制假售假、侵犯知识产权以及涉及食品、药品、环境安全等新型犯罪进行打击的新型犯罪合成打击模式等一系列创新举措，正在按照精品警务的要求，进行全力推进。

部署开展“平安扣·扣平安”邻里守望活动。4月15日下午，分局召开专门会议部署“平安扣·扣平安”邻里守望活动。分局党委副书记、政委吴明成就工作开展提出了三点要求：一要思想上要高度重视，从所领导到社区民警都要在思想上形成共识，统一到分局的部署上来；二要按照既定方案要求和步骤组织开展，确保“平安扣·扣平安”邻里守望的各项工作举措要逐项落到实处，能够取得成效；三要做好总结宣传，发挥主观能动性，在方案“12345工程”的基础上能够产生“678910”的具有推广价值的优秀举措。分局党委委员、副局长陈廷桥就“平安扣·扣平安”邻里守望实施方案进行了部署，分局治安大队、四牌楼派出所相关领导，全体社区民警参加会议。

开办公安夜校。4月18日上午，分局举行公安夜校开班仪式。分局党委书记、局长陈俊出席会议作动员讲话，分局党委副书记、政委吴明成主持会议。会议为15名兼职教官颁发了证书。分局全体局领导，全体中层领导，全体兼职教官参加仪式。（俞福勇）

【召开全区公安工作会议】 2月28日下午，分局召开全区公安工作会议。副市长、市委政法委副书记、市局党委书记、局长倪兴余，京口区委书记、人大常委会主任裔玉乾莅会，充分肯定2014年度全区公安工作和队伍建设取得的成绩，同时，对进一步做好2015年度公安工作提出要求。倪兴余要求：一要服务大局意识再加强、力求更大作为；二要平安创建措施再落实、力求更加主动；三要执法办案力度再强化，力求更为规范；四要公安队伍素质再提升，力求更有担当。裔玉乾提出：一要在服务大局中有新贡献；二要在“平安京口”建设中有新作为；三要在打造一流队伍中有新举措。

分局党委书记、局长陈俊作了题为“新常态、新起点、新征程，在新京口建设发展中展示公安新作为”的工作报告，客观总结2014年度工作，全面部署2015年度工作，要求全区公安民警紧紧围绕贯彻落实上级系列政法、公安工作会议精神，立足京口实际，认真做好公安部、省厅、市局关于“四项建设”“一体两翼”和“九大警务中心”的决策部署，以“四个必须”为要求，重点抓好“五个方面”的工作，分局党委副书记、政委吴明成主持会议，宣读了有关表彰决定，并就会议精神的贯彻落实提出具体要求。

京口区委副书记、区长黄万荣，京口区政协主席孙国平，京口区人大常委会党组书记、常务副主任倪兆顺，京口区委常委、政法委书记宋平生，副区长马云明，市局党委委员、纪委书记周国平，全区公安民警、消防武警代表参加了会议。（俞福勇）

【领导考察】 1月13日上午，副市长、市委政法委副书记、市局党委书记、局长倪兴余先后赴欧尚超市有限公司学府店、镇江强凌电子有限公司、镇江峨林服饰有限公司等人员密集场所和劳动密集企业进行实地消防安全检查。

1月26日下午，副市长、市委政法委副书记、市局党委书记、局长倪兴余赴分局正东路派出所新址考察指导工作。

1月29日上午，市局党委委员、政治部副主任桂耀武一行赴分局督查禁毒会战工作。

2月5日下午，公安部党委委员、部长助理、经侦局局长孟庆丰专程赴分局正东路派出所看望慰问民警，并发放慰问金。

2月9日上午，省厅党委委员、副厅长吴跃章赴分局大市口、四牌楼派出所开展走访慰问活动。

2月15日下午，京口区副区长马云明赴京口消防大队慰问消防官兵，并送上慰问金。

3月4日下午，市局党委委员、副调研员陈宪根率市局第四督查组赴分局督导全国“两会”安保维稳工作。

3月11日上午，市局党委委员、副局长丁浩北，党委委员、机关党委书记左敦传赴分局调研执法规范化建设工作。

3月13日下午，市局党委委员、副局长季成宾赴分局调研指导非访重点人稳控工作。

3月25日下午，副市长、市委政法委副书记、市局党委书记、局长倪兴余专程赴分局开展督查指导工作。

5月19日上午、21日上午，副市长、市委政法委副书记、市局党委书记、局长倪兴余分别赴分局学府路、九城街派出所调研指导工作。

5月28日上午，市局党委副书记、副局长张卫东赴分局督查指导基础建设和打击侵财犯罪质效提升年活动等重点工作。

6月29日下午，副市长、市委政法委副书记、市局党委书记、局长倪兴余出席分局“一考四评”试点工作动员部署会，并就“一考四评”试点工作提出要求。

7月22日下午，市局党委委员、副局长梁坚率队赴分局调研指导出入境管理工作。

7月31日上午，京口区副区长马云明赴京口消防大队，代表区委区政府向全体消防官兵致以节日的慰问，并送去慰问金。

8月7日下午，市局党委委员、副局长顾传先赴健康路派出所调研“犯罪嫌疑人手机采集系统”。

8月13下午，市委副书记、市长朱晓明赴四牌楼派出所考察“平安扣·扣平安”邻里守望工程。

8月19日上午，京口区委书记、人大常委会主任裔玉乾带队开展安全生产大检查。

8月20日下午，市人大常委会党组副书记、副主任陈苏一行赴京口分局调研考察“镇江市人民奖章”候选人金怡。

8月25日上午，京口区委常委、政法委书记王琴赴分局考察指导工作。

8月31日上午，副市长、市委政法委副书记、市局党委书记、局长倪兴余赴国电谏壁电厂检查生产安全工作，并赴分局督导“8·25”专案侦破工作。

9月9日上午、22日上午，市局党委委员、政治部副主任桂耀武先后率队赴分局调研“一考四评”试点、实战训练工作。

9月11日下午，副市长、市委政法委副书记、市局党委书记、局长倪兴余赴分局健康路派出所调研案管室运作情况。

9月23日上午，京口区委书记、人大常委会主任裔玉乾带队开展安全生产大检查。

10月12日下午，市维稳办副主任、市局党委委员邱新芳赴京口区，就征地拆迁、房屋征收项目涉稳问题进行调研。

11月11日下午，市委副书记、政法委书记李茂川赴京口区考察指导见义勇为工作。

11月18日上午，市局党委委员、政治部副主任桂耀武赴分局健康路派出所，为9月的“每月好警察”薛厚军送奖上门，并向其家属颁发喜报。

11月21日晚，市局党委副书记、副局长张卫东赴分局健康路派出所督查指导“11·21”集中清查统一行动。

11月24日上午，市局党委委员、市维稳办副主任邱新芳赴分局督查指导重大活动安保工作。

11月26日下午，京口区政协主席孙国平率政协主席团一行6人赴分局考察公安工作。

11月27日上午，市局党委委员、政治部主任王新辉赴分局督查“秉公执法人民公安为人民”主题教育活动。

12月2日上午，市委610办公室副主任张凤良一行三人赴京口区检查指导“‘法轮功’诬告滥诉”工作。

12月8日上午，副市长、市委政法委副书记、市局党委书记、局长赵建生赴分局调研指导工作。

（俞福勇）

检　察

【概况】 2015年，区检察院以开展“三严三实”专题教育为抓手，全面履职，依法监督，务实进取，各项工作继续保持强劲发展态势。全年共获得镇江市先进检察院、省级廉政文化示范点创建先进单位等集体荣誉13项，干警共23人次受到市级以上表彰。

全年共受理公安机关移送审查逮捕案件85件120人，受理移送审查起诉案件323件495人，经审查，批准逮捕75件109人，提起公诉311件464人。坚持依法严厉打击严重刑事犯罪，共批捕杀人、抢劫、强奸等犯罪嫌疑人24人，起诉85人，依法从快办理公安部挂牌督办、涉及全国7省市的陈某某等12人组织卖淫案，冉某某故意杀人案等重大刑事案件。加大打击危害民生犯罪的力度，依法从速办理王某等8人生产销售假药案，受害群众达200余人、涉案金额1700余万元的赵某某等5人非法吸收公众存款案。在严惩严重刑事犯罪的同时，认真落实宽严相济刑事政策，依法对主观恶性较小、犯罪情节轻微、认罪悔罪的11名犯罪嫌疑人作出不批捕决定，对2人作出不起诉决定。强化对涉罪未成年人的司法保护，依法附条件不起诉1件1人，封存犯罪记录12人次。坚持把化解社会矛盾贯穿于司法办案始终，认真开展释法说理、疏导稳控和风险防范工作。全面落实检调对接机制，共促成5件轻微刑事案件和解，促成12件民事申诉案件当事人息诉、达成和解协议。全年共妥善办理举报、控告、申诉案件43件，接待来访群众39人次。大力深化涉法涉诉信访工作机制改革，选聘10名律师、人民监督员作为第三方调解员参与疑难信访案件的化解息访工作，全年无涉检赴省进京访。

全年共立案侦查职务犯罪案件14件17人，其中贪污贿赂案件11件14人，渎职侵权案件3件3人，案件大案率达100%，涉案金额50万元以上案件5件，处级干部1人，科级干部7人，查办科级以上干部比例达47%。所办案件中，窝案串案共12件，占立案总数的86%。聚焦社会关注度高、群众反映强烈的腐败问题，深入开展查办民生领域职务犯罪专项行动，切实维护人民群众合法权益。针对环保、工商、教育、卫生等多个重点部门和热点领域，集中开展惩治。全年所查办的职务犯罪案件中，涉及损害民生民利的贪污贿赂、渎职侵权案件11件11人，占全年立案总件数的79%。如依法查办的市环保局行政服务处原处长张某某等3人受贿案等一批案件，在相关行业领域产生重大影响。开展“庭审预防”式法制教育，组织全市各大医院相关负责人共70余人旁听市中医院原院长王某某受贿、巨额财产来源不明案庭审，促进预防关口前移。充分发挥网上警示教育基地作用，将网上警示教育纳入区委党校党员干部培训的必修课，全区浏览单位达30余家。结合办案，主动向案发单位发出检察建议，其中1份被评为“全省检察机关优秀预防检察建议”，开展预防调查的经验做法被最高人民检察院转发。

加强刑事立案监督和侦查活动监督，全年共监督侦查机关立案1件、追诉1人，向侦查机关发出纠正违法通知书2份。积极开展刑事执行活动监督，向社区矫正监管部门发出纠正违法通知书1份、检察建议3份、变更强制措施建议书2份，均被采纳；首次依法对3名服刑罪犯特赦工作予以监督，切实做到不错不漏。加强对社区矫正人员监督管理，依法监督监外执行罪犯入矫123名，解矫135名，切实防止脱管、漏管和重新犯罪的发生。共办理各类民事、行政申诉案件22件。探索开展行政执法监督，与区市场监督管理局、区城管局建立市场监管、城市管理行政执法检察监督机制。充分发挥公益保护职能，对6件符合追偿条件的道路救助案件，督促、支持紫金财产保险公司提起民事追偿诉讼，有效防范国有资产流失。（杨钰）

京口区检察院“雨露”志愿者“六一”前走进京口区特教中心开展慰问关爱活动
（区检察院供稿）

【服务经济健康发展】 加大对破坏市场经济秩序犯罪的打击力度，依法对合同诈骗、集资诈骗、非法经营等9件案件提起公诉。建立高效、快捷的行贿犯罪档案网上查询平台，为区农村公路提档升级工程、海绵城市建设绿化景观工程等项目招投标提供查询服务1966次，为经济建设保驾护航。着力服务企业发展，开展企业生产经营风险集中走访调研活动，向相关涉案企业发出检察建议8份，帮助企业建章立制、堵塞漏洞。深化检企廉政共建，与索普集团、国电谏壁发电厂、中储粮镇江基地等大型企事业单位召开“检企对接、服务预防”座谈会，对涉企犯罪、经济纠纷、知识产权保护等提供法律咨询30余次。（李丽娟）

【打造民生检察工程】 积极拓宽服务群众渠道，以网上检察为民服务中心、官方微信平台和案管接待窗口为依托，整合案件信息查询、律师接待、法律咨询等7项功能，为群众提供网上、掌上、实体“一站式”服务。全面推进检察工作进社区，充分发挥社区检察官办公室、谏壁检察室的职能作用，定期开展举报宣传、法治宣讲等活动，引导群众学法、守法、依法维权。全年共组织法律宣传16次，接待群众法律咨询530余人次，发放宣传手册600余册。与社区结对帮扶，深入开展圆梦“微心愿”活动。大力开展检察环节的司法救助工作，对生活确有困难的刑事被害人及其近亲属进行救助，取得了良好的社会效果。（王俊爽）

【保障生态文明建设】 围绕全区推进生态文明建设的决策部署，加强与环保等部门的联系，建立重大案件协商、执法信息通报、专业知识培训等工作机制。积极探索开展环境保护公益诉讼，全年共办理环境保护类案件3件，向行政机关发出检察建议3份，及时督促、协调区水利等部门对长江滩涂建筑垃圾污染问题开展专项整治，推动区农委责令违法处置病死猪、造成周边环境污染的养殖户进行整改。加强生态环境保护调研，其中2篇调研文章在法治江苏建设高层论坛上分别获奖，为党委政府决策提供参考。（林龙）

【检察接受内外部监督】 建立干警廉政·诚信档案，全年开展专项督查20次，坚决以“零容忍”的态度，严肃查处检察队伍中出现的违规违纪问题。建立完善长效管理机制，真正把从严治检落到实处。自觉接受人大监督，主动向区人大及其常委会报告反贪污贿赂工作、人民监督员制度改革试点等工作，不折不扣地贯彻执行人大及其常委会对检察工作的多项决议决定。通过召开座谈会、发放征求意见函、走访人大代表等形式，全年共联系各级人大代表110余人次，征求意见与建议32条，逐项研究制定具体措施，不断加强和改进检察工作。（凌志祥）

【检察业务素能建设】 按照建设正规化、专业化、职业化检察队伍的要求，积极探索完善教育培训的新机制。以法学社、调研创新工作组为载体，组织干警深入学习《刑法修正案（九）》等最新法律法规，大力开展业务竞赛、素能比武、法学研讨等活动，促进干警业务素能的提升，积极适应以审判为中心的诉讼制度改革。注重加强检察文化建设，以“服务、制度、行为、廉政”四个文化为抓手，在全院弘扬“敬业奉献担当”精神，大力营造创先争优的浓厚氛围。（周雯）

【司法规范化建设】 紧紧围绕严格公正文明司法要求，深入开展为期一年的规范司法行为专项整治工作。采取案件自查、交叉评查、发放征询函等方式对2014年以来所办理的586件案件逐案排查，对存在的司法不规范问题逐项提出解决方案，狠抓落实整改。建立规范司法行为长效机制，自主研发“检察业务管督考三位一体4G管理系统”，有效形成案件质量信息化实时监管平台，该系统已在全市检察机关推广，并被省检察院作为规范司法典型事例向上报送。（周文龙）

【典型案例】 王某生产、销售假药案。

2015年1月29日，区检察院院以涉嫌生产、销售假药罪，依法对生产、销售假药涉案金额达500余万元的犯罪嫌疑人王某批准逮捕。

经查，2012年以来，犯罪嫌疑人王某（男，28岁，河南省南阳市人）违反国家药品管理法规，在未获得“药品生产许可证”“药品经营许可证”的情况下，向张某、吕某某、徐某某、薛某（均在逃）等人购买药品原料、药品外包装盒、防潮袋等辅助材料，将药品原料混合打粉、压板生产加工成药，并冠以“百草糖立康”“金杞胰岛素”“参芪糖康”“百草糖康”“本草化糖”“好胰生”“奇方骨康”等名称后，组织张某（男，37岁，河南省南阳市人）、张某（女，28岁，河南省郑州市人）、张某某（女，22岁，河南省郑州市人）等人以降压、降糖、治疗糖尿病的名义将上述假药销售至江苏、辽宁、山东、广东、云南、黑龙江等地，销售金额达500余万元。经镇江市食品药品监督管理局检验认定，犯罪嫌疑人王某生产、销售的“百草糖立康”等均系假药，服用后会对人体健康造成危害。

鉴于该案涉及面广，假药已销售至多个省份，严重危害人民群众的生命健康安全，区检察院第一时间启动了重大案件提前介入机制，及时派员引导公安机关侦查取证。案件移送审查逮捕后，区检察院在认真审查、严格把关的基础上，以生产、销售假药罪对犯罪嫌疑人王某作出了批准逮捕决定。

赵某某等5人非法吸收公众存款案。

2015年4月21日，区检察院以涉嫌非法吸收公众存款罪，依法对非法吸收公众存款达1700余万元的被告人赵某某、袁某某、周某、李某某、付某某提起公诉。

经查，2013年3月至2014年5月上旬，被告人赵某某（男，60岁，江苏省射阳县人）利用北京中盛恒通投资管理有限公司镇江分公司负责人的身份，先后招聘被告人袁某某（男，27岁，江苏省镇江市人）为副总经理兼讲师、被告人李某某（男，22岁，江苏省沭阳县人）、周某（女，22岁，江苏省常州市人）、付某某（女，25岁，江苏省镇江市人）等人为业务经理，以高额回报为诱饵，通过发放宣传材料、播放宣传片、免费领取礼品、客户与客户之间介绍等方式吸引不特定多数

2015年9月11日，省检察院党组副书记、副检察长严明（左二）一行莅临区检察院开展“三严三实”专题调研（区检察院供稿）

的公众投资北京中盛恒通投资管理有限公司的驴养殖、阿胶合作等项目，变相非法吸收200余名客户存款计人民币1700余万元，截至案发造成经济损失1570万余元。

2014年5月，该案因资金链断裂而案发。由于本案被害人达200余人，造成的社会影响巨大，在公安机关移送审查起诉后，区检察院在严审细查，先后经过二次退回补充侦查的基础上，依法以涉嫌非法吸收公众存款罪对被告人赵某某、袁某某、周某、李某某、付某某提起公诉。

冉某故意杀人案。

2015年11月12日，区检察院以涉嫌故意杀人罪，依法对一起因嫖资纠纷引发故意杀人案的犯罪嫌疑人冉某批准逮捕。

经查，2015年10月1日0时许，犯罪嫌疑人冉某（男，25岁，四川省资阳市人）到镇江市梦溪园巷兴旺足疗店内进行嫖娼，后因嫖资问题与被害人甘某某发生争执，冉某因担心嫖娼行为败露，遂先用毛巾将甘某某勒晕，随后用足疗店厨房内的菜刀将甘某某杀害，并窃取足疗店内红米手机一部及现金人民币1086元。

鉴于本案发生在国庆期间，属重特大刑事案件，案发后，区检察院第一时间启动了重大案件提前介入机制，及时派员引导公安机关侦查取证。案件移送审查逮捕后，区检察院在认真审查、严格把关的基础上，以故意杀人罪对犯罪嫌疑人冉某作出了批准逮捕决定。

（陈舟远）

法 院

【概况】 2015年，京口区法院紧扣司法为民公正司法工作主线，忠实履行宪法和法律赋予的职责，在审执任务加重、办案难度增大的情况下，凝心聚力，攻坚克难，圆满完成各项任务。全年受理各类案件9633件，审执结7935件，涉案标的总额36.82亿元，同比分别增长34.05%、34.83%、210%，均创历史新高。法院先后被京口区委、京口区政府评为“2015年度综合治理先进单位”“2012—2015京口区法治建设工作先进集体”“京口区机关绩效管理考核优胜单位”；被市中院授予“集体三等功”。（卢爱国）

【认真履行审判职责，服务发展稳定大局】 加强刑事审判，营造法治社会环境。认真学习贯彻《刑法修正案（九）》，准确适用法律，依法打击新形势下各类犯罪。依法严惩抢劫、强奸、贩毒等严重刑事犯罪，审结的被告人徐某入户抢劫、强奸案入选《2015中国法院年度案例》；依法严惩危害食品、药品安全犯罪，保障群众生命健康安全，审理了被告人王某、张某某特大生产、销售假药案；依法严惩职务犯罪，有力整治群众身边的腐败，审结镇江中医院系列贪腐窝案；依法严惩销售伪劣产品等犯罪，维护公平竞争的市场秩序，审结国家烟草专卖局挂牌督办的张某某等5名被告人网络特大销售假烟案；依法严惩侵犯弱势群体权益犯罪，审结涉及500多名老年受害人的“蔷薇刀”特大诈骗案。坚持惩防并举，与社区、中小学开展法治共建，构建“法院＋社京区＋学校”的犯罪预防网络，辖区未成年人刑事犯罪案件同比下降33%。

加强民商审判，营造法治市场环境。对涉及辖区全局性的经济民生重大案件，及时以要情专报形式向京口区委报告，在京口区委的领导协调下化解矛盾纠纷。对涉及中小企业的融资担保、借款等纠纷案件，慎用查封、扣押、冻结等强制措施，努力为大众创业、万众创新提供司法支持。对金融纠纷案件，坚持快审快结，审执结989件，标的额9.37亿元。涉案近4亿元的光大银行申请强凌酒店实现担保物权一案已进入评估拍卖环节。

加强行政审判，营造法治行政环境。深入贯彻新修改的行政诉讼法，全面实施立案登记制改革，畅通行政诉讼渠道，切实解决行政案件“立案难”问题，为人民群众依法维护自身合法权益敞开大门。受理行政诉讼案件28件，全部做到有诉必理、有案必立；审结26件，其中确认行政行为违法2件；审查非诉行政执行案件77件，裁定准予执行62件，撤回申请15件。健全与行政机关信息互通、经验共享机制，召开联席会9次，上门开展法制讲座6次，参与重大行政决策论证29次，向行政机关发送行政审判年报、司法建议15份，推动树立有权必有责、有权需负责、侵权要赔偿的法治观念。向京口区政府全体组成人员宣讲新修改的行政诉讼法，督促落实行政机关负责人出庭应诉制度，促进提升领导干部的法治思维和依法行政意识。

积极破解执行难题，维护胜诉当事人合法权益。把查获、保全被执行人财产作为执行工作第一要务，利用最高法院“总对总”和省法院“点对点”两套网络执行查控系统，实现财产网络查控、执行远程指挥一体化、信息化。共查询3975次，涉及案件2270件，查询金额1.05亿元。开展劳动报酬、工伤赔偿、赡养费、抚养费等涉民生案件集中执行行动，共执结此类案件195件。加强淘宝网司法拍卖，所有拍品、所有环节全程网上公开；引进“E拍贷”平台，为网拍竞买人提供按揭融资服务，提高网拍成交率。全年网拍197次，成交额3318万元，溢价率8.18%。

（卢爱国）

【稳步推进机制创新，促进司法公正高效】 健全审判执行机制。落实主审法官办案责任制，主审法官独立定案，独立签发裁判文书，对案件质量终身负责。推行审判团队管理新模式，以主审法官为中心，法官助理、书记员为辅助，组建“1+N+N”审判团队，将法官从繁杂的事务性工作中解脱出来，集中精力办好案件。按照“执行权力明确化、执行人员序列化、执行团队警务化、执行流程程式化、执行监督立体化”思路，推行执行裁决权与执行实施权分离改革，设立专司执行裁决的独立审理机构，构建权责明晰、互相配合、集约高效的执行工作新机制。相关改革举措被《人民法院报》报道。

优化审判资源配置。坚持优秀人才向一线集中、优质资源向一线倾斜，整合综合部门、案件管理部门职能，充实审判力量，缓解一线办案压力。健全院庭长常态化办案机制，按照审判权与行政管理权相分离原则，行政事务由一名副院长协助院长管理，其他院领导将主要精力投入办案，主动承办重大疑难复杂案件。院领导共办理案件242件，同比增长79%；庭长（不含副庭长）办理案件764件，同比增长45%。涉及中山东路地下人防工程系列案件，全部由院领导承办，逐案做好协调化解工作，确保法律效果和社会效果。

完善阳光司法机制。依托互联网技术，打造司法公开新机制，网上直播庭审112件，在中国裁判文书网公开裁判文书5409份，为当事人及代理人提供网上阅卷105件。与新浪网合作，尝试微博直播案件庭审，拓展司法公开新渠道。改版法院官网，打造司法公开"E平台"，实现案件信息全程公开、审务事项即时公开。加强自媒体建设，注重原创微信质量，传播法院好声音，讲述法治好故事，微信阅读总量达3.56万人次。开展"法院开放日"活动，召开新闻发布会，主动向社会公开重点工作、重要案件、重大改革等信息，切实保障公众知情权。（卢爱国）

【积极回应群众关切，提升司法为民水平】 依法保障民生权益。加强民生案件审判，妥善处理婚姻家庭、损害赔偿、劳动争议等案件，注重保护妇女、儿童、老人合法权益，未成年人及家事案件审判庭被省妇联授予"巾帼建功先进集体"，入选镇江市优秀法治为民办实事项目。落实小额诉讼一审终审制度，提高司法效率，减轻群众诉累，审结此类案件510件，平均审理天数16天，当事人自动履行率达98.43%。加强保险纠纷矛盾调处工作，做好诉讼与行业调解的有机衔接、协调配合，为群众提供成本低廉、程序简便的司法服务，被市中院、市保险行业协会联合授予"保险案件诉调对接工作先进集体"。加大对困难群体司法救助，依法减缓免诉讼费212.65万元，发放刑事被害人及执行救助基金41.36万元。

创新司法便民体系。推进诉讼服务信息化建设，开展"网上立案"、"电子送达"，为当事人提供方便快捷的诉讼服务。全年网上立案55件，电子送达法律文书261份。推进诉讼服务标准化建设，完善诉讼服务大厅、诉讼服务网、"12368"诉讼服务热线"三位一体"服务体系，统一行为规范和工作流程。诉讼服务大厅接待立案咨询近万人次，诉讼服务网受理在线咨询683人次，诉讼服务热线接听电话490次。推进诉讼服务社会化建设，引入公益律师、法律志愿者等社会力量，为群众提供立案咨询、矛盾化解等服务，实现司法资源与社会资源的交融共享、良性互动。

推进信用体系建设。在全市首推诚信诉讼宣誓制度，所有诉讼参与人签订承诺书，手按《宪法》宣誓，承诺如实陈述案情、提供证据。《人民法院报》《江苏法制报》头版予以报道。健全失信被执行人"黑名单"制度，1020人被纳入"黑名单"，在城市中心户外显示屏、法院官方微信、微博上公开曝光，联动采取限制出入境、限制高消费等措施，有力震慑失信行为。加大虚假诉讼打击力度，对22件涉嫌虚假诉讼案件通过审判监督程序提起再审，撤销相关法律文书，对其中两名情节严重的当事人分别罚款5万元。（卢爱国）

【京口区法院率先建成执行指挥中心】 2015年1月，京口区法院执行指挥中心项目正式通过4G无线传输单兵、执行指挥车载执法仪的视频及通话效果、视频综合平台（大楼高清监控、法庭监控）等审核验收，成为镇江法院系统首家完成执行指挥中心建设、调试、验收工作的基层法院。（李亮）

【京口区法院召开涉保险纠纷案件工作研讨会】 3月13日，京口区法院召开涉保险纠纷案件调解工作室一周年回顾暨深化推进工作研讨会。镇江保险及法律界有关专家及全市17家保险公司人伤、理赔部经理参加会议。（卢爱国）

【谏壁法庭率先推行诚信诉讼保证制度】 3月19日，京口区法院谏壁法庭在京口工业园区的巡回法庭开庭，所有诉讼参加人签署《诚信诉讼保证书》，并手按《宪法》庄重宣誓："以我的人格及良知担保，诚信参加诉讼，如实陈述案情，出示真实证据，如违誓言，愿接受法律的处罚和道德的谴责。"诉讼参加人诚信诉讼保证制度是最高人民法院在新民诉法司法解释中所设立的一项新举措，谏壁法庭率先在全市推行，进一步彰显司法权威和司法公信力，有效遏制虚假诉讼，促使公民诚信诉讼，增强公民对法律的尊重和敬畏。（曹浏）

【镇江首次适用恢复性司法理念审案】 4月3日，京口区法院审理一起非法占用农用地案件，院长张子敏担任该案审判长。经过近两个小时的庭审，法院当庭作出一审判决：被告单位某村民小组犯非法转让土地使用权罪，判处罚金人民币12万元；被告人王某犯非法转让土地使用权罪，判处有期徒刑三年，缓刑三年，并处罚金人民币7万元；被告单位某机械公司犯非法占用农用地罪，判处罚金人民币8万元；被告人刘某犯非法占用农用地罪，判处有期徒刑一年零六个月，缓刑一年零六个月，并处罚金人民币两万元；退出的违法所得人民币14.65万元予以追缴。

该案是镇江法院首例适用恢复性司法理念，在开庭前就将被非法占用破坏的土地全部恢复到位的案件。京口区法院恢复性司法经验被最高人民法院信息简报刊登，并作为基层创新实践经验被省法院写入全省环境资源审判专题报告。（曹浏）

【京口区法院创新工作方式抓党建带队建促审判】 2015年，京口区法院党总支以高起点定位、高标准创建、严要求推进，以法治惠民党员奉献日活动为抓手，全力打造品牌，党建工作取得新成效。党总支的"法治惠民党员奉献日"活动被京口区委组织部表彰为优秀党建品

2015年5月27日，省高院院长许前飞（左二）到京口区法院考察指导工作
（区法院供稿）

牌。法院第一、二、三、四党支部分别被京口区委组织部评为三星级先进党支部，第六支部被评为四星级先进党支部，创建工作受到京口区委组织部和京口区级机关工委的高度肯定。（王晓宝）

【京口区法院成立执行裁决庭推进裁执分离】 3月，为推行裁执分离，实现裁判权与执行权在相对分离基础上的有效制约，经京口区编办批准，京口区法院在执行局设立执行裁决庭，这是全市法院系统首家获得编制部门批准的独立建制的执行裁决庭。执行裁决庭主要职责是变更执行法院的申请，变更和追缴被执行主体，审查对罚款、拘留等各类复议、审查处理执行异议之诉、纠正执行中发现裁判文书存在的不当或错误，在案件中止、终结本次执行程序后制作民事裁定书，审查其他影响处分当事人实体权利的执行行为和主持听证等。（卢爱国）

【京口区法院诉服中心引入法律志愿者服务团队】 6月，京口区法院经与市、区司法行政部门协商，从市法律援助中心选聘一名公职律师，江苏南昆仑律师事务所和江苏江诚律师事务所分别指派两名律师，组成公益律师团队进驻京口区法院诉讼服务中心，从事法律咨询、代写诉状、法律援助等工作。另外，从江苏大学文法学院学生中选聘6名热心公益活动的法律志愿者到诉讼服务大厅从事导诉服务、法律咨询、代写诉状、材料转接、案件查询等辅助工作。（卢爱国）

【京口区法院向京口区人大主任会议报告环境资源审判工作】 9月24日，京口区八届人大常委会召开第二十一次主任会议。京口区法院院长张子敏就环境资源案件审判工作情况向会议作专题汇报。

会议对京口区法院环境资源案件审判工作取得的成绩给予充分肯定，认为京口区法院环境资源审判工作具有司法保障作用强、恢复性司法措施实、协作联动有合力的特点，取得了良好的法律效果和社会效果。（卢爱国）

【京口区法院小额速裁工作被全市推广】 10月9日，镇江法院小额诉讼工作推进会在京口区法院召开，会议重点推介京口区法院小额速裁工作经验。市中院副院长姚强、民一庭、立案庭庭长及各基层法院相关部门分管院长及庭长出席会议。

京口区法院于1月1日运行小额速裁程序，主要经验做法如下：一是坚持强制适用原则，依职权主动适用；二是坚持法律释明原则，发放宣传册，请志愿者协助释明，并在立案后向当事人送达《小额诉讼须知》；三是坚持边裁边学原则，建立定期和不定期相结合的会商制度，加强对审判信息的研判和指导；四是坚持判后答疑原则，解答当事人对判决的疑惑，给予权力救济指导。（卢爱国）

【市人大调研京口区法院司法改革工作】 11月3日，市人大常委会党组副书记、副主任陈苏、市人大常委会内司委主任胡荣明等调研组一行5人，在市中院党组书记、院长茅仲华、市中院党组成员、副院长吴猛的陪同下，到京口法院调研司法改革工作。（卢爱国）

【京口区法院应邀到区政府开展依法行政法制讲座】 11月17日，京口区法院行政庭庭长邹永超应邀到京口区政府为京口区政府组成人员开展依法行政专题法制讲座。京口区区长黄万荣非常重视，亲自到场，京口区政府全体组成人员等100多人听取了该讲座。（卢爱国）

【京口区法院召开辖京口区国有及商业银行座谈会】 12月8日，京口区法院邀请辖区8家国有及商业银行相关人员进行座谈。针对大量金融借款案件无法按照银行提供的地址（包括借款人签订合同时书写的地址及借款人的户籍地址）通过邮寄或直接送达给被告，导致只能公告送达，客观上延长办案周期，增加金融债权收回风险的问题，与各银行进行座谈讨论，并就规范司法送达问题向各银行发送书面司法建议，受到与会银行的好评。
（卢爱国）

【京口区法院三篇案例入选《2015中国法院年度案例》】 《中国法院年度案例》由国家法官学院编撰，含传统和新近的热点纠纷，入选案例均从全国法院审结的近万件典型案例中挑选而来，具有广泛的选编基础和较强的代表性。京口区法院有3篇案例入选，分别是史友兴撰写的《在合租房内临时起意进入租住人房间实施抢劫不构成入户抢劫——徐某抢劫、强奸案》，陈艳超撰写的《股东身份瑕疵不应

阻却股东知情权——张某某诉镇江华鸿机械设备有限公司股东知情权案》和朱亚苏撰写的《美容服务合同的解除——彭某某诉齐远服务合同案》，入选数量居全市法院之首。（李燕汝）

【京口区法院两篇案例入选全市法院2015年十大典型案例】 两篇案例分别是院长张子敏和惠晓华撰写的《镇江市丹徒京口区新丰镇山北村后桃村民小组等非法转让农用地、镇江派普机械有限公司等非法占用农用地案》；史友兴和李燕汝撰写的《张某某等人借“会销”模式向中老年人高价“推销”廉价物品后撤离构成诈骗罪》。（李燕汝）

司法行政

【概况】 2015年，镇江市京口区司法局以“打造人民满意的服务型司法行政机关”为目标，推进“四个全覆盖”工作体系，加强“正规化、专业化、职业化”建设，坚持创新思路、转变作风、履行职能、突出重点，提升司法行政机关实战能力，为助力“强富美高”新京口提供优质高效的法律服务和坚强有力的法治保障。2015年获“镇江市文明城市建设网格化管理工作先进集体”、“综合治理先进单位”、“2012—2015年度京口区法治建设工作先进集体”、“党建工作科学化考核优胜单位”等荣誉称号，打造的“‘零距离’法律服务”党建服务品牌得到区委组织部命名表彰。（薛小莲）

【“六五”普法取得成效】 司法局以“六五”普法考核为契机，提升法治宣传教育成果。召开全区“六五”普法终期考核验收动员部署会，进行全面布置。5月份，由区人大、区政府、区政协领导分别率领区“六五”普法终期考核组，对全区6个街道、6个机关单位、1所学校、1家企业、1个村、5个社区进行“六五”普法区级终期考核检查活动。7月10日，市委政法委副书记李明洪率市“六五”普法检查组来京口区考核验收，对全区“六五”普法工作取得的成效给予高度评价。（薛小莲）

【开展“宪法进万家”主题宣传活动】 开展“法润京口·宪法进万家”主题活动，以主题活动为引领，营造良好法治环境。印制“宪法宣传单”10000份，发放到居民手中，利用已开通的“京口普法在线”微博和“京口区普法在线”微信双微平台进行主题宣传，取得很好的效果。（薛小莲）

【以“法律六进”为载体，提升全民法律素养】 推进“法律进机关”活动，开展区政府常务会议会前学法和政府组成人员集中学法活动，开展《政府采购法》《侵害消费者权益行为处罚办法》等4个专题的会前学法及《安全生产法》《招标投标法》等3个专题的集中学法。特邀南京审计学院法学院教授程乃胜为全区广大党员干部作“习近平依法治国思想”专题讲座。组织16名非人大任命领导干部任前法律知识考试，提升领导干部法治思维。推进“法律进学校”活动。在全区中小学中开展学习《镇江市青少年法制教育读本》活动，让法治教育走进课堂。并组织开展“法在心中·法伴成长”主题法治实践活动和“法治教育戏曲进校园”活动，为师生们送上一道别致的“法治大餐”。推进“法律进企业、进单位”活动。组织开展“法治宣传企业行”“送法进企业”等企业防范法律风险的普法活动10余场，企业安全生产意识得到增强。推进了“法律进社区、进乡村”活动。完善“一村一顾问”制度，组织开展“送法下乡”活动，提高村民的法律意识和法律素质。在中建大观举办以“同享法治阳光，共筑美好家园”为主题的2015年度“农民工学法活动周”大型广场文化活动，通过文娱表演、劳动法知识问答、发放宣传资料等方式引导广大农民工加强法律意识，提高依法维权的能力和水平。（薛小莲）

京口区司法局开展禁毒法律服务活动（区司法局供稿）

【提升基层民主法治建设水平】 扎实开展民主法治村（社区）创建活动，积极培育国家级民主法治示范村。2015年，谏壁街道东京村创成国家级民主法治示范村，实现全区国家级民主法治示范村（社区）零的突破。2015年，全区新增省级民主法治示范社区3家，省级民主法治示范村（社区）27家，创建率40.91%。（薛小莲）

【提升法治宣传教育实效】 2015年，建成新民洲新红旗社区法治文化广场、江山名洲社区百米法治文化墙等法治文化阵地。在全区组织开展“法润江苏·德法同行”系列活动：法治格言警句征集活动。在

66个社区（村）同时开展“法润镇江·德法同行”集中宣讲行动。在重阳节前，区司法局联合象山街道在景阳山社区开展了京口区“法治阳光温暖老龄”行动。加强京口普法在线“双微”（微博、微信）普法平台建设，多渠道、多形式、全方位开展法治宣传教育，使广大公民在潜移默化中接受法治文化的熏陶，法治文化引领作用初步显现。将普法工作融入“两网”建设，使基层普法工作从单一化向“网络+网格”立体化转变，这一创新举措申报镇江市政法系统2015年度工作创新项目。（薛小莲）

【有效化解社会矛盾纠纷】 在500人以上的企业——中储粮镇江基地成立人民调解委员会，联合区物价局、区综治办，成立区价格争议调解处理工作领导小组。加强人民调解组织建设、队伍建设和机制建设，着力构建以网格化管理为基础，以各类人民调解组织为主体的矛盾纠纷排查调处工作网。积极推进调委会规范化建设，实现6个街道、62个村（社区）达到省级调委会标准。2015年，组织社会矛盾纠纷专项排查3120次，接待群众1710人次，受理矛盾纠纷678件，调解率100%，调解成功率98.96%，劝阻群体性上访15批次155人次。（薛小莲）

【有效管控社区服刑人员】 2015年新接收社区服刑人员115名，没有发生脱管、漏管问题。通过强化走访排查、监督管理、教育帮扶，突出两节两会、抗战胜利七十周年等重点敏感期间社区服刑人员的监管工作；抓住关键节点，在全区社区服刑人员中先后开展22场次各种形式的集中教育活动；高标准、高要求开展特赦工作，在按照要求和程序认真做好上报工作的基础上，镇江市中级人民法院对全区三名罪犯做出特赦裁定，同时，成功将脱逃一年半、符合特赦条件的罪犯侯某抓捕归案。省关工委常务副主任李明朝、省司法厅厅长柳玉祥率调研组到京口专题调研“五老”参与社区矫正服务工作，先后考察区司法局和四牌楼街道司法所，全区“五老”参与社区矫正服务工作取得的成绩，得到调研组的高度评价。在四牌楼街道成立镇江市首个社区服刑人员文化教育基地，受到上级高度肯定。（薛小莲）

【稳步推进安置帮教工作】 2015年完成上年刑释人员排查工作，查实回归72人，查实率100%。全年接收刑释人员49人，帮教率100%，安置率98%，无一人重新犯罪。江苏安置帮教系统操作使用骨干培训在京口成功举办，受到省司法厅领导充分肯定。（薛小莲）

【提升法律服务质量】 围绕中心，积极发挥法律顾问团作用。紧紧围绕全区经济发展、社会稳定大局，充分发挥优势，认真履行职责，切实发挥法律参谋和智囊团的作用，为区政府提供优质、高效、可行的法律服务。截至2015年年底，区政府法律顾问团为政府提供各类法律服务40件。突出重点，搭建公共法律服务载体。开展“法润江苏·2015春风行动”，积极推进“两中心一站点”建设，建成6个街道公共法律服务中心和66个村（社区）便民法律服务站，形成以区级平台为龙头、街道平台为依托、村（社区）平台为延伸的三级公共法律服务体系，形成半小时公共法律服务圈。组织66家村（社区）法律顾问开展“定时+及时”常态化法律服务，确保政府为民办实事项目落到实处。（薛小莲）

【提升公证服务水平】 2015年，围绕区委、区政府中心工作，全力保障全区重点工程、融资引资、房屋拆迁的正常进行。积极探索公证便民服务措施，为老、弱、病、残等弱势群体登门办理公证服务，共开展上门服务、预约服务130人次。启动公证应急服务机制，全力以赴做好“东方之星”沉船事故后期的公证法律服务，成功办理一起遇难者家属杨某的委托公证。全年办理各类公证1152件，义务接待群众法律咨询2800余人次，没有发生过一起错证、假证和不合格证情况。（薛小莲）

【切实开展法律援助工作】 2015年，坚持以为民服务为导向，以维护弱势群体合法权益为目标，降低门槛，创新举措，大力推进便民工作常态化，切实解决弱势群体“打官司难”的问题，让更多困难群众获得法律援助服务。2015年，全区共设立法律援助联络站6个，法律援助联络员67人，法律援助志愿者248人，办理法律援助案件166件，受援人满意率达100%。（薛小莲）

【深入开展“真·实”活动】 2015年，积极践行“三严三实”，深入开展“真·实”活动，充分发挥职能作用，和结对企业（江苏人禾生态开发建设有限公司）和结对社区（丹企社区）开展了形式多样的活动。按照“群众点单、支部下单、党员接单”志愿服务模式，为结对社区11户困难家庭送上礼物，圆梦其微心愿，受到社区和居民一致好评。与镇江监狱联合开展了“书香进狱所”活动，4月23日，将150余册法律、励志、廉政、警示类的书籍送到镇江监狱，在狱警和服刑人员中集中开展读书活动，打造“书香狱所”，进一步推进互帮共建活动深入开展。（薛小莲）

【夯实基层基础建设】 筹备成立京口区司法局工会委员会，开展形式多样的文化娱乐生活，进一步调动干部职工的积极性。积极推进政法专项编制管理创新，全年通过商调、内部调剂等形式，先后充实3名同志到街道司法所工作，有效增强基层一线力量。制定出台《区司法局领导干部挂钩联系街道司法所制度》，大力推进司法所规范化建设，转变机关工作作风。（薛小莲）

【创成四星级“双型”先进党支部】 2015年，申报的“‘零距离’法律服务”党建服务品牌被区委组织部命名表彰，在此基础上，突出“法治引领、服务中心、服务发展、服务群众”主题，开展“双型”党支部创建工作，建成规范化的党员活动中心，积极争创“四星”级先进党支部，并高标准通过考核验收。（薛小莲）

综　述

2015年，按照军分区和区委提出关于人武部要树立京口“窗口意识”的指示要求，人武部党委明确“创一流、争第一、扛红旗”的发展思路，狠抓年度各项工作落实，积极适应新常态、落实新要求，全体干部职工政治坚定、精神振奋，单位上下风清气正，人民武装工作有特色、有成效，在全省、全市大项工作中均走在前列。（李学军）

人民武装工作

【省军区司令政委到京口区人武部检查工作】 11月3日，省军区李大清司令员到京口区人武部检查调研战备规范化建设情况，区委书记裔玉乾全程陪同，李大清对战备规范化建设给予了高度评价，并对区委、区政府对人武工作的关心支持表示感谢。11月23日，江苏省委常委、省军区政委曹德信率政治部主任李少、装备部部长施宏军等多名省军区常委检查调研军队改革期间部队全面建设和安全管理工作情况，曹德清对全面建设取得的成绩给予了肯定，并重点指出京口党管武装工作思路清晰、举措有效、成绩突出，“双拥”工作底蕴厚、传统浓，为其他单位树立了很好的榜样，最后还与全体干部职工合影留念。

（李学军）

【征兵工作有序推进】 3月，京口区人武部对全区22个基层单位8865名适龄青年进行了拉网式登记。4月组织交叉对口大检查，做到早部署、早摸底、早登记。5月底，区征兵办深入辖区3所高校、6所职业技术学院组织开展“征兵宣传校园行”活动，鼓励大学生携笔从戎，充分调动大学生参军积极性。6月中旬，继续组织128名大学生到京口区医院进行体格检查工作，7月3日，召开全区征兵工作会议，部署征兵工作任务，突出抓好征兵环境宣传协调市、区两级主要媒体，扎实抓好征兵宣传工作。率先开发“京口武装”手机微信公众平台，更好地鼓舞广大青年踊跃报名参军。7月14日，省军区副司令员鞠华率省征兵工作领导小组到京口区调研大学生征兵工作，市委副书记李茂川全程陪同。鞠华听完汇报高度评价京口区大学生征兵工作的经验做法，并将一些好的做法进行了梳理汇总在全省进行推广。7月16日至20日，区征兵办领导带领有关人员采到基层单位采取听取汇报、查阅资料、座谈讨论等方式，对各有征兵任务单位进行征兵工作检查调研。8月1日至3日，组织全区326名报名应征青年进行体格检查，并迎接市体检组的对体检的工作检查。8月下旬，区征兵办研究制定审批定兵程序，优先把思想基础好、入伍积极性强、文凭学历高的人员预定兵，落实好大学生和应届毕业生优先审批定兵的优惠政策。先后2次组织区纪委和区征兵办组成检查组，采取明察暗访的方法，对全区廉洁征兵工作情况进行专项检查，实地了解情况，确保廉洁征兵各项规定落实到位。9月11日，南京军区军务动员部对区人武部征兵工作进行了专项巡查，高度评价了区部在征兵工作特别是廉洁征兵方面所采取的举措和取得的成效。9月下旬，区长黄万荣、副区长解军英全程参加了年度征兵工作定兵会，为征兵工作完成画上了圆满句号。

（李学军）

【“八一”军事活动开展】 7月31日，区人武部组织区政府及各街道主要领导共80余人在镇江市国防园过“军事日”活动，进行轻武器射击，体验“兵”的生活。区长黄万荣参加此活动。区人武部军事参谋对列队的地方领导进行枪支结构、主要性能、射击要领、方法及注意事项一一进行讲解，并要求大家严格遵守靶场秩序，分步骤、按要求认真射击。参加活动的地方领导要以军事日活动为契机，强化党管武装意识，密切军地双方联系，扎实搞好双拥工作，在全区上下营造“关心国防、支持国防、热爱国防、建设国防”的良好社会氛围。

（李学军）

【领导调整交接仪式】 3月30日，

镇江市委常委、军分区司令员曹寅一行到京口区十楼会议室组织召开新老部长交接仪式，整个交接仪式在雄壮的国歌声中揭开序幕，首先镇江军分区司令员曹寅宣读南京军区政干令〔2015〕63号，宣布区人武部原部长陈卫东转业到地方工作，任命倪新明为京口区人武部部长。区委书记、区人武部党委第一书记裔玉乾对老部长陈卫东几年来的工作给予肯定，对新部长倪新明来京口区工作表示欢迎和鼓励。最后军分区司令员曹寅作重要讲话，鼓励大家在各自岗位上再立新功。区人武部全体干部职工、各街道、工业园区、新民洲港口产业园专武干部参加交接仪式。（李学军）

【《京口军事年鉴》（创刊号）出版】 历时两年、涉及30多名编纂人员参与编辑的《京口军事年鉴（2007—2013）》创刊号于2015年9月顺利完成编纂出版工作。该军事年鉴是记载断限内京口区人民武装部、民兵预备役和驻区部队军事活动的权威性和资料性文献。该年鉴创刊号以《江苏省军事年鉴》为样本，是统一列条标准、统一编撰规范、自成体系的七年合鉴。全书设类目、分目、条目3个层次。类目、分目相对固定，条目因事而定，共计30万字。列条的原则：主要反映全区境内部队和民兵预备役工作2006年至2012年发生的“重、大、新、特”的事物。军事年鉴创刊号的出版和印刷，为上级领导及军事机关制定决策、研究本辖区内军事工作提供有益借鉴，为今后开展爱国主义教育、全民国防教育提供良好教材，并为下一步续写军事志积累翔实资料。（李学军）

【整治加强战备执勤】 区人武部认真贯彻落实上级关于做好日常战备综合整治工作的一系列指示精神，部党委坚持把它作为单位一项重要工作来抓，整治工作稳步推进，共投入120余万元建设经费，重点建设战备区域“四库四室”和集中办公区的改造。制定《人武部日常战备综合整治实施方案》，成立综合整治领导小组，确保整治工作有序推进。查找人武部在日常战备综合整治中存在的不足，梳理出在“四库四室”建设改造中的薄弱环节，并针对性地制定整治措施，派出专人负责此改造工程。投资近120万元，完善作战值班室的值班设施，添置应急物资器材。狠抓战备值班制度。坚持24小时干部值班制度，认真落实民兵应急分队每日战备值班。修改完善各类应急预案，结合本辖区实际，进一步修订各类应急预案，确保关键时刻能迅速反应，及时拉动。作为镇江军分区日常战备综合整治工作领先单位，2015年，包括省军区两位主要领导在内的五名省军区党委常委先后到区人武部检查、调研、座谈，体现省军区、军分区首长对京口人武工作的重视与肯定。（李学军）

北固湾

综　述

2015年是“十二五”规划的收官之年，京口区住建局按照区委、区政府对城乡建设的工作要求，紧扣建设“苏南一流现代化主城区”目标，充分发挥住建部门牵头抓总、统筹协调的作用，突出重点抓项目，心系民生办实事，加强监管增效益，全力打造经济强、百姓富、环境美、社会文明程度高的新京口。2015年，先后获得迎五一“共筑中国梦，同唱劳动美”演唱比赛镇江市二等奖、“镇江市住房和城乡建设工作先进单位”“镇江市创建全国文明城市工作先进集体”“京口区安全生产年度考核优秀单位”等荣誉。（夏热　张珀）

重点项目建设

【概况】 2015年，区住建局承办和协办危房道路建设、空斗墙解危、海绵城市试点等市、区重点项目26个。在重点项目建设中，全系统干部职工发扬“5+2”“白＋黑”的优良工作作风，通过节点化组织、常态化巡查、精细化服务，保证了项目建设的顺利实施。（杨凯）

【道路通行能力日益提升】 2015年，辖区内解放路南段、汝山路南段、恒运路北段、镇澄路东延共7条主要道路新建或改造，建设总里程6.986公里，总投资 3.73亿元。其中解放路项目建设，改造了地下管网、新建供电走廊、完善提升雨污水系统、改造自来水、天然气、沥青路面铺设、双向四车道改为双向六车道、路面进行景观提升、人行道上间隔设置生态排水系统、增加进口车道数等，大幅度提高了人车通行能力。（王正）

【危房解危任务圆满完成】 2015年，根据镇江市《关于下达市区危房和空斗墙房屋解危任务的通知》要求，主动对接各责任主体，落实解危计划，协调解危资金，全年实施棒棰营、梦溪路、新建里、青云门危房、空斗墙搬迁项目4个，完成解危面积4.7万平方米、1032户。同时，对全区老楼危楼进行了安全排查，督促各责任单位认真排查统计、及时上报并落实属地解危责任，防止了垮塌事故发生，保证了人民生命和财产安全。（周伟艳）

【海绵城市试点强劲启动】 2015年4月，镇江被确定为全国16个海绵城市建设试点单位之一；6月，按照生态优先原则，将自然途径与人工措施相结合，最大限度地实现雨水在城市区域的积存、渗透和净化，促进雨水资源的利用和生态环境保护，科学制定了京口区海绵城市建设三年任务计划；下半年，实施并完成了金阳大道三期、花山湾五区、江二社区3个海绵城市建设项目，其中江二社区海绵城市建设面积19万平方米，486户，投入资金约2000万元，受到了广大群众的好评。（张明辉　蒋莉）

【东部环境整治有力有效】 谏壁街道王家花园城中村改造项目总投资约30亿元。一期工程居民搬迁259户，拆迁面积达6万平方米，建造安置房15万平方米，占地约20公顷，需投入资金6亿元；二期工程是建造商住楼30万平方米，该区域完成建设后可解决东部环境整治居民安置问题，以及打造谏壁地区商业居住中心。一期居民搬迁工作于2015年8月开始，12月15日结束。（廖丽萍）

【回迁安置房建设加快推进】 京口工业园区华诚新村一区二期安置房项目总投资约1.8亿元，总占地面积2.04公顷，建筑容积率为1.75，建设7幢房屋，地下人防1幢，总建筑面积45680平方米。该项目由新通置业公司开发建设，在2013年12月开工，于2015年1月竣工，解决了园区周边拆迁户的安置问题，提升了园区的投资环境。（廖丽萍）

征收拆迁工作

【概况】 2015年，区住建系统工作人员在征收拆迁工作中践行“依法征收、文明征收、和谐征收”的征收理念，遵循“十不准”的工作纪律，“规范、高效、文明、廉洁”地开展征收拆迁、回迁安置、产权产籍管理等工作。（姚磊）

【房屋征收拆迁强势推进】 2015年，先后实施并完成了谏壁王家花园、棒槌营、梦溪路危房、新建里危楼、烈士路房屋、尤唐巷空斗墙等13个征收拆迁(搬迁)项目,拆迁(搬迁)面积达20.5万平方米(2014年是9.77万平方米),同比增长110%,为拆迁地块土地及时上市交易和项目开工建设提供了保证。 (王正)

【回迁安置工作有效落实】 2015年,区住建局先后组织并完成了小朱家湾、薛家湾、金融聚集区、索普周边整治、象山花园二期1号、象山花园二期2号、御带河花园等16个项目回迁安置,回迁房屋2639套,面积25万平方米,让回迁户按时喜迁新居。 (王正)

【产权产籍管理再上台阶】 2015年,区住建局房管处加强了房屋产权产籍管理,保证万余份房产档案及房产确权档案得到良好的保管及利用,完成新数据的清理、录入、关联等工作,确保数据安全;定期进行检查,做到防火、防盗、防潮、防蛀,确保了房屋产权人的档案不受任何损失,受到市、区档案部门领导的好评。全年提供房屋确权面积审核查档1240份,产权查档服务60余人次。 (黄文宝)

建筑业管理

【概况】 2015年,区住建局建筑工程管理处进一步整顿建筑市场秩序,强化建安营业税征收,适时清欠农民工工资,开展常态化的行业监管,保证了建筑施工企业“安全、文明、健康”发展,赢得了丰硕成果:香江花城IB地块、孔雀苑二期二标段工程、孔雀苑26#、29#和安装工程被评为省级文明工地项目;华诚新村二区一期安置房工程、孔雀苑二期一标30#、31#楼、御带河花园27#—33#楼及3#地下室工程、警务技能训练中心等4项目被为市级文明工地项目;中冶蓝城一期二标段12#楼、大市口与斜桥街人防连通、镇江市职业技能培训中心新建培训教学楼、江山名洲四期4–A地块143#楼等4个工程获得2015年度镇江市“金山杯”优质工程奖。 (殷延厚 张俊)

【安全监管工作广泛深入】 以整顿建筑市场秩序为主线,立足标准化工地创建,多种形式宣传安全知识,在开展日常安全检查的同时,配合市建管处、安监站重点开展了高支模、深基坑、脚手架扣件、施工临时用电、建筑起重机械等专项检查;指导辖区内建筑企业积极开展创“文明工地”活动,对全区36家建筑企业进行了安全生产许可证年检、资质年检以及企业信用手册年检;组织二级建造师注册、变更、培训110多人;办理《江苏省建筑计价手册》、《安全生产许可证》换证和年检36家;“三类人员”继续教育106人;组织建筑安全员及造价员、施工员、质检员、机械管理员、材料员以及特殊工种的培训和继续教育工作;加强建设工程安全监督,强化对重大危险源的预控和动态监控,探索安全生产专项整治的长效机制,有效杜绝违规作业行为。 (庄伟武 张俊)

【多措并举强化建安税征收】 为确保建安营业税征管任务的顺利完成,对辖区内的建设项目开展大调查,对建安税源全盘掌控,动态跟踪,做好服务,防止属地税源流失;与市建管处、市地税等部门紧密配合,织密建安税征管网络;每月对建设工程的进度进行统计,深入施工单位按工程进度落实征管计划,随时为纳税单位提供纳税指导和服务,全年完成建安营业税征收1.8772亿元,实现了预期目标。 (庄伟武 张俊)

【及时清欠农民工工资】 区住建局建筑工程管理处与区“清欠办”、区人社局、区法院、公安京口分局等部门紧密配合、多方联动,严厉打击无良建筑企业,努力保护劳动者合法权益。2015年,共化解拖欠农民工工资纠纷事件43起,涉及金额约1300万元。(庄伟武 张俊)

物业管理

【概况】 2015年,区住建局物业服务管理中心以老小区物业提升改造、文明进万家专项活动为抓手,充分发挥街道、社区在物业服务管理工作中的重要作用,建成了条块结合的工作机制,有效提升物业服务管理水准。 (庄伟武 张俊)

【物业提升力度不断加大】 在物业提升工作中,积极探索老小区物业管理“健康模式”和“酒海模式”,小区内部增加改造了停车位,补植了部分绿化,更新更换了一批标识牌,建立了巡查和保洁等作业标准,解决了小区群众反映强烈的停车难、环境差、服务水平低等突出问题。2015年,实施并完成了华润新村、置业新村等4个小区物业提升改造工作,面积33.3万平方米,2639户。 (张明辉 蒋莉)

【物业管理水准逐步提高】 按照老旧小区“五个有”物业管理全覆盖的服务目标和标准,坚持“以块为主、条块结合、属地管理”的原则,健全工作督查、奖惩考核等工作机制,实行考核督查等次和资金拨付相挂钩的办法,加大对投诉及整改类的考核。2015年,共检查了278个物业区次,下发整改项目102项,整改率95.9%;将中建大观、山泽园等4个小区打造成市物业管理优秀小区。 (张明辉 蒋莉)

【公共绿地管护常态长效】 2015年,对辖区内桓王亭、东吴绿地广场等开放式公共绿地的绿化、清洁、附属设施进行了常态长效管理;与辖区内各社区居委会和城管执法中队协同查处毁绿事件,有效地保护绿地约800平方米;在创建文明城市期间,投入资金约200万元对辖区内道路、开放式公园进行绿化补栽、设施更换维修。 (沈小余)

【物业矛盾纠纷妥善化解】 针对物业管理和服务中矛盾纠纷高发的现象,采取先期预测、先期研判、先期化解的办法,制定应急预案,防止事态扩大,确保社会稳定;对所接到的物业投诉,立即与属地街道、小区、当事人三方沟通,找出问题症结,对症下药;同时,整合各方资源,加强对投诉工作的指导、回复和督办,纠正物业企业不规范行为。2015年,共接到“12345”服务热线566件,区政府交办单24件,电话投诉22件,全部一一化解并回复。 (张明辉 蒋莉)

2015年京口区建筑施工（装饰）企业资质概况表

表2

序号	企业名称	企业资质
1	江苏明兴建设发展有限公司	施工总承包一级
2	镇江市苏宁建工有限公司	施工总承包二级
3	镇江市华龙建筑安装工程有限公司	施工总承包二级
4	镇江市昱然建筑安装工程有限公司	施工总承包三级
5	江苏佳德施工程建设有限公司	施工总承包三级
6	镇江市协兴建筑安装工程有限公司	施工总承包三级
7	京口区华强建筑安装工程有限公司	施工总承包三级
8	镇江市京九建筑安装工程有限公司	施工总承包三级
9	镇江市宝鼎钢结构有限公司	施工总承包三级
10	镇江市恒林建筑装饰有限公司	施工总承包三级
11	镇江德高安装工程有限公司	施工总承包三级
12	江苏金芙蓉装饰工程有限公司	建筑装饰一级
13	镇江市金禾广告装饰有限公司	建筑装饰二级
14	镇江市良文装饰工程有限公司	建筑装饰三级
15	镇江市四方装饰工程有限公司	建筑装饰三级
16	镇江市景美装饰工程有限公司	建筑装饰三级
17	镇江市美苑装饰工程有限公司	建筑装饰三级
18	镇江市荣欣装饰工程有限公司	建筑装饰三级
19	镇江市洪洲建筑装饰有限公司	建筑装饰三级
20	镇江恒顺四达盛达金属门窗厂	门窗工程二级
21	镇江市康安房屋拆除有限公司	房屋拆除二级
22	镇江市荣发房屋拆除有限公司	房屋拆除二级
23	镇江市华龙新型建材有限公司	砼预制构件二级
24	镇江市华特电力设备工程有限公司	专业承包三级
25	镇江市明兴混凝土有限公司	专业承包三级
26	镇江科大船苑计算机网络工程有限公司	专业承包三级
27	镇江市华泰电力工程有限公司	专业承包三级
28	镇江汇丰电子工程有限公司	专业承包三级
29	镇江市汇成计算机网络工程公司	专业承包三级
30	镇江世博网络科技有限公司	专业承包三级
31	镇江市国恩科技有限公司	专业承包三级
32	镇江市吉通电器工程安装有限公司	机电二级
33	江苏长和新型建材有限公司	专业承包三级
34	镇江市大金电力设备工程有限公司	专业承包三级
35	镇江市传威建筑有限公司	专业承包三级
36	镇江市荣安劳动服务有限公司	劳务承包二级

说明：总共36家单位，其中施工总承包单位11家，建筑装饰及专业承包等25家

城市管理与环境保护

【概况】 2015年，京口区城市管理工作在区委、区政府正确领导下，以“网格化”为中心，深化长效管理，突出专项整治，提升服务水平。全区城市管理水平进一步提升，城乡容貌品位、城乡环境显著改善，圆满完成年度城市管理目标任务。（贾政晴）

【大城管考核保持领先】 建立健全“属地管理、统分结合”的责任体制和运行机制。全年受理市数字化城管平台交办案件15470件，其中考核案件14514件，各类投诉956起，均在规定时间内回复、办结，考核成绩全市领先。（贾政晴）

【实施网格化管理模式】 建立网络化管理模式，以道路为框架，社区为基础工作单元，划分出23个闭合网格，形成一支由执法人员、协管员、防违人员、街巷保洁员等组成的管理团队，主要负责落实市容环卫区制度，宣传文明经营，规范管理，以及违法建设的巡查工作，对辖区内实行全覆盖管理。（贾政晴）

【环卫保洁实行市场化运作】 2015年，京口区实现辖区主次干道保洁市场化全覆盖。健康、大市口、四牌楼、正东四个街道街巷道路面积24.95万平方米，宅前宅后面积56.2万平方米，绿化及空地面积205.5万平方米，共计286.65万平方米。（贾政晴）

【加强公共设施管理力度】 投入资金390万元，对15座公厕进行一厕一景提档升级改造；为近30座公厕增设第三卫生间，实行专人管护打扫保洁，24小时对外开放。联合市场化公司、道路建设单位，投入资金约60万元新增垃圾箱近600只，截至2015年年底，垃圾箱总量比2013年增加3倍。（贾政晴）

【城市环境综合整治】 继续开展“九整治、三规范、一提升”（九整治：整治城郊结合部 整治城中村 整治棚户区 整治老旧小区 整治背街小巷 整治城市河道环境 整治低洼易淹易涝片区 整治建设工地 整治农贸市场；三规范：规范占道经营 规范车辆停放 规范户外广告设置；一提升：提升城市长效管理水平）为主要内容的城市环境综合整治行动。全区2015年度列入市政府目标责任书的17个整治项目全部完成。改造棚户区1个，改善型背街小巷整治项目7个，城市河道整治1条，农贸市场1个，规范经营疏导点整治项目4个，停车设施2个。积极打造亮点和典型疏导点截至2015年年底，全区共设41个疏导点，根据省城市环境综合整治要求，对象山花园、电力路迎江桥北侧、石马湾苏果超市、江山名洲菜场4个疏导点进行升级改造。推进“文明进万家”活动。京口区从2015年起至2016年，按照“高眼光、高标准、高效率、高水平”的要求，用3年时间着力解决当前180万老住宅小区存在的环境卫生、排水设施、楼道小广告等突出问题。各街道每年完成三分之一，约50万平方米，使“文明进万家”活动高质量、高效益开展。健全长效管理考评机制。京口区已将2013年、2014年环境综合整治完成项目全部纳入“大城管”月度和年度考核评价，并及时通报、限时整改。建立健全城市环境综合整治长效管理机制，全面启动双井路省级示范路和焦顶山社区省级示范社区的创建工作。（贾政晴）

【专项整治取得成效】 2015年，区城管局针对违章建筑、渣土扬尘、占道经营、户外广告、老小区和菜市场6项内容进行专项整治。

防违拆违专项整治。坚持“以防为主、防拆并重”和“违建零补偿”原则，完善区、街道、社区三级防违责任体系，层层签订防违治违责任状，全年共拆除象山街道宗泽路碳素厂、健康路花山湾五区、谏壁街道石墙头村等片区内违法建设490处，面积10万余平方米。

渣土扬尘整治。强化工地源头管控，联合公安、住建等相关部门开展路面集中执法，全年共检查各类建设工程运输车辆4013辆次，对工地扬尘较大、车轮带泥、冲洗设施未使用的责令工地整改98处。建立和完善渣土行业自律，渣土运输企业等级化管理，渣土扬尘得到有效治理。

占道经营整治。组织开展占道经营专项行动，取缔花山支路马路菜市场，建立八佰伴值守制度，进行长效管理。对中山路小学、四中、镇江高专、江苏大学等周边流动摊点进行集中整治，提升辖区市容市貌。

户外广告整治。制定户外广告（店招标牌）专项整治工作实施方案和整治清单，全年共拆除3块违法设置的大型户外广告牌，面积约598平方米。对学府路江大门口等地段的店牌字招进行整治出新，提升店牌字招的档次和品位，形成特色。

老小区改造工作。对花山湾五区进行整治改造，突出LID（注释）开发，有条件的片区根据海绵城市建设要求进行透水铺装、透水花园施工。2016年开始，区城管局将不再负责老小区改造工作。

强化菜市场管理。组织力量对菜市场外部的市容保洁、占道经营、违法建设和内部的环境卫生、经营秩序、商品销售、食品安全等问题进行专项整治。坚决取缔露天菜市场，尤其是花山湾路、盛达新村等群众反响较大的露天市场。

（贾政晴）

【开展“小区是我家、环境靠大家”主题活动】 建立街道和社区联合处置杂物的工作机制。积极组织开展杂物集中清理活动，发动居民清除楼道杂物和清洁周边环境，清理杂物1000余处，约2000吨；清理小广告35462处，约6500平方米；清理死角250处。（贾政晴）

【打造“百姓城管”服务型党组织】 以建立健全城管系统为民服务体系，围绕强化服务理念、丰富服务内涵、创新服务举措、拓展服务路径、提高服务能力、彰显服务成效，通过平台建设、公正执法、丰富内涵、提升素质四个方面，建立“诉求服务民主式、共建服务结对式、帮困服务主导式、志愿服务菜单式”为主要内容的“四式工作法”，创新服务群众的方式，增强机关干部服务基层的能力，打通联系服务群众的“最后一米”。（贾政晴）

生态与环境保护

【概况】 2015年，京口区环保局紧紧围绕区委、区政府和市环保局的中心工作，以优化环境服务发展为目标，坚持一手抓执法监管，一手抓服务，深入推进生态文明建设、污染减排以及多项专题执法检查整治工作，全面完成了各项指标和重点任务。2015年先后被京口区委、区政府评为“生态文明建设先进单位”“城市管理先进单位”“2015年度区级机关目标绩效考核优秀单位”。（丁梦薇）

【生态文明建设提升工程】 2015年，全区上下高度重视生态文明建设，以“四大生态文明建设工程”为抓手，紧紧围绕“低碳、天蓝、地绿、水净、生态修复”五个重点词，在2014年实施并完成31个生态文明建设项目的基础上，提升标杆，自加压力，全面启动54个生态文明建设类项目，总投资达19.3亿元（年度总投资12.6亿元）。通过进一步细化、量化各项重点任务，分解到人、到月，实行“周检查、月通报、季考核”，生态文明建设取得了显著成效，多个生态文明重点项目得到了省、市领导高度关注和认可，并在《扬子晚报》《镇江日报》《京江晚报》等多家媒体刊登报道。一是大力开展青山碧水蓝天提升工程。实施城市山体保护修复，完成总投资2500万元的黄丝湾、大王山、松林山山体综合治理。实施水环境整治，在重点实施虹桥港清水通道建设、生态修复工程的同时，玉带河生态恢复试点工程正在投放生物菌种；完成总投资3000万元的新民洲污水管网建设。大气环境整治方面，完成总投资500万元的索普集团1#—3#锅炉管理减排工作、热电厂除尘设施改造；完成总投资2.26亿元的谏壁电厂10号机组脱硫改造和11、12、13机组超低排放改造；实施燃煤锅炉整治，已淘汰10吨以下燃煤锅炉6台；投资300万元，建成并运行王家湾停车场，解决7家运输公司渣土运输车统一清洗、管理等问题；餐饮油烟污染防治工程已完成对370余家餐饮单位油烟排放调查摸底，及时采取有效整改措施，有效改进环境敏感区域内餐饮油烟扰民现象。二是积极推进城乡环境综合整治。重点实施谏壁片区生态环境综合整治，治理、关停污染企业6家；加快推进化工园区周边居民搬迁工作，加快实施翻水河南岸城中村改造、谏壁地区老旧小区整治等，2015年搬迁居民约570余户、9.5万平方米；完成总投资1.36亿元的谏壁节制闸建设；大力实施城市环境综合整治，完成健康路、解放路南段、汝山路、金阳大道、金鼎大道等道路综合整治和建设；完成花山湾五区等老旧小区，市政路、烈士路等6条背街小巷以及花山湾农贸市场、象山花园等4个疏导点改造等，开展焦顶山社区恒顺尚都小区垃圾分类试点，切实改善市容市貌。三是全力开展生态试点示范建设。加快建设节能低碳企业，已完成谏电、鸿泰钢铁、鼎胜铝业等5家重点碳排放企业碳资产管理系统建设，推进4家企业自愿性清洁生产审核，完成1家企业强制性清洁生产审核，全面淘汰2003年前生产的Y系列在用电机。积极实施总投资约4.5亿元的京口工业园区循环化改造工程，新建绿色建筑15.6万平方米，全力推进绿色社区创建，上隍村“水美乡村”建设通过初审。四是增强大众生态文明理念意识。已建成6个生态文明主题广场，成立“绿微客”环保协会。完成2个生态文明教育基地和1个生态文明示范学校的建设。（丁梦薇）

【水环境综合整治】 2015年重点推进“引水活水、生态修复”两大工程，重点实施了虹桥港清水通道建设、虹桥港（胜利港）生态修复工程以及玉带河生态恢复试点建设。总投资1700万元的虹桥港清水通道工程全面完成投入运行，使虹桥港以及东片的“两横四纵”共计11公里多的水网连通，“死水变活”；总投资230万元的虹桥港生态修复工程全面竣工，约3000平方米的生态浮岛和多个除藻曝氧设施已安装到位；玉带河生态恢复试点工程正在投放生物菌种，水质较2014年已有明显改善。（丁梦薇）

【谏壁地区环境综合整治】 按照镇江市委、市政府《谏壁片区生态环境综合整治（2014年—2016年）工作方案》工作目标，从2014年起，用三年左右时间，基本解决谏壁片区环境污染突出问题。2015年治理、关停污染企业6家，完成总投资1.36亿元的谏壁节制闸建设。加快实施翻水河南岸城中村改造、谏壁地区老旧小区整治等，推进化工园区周边居民搬迁工作，搬迁居民570余户、9.5万平方米。

（丁梦薇）

【污染减排工作】 认真落实减排措施，“十二五”京口区四项主要污染物削减目标为：化学需氧量10.5%、氨氮8.25%、二氧化硫20%、氮氧化物30%。截至2015年年底，已累计削减化学需氧量410.95吨、氨氮47.87吨，二氧化硫20474.4吨、氮氧化物34915.1吨。削减率为26.4%、21.53%，51.36%，57.79%，各项减排指标超额完成。（丁梦薇）

【环境监管】 根据市、区关于开展各项专项整治工作的要求和精神，狠抓落实，有效推进。切实强化对违法企业的处罚力度，2015年督促企业限期整改28家，下达行政处罚决定书6件，结案5件。严格落实环评审批制度，2015年共审批受理建设项目33个，办结33个。全面落实企业环保信用评价。2015年对7家国控企业、38家非国控企业进行了全面评定。大力开展环保大检查。自2015年2月环保大检查行动开展以来，全区累计出动执法人员985人次，检查排污企业283厂次，下达限期整改决定书63家，立案处罚5件，切实解决了一批危害群众健康和影响可持续发展的突出环境问题，有效遏制了环境违法案件多发势头。对江苏鸿泰钢铁有限公司未经批准擅自转移危险废物违法行为，下达了限期整改并立案处罚12万元；对索普集团噪声超标且扰民行为，下达了限期整改并征收噪声超标排污费。

（丁梦薇）

【危险废物管理】 2015年，京口区环保局切实加强对危险废物的监督管理。全区危险废物重点监管工业企业14家，全部纳入江苏省危险废物动态管理系统，网上申报率达100%。截至年底全区共产生危险废物2219.4吨，委外处置量为433.7吨，转移危险废物122起。2015年4月，由区环保局邀请省环保厅领导、各辖市区环保局工作人员及辖区内重点监管单位近120人参加在爱励铝业（镇江）有限公司召开的全省首次危险废物转移网上报告现场会，组织现场观摩爱励铝业危废的规范化管理工作，现场学习并分享企业成功管理经验。

（丁梦薇）

【油烟专项整治】 对全区近400家餐饮单位实施了调查摸底。按照先易后难、典型示范、分步推进的原则进行重点整治，对整治不力的单位及时下达环境违法行为限期改正决定书，截至2015年年底已下达限改20家，17家已完成整改，3家医院食堂正在整改中。（丁梦薇）

【环境信访】 严格执行《信访工作条例》，认真处理群众来电来信来访，实施大接访、领导带案下访、召开圆桌会议、群众座谈会等各种有效方式，协调化解环境矛盾纠纷，切实解决环境污染难点问题。2015年共受理各种污染投诉2117件。其中水污染方面81起、大气污染方面1311起、噪声方面671起、固体废物方面6起、辐射11起、其他34起。信访处理率100%。

（丁梦薇）

【环境宣传教育】 在学校，开展绿色宣传、绿色创建等工作。组织京河路幼儿园开展省级“绿色学校”创建工作，同时按照“七步法”有序推进谏壁中心小学进行国际生态学校创建。在社区，利用“绿微客”等环保社会组织积极开展各类宣传活动。在机关，邀请省厅专家为全区所有科级以上干部实施专题培训。

（丁梦薇）

焦山风景

“三集”发展

【概况】 2015 年，京口区先进制造业特色园区工业固投增幅 21%，应税销售增幅 9.7%。其中高性能材料产业园应税销售达 95 亿元，增幅达 9.9%，新民洲临港产业园入库税收收入增幅达 30.7%。

现代服务业集聚区固投增幅 26%，其中服务业固投增幅 24%，应税营收总量、入库税收总量分别达到 274.5 亿元、24.4 亿元，全市列第一。大市口中央商贸商务集聚区的固投与服务业固投的增幅分别达 34%、26%，中国中小企业信息产业园重点指标均超额完成年度任务。

现代农业产业园区固投增幅 22%，农业总产值增幅 17%。其中粮油加工特色园区总产值达到 86.3 亿元，增幅 17.2%，京口现代农业产业园区（省级）固投增幅达 132%，总产值增幅也达 16%，均超市区下达的目标。（孙俊鹏）

规划管理

【概况】 2015 年，镇江市规划局京口分局在京口区委、区政府和镇江市规划局的正确领导下，深入落实“四个全面”战略布局，坚持生态领先、特色发展战略定位，以“五大”发展理念为核心，规划好现代化“山水花园城市”的建设目标，同时坚持服务大局，强化规划管理，提升依法行政和规划服务水平，加快规划编制步伐，城乡规划各项工作迈上新台阶。

2015 年，镇江市规划局京口分局认真落实夏锦文书记在视察京口讲话中的有关要求，积极推进各街道、园区相关规划项目的服务，为各版块做好服务工作，全力护航“1+6”活动等市区两级重点活动，参与京口区“转型升级先锋”、争当“经济工作能手”等活动。2015 年镇江市规划局京口分局被评为 2012—2014 年度市、区两级文明单位。（姚丽萍）

【行政许可】 镇江市规划局京口分局严格执行“一书两证”核发制度，全年共核发建设项目选址意见书 5 份，总用地面积约 3.57 公顷；选址意见 18 份；建设用地规划许可证 9 份，总用地面积约为 12.58 公顷；建筑工程规划许可证 18 份，总建筑面积约 8.8 万平方米；建设工程规划核实合格证 12 份。（姚丽萍）

【规划编制】 协调总体规划编制中京口区相关事项，协调京口区中小学及学前教育布局规划等专项规划的编制工作，协调京口区相关项目规划条件的编制；协调开展镇村布局规划，推进镇村特色发展。（周斌）

【服务项目】 为京口区项目选址提供技术服务，推进京口区航空航天中小企业基地标准化厂房建设项目；为区项目规划提供前期技术指导，做好长江游戏谷、台湾文创园

2015 年 9 月 21 日，副区长赵永斌调研京口规划分局、协调项目情况（姚丽萍摄）

等重点项目的规划前期服务工作；投身生态文明建设提升工程，参与谏壁地区生态环境综合整治，为谏壁王家花园项目、江口村引进项目进行规划业务指导；参与协调虹桥港清水通道项目；参与京口公共事业发展，协调瓯龙小学项目建设；参与指导江科大附小校安工程；参与京口区组织的中山路小学校园周边环境综合整治工作。

（张明　周斌）

【执法检查】　参与住建部对市第8期204个规划遥感督察图斑核查工作，其中涉及京口区图斑共计44个，已完成违法建设移交查处工作。

（周斌）

【信访工作】　全年受理各类领导信箱、网上建议咨询投诉、"12345"便民服务等共计约18份，答复人大、政协提案共计5件。批前公示27件，批后公示9件。　（韩建军）

【规划宣传】开展"真 · 实"主题实践活动、"党员进万家"、"献爱心、送温暖"活动，与粮山社区结对开展"城乡结对，文明共建"等活动。

（祝再军）

国土资源管理

【概况】　2015年，京口国土工作在区委、区政府和镇江市国土资源局的正确领导下，紧密围绕京口区的重点工作，紧盯目标任务，服务经济发展，较好地完成了全年各项工作任务。国土京口分局被评为2012—2014年市、区两级文明行业，象山、谏壁、共青团农场国土资源所被评为2012—2014年市、区两级文明单位。被省国土厅评为年度预防职务犯罪工作先进单位。京口区创成"国土资源节约集约模范区"

（马弋）

【土地资源现状】　截至2015年年末，全区总面积12468.63公顷，各类土地现状分别为：耕地1717.66公顷，其中水田682公顷、水浇地15.78公顷、旱地1019.88公顷。园地306.68公顷，其中果园46.35公顷、茶园5.17公顷、其他园地255.16公顷。林地363.56公顷，其中有林地221.79公顷、灌木林地120.57公顷、其他林地21.20公顷。草地28.51公顷，其中人工牧草地0.02公顷、其他草地28.49公顷。城镇村及工矿用地4655.19公顷，其中城市用地2291.7公顷、建制镇用地1163.37公顷、村庄用地492.98公顷、采（工）矿用地538.96公顷、风景名胜及特殊用地168.18公顷。交通运输用地495.91公顷，其中铁路用地29.75公顷、公路用地352.98公顷、农村道路用地108.69公顷、港口码头用地4.11公顷、管道运输用地0.38公顷。水域及水利设施用地4818.45公顷，其中河流水面2654.74公顷、坑塘水面236.22公顷、内陆滩涂1603.15公顷、沟渠120.62公顷、水工建筑用地203.72公顷。其他土地82.67公顷，其中设施农用地19.53公顷、田坎63.14公顷。

（吴文君）

【土地登记发证】　坚持依法审批，注重服务高质高效，对符合登记条件的严格按工作时限办结。行政服务中心窗口对资料齐全的市民"三房"土地登记做到"立等可取"。全年土地登记发证共计2641宗。

（吴文君）

【建设用地管理】　加快土地供应。共实施19个项目的农转用报批工作，面积54.44公顷；加快项目供地工作，全年供地16宗、60.03公顷，确保全区重大项目的落地建设。全年完成征地补偿项目15宗，征地补偿面积70.38公顷，拨付补偿款3256.75万元，安置被征地农民332人，拨付保障金2882.17万元。

（顾君　孔国华）

【耕地保护】　对市政府下达的1496.67公顷耕地保有量和180公顷基本农田保护层层签订责任状，制定了耕地保护责任目标考核办法，实现了耕地保护100%的目标。在共青团农场实施农村土地整治项目2个，面积44.60公顷，新增耕地面积43.60公顷。　（朱婵莲）

【国土资源执法检查】　全年共立案查处土地及矿产资源违法用地21宗，截至2015年年底已全部处置到位。积极开展卫片整改，全区相关街道、园区组织出动人员1000多人次，大型车辆600多台次，拆除地面建筑物7620平方米，恢复耕地3.56公顷，全区2015年度违法用地由33宗整改到位29宗，耕地违法比例由37.81%下降至4.67%。加强信访调处维稳工作，全年共受理人民来信来访127件，全部结案，办结率100%。　（焦春桂　徐寅）

【矿山地质环境整治】　基本完成国家级废弃矿山治理示范工程，整治面积约20公顷，绿化面积约5.33公顷。加速推进雩山水泥厂废弃宕口整治，截至2015年年底完成主体工程，初步具备验收条件。加强地质灾害防治，下发了《2015年京口区斜坡地质灾害防治方案》，与各责任单位签订《京口区地质灾害防治责任书》。严格执行汛期地质灾害险情巡查、值班制度，对2015年汛期新发生15次小微型地质灾害事故，及时落实责任单位，隐患点均已整治到位。多方筹措资金，加大地质灾害治理，通过向省厅和市局争取治理资金950余万元专项资金，分别对松盛花苑、雩山水泥厂、京岘山地质灾害现场和废弃宕口进行有效治理。全面落实地质灾害危险性评估。　（黄欣）

市场监督管理

【概况】　2015年，镇江市京口区市场监督管理局认真贯彻落实京口区委、区政府和上级业务部门的工作部署，以构建"三大环境建设"为主题，以争创一流业绩为目标，优化工作机制、增强履职能力，扎实开展"三严三实"专题教育活动，持续推进机构改革，各项工作进展有序、成效明显，圆满完成全年各项工作目标任务。截至2015

年底，全区实有各类内资市场主体（含分支机构）29941户，出资总额499.21亿元，分别比上年底增长22.15%和30.54%。其中，企业9731户，注册资485.41亿元；个体工商户20152户，出资总额13.35亿元；农民专业合作社58户，出资总额0.4482亿元。先后被市委、市政府表彰为“镇江市创建文明城市工作先进集体”，被市政府表彰为“市政府‘12345’服务热线工作先进单位”，被区委、区政府评为“2012—2015年京口区法治建设工作先进集体”，被市工商局评为“2015年度全市工商行政管理目标管理二等奖”，该局及4个基层分局均被区委、区政府评为“2012—2014年文明单位”，该局选送的案卷被市全面推进依法行政工作领导小组办公室分别表彰为全市行政处罚案卷二等奖、全市行政许可案卷三等奖，第二分局被市纪委评为“2015年市级廉政文化建设示范点”。此外，该局消费维权、行政执法及食品安全等多项工作得到区委、区政府和上级业务部门的表扬与肯定。（袁卉）

【市场准入环境持续优化】 在全省率先推行营业执照“三证合一、一照一码”并联审批，推出企业网上登记服务，实行网上登记与传统的窗口登记“双线并行”，激发了全区的创业热潮。2015年，共办理各类市场主体设立5576户，注册资本39.9亿元，相比2014年的4695户、注册资本30.01亿元，同比分别增长18.76%、32.96%。结合“真·实”活动，每月至少走访2家规模以上企业，了解企业经营情况，为企业发展提出合理化建议。积极帮助企业申报省著名商标、市知名商标、江苏省品牌，特别向鼎胜铝业、震东电光源等产品销往国外、商标具有一定知名度的企业，介绍在商标国际注册方面的政策，帮助企业着手开展商标国际注册相关事宜；指导采用国际标准和国外先进标准企业做好网上申报。2015年，共申报著名商标5件，知名商标11件，新申请注册商标182件，完成7家省名牌企业发展跟踪表的收集上报工作；完成3家企业4个产品采标工作；指导14家企业进行企业产品标准自我声明，声明企业产品标准25项。（袁卉）

【事中事后监管稳步推进】 初步形成加强事中事后监管的新模式，落实企业信息公示暂行条例及其各项规定，及时做好宣传工作。2015年，企业通过年报4823户，年报率75.1%，个体工商户年报15585户，年报率92.6%。加大抽查力度，全年共开展抽查5次，抽查企业462户，有45户企业被列入经营异常名录。完善打击商标侵权和假冒伪劣工作机制，积极开展“双打”专项整治行动，共出动执法检查人员178人次，检查各类经营主体500余户，检查各类市场主体13个，整治重点区域5处，查处商标案件2件，没收侵权假冒商品78件。集中开展以户外广告、互联网广告监管等为重点的广告检查工作，对辖区各主要路段的户外广告展示牌以及网络广告进行检查，共出动执法人员98人次，检查各类广告162条次，查处案件3件。为巩固创建文明城市的成果，开展无照经营专项检查行动，立案查处无照经营4户。同时，积极配合有关部门开展安全生产、打击传销、打击非法集资等专项执法行动，取得显著成效。（凌大双　袁卉）

【消费环境建设持续提升】 2015年以来，共受理各类投诉1635件（其中“12345”交办847件，“12315”转办688件，“12331”转办15件，网络及其他方式投诉85件），按时办结率100%，满意率98%以上。对群众关注度高、矛盾纠纷激烈、牵涉多个部门的投诉，不推诿、不回避，积极与相关部门联动，及时与投诉者沟通，树立了市场监管部门敢于担当的形象，为京口社会和谐稳定做出了积极贡献。加强对流通领域重点商品质量的监测，并强化监测结果运用，在扎实做好上级下达的各类商品检测任务的同时，通过对投诉举报数据信息分析，确定投诉集中的黄金珠宝、电动车、服装被装、儿童用品等作为自检项目进行检测，2015年，共抽检商品120批次，不合格24批次，依据检测结果，根据《产品质量法》等相关规定，对不合格产品全部进行立案查处。在京口区委、区政府的精心指导下，整合发挥市场监管行政执法、消协组织社会监督、放心消费创建办公室协调各方的功能，坚持问题导向，扎实开展放心消费创建工作，为促进全区经济社会健康发展做出积极贡献。大力开展消费维权“五进”活动，建立“五进”站点30余个。积极建立“一会两站”组织，全区67个社区的消费维权网络实现全覆盖。强化民生计量，把计量“两免费”检定作为重要的惠民措施，努力营造诚信计量、放心消费的良好环境。2015年，完成13家集贸市场563台（件）计量器具，9家社会福利院、计划生育指导站、社区卫生服务站181台（件）医用计量器具免费检定工作。（袁卉　陆富生）

【食品安全工作扎实开展】 在生产环节，充分利用食品生产企业动态监管系统平台，科学制定三分监管工作计划，确保巡查频次到位、检查效果到位、系统更新到位。在食品生产企业中建立QQ群，开展对企业的专项指导工作，极大地方便了企业，营造了良好氛围，普及了安全知识。2015年，共巡查食品生产加工企业23家（次），下达整改通知书2份，发放落实主体责任告知书13份，行政指导建议书3份、提示书1份；在流通环节，以食品质量安全信用分类分级管理为抓手，扎实做好流通环节食品安全工作，2015年10月，全市食品质量安全信用分类分级管理现场会在京口召开，市食药监局向各辖市（区）推广了该局的经验。同时，该局着手在全区各大型超市、农贸市场新建16家农产品快检室，并于2016年投入使用；在职能还未正式划转的餐饮环节，该局也积极和区卫计委联系，提前参与到餐饮服务的监管之中，2015年以来，参与餐饮环节检查8次，检查70余家企业。（袁卉）

【特种设备监管有效加强】 始终

以“安全第一、预防为主、综合治理”为方针，履职尽责，扎实做好特种设备安全监察工作。相继开展了电梯大会战、气瓶专项整治、危化品罐区及相关化工企业、涉氨企业专项整治以及打非治违等专项行动，突出重点，强化日常监管，严守安全底线。先后出动执法人员322人次，检查各类特种设备使用单位196家次、气瓶充装单位19家次、电梯维保单位25家次，其中约请检验机构、市特设协会专家一同参与检查41家次。及时核实处理特种设备方面投诉举报217起，及时依法处理检验机构移交安全隐患1045项，严守安全底线，未发生安全监察事故，未发生重特大事故。

（杨昀）

审计管理

【概况】 2015年，京口区审计局在区委、区政府和上级审计机关的领导下，以党的十八届三中、四中、五中全会精神为指导，认真贯彻落实全国、省、市审计会议精神，按照区委、区政府“稳中奋进、改革创新”的总体要求，加压奋进，开拓创新，认真履行审计监督职能，积极完成各项审计工作任务，全年开展各类审计项目57个，完成50个。其中，财政审计7个，专项审计3个，经济责任审计8个，工程决算、跟踪审计32个。查出未及时增加收入、多计工程造价款等问题资金1.68亿元，节约财政建设资金4168万元，针对性提出审计建议67条。2015年获区目标管理考核优秀单位，局党支部被评为“三星级”双型支部。

（张雪君）

【审计机关一条鞭项目】 按期开展稳增长政策措施落实情况跟踪审计，根据审计发现的问题和原因分析，从机制和管理层面提出审计建议6条，按时向镇江市审计局提交4份审计报告。同时，认真做好全国保障性安居工程跟踪审计，积极参与全市拆迁管理经费专项审计。

（张雪君）

【经济责任审计】 开展离任审计7个、“三责联审”1个，强化对公共资金、国有资产、国有资源使用和处置管理，更加注重对民生资金、实事项目和“三公”经费的跟踪监督，查出管理不规范资金0.35万元，针对审计发现问题提出审计建议31条。

（张雪君）

【固定资产投资审计】 完成工程决算项目30个，送审金额4912万元，核减金额1055万元；开展工程跟踪审计6个，送审金额7.22亿元，发现主要问题7个，涉及资金3131万元，发送审计建议单19份。

（张雪君）

【审计整改】 对于审计过程中发现的问题，坚持“边审边改”与“限时整改”相结合。能够即时整改的，要求被审计单位自觉进行整改，已边审边改问题27项，涉及金额7431万元；不能即时整改的，在审计结束后下达整改意见书进行限时整改，截至2015年年底下达整改通知书19份，限时整改问题23项，涉及金额5836万元。

（张雪君）

【审计精品】 薛家湾安置房跟踪审计项目历时2年，全过程跟踪监督，发出审计联系单80份、意见单34份、月报意见单17份、重大事项意见书1份，提出审计建议和意见343条，对造价管理和建设程序进行重点控制，共节约和纠正不规范资金1.4亿元，该项目被评为全市审计系统优秀审计项目。

（张雪君）

【学习培训】 制定《京口区审计局2015年度“审计质量规范年”活动方案》和《京口区审计局2015—2017年度“三提升一强化”行动实施方案》，邀请镇江市审计局业务处长开展业务知识专题培训5次，参加市审计局组织的各种业务培训86人次，及时更新业务知识，夯实基础，有效地提升了审计专业化、规范化和信息化水平。在强化学习培训的同时，鼓励年轻人提高学历、考职称，取得与审计相关专业的研究生学历1人，计算机、造价等中级资格证书3本。结合工作实践提交专业论文9篇，获省审计厅优秀奖1篇、市局优秀奖2篇。（张雪君）

安全生产监督管理

【概况】 2015年，在区委、区政府的坚强领导下，京口区安监局深入贯彻习近平总书记、李克强总理关于安全生产工作系列重要指示批示精神，以“夯基础、控源头，严责任、强措施，接地气、建常态”为指引，贯彻“一条主线”、着力

区委书记裔玉乾（第一排左起第二位）带队督查“两节、两会”期间安全生产工作

（区安监局供稿）

“三个坚持”、深化“五大体系”，突出重点，创新思维，真抓实干，全年未发生较大以上事故，各项指标均未突破市下达控制指标，连续10年在市政府年终安全目标责任考核中获优秀等次，被市安委会评为2015年度全市安全生产先进单位。（王峥）

【安全监管责任制落实】 区委、区政府主要领导始终坚持以问题为导向，定期研究部署安全生产工作，深入一线开展督查调研。其他区领导在各自联系点和分管行业领域，注重抓重点、抓规律、抓苗头，及时牵头协调解决安全生产突出问题。在元旦、春节、全国“两会”、“五一”、国庆等重大节庆假日期间，全区各级党委、政府及部门领导均亲自带队对全区重点行业企业和重大危险源点开展拉网式检查，确保重大节日、重要活动期间全区安全生产形势稳定。年初区政府与全区23家安全生产责任单位分别签订下发2015年度安全生产责任书和任务书，增加安全生产工作在全区综合考核中的权重，深入开展企业安全生产责任体系“五落实五到位”建设，全力构建“党政同责、一岗双责、失职追责”的工作格局，确保全区安全生产工作责任的层层传递和有效落实。（王峥）

【安全生产重点工作】 深化信息化运用，加强隐患自查自报信息监控平台的调度管理。严格落实企业隐患排查治理法定责任，促进企业由被动接受安全监管向主动开展安全检查转变，督促企业自觉开展隐患自查自纠自报，实现安全生产隐患排查治理制度化、信息化、现代化。隐患自查自报系统2015年平均上报率为99%，495家单位共自查上报各类隐患5160个，完成整改5158个，整改率为99.9%。区安监局和象山街道安监办被评为市隐患排查治理工作示范单位。推进标准化创建，引导企业以科技引领安全生产，推广先进适用的新技术、新方法，淘汰不符合标准要求的生产布局、工艺流程、设施设备。健全安全生产保障和突发事件应急机制，运用安全生产经济政策推动企业落实安全生产主体责任，履行社会责任，降低企业特别是高危企业和小微企业的安全生产风险，提高保障能力，切实维护职工安全权益。2015年已有12家企业通过标准化验收，全区累计已有93家企业已通过标准化创建。运用第三方力量，共筑安全生产“防护网”。通过政府和企业购买安全生产技术服务的方式，充分发挥专业机构力量，由专家对企业定期开展“会诊”检查，形成三级“会诊”机制。京口工业园、谏壁街道等监管任务重的街道、园区和鼎胜铝业、科捷锂电、胡氏光电等重点企业通过“专家会诊”提交问题清单，形成“会诊”报告，提出整改建议，更加全面细致地查治企业存在的隐患和问题，更加有效地促进了企业主体责任的落实，推动企业安全生产管理的规范，专业化程度、精细化水平明显提升。（王峥）

【严格执法和专项整治】 突出重点行业领域，进一步深化危险化学品、烟花爆竹、冶金、道路交通、建筑（拆除）施工、油气管线和人员密集场所等行业领域的安全生产专项整治，坚决打非治违施行高压政策，严格落实停产整顿、关闭取缔、上限处罚、严肃问责的惩治措施，规范安全生产秩序。突出重点隐患整改，针对安全管理最为薄弱的小微企业、家庭作坊、“厂中厂”和层层转包的企业，建立健全“查—改—督”闭合工作机制，做到隐患早发现、早整改，确保消除在萌芽状态。2015年，累计督查检查企业1789家次，排查各类隐患2758条，完成停产停业整顿5家。（王峥）

【安全生产基层基础】 由京口区安委办牵头组织对全区6个街道、2个园区安全生产监管能力建设情况组织了专题调研，从机构设置和编制、安全投入、人员配备三方面提出了《京口区开发区安全生产监管能力建设建议方案》，并在6月份召开的区政府常务会议上进行了专题汇报。区委、区政府数次组织召开专题会议进行研究，在规定的时间内，由区编委会下文明确京口区省级开发区京口工业园区和市级开发区新民洲临港产业园安监办为事业单位，分别调剂核定事业编制5名和3名，并发文统一了全区街道园区安监机构名称（统一为某街道/园区安监办）。精心组织新安法宣贯各项主题活动。积极组织开展政府学法、“安康杯”知识竞赛、“安全月”广场咨询、基层安监人员能力素质提升培训、应急预案综合演练、安全生产专家巡诊、安全文化进企业进社区、生产安全事故

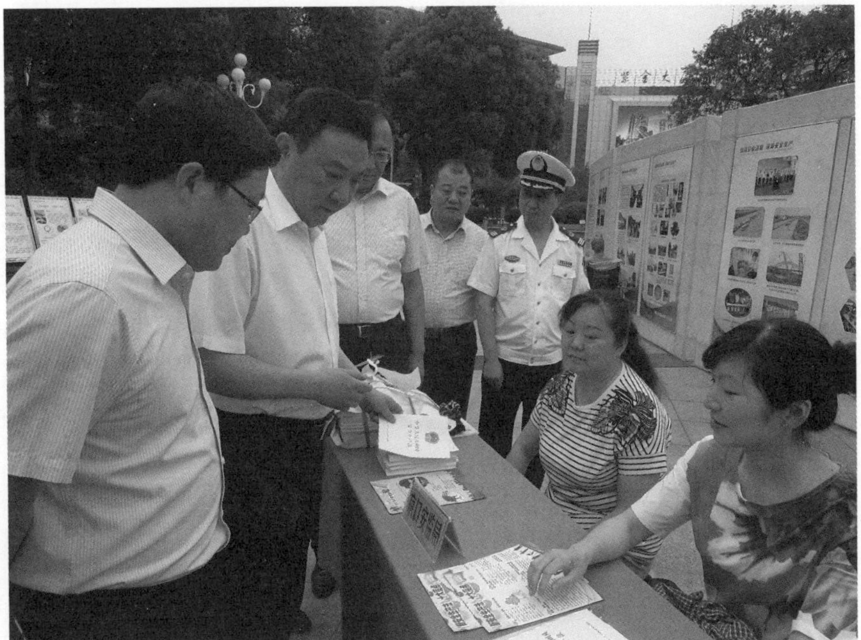
安全生产月广场咨询活动（区安监局供稿）

警示教育等形式多样的活动。2015年共开展32次新《安全生产法》学习宣贯活动，覆盖人数超5000人，发放新《安全生产法》《安全生产法释义》等宣传资料5000份。举办辖区企业主要负责人及安管人员岗位资格培训班5期，领证人员超800人。（王峥）

【职业卫生监管】 搞好调查研究，严肃职业病危害防治监管。积极与上级部门协调，对京口区“新、改、扩”建项目进行提前介入，督促并加快推进建设项目职业卫生“三同时”的落实，切实从源头上预防、控制和消除企业职业病危害。共对辖区5家企业开展了职业卫生“三同时”。同时，加强职业卫生执法，检查各类企业18家次，限期整改4家。根据统一部署，对全区378家企业完成工作场所职业卫生现状统计、10家职业卫生示范企业创建以及涉及14个重点行业专项整治工作。京口区爱励铝业（镇江）有限公司、普莱克斯（镇江）工业气体有限公司被评为市职业卫生示范企业。（王峥）

【应急演练和值班值守】 进一步细化落实全区安监战线24小时不间断专人值班和领导带班制度，尤其是加大重大节日期间的安全值守工作。广泛采取突击式应急演练，即在不事先通知、不提前预告的情况下，到危险源点后通知企业某个要害部位已发生事故，要求企业立即开展应急演练，督查企业如遇突发事件后应急处置的方式、方法和流程应对是否正确，并聘请市安全生产专家库成员进行现场讲评，通过突击演练、现场评估、持续改进的手段，切实提高企业应对危险源点各类事故的现场处置能力。6月19日，在中石化谏壁油库开展京口区“安全生产月”综合应急预案演练活动，取得很好的效果。（王峥）

统计管理

【概况】 2015年，面对复杂多变的国际国内环境形势和艰巨繁重的改革发展稳定任务，京口区统计局紧紧围绕工作中心，服务经济发展大局，以深化巩固教育实践活动成果为契机，以落实全市统计系统“三百行动”为抓手，全力推进现代化服务型统计建设，着力提高统计数据质量，为全区建设“强富美高”新京口提供了优质统计服务。在2015年度镇江辖市区各专业业务工作考评中，区统计局工业、能源、社会科技、服务业、基本单位统计和统计法制工作荣获优秀等次；核算综合、建设领域、贸易外经、人口与就业、农村、文化产业统计、企业景气调查、信息化建设、统计宣传及财会工作荣获良好等次；连续四年荣获区级机关目标绩效考核优胜单位称号；区统计局综合业务科被镇江市统计局授予全市“服务型统计建设最佳团队”称号；区统计局工交能源科科长徐锁夕被授予全市“最美统计人”称号。（胡涛）

【统计方法制度改革】 各专业科室在吃透《统计制度改革专业分工协作暂行办法》文件精神的基础上，深入分析改革影响，提前做好测算以及各项衔接工作，扎实做好新方法制度的学习和培训。认真开展固定资产投资改革试点工作，通过实地查看项目形象进度，核对投资项目情况，同步开展双轨运行制度。（胡涛）

【企业联网直报和各项定期统计调查工作】 认真完成各专业“一套表”网报平台以及农业、GDP核算等定期统计调查任务，进一步加强对基层报表单位的培训与指导，组织开展专题业务培训12场，参训人数达600余人，多方式解决企业数据上报遇到的困难和问题，有效发挥了统计职能。（胡涛）

【开展2015年度全区1%人口抽样调查】 区政府办公室印发文件，全面安排部署全区2015年1%人口抽样调查工作，抽调全局7名业务骨干成立调查办公室，被抽中街道（园区）也成立了相应的工作机构。思想发动到位。区调查办组织开展人口抽样调查宣传进社区活动3场，发放各类宣传用品、调查礼品4000份，各街道悬挂宣传横幅25条，张贴宣传公告和宣传画100余份，发放致住户的一封信近万封，全面开展“精准直达”的宣传，提高1%人口抽样调查知晓率，为确保入户调查顺利开展打下了坚实的基础。选聘精通计算机并从事过调查业务的年轻人员和熟悉社区情况的社区工作者53人一道担任调查员和指导员。分别组织调查员参加市级以及开展区级阶段业务培训10余场，大大提高了调查入户登记的准确率，组织开展区级综合试点，为正式开展调查工作锻炼了队伍。数据质量到位。由于采取PDA登记的电子化方式，区调查办全体人员采取定点包干的方式，深入调查一线指导检查，力争把差错消灭在源头。精心安排登记录入计划，按时保质完成

区统计局开展统计宣传进社区活动（区统计局供稿）

区统计局举办联网直报企业统计人员业务技能培训班（区统计局供稿）

数据录入审核上报，各项数据无差错，全面顺利完成全区1%人口抽样调查入户登记工作，得到市局的充分肯定。（胡涛）

【开展统计“三百”行动】 积极围绕构建“现代化服务型统计”目标，贯彻落实全市统计系统“三百”行动意见，成立区统计局“三百”行动领导小组，专题会议部署全区统计系统“三百”行动方案，结合全区“1+6”活动，积极开展“三服务三提升”主题活动。服务统计用户，提升服务科学发展的能力。建立走访长效机制。局领导带队走访企业30余家，结对定点企业（金舟软件）11次，主动与职能部门定期组织联席会，及时将最新的政策举措与企业对接，做好跟踪服务，实打实地帮助企业克服困难，解决问题。多领域提供统计产品。精心为全区重大会议提供统计数据资料，多次在区政协主席会议、常委会议作专题汇报，第一时间将全区考核指标完成情况报送区委区政府，反馈至街道、园区。与区妇联联合开展全区“妇女儿童发展规划”统计监测，按时发布2014年全区统计公报，及时编印《京口统计月报》，有效满足各级各部门使用需求。服务统计基层，提升统计队伍综合素质。加大业务培训力度。严格执行年度培训计划，将专业培训范围扩大到重点企业，举办联网直报企业统计业务技能培训班3期、专题业务培训12场，参训人数达800余人，实现了统计业务培训全覆盖。着力构建人文统计。一方面完善基层统计员信息库，强化上下互动，及时掌握人员基本情况和更新变动情况，及时为统计人员提供在线指导，切切实实地提供贴心服务。另一方面扎实推进学习型机关建设，组织专题学习活动8场，开设统计业务讲坛，开展书香机关活动，购买各类图书30余本，推选职工读书召集人，积极开展读书汇活动。组织理想信念主题教育活动，集中参观廉政警示教育基地、雨花台烈士陵园及南京大屠杀纪念馆等场馆，切切实实地提高自身素质。再一方面是坚持并完善节日慰问、生日祝福、患病探望等制度，范围扩大向基层统计办人员，切切实实地传递组织的温暖。服务人民群众，提升统计知识普及环境。畅通与区电台、政府门户网站的联系渠道，注重统计工作中的大事和公众关注的问题的报道，回应群众关注。扎实推行统计“四进”活动，联合市局、市国调队举办统计开放日广场宣传、统计宣传进社区等活动4场。与区职能部门联合走访慰问城乡一体化调查户，进一步增进与记账户之间的感情，拉近与基层的距离。深化与结对社区的互动，落实党员干部、党员志愿者蹲点社区，积极开展各项社区志愿服务，结合社区实际，打造“两网”建设亮点，与“两网”共建单位共同为社区发展出谋划策。同时，局领导还带队集中走访慰问结对困难户14次，领取并完成社区群众微心愿10个。切实为“三集园区”发展出谋划策，及时梳理各园区情况，开展集中培训，吃透指标含义，加强沟通联系和部门协作，帮助园区推进弱项指标。全力打造京口特色。积极探索统计工作管理服务新途径，借助四牌楼街道“两网”平台，进行网格化统计管理试点，利用网格长、志愿者“地熟、人熟、情况熟”的优势，推广以“三活、三清、三百家”为核心内容的网格化统计管理工作法，全力打造“管理到门口，服务进家门”的统计管理服务新格局。2015年全区1%人口抽样调查中，统计网格化管理模式不仅实现了各阶段工作高速、高效，而且基本解决了调查工作中涉及企业、居民隐私调查“门难进”的问题，中国信息报还进行了专题报道。（胡涛）

【各项统计调查工作】 高质量地完成了各大专业重点统计调查以及安全生产社情民意、小微企业调查、农民工、企业景气、劳动力等各类专项调查任务20余项。顺利完成新一轮城乡记账户样本轮换工作，组织召开住户调查记账户年中培训暨联谊会，表彰年度的优秀记账户和辅调员，联合职能部门定期走访慰问城乡记账户，稳定记账队伍，做好城乡住户一体化调查工作。按照统一部署，做好“三经普”后续工作。（胡涛）

【统计基层基础工作】 夯实基层统计办规范化建设。建立健全基层统计机构规范化建设实时台账，健全统计数据全程质量管理体系，进一步规范基层基础工作。加强技术指导，年内全部街道（园区）统计办创成全省乡镇（街道、园区）统计规范化创建省级达标单位。加强统计信息化建设，全部街道、园区统计办实现统计内网专线连接。加强从业管理。梳理基层统计员信息库，狠抓统计从业资格报考率，组织近70人参加全国统计从业资格考试。联合润州、新区举办从业上岗培训班，着力提高统计人员持证上岗率。统计中介机构发展稳定。全区首家统计调查服务机构镇江市恒实统计事务所有限公司，2015年进一步完善统计服务体制，加强基础建设，多渠道、多形式的拓展业务，为社会提供优质、高效、便捷的统计服务，被市信用办评为四星级信用机构。（胡涛）

【统计执法工作】 完成权力阳光统建平台行政职权梳理、细化和报送。严格落实执法检查计划，完成10家单位的执法检查。深入开展工业企业科技统计数据质量检查、数据质量大检查，配合市局完成健康路街道统计监审。（胡涛）

物价管理

【概况】 2015年，京口区物价局在区委、区政府的正确领导下，紧紧围绕“转型升级、特色发展”总要求，以“服务发展、稳定物价、保障民生”为出发点，以“四个全面”战略布局为引领，扎实开展“三严三实”专题教育，深入推进“1+6”活动，切实强化市场价格监管，维护市场价格秩序，全面完成将居民消费品价格指数控制在3%以内为全年工作目标。在服务发展、深化改革、改善民生、依法行政等方面扎实开展了各项工作，营造了良好的价费环境，于2015年度镇江市价格系统考评中荣获全市价格工作先进单位称号，被授予2012—2014年度市级文明行业称号，下属检查分局、价格认证中心均被授予区级文明单位称号。（罗甜）

【强化市场价格监测预警分析体系】 密切关注辖区内重要商品价格变动，完善市场价格监测预警机制，制定应急方案，及时传递价格信息，跟踪价格热点，利用网络、报刊、智慧物价平台等形式进行广泛宣传，加强舆论引导，努力形成辖区内健康和谐的舆论氛围。加强价格监测分析和成本调查工作，对市场价格异常波动快速预警与跟踪调查分析，及时为政府决策提供依据。（罗甜）

【加强行政事业性收费监督管理】 2015年4月1日起，行政事业性、政府制定价格的经营服务性收费单位实行收费情况报告制度，要求辖区内87家行政事业性收费单位填报《收费情况报告书》，并将数据信息通过“全国收费动态监管系统—网上申报系统”及时申报，上报率为100%。建立了全区收费监管工作QQ群，加强与各收费单位的沟通和配合。（罗甜）

【完善收费目录清单】 按照实施行政审批制度改革的总体要求，深入推进价格改革。按年度编制、公布收费目录清单，做到清单之外无收费。贯彻落实国家和省取消、减免收费的政策，及时更新目录清单，督促、推进收费公示，实施收费阳光化管理，加强事中、事后监管和服务。（罗甜）

【深入开展价格争议调处工作】 研究制定通过联合发文的形式成立了京口区价格争议调解处理工作领导小组，将价格争议调解工作渗透到基层，在8个京口区的乡镇街道司法所及辖区内的欧尚超市、万方超市等大型超市内设立价格争议调解点，2015年度已接受价格争议调处案件3件，调处金额达45.6万元。（罗甜）

【完善京口区价格信用体系数据库】 对商家履行价格政策情况、推行明码实价情况及时跟踪登记，实现了对商家价格信用体系的长效监管模式。对辖区内的价格诚信单位进行了抽查，促使价格诚信单位能够认真贯彻执行价格政策，增强价格自律和品牌意识。截至2015年年底，已增商贸流通企业87家。（罗甜）

【强化市场价格监管】 制定《2015年度价格工作要点》及《2015年度“创先争优”考核实施细则》，扎实有效开展市场价格检查，共开展各类市场价格检查38次；出动市场检查人员约115人次，检查商家52家，共下发《整改通知书》和《价格违法行为警示函》23份，发放价格法律法规政策资料360余份，免费派送明码标价签200余份，有效监管和制止了多起不当价格促销和明码标价不规范行为。（罗甜）

【开展多领域价格专项整治】 严格按考核要求开展好各类市场价格专项检查，对辖区内风景区周边餐饮行业、商业零售行业明码标价行为、停车场收费等价格行为进行专项检查，辖区内均未发现存在价格违规违法行为。开展“价格诚信有序年”“市场价格规范年”“明码实价推进年”等市场监管主题活动。将明码实价工作与价格诚信评定挂钩，在全区范围内开展了“明码实价和价格诚信推进年”活动。规范教育、医疗、商品房等收费行为，立足整治市场价格热点，维护广大群众的合法权益。（罗甜）

【开展特色活动，创新价格公共服务模式】 始终把为企业服务作为工作的出发点和落脚点，在彰显价格服务作用上实现新突破。在欧尚超市专题开展“3·15价格现场价费知识竞答活动”，现场进行价格政策互动宣传，解答和受理相关咨询和投诉。4月在辖区万方超市四牌楼总店开展了服务企业政策培训活动，通过讲解价格违法违规典型案例、解答商贸流通企业所提出的价格政策问题等形式进行授课，提升经营者的价格自律意识。组织专人参加在龙吟坊举办的“温暖520”现场咨询活动，将价格政策送进社区、送达居民。积极配合区文明办开展创建“大祥时尚街诚信经营一条街”活动。（罗甜）

【提升价格维权办理质效】 采取了“三级”负责办理制，提高价格举报案件办理质量和效率，依法处理好职业维权举报和疑难举报案件，及时录入和上报相关案件办理情况。2015年度共受理各类价格举报95件，价格咨询40件。其中镇江市物价局（镇江市“12345”政府服务热线）交办69件，市价格举报中心（“12358”系统平台）交办15件，退还消费者2367.7元，办结率、回复率均达到100%。（罗甜）

【规范物管收费行为】 对全区住宅物业服务收费标准进行规范，严格执行政策认真办理物业管理和停车收费报备和审批手续。维护经营者和广大业主的合法权益，有效促进了物业服务品质的提升。全年共对辖区内11家住宅小区的物业收费标准进行了备案审核。（罗甜）

【服务重点项目，做好项目征收拆迁评估工作】 以立足于服务市、区重大项目建设为重点，精心组织评估人员，踏实开展工作，确保了各项目实施的正常推进。2015年度完成梦溪路危楼改造、长岗环境整治、古更楼巷危楼改造项目的房屋征收拆迁评估工作，参加了谏壁月湖王家花园、新建里空斗墙改造、棒捶营危楼等项目的前期调查和项目概算工作，参与象山街道办公用房回迁及薛家湾安置房地块商业用房的价格认证。共完成房屋征收拆概算迁目28个概算资约58亿元，完成房屋征收、拆迁评估1707户总面积约13万平方米，完成未动迁地块房屋前期调查5585户总面积62万平方米。（罗甜）

国有资产管理

【行政事业单位国有资产管理】 以国有房产的拍租为重点，加强国有资产管理。以区委、区政府名义出台《镇江市京口区行政事业单位国有资产管理实施意见（试行）》，要求符合条件的国有资产对外出租时，均应委托有资质的拍卖公司进行公开拍租。同时制订并发布了《京口区国有资产“拍租”工作流程（试行）》和《京口区国有资产出租审批表》。并严格要求房屋产权单位须遵守相关规定，通过市场调查并集体讨论后确定租金底价，并在一定范围内进行公示，使出租行为在阳光下运行，坚决杜绝“人情出租”的现象。2015年，区交通运输局、区商贸公司、区教育局、区住建局村镇办等单位的房产分别进行了成功拍租。通过房产清查和出租管理工作的开展，全区各单位形成了重视房产管理的观念，进一步提高了国有资产管理的水平。（樊潇）

第三产业管理

【概况】 2015年，实现服务业增加值311.76亿元，同比增长10.3%，高于全区GDP增速1.2%；服务业增加值占GDP比重达到72%，高于全市服务业占比25.1个百分点，领先优势明显。全区服务业实现固定资产投资261.7亿元，同比增长15.7%；现代服务业集聚区固投总量、应税营收总量、入库税收总量列全市第一。传统产业转型升级，苏宁广场项目进展加快，裙楼立面装饰完成85%，商业城二店调整经营策略，重新开业运营。以电子商务、北斗位置服务、网络文化、总部经济等为代表的新兴产业、新型业态加速集聚。江苏网商自贸区暨镇江京口网商产业园入园企业突破2500家，大禹山创意新社区创成全市唯一的省级电子商务示范基地和互联网产业园。以名通科技、易乐科技等为代表的网络文化产业爆发式增长，引领镇江网页游戏开服数位居全国第四。江苏易乐被评为江苏省2015年度互联网十大新锐企业。（张国蕾）

西津渡

综　述

2015年，全区完成工业投资106.9亿元，比上年增长21.7%；工业技改投资86.3亿元，比上年增长33.7%。规模工业增加值69.7亿元，比上年增长5.1%；工业应税销售333亿元，比上年增长5.2%；规模工业利税总额38.08亿元，比上年下降3.2%；规模工业利润总额27.37亿元，比上年增长5.1%；规模工业企业数达到53家。通过在宏观经济形势仍然十分严峻复杂的背景下，京口区工业经济运行呈现出"生产平稳、增速换挡、质效提升、稳中有进"的发展态势。

鼎胜新材、谏壁电厂、索普集团、中储粮等七大重点规模企业实现应税销售259亿元，比上年增长5%，占全区比重达78%。爱励铝业、谏壁电厂、中储粮产销增长明显，全年工业应税销售分别增长63.3%、13.3%、12.9%。质量效益相应回升，其中鼎胜新材利润同比翻番。

鼎胜新材PS板基及钎焊箔技改、中储粮二期技改扩能和飞驰冷藏车3个省级工业经济新增长点项目全部竣工达产，新增应税销售14.4亿元，拉动全区工业应税销售增长4.5个百分点；海龙核科实现了京口区工业企业上市零突破。

（赵丽）

重点工业企业

【概况】　2015年销售超亿元的企业有23家，实现销售287亿元，利税总额37亿元，利润总额27亿元。亿元企业销售增幅略高于全部规模工业企业增幅，效益增幅略低于全部规模工业企业增幅。销售增长-5.5%，比全部规模工业增长高0.5个百分点；利税总额下降4.1%，比全部规模工业下降高0.9个百分点；利润总额增长4.0%，比全部规模工业增长低1.1个百分点。亿元企业销售、效益较上年均有下降。

（区统计局　徐锁夕）

【对全区工业支撑作用明显】　销售占全区规模工业95.9%，利税占全区规模工业96.1%，利润占全区规模工业97.0%。前5家工业企业的销售、利税、利润占全区规模工业分别为82.2%、88.0%、91.6%。

（区统计局　徐锁夕）

【引领京口四大工业行业发展】　金属冶炼及压延加工业：镇江鼎胜铝业股份有限公司、江苏鸿泰钢铁有限公司等6家企业实现销售97亿元，下降0.8%。化学原料及化学制品制造业：江苏索普（集团）有限公司等6企业实现销售55亿元，下降7.8%。电力热力的生产和供应业：中国国电集团公司谏壁发电厂等2企业实现销售58亿元，下降-14.8%。农副食品加工业：中储粮镇江粮油有限公司实现销售56亿元，增长19.7%。四大工业行业实现销售266亿元，占全部规模工业89%。

（区统计局　徐锁夕）

综 述

2015年，区国有资产管理工作坚持依法行政，通过市场化运作，成功“拍租”国有资产。做好清收债权工作。妥善处置工业公司遗留人员问题。成功兑付退休职工独生子女奖励金，使国有企业资产保值增值，维护了稳定。供销合作工作在在职人员少，退休人员多，服务“三农”任务重的情况下，努力开拓，使下辖镇江市象山供销合作社、镇江市京口区谏壁镇供销合作社、镇江市梦溪商场、镇江市聚鑫隆再生资源物资有限公司稳定经营。2015年，全系统完成销售13400万元，社会消费品零售总额11970万元，农资销售额1430万元，盈利98万元。交通运输局工作主动适应经济新常态，抢抓发展新机遇，加快推进交通基础设施建设步伐，各项工作实现持续较快发展，完成全年各项目标任务。（陈明）

区属商业工作

【概况】 2015年，区国有资产管理中心立足“管好现有资产，维护大局稳定，抓好队伍建设”要求，坚持依法行政。通过市场化运作，成功“拍租”一处国有资产。全年清收债权160万元。处置工业公司遗留人员问题7件。成功兑付近300名退休职工独生子女奖励金。中心党工委获“全区基层党建重点创新课题表彰一等奖”。（陈明）

【国有资源综合利用】 区国有资产管理中心优化国资管理，在国有资产寻租、处置过程中，执行“三公开”：信息公开、程序公开、结果公开。在改制托管资产监管中，做到“在服务中求监管”。正东路27号原商贸办公房成功“拍租”，实现区国有房产通过市场公开“拍租”零的突破。通过司法途经清理黄山南路28号一处被占用房屋，理顺资产权属关系。在区政府办协调下，中营菜场权属关系、日常管理、利益分配规范确认。财富广场回迁安置及资产处置积极推进。苏恒公司改制保全资产溢出面积形成处理意见，做到国有资产托管不失管。

区国有资产管理中心在重点债权清收中，实行领导挂钩清收制度。成功清收原工业缝纫机厂持有的上工申贝17193股股权；收回智迪、城投历史欠账20万元。大西路东段改制托管房，因拆迁形成的国有价值部分全部收回。（陈明）

【关注民生，节流增效】 区国有资产管理中心实行一岗双责、首问负责制。在处理历史遗留问题上，实行“三个依”：依法、依规、依理。2015年，接待职工信访107人次，办理完结信访诉求53件，办结“12345”热线受理、政府交办信访问题30件。中心自筹资金110万元，用20万元化解下属企业4名职工多年前已解除劳动关系，但职工不愿办理相关手续的劳资纠纷。用90万元集中兑付近300名退休职工独生子女一次性奖励金。协调市、区人社部门化解原下属7名职工因改制企业欠交养医保不能及时办理退休手续矛盾。化解12名职工因个人档案缺失，到龄无法办理退休矛盾。成功处置江苏置业有限公司原事业身份退休人员要求享受提租补贴集访案件。2015年，中心选举成立工会第一届委员会，建立职工慰问、补助等维权制度。（陈明）

【落实从严治党，提振精气神】 区国有资产管理中心党工委党建创新课题获“全区基层党建重点创新课题表彰一等奖”。扎实推进“双型”党支部建设，建立党员活动室、党员手册、廉政宣传走廊等，创建党建服务品牌一个、“四星”党支部一个。为纪念抗战胜利70周年，开展党员干部主题教育。结合党要管党、从严治党，开展理想信念教育。结合新《中国共产党廉政准则》《中国共产党纪律处分条例》学习，在党员干部中开展警示教育。

切实开展“真·实”活动。慰问结对困难户15人次。帮助困难家庭了却“微心愿”5件。走访结对企业5次，解决问题1件。形成定期定访、有问题马上办的服务承诺。抽调2名工作人员进社区助力文明城市建设，参与社区环境集中整治、协助社区“两网”服务等。

（陈明）

供销合作工作

【概况】 区供销合作总社位于镇江市东吴路76号18-6幢104室，为区政府直属事业单位，党组建制，机关在编人数9人。在党组、主任室下设综合办公室和为农服务科两个职能部门，区社另设有1个机关党支部，隶属于京口区机关党工委管辖。下辖3个基层社，1个商场，1个公司，即：镇江市象山供销合作社、镇江市京口区谏壁镇供销合作社、京口区新民洲供销合作社、镇江市梦溪商场、镇江市聚鑫隆再生资源物资有限公司。经营网点30个，主要分布于京口城区、象山和谏壁两个街道及新民洲临港产业园区，主要职能是为“三农”服务。经营门类有：农业生产资料、生活资料、废旧物资回收及其他服务业。全系统拥有职工总数206人。其中：内退77人，协保63人，在岗31人，在职65人。原改制破产企业所有人员与原单位签订一次性补偿解除劳动关系协议。2015年，全系统完成销售13400万元，社会消费品零售总额11970万元，农资销售额1430万元，盈利98万元。（苏林）

象山供销社（区供销社供稿）

【为农服务社建设】 区供销社通过资源整合、开放办社、吸纳民资，先后投资1000多万元在九里街、谏壁燕舞桥、于山村、新民洲创建了5家为农服务社。拥有市级二星级为农服务社3家，省级为民服务中心1家，省级为民服务中心样板社1家。为农服务社建设，无论等级大小，均按江苏省供销社统一标识规范，按经营面积、销售品种、服务内容的大小多少确定相应等级，二星级社由镇江市供销社组织验收授牌，三星级社和为民服务中心及样板社由江苏省供销社组织验收授牌。为农服务社店堂内均设有《服务公约》《常见农药配伍表》《常见农作物种植季节一览表》，另设有庄稼医院、农业科技咨询点、免费维修农具服务点。为农服务社在辖区内指导农民合理使用化肥、农药，推广无害化种植蔬菜。经营的品种有：农药、化肥、农膜、桐油、尼龙绳、农用五金，小型铁、木、竹农具及各类蔬菜种子等，同时还承担地方政府委托的防汛救灾物资储备供应。京口区供销社所辖象山省级三星级为民服务中心，其经营规模面积在3000平方米以上，服务项目和功能几乎涵盖了城乡居民生产、生活方方面面，有农业生产资料超市、生活资料超市、农用五金、医药连锁、竹器加工、食品加工、旅馆、浴室、饮食小吃等。2015年，全系统投资550万元储备供应各类化肥500吨、农药40吨、农膜55吨以及各种铁、木、竹农具器械12000余件和蔬菜种子近60个品种，为周边农民义务修理农具200余次。（苏林）

【新民洲为民服务中心】 新民洲

2015年京口区为农服务社分布情况一览表

表3

统一编号	名称	所属基层社	地址	等级
镇京供002	象山为民服务中心	象山供销社	东吴路九里街	三星级
镇京供001	新民洲为民服务中心		新民洲港口产业园	三星级
镇京供005	新民洲为农服务社	新民洲供销社	新民洲港口产业园老港区	市二星级
镇京供008	燕舞桥为农服务社	谏壁供销社	谏壁街道燕舞桥南	市二星级
镇京供009	于山为农服务社	谏壁供销社	谏壁于山村	市二星级

为民服务中心是区供销社与新民洲港口产业园区管委会共同投资4500万元建设的全区规模最大、功能最全的农村社区服务中心。该中心于2012年10月建成并对社区及周边地区居民开展服务。该服务中心建设坚持“合作共建、社港共管、资源互补”原则，更好地为辖区居民服务。该服务中心下辖1个红旗社区，服务区域人口总数为3000多人，可耕面积10000余亩。服务中心经营服务总面积达5000平方米，主要服务项目包括：服务大厅（主要是社区政务、代办项目等）、日用品超市、农业生产资料超市、废旧物资收购点、社区卫生院、农民专业合作社、餐饮服务网点、警务室、文体活动室、图书阅览室、村民电教室、网上阅览室、民事调解室、村民代表议事室等，另有党员之家、人大代表之家、工会之家、民兵之家、妇女之家、老年活动室、青年之家，室外设有篮球场、健身广场、广场花园等多样化服务设施，为周边村民提供了高效、便捷的全方位服务。2013年为民服务中心通过全面升级改造，现已升格为省级为民服务中心样板社。该服务中心建成后实行统一管理，坚持“合作共建、社港共管、资源互补”原则，各项制度健全规范并上墙，所有经营服务网点和广告牌以及对外办公招牌全部规范使用“中国供销合作社（CHINA CO-OP）”标识，进一步扩大了供销社知名度。（苏林）

【基层社、商场及公司】 截至2015年12月底，全系统有3个基层社、1个商场、1个公司，即镇江市象山供销合作社、镇江市京口区谏壁镇供销合作社、镇江市京口区新民洲供销合作社、镇江市梦溪商场及镇江市聚鑫隆再生资源物资有限公司。镇江市象山供销合作社位于东吴路九里街，截至2015年12月底，该社占地面积约6800平方米，经营面积3000平方米，固定资产346.86万元，在职职工25人，退休127人。该社拥有9个经营网点，分别为九里街象山为民服务中心、九里街水果联盟超市、象山桥综合商店（2个）、包家湾星星商店、大西路服装门市部、解放路顺心超市、象山食品厂。镇江市京口区谏壁镇供销合作社位于镇江市谏壁镇于山街5号，截至2015年12月底，该社占地面积3000平方米，营业面积1500平方米，固定资产79.17万元，该社现有在职职工13人，退休46人。下辖8个经营网点，分别为燕舞桥为农服务社、蔡家村农资代销店、燕舞桥农资仓库、越河街综合门市部、新街招待所及网吧、宏茂大酒店、于山街一商场（服装、蛋糕房及中国移动谏壁营业厅）、于山街二商场（床上用品、乔丹服装店、干洗店、红珠鸡店）。该社在优化提升社有资产方面取得了骄人业绩，2013年该社对原燕舞桥农资仓库（原有房产面积460平方米）进行了扩建改造，新增面积600平方米，使社有资产得到保值增值。上述两家基层社经营方式均采用企业内部职工承包和对外租赁方式经营。镇江市京口区新民洲供销合作社于2014年下半年恢复重建，至今没有进入实质性经营运转。镇江市梦溪商场位于梦溪路12号，占地面积475平方米，经营面积433平方米，固定资产53万元。另在梦溪路老北门还有两间门面房，经营面积62平方米。截至2015年12月底，在职职工18人，退休50人。该商场经营方式主要以对外租赁经营为主，年租金56万元。镇江市聚鑫隆再生资源物资有限公司成立于2005年1月6日，公司总部设在东吴路76号18-6幢104室，由孙华担任经理。公司下辖17个分公司，经营网点分别设在谏壁街道李华村四组、象山街道长岗村、镇江市江虹切割厂内、何家门69号、象山村（七一园艺场内）、宗泽路（汝山采石场内）、红旗村一组、江滨村九组、象山村八组、红旗村三组、谏壁镇南街新村78号、谏壁街道粮山村一组130号、红旗村五组、蒋桥镇东山村二组、谏壁街道于北村三组、谏壁街道雪沟小葛村、谏壁街道雪沟105号。（苏林）

【行业协会】 区再生资源行业协会成立于2004年4月15日，管理机构设在镇江市东吴路76号18-6幢104室，有专兼职人员3人。该协会成立是当时主要针对结合京口区供销社系统基层社改造重组和企业改革改制，为保留供销社传统经营项目，将各基层社的废旧物资回收网点及京口区域内其他物回网点收编吸纳为会员单位。2015年行业协会拥有62家会员单位，由庄福寿任会长。协会主要职能为：为再生资源行业提供行业管理、信息服务，业务交流、法律咨询、职业技能培训及技术职称评定工作，依法维护会员的合法权益。

区烟花爆竹行业协会成立于2004年11月2日，管理机构设在镇江市东吴路76号18-6幢104室，有专兼职人员3人，协会拥有56家单位和个人。京口区供销合作总社为该行业协会的会长单位，由纪成忠任会长。该协会主要职能是为烟花爆竹行业协会提供政策法规咨询、业务指导、信息服务等，配合公安、工商、环保等政府职能部门依法进行行业管理、依法维护会员的合法权益。

镇江市农民（农产品）经纪人协会京口分会成立于2006年6月30日，2015年有会员126人。由纪成忠任会长。该协会隶属于镇江市农民（农产品）经纪人协会管辖，其职能主要是为农民经纪人提供信息、法律咨询服务，为农民经纪从业人员开展职业技能培训及技术职称评定工作。参培人员均获得由国家劳动和社会保障部和中华全国供销合作总社颁发的资格证书。

（苏林）

【区废旧金属管理办公室】 区废旧金属管理工作领导小组成立于2004年3月4日，领导小组下设办公室，地点设在京口区供销合作总社，由庄福寿兼主任，孙华兼副主任。职能主要是开展行业内的行政服务、政策指导、业务培训等。

（苏林）

【区农村合作经济组织联合会】 2011年3月25日，区农村合作经济组织联合会成立暨首届会员代表大会在华电宾馆举行。市社副主任孙彤和京口区副区长蒋嵩峰出席成立大会并作重要讲话，为“农合联”的成立举行揭牌仪式。京口区农委、国土、财政、民政、象山镇、谏壁镇、新民洲港口工业园、农村金融机构的分管领导及辖区内基层供销社、为农服务社、专业合作社等涉农部门和单位的会员代表近80人出席会议。区农村合作经济组织联合会是由全区合作经济组织和服务“三农”企事业单位以及农产品经纪人等为主体自愿组成的联合性、非营利性的社会团体。当天会议对《京口区农村合作经济组织联合会章程》进行审议，审议通过《京口区农村合作经济组织联合会选举办法（草案）》，并选举产生京口区农村合作经济组织联合会第一届理事会理事、常务理事会理事以及理事会秘书长、副会长、会长。大会选举庄福寿任会长。同年8月23日，象山和谏壁两个供销社分别成立区农村合作经济组织联合会象山和谏壁两个分会。

（苏林）

【参办省农展会】 2015年10月22—24日，京口区供销社组织基层单位参办2015海峡两岸（江苏）名优农产品展销会。参展农产品分为传统食品和竹制品两大类多达数十个品种，深受城乡居民的喜爱，成为农展会一大亮点。（苏林）

【区社重视行业标识规范管理】 2015年区总社重视行业标识规范管理，对全系统机关办公场所及所有基层经营网点，按省社统一标识进行规范制作，以行业标识规范管理带动企业管理升档进位，大大地提升供销社在社会的形象和知名度。（苏林）

交通运输工作

【概况】 2015年，区交通运输局在区委、区政府的领导和市交通运输局的支持下，认真贯彻落实中共十八届四中、五中全会精神，主动适应经济新常态、抢抓发展新机遇，高举“发展、团结、奋斗”旗帜，加快推进交通基础设施建设步伐，各项工作实现持续较快发展，完成全年各项目标任务。先后获市、区“2012—2014年文明行业”、全市交通运输工作“先进集体”称号、区“党建品牌”称号、“全区安全生产优秀单位”“真实活动”先进单位。全年完成交通基础设施建设投资5亿元。（金玉）

【机构设置】 京口区交通运输局内设科室3个，分别是：办公室、交通工程科、资产管理科。下辖事业单位6个，分别是：京口区运输管理所（京口区运政稽查大队）、象山交通管理所（象山稽查中队）、谏壁交通管理所（谏壁稽查中队）、丹徒交通管理所（丹徒稽查中队）和水上稽查中队、新民洲交通管理所。（金玉）

【交通工程】 至2015年年底，京口区公里总里程120.817公里，公路密度3.114千米/万人。其中，一级公路10.5公里，二级公路32.887公里，三级公路29.117公里，四级公路48.313公里。其中，省道10.5公里，县道32.887公里，乡道29.117公里，村道48.313公里。桥梁9座，100%的建制村通公路。

境内航道为京杭运河，长5公里，为三级航道，最大通航能力为1000吨级船舶。

全区长江及运河沿线散装公共码头共有9个，其中长江沿线3个，共有吊机21台。运河码头有6个。铁路镇瑞线过境，长6公里。

（金玉）

【镇澄路中段拓宽改造工程】 全长1.476公里，投资1.36亿元。根据市政府〔2015〕11号《关于镇澄路东段建设有关事宜的会议纪要》，区交通运输局积极主动配合市指挥部，做好征地拆迁矛盾协调工作，有力地推动工程建设。该项目已于2015年9月30日完成主体贯通，年底前完成路灯，绿化等配套工程建设。

（金玉）

【滨河南路改造工程】 道路全长约2公里。总投资450万元。工程采用三级公路标准，宽度12米，双向2车道，设计速度40千米/小时，区交通运输局为保证工程进展，建立领导负责制、定期督查制，实行局领导现场办公，及时解决工程建设中出现的问题。10月底建成通车。

（金玉）

【继续抓好农路提档升级工程】 2015年京口区新民洲港口产业园农路提档升级2公里，总投资300万元。区交通运输局已于11月初提前完成农路提档升级工程，受到上级交通部门的好评。（金玉）

【认真抓好连淮扬镇铁路征地拆迁工作】 连镇铁路京口段东起谏壁街道东京村，西至谏壁街道蔡家村，涉及谏壁街道的东京村、雩北村、雩山村、蔡家村，京口工业园区李华村，境内总长约8.1公里。2015年需完成征地254.2亩，拆迁3.2万平方米。10月，按照市指挥部和区政府要求，区指挥部设在区交通运输局。（金玉）

【加强交通法制工作】 以建设法治交通为目标，努力规范行政执法行为，全面落实行政执法责任制，领导干部定期开展法律、法规学习，全体行政执法人员参加执法资格考试，合格率100%，省、市抽测合格率100%。并聘请法律顾问、政府法制网上培训“六五”普法考度，以及法制宣传。（金玉）

【强化运输市场监管】 积极牵头组织市公路处、京口公安分局、京口交巡警大队开展辖区内治限治超工作。在谏壁地区采取日常管理与集中整治相结合，流动检查与定点执法相结合的方法，不定期组织集中突击检查，有力地维护谏壁地区的交通秩序。认真抓好交通处罚工作，全年无行政诉讼和复议撤销案件，连续20年保持公路、河道基

本无“三乱”成果。 （金玉）

【突出民生工程建设】 2015年1月针对群众反映的“零龙公路北段路灯不亮给市民带来安全隐患”的问题。区交通运输局积极协调，投入70余万元在春节前彻底解决路灯不亮问题。为周边群众和车辆的夜间出行提供方便，得到群众的一致好评。 （金玉）

【做好交通便民服务】 区交通运输局在市汽车检测站、市行政中心设立服务窗口，推进一系列服务举措。通过公示栏、便民服务手册等公示工作流程。采取“预约服务、微笑服务和一站式服务”，运输单位或个人可以提前预约，随办随走，一站式当场办理完申请事项。截至11月，京口区共参加“两证”审验1433户，车辆2114辆，审验率达95%以上。 （金玉）

【切实解决群众的诉求】 2015年来区交通运输局高度重视群众诉求，针对群众反映的焦点、热点问题。多方筹集资金，予以落实，确保办结率和满意率两个100%。针对东京村村民反映镇澄路东京段严重破损的焦点问题，区交通运输局投入100万元，铺设了1.5米深的块石基础，浇砌了30厘米厚钢筋混凝土路面，建成排水沟，并协调公交总公司开通K24路公交车。针对焦湾村民反映的镇澄路拓宽改造施工和房屋拆迁遗留问题，区交通运输局按照市领导要求，牵头谏壁街道，召开专题会议研究解决方案，并组织人员、机械和材料，对焦湾便道、小刘庄接口、焦湾大道接口和桥头路面进行硬化。 （金玉）

【强化安全生产责任】 始终把安全生产工作放在首位。制定《安全生产工作要点》，严格规范落实安全责任制。与各责任单位签订安全生产目标责任状，明确责任。积极组织每月一次的安全检查，对存在的问题及时整改。开展“安全生产月”活动、“打非治违”及危险品运输等专项治理活动。认真组织做好辖区道路、桥、涵隐患排查，确保道路、桥、涵的安全畅通。（金玉）

【切实注重交通工程建设中征地拆迁的矛盾化解】 始终把群众的切身利益放在重点位置优先考虑，既讲政策也讲人性，尽最大可能解决，因而在京口的交通工程建设征地拆迁中无一例上访事件，较好地维护政府形象。 （金玉）

【党风廉政建设】 严格执行“八项规定”，改进工作作风，强化效能建设。签订《2015年党风廉政建设责任状》，把党风廉政建设和反腐败工作逐项分解落实到每名党组成员和相关责任部门，实行党组书记对廉政建设负主体责任，纪检组长负监督责任。围绕“两个责任”，认真落实党风廉政建设责任制，把反腐倡廉工作与业务工作同部署、同检查。扎实开展权力内控机制建设。深化纠风治乱和工程建设领域专项治理，认真解决损害群众利益的不正之风。组织观看《作风永远在路上》等廉政警示教育片，开展了预防职务犯罪讲座和到区廉政教育基地及句容茅山纪念馆重温入党誓词、廉政誓词、廉政建设进工地等活动10余次。 （金玉）

◆ 资料链接 ◆

宋代乾道年间，镇江郡首蔡洸在西津渡：“命置巨舫五，仍采昔人遗制，各植旗一，以‘利、涉、大、川、吉’为识，并植旗一。”并限定载客人数，这是兼具官渡与救生性质的水上机构。

明正统年间，巡抚侍郎周忱置舰2艘，并招募水手30余人驾船济度救生。特别是清康熙四十三年（1704年），京口蒋元鼐、朱用戟、蒋尚忠等十五人力“劝邑中输钱，救涉江复舟者”。他们共捐白金若干，在西津渡观音阁成立“京口救生会”。

5年后，救生会购得西津渡昭关晏公庙旧址，建屋3间作为会址。京口救生会，专司打捞沉船和江上救生事宜，且影响遍及大江南北。江西、湖北、安徽各省纷纷仿效京口救生会，打造救生红船，实施救生事宜。

民营经济·开放型经济

责任编校：耿纪明

商务工作

【概况】 2015年，在区委、区政府正确领导下，区商务局紧扣年度目标，突出开放型经济和商贸服务业发展，落实民生保障，全力完成各项任务。主要指标方面：完成产业类实际利用外资6341万美元；实现进出口总额11.1亿美元，同比上升21.2%，完成市计划114.76%，序时列全市第一位。其中，出口累计完成9.07亿美元，同比上升27.1%，进口2.04亿美元，同比上升0.6%。全区服务外包执行额2.98亿美元，增幅21.8%，完成工作目标109.5%，网上新增登记服务外包企业6家，累计109家。社会消费品零售总额260亿元，增长10.6%，总量全市第二。（杨洋）

【走访调研，上下联动】 对各街道（园区）进行走访调研、摸底排查，年初将商务指标分解到各街道（园区），将指标纳入到全区责任状考核，并制定相应奖惩措施，实现压力传递，责任共担。组织机关干部参加广交会、省电子商务、外资统计培训等。到丹阳市商务局学习利用外资新做法。贴身服务街道（园区），及时了解基层工作情况、工作难度、存在问题，及时指导督促工作进展。主要领导亲自带队，多次深入街道园区，帮助分析问题，共同推进指标完成。同时，时刻关注招商活动，主动参加各地招商活动，并提前介入项目中，对全区在建在谈外资项目及重点商贸项目随时掌握进展动态，实行跟踪服务。（杨洋）

【主动服务，政策扶持】 倡导“捆在一起苦，绑在一起干”商务精神，基层和企业切实感到商务人服务经济、谋求发展决心和意志。大力推进政务公开，形成工作路线图。持续开展“双打”、单用途预付卡、成品油等市场监管、有效维护市场秩序。同时，形成制度，定期调研走访企业，了解企业经营现状，及时协调解决企业生产经营中实际问题。全年走访辖区重点外包企业近30家，外贸外经企业20多家，外资企业15家，商贸流通企业30家。认真落实各项扶持政策，针对商务扶持政策一些变化及外贸政策部分调整，及时下发《政策汇编》200多本。先后两次组织100多家重点企业参加市多部门共同举办的政策宣讲会。积极帮助企业申报项目。（杨洋）

【构筑合作机制，放大服务效应】 努力构筑“政府带动、部门联动、企业主动、商务推动”利用外资工作格局，建立商务与条块、部门之间外资合作交流沟通机制。积极参与市外资审批“一口受理、一表审批”制度改革试点，创造商务批准证书、工商营业执照、质监组织机构代码证、国地税税务登记证、公安公章刻制备案等事项两天同步办结记录。（杨洋）

【加强协调沟通，推进民生工程】 应网民呼声而建的江山名洲邻里之家正式开业，面对周边居民入住率低、市场经营不佳，多方协调、组织十几家农产品生产基地进行促销，凝聚人气，使之顺利走上轨道。协调解决中南御锦城邻里之家解决管网移位等方面问题，确保年内完工。中建大观邻里之家年底室内装修结束。（杨洋）

投资指南

【地理概况】 京口区是全国历史文化名城镇江市主城区，地处中国东部沿海、长江下游南岸，是长江三角洲北翼中心、南京都市圈核心层城市。下辖象山街道、谏壁街道、健康路街道、大市口街道、正东路街道、四牌楼街道、京口工业园区（省级开发区）及镇江市新民洲港口产业园，辖区面积124平方公里，常驻人口31万人。

【区位优越 交通便捷】 京口地处长江和京杭大运河“十字黄金水道”交汇处，处于上海经济圈和宁镇扬大都市圈交汇点，区位优势独特。铁路：有京沪铁路、京沪高铁、沪宁城际、宁杭高铁以及在建的连淮扬镇铁路五条铁路线，赴上海最快60分钟、赴北京最快4小时21分钟。公路：辖区内网布沪蓉高速、沿江高速、扬溧高速、宁杭高速等高速公路，润扬大桥、泰州大桥以及在建五峰山大桥连接长江南北，镇江京口作为沟通江苏南北的交通枢纽，地位日益增强。水路：镇江港作为中国主枢纽港，拥有万吨级以上泊位36个，与世界70多个国家和地区近300个港口直接通航，年吞吐量超亿吨。镇江港新民洲港区是国家交通部批准的一类通商口岸，拥有长江岸线10.5千米，其中深水岸线5.38千米，已建成2个5万吨级码头，并开港运营；规划建设4个5万吨级公用码头。京杭古运河京口段通航条件达三级航道标准，常年可通行千吨级船队。空运：距离南京禄口机场90千米，上海虹桥机场240千米，上海浦东机场270千米。

【历史悠久 人文荟萃】 京口为镇江古称，有着3000多年悠久历史，是我国吴文化发源地，山清水秀，人杰地灵，文化底蕴深厚。拥有“三山”（金山、焦山、北固山）国家AAAAA级景区，自古就有“天下第一江山”“城市山林”美誉。白娘子水漫金山、刘备甘露寺招亲等传说佳话皆发源于京口。中国第一部百科全书《梦溪笔谈》、最早一部诗文总集《昭明文选》及文学理论巨著《文心雕龙》等鸿篇巨制皆诞生于京口。王安石、辛弃疾等历代文人墨客在此留下了《南乡子·登京口北固亭有怀》、《泊船瓜洲》等许多脍炙人口的千古绝唱。京口是江苏省重要的高教、科研基地，辖区内驻有江苏大学、江苏科技大学、中国人民解放军镇江船艇学院、江苏大学京江学院、镇江市高等专科学校5所高等院校，在校师生近12万人，每年各类本科以上毕业生近1.8万人，汽车制造、船舶制造等专业在全国领先。职业教育规模位居江苏省前列，有江苏交通技师学院、江苏省司法警官高等职业学校、镇江市高等职业技术学院、镇江技师学院、镇江市化工技工学校等院校18所，每年输送各类专业技术人才2万多人。京口是全国义务教育发展优质均衡区，有江苏省镇江第一中学、外国语学校、中山路小学、实验幼儿园等一批镇江一流的中小学、幼儿园。京口区创新开展“金凤凰”活动，累计引进国家“千人计划”14人，省“双创计划个人”23人，省“双创计划团队”3个，市“331计划”74人，高端人才集聚，形成“京口现象”。

【产业发达 经济繁荣】 自古就有许多文人墨客及官方文书描述京口繁荣。康熙《江南通志》称：“京口为舟车络绎之冲，四方商贾群萃而错处，转移百物，以通有无。”如今京口更是经济繁荣、百姓富裕之地。京口区坐拥镇江市核心商圈，是镇江高端商贸服务、金融与文化中心，也是沪宁线上重要的现代产业基地，基础齐备、配套完善。以中储粮为代表的粮油加工仓储产业国内领先。以爱励铝业为代表的航空航天产业蓬勃发展。以鼎胜铝业、鼎盛重工为代表的先进制造业发展迅猛。以易乐、名通为代表的网络文化产业呈现爆发式增长，页游游戏开服数位居全国第四。以苏宁广场为代表的高端商贸服务业优势明显。以中国中小企业信息产业园为代表的电子商务产业加速集聚。中林（镇江）生态产业城木材加工产业发展势头强劲。镇江两岸文化创意产业示范基地、凤凰文化广场为代表的文化创意产业蓄势待发。

【宜居宜业 和谐幸福】 镇江是中国优秀旅游城市。京口境内有焦山、北固山、大禹山等城市山脉和9座山体，城在山中，山在城内，形成了“城市山林”独特风貌。位于长江北岸的京口新民洲，生态环境优美，水净米香，拥有国家一级保护动物“震旦鸦雀”、国家二级重点保护动物长江江豚，是中国生物多样性保护与绿色发展示范基地。京口2008年率先实现全面小康社会省定目标值，实现省区域教育现代化目标，医疗、保障等公共服务全覆盖。城市现代化建设加速推进，城市管理全市领先，生态环境持续改善，平安建设不断深入，文体活动蓬勃发展，先后荣获“国家知识产权强县工程示范县（区）”“全国和谐社区建设示范区”“省社会治安安全区”等一批国家和省级荣誉，人民安居乐业、企业安心生产、社会安定和谐。（孙毅泓）

【环境优化 服务优质】 本着“诚信认真、一诺千金”服务理念，强化服务体系求“全”、服务内容求“实”、服务方式求“活”、服务质量求“高”四项措施落实，提供依法、高效、文明、便捷一站式服务，全面执行《关于建设中国中小企业（京口）总部基地的实施意见》《京口区发展服务外包专项资金管理试行办法》等一系列政策文件，让投资客商在投资上放心、工作上安心、生活上舒心。（孙毅泓）

投资京口

【现代商贸业】 2015年，全区社会消费品零售总额260亿元，增长10.6%。销售额超亿元的零批企业32家，超10亿元的大型商场1个（八佰伴）。重点引进高端、新型商业业态和国内外知名商贸企业，打造核心商圈核心竞争力。

【电子商务产业】 依托中国中小企业信息产业园、江苏名通、易乐网络、中企信星等载体和一批企业，着力打造电子商务示范基地，重点发展专业电子商务平台、网络游戏、手机游戏、云服务、电子商务解决方案及北斗位置服务等。

【文化创意产业】 重点发展文化旅游、出版发行、动漫游戏、工业设计及网络文化等行业，着力打造历史文化、山水文化、创意文化、餐饮文化等品牌，依托科技与文化的融合大力发展现代文化、创意文化。

【现代物流业】 京口初步形成新民洲港口物流、宝华物流、恒伟物流、中储粮仓储加工物流等区域型物流基地。重点发展港口物流园区，形成一批具有全国性影响、较强区域辐射能力物流产业园区。

【现代旅游业】 镇江自然禀赋得天独厚，是国家历史文化名城、中国优秀旅游城市。京口以“真山真水、山水形胜”闻名海内外，南山北水形成“城市山林”独特风貌。镇江历史悠久、底蕴深厚，是吴文化的重要发祥地，是首批国家智慧旅游试点城市。

【中林（镇江）生态产业园】 利用京口新民洲长江深水岸线、广阔腹地和生态资源优势，打造“港、工、贸、镇、农、游”六位一体生态产业城，建设港区、加工区、商区、镇区、生态农业旅游区，重点发展港口现代物流、木材仓储加工、健康养生、现代休闲观光等。

【高端装备制造业】 2015年，全区高端装备制造业实现销售71.3亿元。拥有鼎胜铝业、鼎盛重工、宝华半挂、飞驰冷藏车等一批重点骨干企业，形成大型装备、工程机械、船舶及配件、电力电气、汽车零部件五大板块。重点发展智能制造装备、海洋工程装备、高端专用装备、关键基础零部件等重点领域，发挥港口优势。

【航空航天产业】 2015年实现销售收入7亿元，拥有爱励铝业、锐天信息等一批行业领先企业。重点发展航空新材料、航空部件及结构件、航空机电和内饰以及通用飞机等领域，大力发展航空航天信息技术、航空培训及维修等配套产业。

【新一代信息技术产业】 2015年实现销售90亿元，拥有正恺电子、惠通电子、金舟软件等一批骨干企业。在船舶行业软件、电力电器嵌入式软件、电子接插件上具有较强市场占有率和竞争力，形成相当规模和基础产业发展体系。围绕下一代信息网络制造，积极推动设备、系统、智能终端等产业化，加快发展宽带、集成电路、新一代显示技术等制造产业。

【农业产业】 立足都市生态农业，优化产业结构布局，推进农业现代化发展进程，重点发展粮油加工、特色园艺、休闲观光等特色产业。

京口区重点规划建设的特色园区一览表

表4

序列	类型	园区名称	规划面积	主导产业及发展方向
1	优质粮油	粮油加工特色产业园	200公顷	粮油加工及延伸产业
2	休闲农业	江苏省京口现代农业产业园	6.6平方公里	有机水稻、特色园艺、休闲观光
3	新材料	京口区工业园高性能材料产业园	5平方公里	航空航天及车用高性能铝材、新能源材料、核材料等高性能材料
4	高端装备	京口新民洲临港产业园	5.8平方公里	港口机械、海洋工程装备、木材加工
5	金融商务	大市口中央商贸商务集聚区	1.62平方公里	商务、金融、商贸
6	金融商务	金融商务集聚区	18公顷	商务、金融、商贸
7	软件信息科技服务	中小企业信息产业园	133公顷	航空航天信息化、船舶信息化、城市管理智慧应用、大众娱乐、电子商务、北斗位置服务

2015年京口区用电收费标准一览表

表5　　单位：元/千瓦时

电价列别	电度电价（元/千瓦时）						基本电价	
	1千瓦以下	1—10千瓦	20—35千瓦	35—110千瓦	110千瓦	220千瓦及以上	最大需量（元/千瓦·月）	变压器容量（元/千伏安·月）
城乡居民生活用电	0.5283	0.5183	—	—	—	—	—	—
一般工商业及其他用电	0.8751	0.8601	0.8541	0.8451	—	—	—	—
大工业用电	—	0.6601	0.6541	0.6451	0.6301	0.6151	40	30

2015 年京口区用水收费标准一览表

表 6　　　　单位：元 / 立方米

项　目	价　格
居民生活用水	3.05
工商服务业用水	3.61
建筑用水	3.90
特种行业用水	4.45

2015 年京口区天然气收费标准一览表

表 7　　　　单位：元 / 立方米

项　目	价　格
居民生活用气	2.42
工商服务用气	2.75

焦山码头

农业·水利

责任编校：凌 晨

农 业

【概况】 2015年，京口区全年粮食总产10635吨，油料总产718吨，上市放心蔬菜13400吨，全年抽检蔬菜600个样，合格率达100%。全区农业适度规模经营比重98%以上，吸引“三资”开发农业资金3.78亿元，农产品出口864万美元。全年出栏生猪2.17万头，出栏家禽3.97万羽；屠宰检疫牲畜18.5万头，上市肉品14000余吨。全年重大动物防疫做到应免尽免，防疫密度达100%。发放各类支农惠农补贴资金319万元。完成主要种植业和高效农业保险保费86.97万元。全年新增林木面积0.01万亩，新增无公害农产品2个，复查换证无公害农产品9个。新型职业农民培训218人。（丁志国）

【土地确权登记颁证工作】 全面完成谏壁街道雩山村黄丝湾试点村组66户农户土地承包档案清理、入户权属调查、测量绘图、公示审核、农户归户签字确认等工作，确权确地到户率100%。共实地测量地块261块，实测面积195.24亩，较二轮承包面积溢出12%。（丁志国）

【开展科技服务送军营活动】 5月8日下午，应镇江73855部队邀请，京口区农委技术专家赴军营讲授无公害种养殖技术，为部队农业生产基地提供技术指导，讲解课理论结合实际，营区官兵60余人参加活动。（丁志国）

【村级财务审计工作】 10月27日上午，京口区村级财务审计工作小组召开会议，部署首轮村级财务区级审计工作。首轮审计采用第三方审计模式。审计的范围是2012—2014年期间村级财务运行管理情况，重点对村级各类收支的合法性、合规性，各项内控制度的落实以及农民关注的项目、债权债务、征占地等热点问题进行审计。（丁志国）

【农业执法工作】 2015年，京口区农业经济监察大队共出动执法人员80人次，检查各类经营门店30家，处理各类行政处罚案件15起，其中，涉农案件立案查处2起，涉水案件立案查处4起，并已全部结案。行政处罚案件做到无差错，未收到行政复议和行政诉讼，办案准确率达到100%。（丁志国）

【京口区重大动物疫病零发生】 全年共防疫家畜口蹄疫2.1万头，猪高致病性蓝耳病2.1万头，防疫猪瘟2.1万头，防疫禽流感4万羽次，防疫鸡新城疫4万羽次，羊小反刍兽疫0.1万只，规定病种的重大动物疫病免疫率达100%；共检测“瘦肉精”样品19000余头份，检疫上市肉品18余万头约14000余吨；共检测家禽禽流感55羽次；检测牲畜口蹄疫50头次；全年春秋两次采样化验家畜粪样，对存栏牛全部采样，存栏羊以群为单位采样，全年采样1700多头次。全年京口区重大疫病零发生。（丁志国）

【防汛应急抢险演练】 5月11日，京口区参加市、区两级防汛应急抢险队演习任务，本次演习由水上救援、抢筑子堤、围井、封堵决口等多个科目组成。京口区参演的科目为抢筑子堤，要求在不到十分钟时间内完成18米长的浮力坝式应急挡水子堤构筑。演习中，抢险队员按照演练实施方案推进清理基础—检查子堤—固定锚桩—子堤连接—锚绳固定—两端嵌封—整理防浪坎等程序，全过程未发生任何意外。（丁志国）

农业产业园

【镇江市瑞京农业科技示范园】 镇江市瑞京农业科技示范园创建于2002年4月，占地面积13.33公顷，有中高级专业技术人员6人，有蔬菜、食用菌两个研究所。2011年根据市区领导要求进行扩建改造，设立江苏瑞达农业科技发展有限公司，引进培蕾有机肥、圆融农业、山河物流、京三元葡萄等农业企业入驻经营，有无公害蔬菜、果品基地6.67公顷，拥有智能温室0.33公顷、景观垂钓鱼塘0.67公顷、连栋大棚2公顷、单体钢架大棚2公顷，园区由接待中心、园艺生产区、休闲观光区、垂钓区、办公区等组成。

近几年来，园区立足试验示范、培训推广及科普教育的定位要求，以江苏大学、上海农科院、省农科院等科研院校为技术依托单位，大力引进和示范推广新品种新技术，积极实施农产品质量安全建设，倾力打造“瑞京”品牌，在促进全区加快农业结构调整，促使农民增收中较好地发挥了引领带动作用。园区先后承担省市科技项目20多个，其中有4个项目分别获省、市科技进步二等奖。有19个蔬菜品种通过无公害农产品认定。园区申报的国家发明专利达到20多项，成为全市农业单位申请发明专利最多的单位。园区生产的“瑞京”牌蔬果2013年被评为镇江市名牌农产品。同时，园区积极配合市区农委、科协、关工委等部门，开展青少年科普教育活动，每年举办农业技术培训班3～5期，接待全市大中小学生3000人次。瑞京园现为江苏省无公害农产品产地，江苏省农业科技成果转化基地、省农科院园艺新品种示范基地，省级观光农业园，省、市“青少年农业科普教育基地”，市全民素质教育基地，市级农业龙头企业。经几年打造，瑞京农业园已成为京口区及镇江市现代农业的窗口。 （吴建平）

【镇江市皇中皇生态科技蜜蜂园】 皇中皇生态科技蜜蜂园为镇江市级农业龙头企业，是一家集养蜂、种蜂培育、蜂产品加工、销售、科研为一体的大型综合性养蜂企业。2015年，企业实现销售收入1750万元，同比增长2.9%；利润230万元，同比增长15%；带动农户就业140户。

该园位于京口区西山水库内，占地0.85公顷，总资产1800多万元，拥有现代化标准厂房3500平方米，建有蜂蜜浓缩设备2条、花粉烘干破壁设备2条，新建蜜蜂饲料生产线一条，流动资产1500万元。企业在发展过程中，加大与科研院所的合作，提高农产品及其加工品的科技含量，打造企业核心竞争力。至年底，该园在全国拥有蜂场300余组、蜂群3万多群及加盟蜂场群1万余群，年培育种蜂王500余只，年产蜂蜜3000余吨、蜂王浆60余吨、蜂花粉50余吨。企业与南昌龙莱福生生物技术有限公司合作的，开发蜂胶超临界CO_2萃取技术，该技术目前在全国处于领先地位；其独家拥有的生物和物理破壁花粉工艺，破壁率高达97.3%，极大提高了花粉核酸、SOD、花粉磷脂维生素E、维生素的吸收。生产的超临界蜂胶、破壁花粉等产品受到消费者的青睐。公司2011年新增新型蜜蜂饲料生产线1条，年产蜜蜂饲料2500余吨，大大降低了周边蜂农的饲养成本，为蜂农增收做出了有力贡献。 （吴建平）

【中储粮镇江粮油有限公司】 中储粮镇江公司隶属中储粮油脂有限公司，为国有大型企业，公司位于镇江市京口区谏壁镇，成立于2007年4月，2007年8月成功收购中盛粮油工业（镇江）有限公司资产。通过几年的产业体系规划与建设，镇江公司的产业链条建设已经基本完成，涵盖了收储、压榨、精炼、小包装，到未来销售终端的整个产业链条，并通过两个码头与物流体系建设，已经使整个产业形成一个有机整体。2013年获省级农业产业化龙头企业称号，2014年获得省级农产品加工集中区授牌。

2015年公司拥有油脂中转加工罐容19.5万吨、粮食中转筒仓10万吨、油料加工配套仓容3.5万吨；油脂油料年加工能力191.5万吨，其中大豆加工能力94.5万吨、油脂加工能力72万吨、食用油灌装能力25万吨；拥有长江深水岸线720米，7万吨级粮油码头泊位2个，年吞吐能力680万吨；管理面积由最初的6公顷增加到60公顷。二期项目建成后，油脂油料加工能力将达397万吨，码头吞吐能力达1119万吨，预计自营进口总额达人民币70亿元。2015年营业收入达56.65亿元，同比增幅15.8%。

公司拥有现代化的装、卸船设备，全封闭的输粮（油）通道，通过采用新仓型、新技术、新材料、新设备，全面实现了散储、散运、散装、散卸“四散化”作业要求。粮食卸船速度平均可达到16000吨/天，卸油速度达20000吨/天。至年底镇江公司这种集仓储、加工、物流、贸易与研发为一体的综合性大的协同效应，正随着产业链条的逐步完善，开始显现与发挥重要意义和作用。 （吴建平）

【镇江恒伟物流有限公司】 镇江市恒伟物流有限公司创建于1998年，现坐落于镇江市谏辛公路京口工业园区。历经十多年的发展，已经成为华东地区乃至全国知名的冷链物流、仓储、运输的农业产业化龙头基地。

2015年公司有职工200多人，企业总资产14620万元，资产负债率19.29%，银行信誉等级为AAA级，公司主要致力于拓展中国市场的冷链物流业务，带动镇江周边地区农户和农业合作社发展。

在镇江、安徽合肥和内蒙古赤峰，公司拥有存储量达2.5万吨、2万吨和8万吨的果蔬冷库，是华东地区和内蒙古地区规模最大的果蔬冷库，在全国私营企业中居首位。公司自成立以来与百事食品（中国）有限公司、麦肯食品有限公司、百胜餐饮集团、皇冠制罐、中粮集团、可口可乐、通用磨坊等世界500强企业建立战略关系，与双汇集团、奥瑞金制罐等著名商贸流通企业有着稳定良好的合作关系。公司先后被授予“工信部物流信息化动态监测定点联系企业”“国家发改委第八批税收试点物流企业”“江苏省农业产业化龙头企业”“江苏省重点物流企业”“江苏省物流企业技术中心”“镇江市农业产业化重点龙头企业”的称号。

近年来，公司先后建立农产品智能物联网系统集成应用信息平台：农产品冷链智能物流信息系统（平台）、基于3G-M2M的冷藏品物流应用示范工程等，为工商企业提供更为完善的物流增值服务。项目投资6300万元，至年底车载终端等已在试运行中。

为迎合市场发展，公司现更名为镇江恒伟供应链管理股份有限公司，在上海股权交易所挂牌上市。2015年实现营业收入7453万元，研发投入300万元。（吴建平）

【镇江禾润世家食品有限公司】 镇江禾润世家食品有限公司为市级农业产业化龙头企业，公司成立于2007年，注册资本60万元，是集产品设计开发、生产加工和销售为一体的农副产品生产经营企业。主营五谷杂粮、南北干货、中式点心等系列农产品，拥有“禾润世家”“苏丰农庄”等品牌。2015年销售收入4865万元，同比增长14.67%，实现利润340万元，带动农户1660户。

公司针对目前良好的发展形势，接轨互联网＋新思维模式，准备引进新型加工设备，对农产品进行全新的包装设计制作与开发，开创禾润世家企业级移动营销平台，拟采用F2C+O2O+会员制全新营销模式，让产品从厂家直接送到消费者手里，实现线上购物线下体验新型消费模式。（吴建平）

【镇江兴农有机肥有限公司】 镇江有机肥有限公司为镇江市级农业龙头企业，成立于1993年，注册资金1000万元。公司现有生产、科研、原料三大开发基地，占地10公顷，拥有生产车间3000平方米，避雨发酵房1000平方米，是国内较早应用生物技术净化处理和循环利用秸秆、醋糟、菇渣等固体有机废弃物，合成农用有机肥及无土栽培基质系列产品的新型环保企业，也是集生产、经营、研发于一体的民营农业科技企业 。

2015年，企业实现销售收入3450万元，同比增长15%，带动农户350户。公司生产的有机肥、蔬果基质、水稻育秧基质及盖籽土等系列产品近20个，年产50多立方米，本地市场占有率10%左右。产品畅销周边省区和云、贵、川、疆等省区，在大、中城市设有产品经销代理商。

公司拥授权发明专利有8件，授权实用新型专利2件，水稻育秧盖籽土等发明专利申请22件，注册商标1件。公司研发的“水稻机插育秧新型基质及生产工艺”成果经专家鉴定，一致认为处于国内领先水平。（吴建平）

水　利

【概况】 京口辖区内水资源比较丰富，长江、运河流经境内。其中长江岸线17.5公里（南岸11.2公里、北岸6.3公里）；长江二级堤防14.2公里（北岸10公里、南岸4.2公里）；全区水域面积2986.5公顷，其中长江水面1200公顷。除涝方面，现有排涝站16座，装机2245千瓦，总流量37.1立方米/秒；灌溉方面，现有灌溉站8座，总流量3立方米/秒。

（黄海霞）

【雨情】 2015年汛期雨量806.3毫米，雨日44天，最大日雨量98.5毫米，发生于6月28日；最大连续降雨量173.5毫米，连续降雨5天，发生于7月11日至15日。

（张鹏）

【水情】 2015年汛期（5—9月），长江超警戒水位（▽7.0米）天数为27天；最高水位为吴淞▽7.45米，出现在7月27日；最低水位为▽3.52米，出现在5月7日；长江（大通站）最大流量58000立方米/秒，出现在7月26日，长江最小流量为23100立方米/秒，出现在5月9日。（张鹏）

【防汛工作】 2015年，汛前京口区全面落实防汛防旱工作责任制，水利工程重点地段防汛行政责任人和技术责任人全部落实到位并行文下发，防汛物资储备全部达到市下达的储备计划要求，区政府与全区各街道（园区）签订2015年防汛防旱工作责任状。进一步修订完善各类防汛预案，做好汛前工程检查工作。加强抢险队伍建设，按市级要求4月区人武部组织应急抢险队进行抢筑子堤演练，以进一步提高队伍的快速集结和实战能力，并于5月圆满完成全市汇报演练任务。

汛期：加强防汛值班和汛情督查、做好水雨情记录等工作，及时传达处理上级防指各类文件信息，区防指办公室及时编制汛情简报、灾情统计等，为领导第一时间了解灾情、汛情作出决策提供一手资料。

汛后：积极落实防汛应急措施，按期完成泵站抢修工作。针对2015年6月三次连续强降雨期间京口区暴露出的各类防汛隐患，特别是泵站排涝能力不足的情况，制定了全区泵站排涝能力提升方案，共投入130多万元完成左湖站、镇南站、新民站等5座泵站机泵设备更换、变压器扩容及电气设备维修更新等任务，确保2016年汛期发挥排涝减灾效益。全力配合，消除古运河丹徒凹湾段滑坡险情。古运河丹徒凹湾滑坡治理由市文旅负责具体实施，京口区积极配合，市防指、市局调拨物资，补助资金，通过打木桩（约650根）、填筑装土编织袋（约11000只）进行固基，同时削坡减载，清除淤积土方、拓宽水道改善冲刷等措施，共投入100多万元，消除了该处多年滑坡隐患。

通过各级防汛防旱指挥部门积极准备、科学调度，2015年全区水利工程安全度汛。（黄海霞）

【抗旱】 服务抗旱增收，积极实施农灌水源工程。2015年度谏壁街道清淤改造11座塘坝，新增蓄水量3万立方米，未雨绸缪，有效缓解丘陵山区农作物旱情。（黄海霞）

【水利建设】 2015年度京口区共投入资金725万元，圆满完成各项水利建设任务。服务现代农业，加强水利基础设施建设，完成共青团农场三中灌溉站建设，疏浚3条7.5公里农村河道，完成土方10万立方米，有效提升了灌排能力。加强维修管护，完成了新民洲江堤3公里监控设施建设，沿堤线布设22处监控探头；修建堤顶防汛道路2.5公里，拆除维修砼路面1800平方米，新建会车点4处，通过逐步完善江堤硬件设施，提升江堤信息化管理水平。加强库区环境整治，提升防洪能力，继2014年西山水库顺利通过省级小型水库规范化管理单位达标验收后，2015年继续做好完善工作迎接省级复检，共新建主副库联通桥涵1座，完成护坝地绿化3500平方米，清淤拓浚下游小上埋河1.3公里。 （黄海霞）

【水生态文明建设】 按照全区生态文明建设总要求，加强河道长效管护，争取以“水清、流畅、岸绿、景美”的优美水环境，推进全区生态文明建设。通过清淤、换水等措施整治城市水环境，改善河道水质。2015年围绕全市“九河一湖”的整治任务，完成一夜河东段2公里河道清淤及胜利港、禹象桥及清水通道等淤堵节点清理整治，配合市水利局顺利完成虹桥港清水通道建设并投入试运行。另外积极开展“水美乡镇”创建申报工作，2015年共青团农场荣获省级“水美乡镇”称号。 （黄海霞）

【河道“河长制”】 加强“河长制”管理，美化河道景观，改善全区河道水环境，根据《京口区河道长效管理“河长制”考核办法》等文件精神，按照“明确职责、强化管理、注重实效、奖惩分明、形成机制”原则，进一步加强河道长效管理，助力文明城市创建工作。2015年京口区河道长效管理“河长制”工作年度考核，检查全区9条骨干河道现场情况及各单位河道管护台账资料，对各河道进行考核评分，按规定拨付经费。 （张建）

【水政执法】 水政监察坚持把依法行政、服务经济发展有机结合起来。认真抓好软环境建设，处理好执法与查处的关系。在日常水政执法中，坚持以事实为依据，以法律为准绳，掌握执法的主动权。2015年共发出《责令停止违法行为通知书》9份、《责令改正违法行为通知书》5份，现场处理涉水案件12起（包括举报），立案查处2件，拆除违章11处，办结的水行政处罚案件，被省水利厅评为全省优秀案卷。在打击长江非法采砂行动中，精心组织、认真实施，以调动执法力量深入一线全力打击非法采砂为主要内容，执法巡查覆盖到位、非法采砂得到有效控制，促使水利执法工作全面服务于经济社会的发展。 （杨俊）

【节水型社会创建】 2015年，配合市节水办做好4个节水型社区验收工作。另外做好全区农业节水工作，提高灌溉水利用系数。通过节水灌溉、调整种植结构、推广水稻旱直播等各种方式，全区有效灌溉面积得到扩大，全区农业灌溉水利用系数提高到0.62。 （黄海霞）

京江湿地风景

财政·税务

责任编校：耿纪明

财政工作

【概况】　2015年，京口区财政工作以中共十八大、十八届三中、四中、五中全会和习近平总书记系列重要讲话精神为指导，始终坚持“稳中奋进、改革创新”主基调，紧扣“转型升级、特色发展”总要求，主动适应经济发展新常态，全力以赴“稳增长、调结构、促改革、惠民生”，财政各项工作取得新成效，为建设“强富美高”新京口提供有力保障。2015年获得镇江市财政收入综合考评二等奖，顺利通过省财政“六五”普法考核验收，被评为市法治财政标准化建设先进单位、市财政信息宣传先进单位和区级机关目标绩效考核优胜单位。（颜舒）

【财政收入实现历史突破】　2015年，全区完成一般公共预算收入21.16亿元，较上年增长11%，税占比91.1%，列全市第一。强化目标责任考核，加大考核力度，增强责任单位组织收入主动性和积极性。加强税收分析研判，加强对重点行业、重大项目和重点税种分析和预测，主动掌控财政收入发展动向。持续加强税源管控，整合综合治税力量，完善税源信息共享机制，会同税务部门和责任单位，排查掌握重点税源企业生产经营状况和纳税情况，防止税源流失。加强非税收入征管，强化票据管理，以票管费，规范票据使用单位和开票行为，全面实行网络开票，票款及时足额缴入国库或财政专户，不断壮大财政收入规模，增强财政资金调控能力。（颜舒）

【服务经济发展取得显著成效】支持园区加快发展，全年筹措资金8402万元，支持园区基础设施建设，优化园区投资环境，提升园区项目承载力。落实各项扶持政策，园区内企业税收形成区得财力全额补助园区，促进园区招引税收贡献大企业和项目落户。支持创新驱动战略，安排科技人才专项经费1066万元，鼓励科技创新、知识产权保护，积极争取各类企业扶持资金10586万元，支持企业转型升级，淘汰落后产能，为企业发展壮大提供动力。（颜舒）

【谏壁、象山财政分局挂牌成立】2015年11月，象山街道财政分局和谏壁街道财政分局举行揭牌仪式。成立象山街道财政分局和谏壁街道财政分局，主要承担行政执法、对外协调、财政监督管理等职责。（颜舒）

【预算国库管理】　财政资金分配规范有序。按照“保民生、保运转、促发展”要求，合理安排全年财政预算，规范分配财政资金，确保预算编制与政府财力和各部门职能及事业发展相适应。严格基本支出预算，贯彻厉行节约原则，控制行政运行成本，强化节约型政府建设。规范项目支出预算，保障重点，兼顾一般，按资金保障次序分梯次安排，努力提升公共财政保障水平。财政支出结构优化。贯彻以人为本、执政为民理念，把保障改善民生作为财政重点工作，将财力继续向公共服务领域倾斜。加大教育投入，实行家庭困难学生及幼儿政府资助，提高学前教育投入，支持校安工程建设，提升教育现代化水平。完善社会保障体系建设，加大弱势群众补助力度，落实创业就业帮扶补贴，支持民办养老机构运行建设。加大公共卫生投入，提高社区基本公共卫生、疾病控制等卫生服务补助，保障城乡居民享受基本医疗服务。加大文体事业投入，支持《小学书法基础教程》编著出版，增加文物保护经费，保障群众文体活动有序开展。落实强农惠农政策，足额发放各类惠农补贴，保障农民权益。加大生态建设投入，推进水环境综合整治和大气污染防治，加快老小区整治和物业管理提升，保障生态环境持续改善，积极促进全区“三农”、科技、教育、卫生、文化和社会保障事业稳步发展。财政改革持续深化。深化部门预算管理制度改革，调整完善预算支出综合定额，增加会议费、培训费等支出预算，提高预算编制全面性、科学性和预见性，维护预算执行严肃性。实施预决算全面公开，按照“统筹规划、协调一致、积极稳妥、有序推进”原则，按时保质完成财政预、决算和部门预算公开，试点完成部门决算公开，接受社会和群众监督。完善国库集中支付改革，密切关注和指导全区国库集中支付业务，建立完善国库集中支付指标管理系统，逐步实现预算指标财政内部流程化管理，严格规范公务支出行为，提高公务卡使用效率。强化基层单位财务行为监管，出台《京口区规范基层单位财务管理考核标准》，指导督促预算单位进一步规范财务行为。（屠玉燕）

【非税收入征缴管理】 保障非税收缴系统运行，收入及时缴入专户（或国库）。做好与银行、执收单位沟通联系及服务工作，保障非税收入收缴渠道畅通。推进非税收入收缴制度改革进一步完善。2015年收缴非税收入36270万元，比上年增幅20%，其中缴库纳入预算管理收入18758万元，占非税收入总额51.7%，比上年增幅2%。加强财政票据管理，规范收费行为。构建以“非税收入缴款书”为主体、专用票据为补充的新财政票据体系。将票据购领、对账、缴验等工作全部纳入计算机管理系统，提高工作效率和管理质量。对工会、社团、民办非企性质单位进行检查清理，规范票据使用范围。贯彻落实省、市政府取消和停止征收部分行政事业性收费政策，对已取消和停征收费项目在项目库系统中及时清理、关停，有效遏制违规收费，为优化投资环境、服务经济发展、和谐社会建设提供支撑和保障。加强专项资金管理，支持本区经济建设。配合区经济、城建、城管等项目建设资金协调、筹集和管理，协调市财政物管资金、城乡环境卫生保洁和城市综合整治等专项经费，保障全区生态文明城市建设。强化拆迁专项资金管理、核算和分配，及时清理拆迁项目及其资金，建立健全资金收支台账，分类核算，如索普周边环境整治居民搬迁、城区空斗墙危楼搬迁改造、金融集聚区大西路改造等项目。涉及搬、拆迁及改造资金流约38700万元，当年统筹集中项目工作经费1460余万元，保障政府重点项目建设顺利开展和政府应得收益。（秦寅生）

【农村农业财务管理工作】 落实各项惠农补贴工作。根据省、市政府要求，将“一卡通”信息全部转入财政内网系统，并于指定农商行开户发放。2015年发放小麦、油菜、玉米、水稻等粮种补贴和粮食直补、能繁母猪、农机具购置等各类财政惠农补贴资金295万元。做好2015年农业保险工作，根据省、市财政对设施农业投保额要达到总保费50%新要求，与人保公司、区农委紧密配合，加大政策性农业保险宣传力度，确保奖励政策落实兑现，农户投保积极性明显提高。2015年，全区政策性农业保险总保费87万元，其中高效农业保险45万元。做好农业保险大灾理赔工作，全年发放小麦、水稻、能繁母猪、蔬菜大棚等理赔金84万元。加强基层财政管理。加强对基层财政所机构队伍、业务工作、内部管理和基础设施等方面监督管理。结合《京口区规范基层单位财务管理考核标准》，对基层财政所岗位职责、财务处理程序及审批制度、内部稽核制度、固定资产管理制度、现金管理制度、内部风险控制制度、票据管理制度等规章制度及执行情况进行核查，指导基层财政所提高财务管理水平。组织争取上级农业项目资金扶持。会同、协助区农委、水利等部门申报各类农业项目，组织涉农部门专业人员对项目科学性、可行性、效益性等进行调查核实，聘请社会中介机构进行评价和审计。按照项目文本抓好项目实施和项目资金使用，并按照财政资金报账制原则，规范审批和拨付程序，跟踪项目实施进度，确保项目资金专款专用、规范使用。（王红）

【企业工作】 规范专项资金管理。出台《进一步加强上级财政专项资金管理的实施意见》，该意见明确专项资金管理原则，优化工作流程，强化管理职责。要求对上级专项资金管理遵循客观公正、实事求是、公开透明、规范管理、绩效评价、跟踪监督、谁主管谁负责原则。强调专项资金管理部门要强化责任意识，突出事前、事中、事后全过程监管。通过规范和加强专项资金在申请、审核、拨付和使用中管理，发挥专项资金在促进社会管理、公共事业发展、经济建设、社会保障事业发展方面积极作用。（樊潇）

【绩效评价工作】 扩大绩效评价范围，加强项目资金监管，全面掌握项目资金情况。会同区发改经信委、人才办和科技局对2014年度部分项目资金开展绩效评价，抽取27家企业30个项目，涉及金额2023万元。与往年相比，2015年绩效评价在单位数量和评价金额上都有所增加，绩效评价工作更具有广泛性，更有利于从不同角度全面掌握项目资金使用情况。（樊潇）

【社会保障管理工作】 加大创业资金投入力度。2015年区财政充分体现集中财力办大事原则，积极向

财政局宣传依法理财（区财政局供稿）

上争取省、市扶持创业发展资金，不断放大财政资金使用效益。集中上级就业创业扶持资金214万元和区级创业平台建设经费90万元，用于支持落实开展创业竞赛和创业培训、实施结对帮扶和加快推进基层平台标准化建设，不断提升公共就业服务水平。2015年，全区新增城镇就业11635人，扶持创业2168人，创业培训5246人；累计新增私营户2134个；新增个体工商户3275个；新增公司私营注册资本113.28亿元。新建创业载体1个；完善提升创业载体1个。支持医疗卫生事业发展。医疗卫生改革是事关群众切身利益重大民生问题。2015年，基本公共卫生服务项目区财政投入提标为人均22.5元。合理选择财政对基层卫生补助方式，建立科学、客观考核评估机制，采取预拨付和考核后拨付实施补偿两种方式，保障社区公共卫生专项资金887万元。安排重大公共卫生服务项目专项资金，落实“三病”防治经费55万元，用于血吸虫病防治、艾滋病防治和结核病防治。安排出生缺陷干预18万元，用于补偿免费婚检和优生筛查。安排重大公共卫生项目经费21万元，用于补助农村孕产妇住院分娩、补服叶酸和农村妇女“两癌”检查，增进居民健康水平。完善基本医疗保险制度，进一步把人人享有医疗保障，惠及广大人民群众实事做好。2015年参保69763人（含在校中小学生25039人），区财政配套1377万元，乡（镇）街道配套383万元，合计1760万元。实施社会救助。2015年底，全区城市低保2092户、3359人，农村低保279户、473人，全年低保累计支出1890万元。全年对遇到突发性、特殊性困难群众实施专项社会救助47万元。全面落实优抚政策。发放无军籍职工工资和“四金”486万元，优抚人员定期抚恤补贴104万元，参战涉核人员生活补贴106万元，遗属补贴8万元，伤残军人抚恤金415万元，已故工商业无工作配偶补贴13万元，保障优抚人员基本生活。发放尊老金。2015年“尊老金”实行一次登记，两次“打卡”发放，发放时间分别为7月份和12月份，全面享受人数23513人，发放“尊老金”803万元。支持残疾人事业发展。拨付残疾人教育、创业和托养专项补贴32万元，落实镇江市残疾人车主就业安置和生活帮扶政策，全年发放“三小车”工资“四金”114万元，为573名无固定收入重残人员发放生活救助金426万元，为区149名城乡低保家庭中重度残疾人发放生活救助金14万元。保障被征地农民基本生活。2015年度，全区新增7个地块项目，收入598万元。1784名被征地农民领取基本生活保障金，全年发放安置人员基本生活保障金1843万元。落实计划生育政策。发放计生奖扶金375万元，享受人数1721人，其中农村部分计划生育家庭1228人，独生子女伤残家庭227人，独生子女死亡家庭266人。发放独生子女父母一次性奖励金152万元。做好退役士兵安置工作。发放127人退役士兵安置补助金588万元，扶持退役士兵职业技能培训，享受人数252人，发放培训费126万元。加强社保基金资金管理。针对收支平衡压力加大和预算管理要求加强，区财政更加注重预算资金使用监督和使用绩效，专门组织对用款单位资金使用情况检查，以专项检查为主，做好各项资金监督，确保社保资金专款专用，提高使用效益。

（华伟婷）

【政府采购】 2015年，政府采购本着发挥好各项监督管理职能，增强采购资金使用效益，强化服务意识，以严把政府采购预算关、推广政府购买公共服务工作为抓手，着力提升服务态度、工作效率，维护采购人权益，保障政府采购资金有效使用。2015年，全区采购总额1847万元，其中通过市采购中心代理公开招标项目为1176万元，主要内容为城管环卫所压缩机垃圾车、市场化清扫作业服务。电脑打印机、软件系统、空调等办公设备采购金额198万元。印刷费用36万元。公务用车维修保险费用132万元。采购预算金额为2101万元，节约资金254万元，综合节约率为12.09%。 （吴辉）

【会计集中核算和国库集中支付】 2015年，区机关财务结算中心为区属124家单位4407名在职及离退休人员统发工资，纳入会计集中核算单位72个，保证京口区区属行政事业单位国库集中支付规范化运转。随着国库集中支付改革深化，2015年，财务核算和集中支付系统并轨，各代理记账单位能通过国库集中支付系统第一时间掌握本单位财务信息，为规范预算执行、提高财政资金使用效率做出积极贡献。

（沈妍）

【会计工作】 2015年，京口区登记在册会计人员2505人，其中：高级会计师19人，会计师170人。2015年办理会计人员继续教育业务2452人次，不断更新会计人员知识结构，提高全区会计队伍政治、业务和整体素质。 （仇明星）

【财政监督检查】 建立联动监督检查机制，查外促内，以查促管，形成监管合力，全面提升财政监督能力和财政管理水平。配合市财政部门对全市会计信息质量开展检查，履行财政会计监督职责，充分发挥会计监督服务宏观调控和财政管理重要作用，提高会计信息质量。配合纪委开展“清心行动”、节日作风建设情况检查，规范“三公”行为和财经秩序。对城市环境综合整治专项资金、计生奖扶等专项资金监督检查，促进财政资金规范使用和管理，提高财政资金使用效益。对教育系统基本情况开展调研，对教育系统、街道等基层单位财务规范化核算检查考核，促进基层单位规范财务管理。 （魏红榴）

【综合治税工作】加强目标考核，结合上年度税收完成情况和新增长因素，合理分解税收指标，层层分解落实，督促各责任单位增强做好综合治税基层工作责任感。以查促管，定期加强对辖区内重点行业和重点企业跟踪服务，提高各责任单位综合治税工作水平，夯实综合治税基础工作。加强税源管理，适应税收征管体制调整，税源按属地重新划分，对全区企业税源注册地、经营地情况及时排查，结合全国企业信用系统对比核查，规范税源管理，守护本区税源不流失。加强个体和零散税征收管理，遵循抓大不放小原则，对3万元以下不征税户头逐一上门核查，保障零散税“颗粒归仓”，2015年，零散税地税完成公共预算收入4333万元，零散税国税完成公共预算收入1719万元。（陈志琴）

【金融办工作】 加强农村小额贷款公司监管。通过信贷档案、风险防控及经营能力专项检查、非现场监管和随机走访等手段，加大对农村小额贷款公司监管，完成农联小贷公司监管评级，农联小贷公司保持了AAA级评级标准。配合农联小贷公司在新三板上市筹备工作，完成小贷公司改制名称变更核准工作。打击非法集资。以宣传和排查为手段，防范和打击非法集资风险。在非法集资案件日益增多背景下，为增强社会公众投资风险意识，遏制非法集资案件发生，区金融办先后组织开展“打击非法集资宣传月活动”“非法集资问题专项整治活动”和“观摩非法集资案件审判活动”，对打击非法集资工作进行宣传、排查，并联合市金融办、市银监局、市人民银行和区公安分局、区市场监督管理局、相关街道等部门、单位组成联合执法组，对部分企业进行查处，对在区法院审理案件进行观摩，打击非法集资工作取得一定成效。（樊潇）

2015年京口区财政收支情况一览表

表8　　　　单位：万元

收入		支出			
项目	金额	项目	一般公共预算支出	政府性基金预算支出	合计
税收收入	**192864**	一般公共服务	14786	—	14786
增值税	25640	国防	232	—	232
营业税	121993	公共安全	6329	—	6329
企业所得税	14399	教育	35600	—	35600
个人所得税	7266	科学技术	4560	—	4560
房产税	5568	文化体育与传媒	1782	—	1782
印花税	2920	社会保障和就业	11311	—	11311
城镇土地使用税	3265	医疗卫生与计划生育	4808	—	4808
土地增值税	11599	节能环保	2558	—	2558
耕地占用税	208	城乡社区	77812	6028	83840
资源税	6	农林水	2309	—	2309
		交通运输	586	—	586
非税收入	**18758**	资源勘探信息等	4213	20	4233
专项收入	5811	商业服务业等	2389	—	2389
行政事业性收费收入	3923	国土海洋气象等	538	—	538
罚没收入	1650	住房保障	1464	—	1464
国有资源（资产）有偿使用收入	7374	粮油物资储备	50	—	50
政府性基金预算收入	**0**	其他	7143	361	7504
上划中央四税	**77358**	债务付息	30	27	57
全口径收入	288980	债务发行费用	39	1	40
其中：一般公共预算收入	211622	支出合计	178539	6437	184976

国税工作

【概述】 2015年，国税三分局围绕税收现代化主题，贯彻依法治税要求，坚持“依法规范、完善提高、提质增效”工作基调，深化税收管理改革，推进依法行政，加强作风建设，推进党风廉政建设，完善税收治理体系，提高税收治理能力，完成各项工作任务。国税三分局在2015年度荣获“2012—2014年度市文明单位”光荣称号，分局党支部被市级机关党工委评为“三星”党支部，还荣获“2015年度京口区服务优胜单位”光荣称号。（叶伟）

【完善制度，提升风险应对质效】 2015年年初，国税三分局被确立为江苏省国税局“风险应对规范示范点”，分局完善风险流程，发挥集体审议把关作用，实现风险应对全过程控制。实现“以应对促规范，以规范促管理”，达到提高纳税遵从的目的。分局风险应对人员突破传统思维束缚，运用好数据情报管理平台、系统提示风险指标信息、省局下发的风险应对模型等有效工具，把数据和平台用足、用好，不断提升应对质量。从全年成果看，分局完成应对户数121户，其中有成效户数83户，这两项指标在市、区分局均保持领先；有成效户占比68.6%，达到市局考核要求。应对过程中注意严格遵循相关法律，规范执法。全体风险应对人员牢固树立“风险应对即税务执法，税务执法必依法办事”的思想准绳。严格按照《江苏省国家税务局税收风险应对工作模板》和《江苏省国家税务局税收风险应对法律指引》准备好相关文书和证据，严格做到有法必依，重点做到程序合法、证据翔实。从通报成效看，全年直接入库成效967.14万元，占考核基数比30.22%。总成效2644.76万元，占考核基数比82.65%，依然保持较高应对质量。特别是在新流程上线后，分局接受工作流17户，完成14户、有效户12户，完成率和有效率在市区分局保持领先。参加市局风险应对竞标3次，竞得3户，总计入库税金293.99万元，当年完成率100%、应对有效率100%、户均成效近百万元，这三项指标在所有单位中名列前茅。（叶伟）

党风廉政建设工作会议（市国税三分局供稿）

【细化执行，规范欠税追征管理】 根据市局工作布置，按照《欠税追征指引》要求，制定“清防并举”工作方法。“防”，做好事前提醒。为了防止新欠过多产生，将欠税提醒工作进行前移，在申报结束后通过电话、微信、QQ群等多种宣传方式，宣传相关税收政策，提醒“易欠税企业”，防止产生新欠。“协”，做到事中跟踪。对所有欠税户详细摸底调查，将欠税分为死欠、往年陈欠、当年新欠三类，对京口区内欠税信息逐户盘点，摸清欠税户数和欠税详细信息，建立欠税台账。“清”，做实事后监督。严格按照征管法相关规定，继续采取以票控税、强化日常管理、上门催缴等手段清缴欠税。“结”，做好欠税流程。对所有欠税企业通过税源管理平台进行欠税分析、制定预案计划，实施追征清理，及时反馈成果。2015年分局清理欠税441户数，清缴入库税款1513万元，滞纳金158万元；其中，欠税追征模块上线后，分局接受工作流155条，完成69条。清欠率和清欠金额均较为突出。（叶伟）

【全方位提升干部队伍素质】 分局秉承“亲情带队”指导方针，在抓好党建工作和廉政建设前提下，注重干部队伍整体能力提升。要求全体干部积极参加省局、市局组织的各类培训，分局干部在省局第六期风险应对案例交流中获得三等奖。动员年轻干部参加市局组织选拔性考试，有三名年轻干部进入市局风险应对竞赛第二轮。鼓励干部报考“三师”（注册会计师、税务师、律师），为干部提供良好学习空间和氛围，同时通过相关政策解读、案例演示交流、集体议事等方式不断提高干部业务水平。积极组织工会活动，丰富干部业余生活。带领干部投身市局、京口区组织的各类文明创建活动，围绕一个中心（全面深化税收征管改革为中心）、突出两个重点（重点做好风险应对工作，重点做好欠税追征工作），提升两项能力（提高风险应对能力和提升欠税追缴能力），建设“五好”基层（领导班子好、党员干部队伍好、工作机制好、工作业绩好、基层和群众反映好），切实加大文明创建工作力度。（叶伟）

地税工作

【概况】 2015年，市地税二分局在区委、区政府和市局党组正确领导下，深入学习贯彻习近平总书记系列重要讲话精神，全面贯彻落实党的十八大、十八届三中、四中全会精神以及市委六届九次全会和全省地税工作会议精神，围绕“深化税收征管改革，倾力打造法治税务”工作主题，全面推进“六大工程建设”（文化引领强素质工程、法行政促规范工程、数据征管质量提升工程、创新驱动促发展工程、综合治税促收入工程、国地税联合办税工程）和“220服务行动”（全市500多名地税干部“两人一个组，一组二十户”，结对相伴，对接全市5000多户纳税人,将“三解三促”、“三送三禁”等活动融入其中，深入企业了解实情，帮助企业协调解决生产经营困难，搭建起“服务零距离，满意在地税”的纳税服务新平台。），以组织收入为中心，以深化改革新气象，依法治税新常态为主题，以依法治税为重点，统领风险应对、征管等各项工作、各个环节，强化执法规范性。以绩效管理为抓手，全面提升执行力。以标准化服务、规范化管理、常态化活动，不断完善管理机制、打造团队精神、做实税源管理，提升税收现代化治理能力。（李晨明）

【勇于攻坚克难，发挥税收职能作用】 分局克服宏观经济增速下行、房地产市场低位徘徊、政策性减税等种种困难，全体干部职工主动作为，集中发力，层层分解落实任务指标，坚持组织收入原则，加强形势研判，科学分解任务，注重收入质量，强化税源监控，做好收入分析，充分挖潜增收，保证组织收入稳定增长。2015年税收入库283266万元，比上年增收33467万元，增长13.4%。公共财政预算收入入库203595万元，比上年增收25775万元，增长14.5%。其中，地市级入库50004万元，比上年增收2011万元，增长4.2%。京口区级入库150804万元，比上年增收25195万元，增长20.1%。（李晨明）

【坚持信息管税，提高数据征管质量】 全面贯彻落实税源管理事项清单。4月，机构改革到位以后，市局税源管理事项清单1.0版和数据仓库税源与征管质量监控平台先后上线，3.0系统也进行重组与调整。分局第一时间组织干部进行信息系统更新知识学习，及时掌握新系统、新平台、新模块使用，严格按照税源管理事项清单履行职责。全面加强基础信息质量维护。分局修改审计错误数据800余条、联系方式校验150余条、税务登记缺项及差错400余条，无一户超期，实现税务登记完整率和差错率双百分百，有效地保障数据质量。全面夯实征管工作基础。开展非正常零申报专项清理。为有效降低零申报率，进一步还责于纳税人，分局通过初步梳理、实地核查、请街道协助调查等手段，对1235户连续3个月以上零申报户逐户有效甄别。规范欠税管理。严控新欠、压缩陈欠，对欠税户除采取电话催缴、上门催缴、按月进行欠税认定等日常催缴手段外，按照省局、市局要求，对部分欠税户采取扣缴税款强制执行措施，召集大额欠税户、连续欠税户法人代表参加催缴会议等措施，清缴欠税77户、104万元，新欠发生率严格控制在0.12%。强化非正常户法人代表多头注册清理。按照市局要求，将非正常户税收管辖权调整到正常户主管局，相应清理责任由正常户主管机关承担，这一方法起到明显成效，分局清理多头注册非正常户12户。省局发起非正常户协同管理流程，由正常户注册所在地税务机关向纳税人发放《税务事项通知书》，提醒纳税人到非正常户所在地税务机关办理解除非正常户手续，起到良好效果。（李晨明）

【加强重点行业、重点税种管理】 抓好重点建筑项目清理工作，按照“方便管理、有利于清算”原则，根据建设方和施工方属性将前期梳理的建筑业项目逐户责任到个人，避免遗漏或多头管理。以固化税源为目标，分清类别规范标准。根据付款和完工情况确定四类清理标准，开展项目清算，征缴相关税款，清理建筑合同金额超过5000万元以上项目76个，督促企业年底前开票23615.52万元，缴纳税款791.07万元。提高企业所得税年度预缴率，针对汇算清缴系统纳税人申报户数与税收征管系统纳税人鉴定户数差异问题，开展企业所得税纳税人鉴定核查工作，做到汇算清缴系统纳税人申报户数与税收征管系统纳税人鉴定户数一致，提高数据真实性。确保年度预缴税款占当年企业所得税入库税款比例达到绩效考核标准。加强非居民税收管理。强化源泉扣缴和对外支付后续管理两个手段，突出股权转让、股息分红、非居民承包工程和提供劳务三个重点。扎实做好协定执行工作。继续做好“走出去”企业税收管理与服务。建立境外上市公司高管、董事、股东等高收入人群长效管理机制。（李晨明）

税法快递进万家（市地税二分局供稿）

【强化基金费管理工作】 不断加强部门协作，主动研究和解决社会保险费征缴工作中存在问题和矛盾，适时开展专项检查工作，实现以查促收、以查促管，及时发现和解决社会保险费征收管理工作中存在的问题，堵塞征管漏洞。对于历史原因造成的“税费不同管”的纳税人，积极联系有关分局，协调开展“缴、清、查、补”工作。分局2015年各项基金任务几乎占到市局基金任务一半，垃圾处置费更是超过了50%，而且因机构改革任务下发时间迟，完成任务难度非常之大，分局干部充分利用征管系统软件，对征管系统基金费数据进行匹配、分析，定期检查基金费征收情况。同时，规范基金费鉴定，加强申报管理，强化催报催缴，采取电话、上门等办法，对未申报缴纳纳税人及时催缴，把基金费征管与日常税收征管融合，完成市局下达各项基金任务。（李晨明）

【加强多方协作，提升征管水平】 充分发挥街道护税协税力量，对辖区内重点商业经济圈个体工商户拉网式检查。从不达点调为达点22户，原达点户调高定额7户，月增加定额112.4万元，月增加税收7.98万元。加强与国土、房产部门沟通联系，取得房产、土地数据信息，做好房土两税税源登记审核工作比对及纳税辅导工作。对市局在应对风险过程中提出的对纳税户经营状况及涉税资料报送情况等信息核实请求，积极予以配合。根据管理中发现问题，于每月15日前向市局数据管理处报送16户风险推送名单，与风险局共同构建重点风险模型，在市局组织的风险模型（指标）竞赛活动中，荣获三等奖。（李晨明）

【规范执法行为，推进法治税务建设】 准确把握工作重点。全力推进行政审批制度改革，落实权力清单和责任清单制度。建立健全执法监控和责任追究机制，强化执法手段，完善执法程序。积极推动法治税务示范基地建设。强化税收法律学习。开展税收法制业务培训，落实领导干部学法制度，由本局“三师”（税务师、注册会计师、律师）成员、业务精英授课，开展关于学习宪法、规范行政处罚程序等专题培训，分局干部业务技能和综合素质显著提高。加强执法风险防范。构建包括税收风险预警机制、分析机制、约束机制、考核机制、化解机制等税收执法风险节点管理体系。以督查室的绩效考核、督查内审的税收执法督察以及数据质量督促检查为依托，结合现有绩效考核，按季进行“法治税务示范基地”考核，进一步防范税收执法风险。（李晨明）

【聚焦遵从满意，提升纳税服务水平】 分局以打造“220”服务行动升级版、“便民办税春风行动”以及“党员真实服务行动”为契机，与企业结对，党员干部走访企业、与企业负责人交流168次，为企业提质增效策划“金点子”12个，为企业协调解决生产经营中实际问题27个，促进经济转型发展。与社区结对，坚持以块为主、条块结合原则，落实1名党员干部对接社区、帮助社区研究制定1个服务民生工作计划，帮助社区完善基础设施，帮助宣传科学知识、倡导文明新风。与居民结对，要入户到人，重点问需问困、帮困解难，做到每季上门4次，一年下来为居民解决工作生活中的实际问题8个，使居民得到更多实惠。纳税人满意度与税法遵从度同步获得提升。（李晨明）

【突出绩效引领，促进干部执行动力】 分局以税源专业化管理改革为契机，按照“完善组织架构，优化指标体系，强化过程监管，注重结果运用”总体思路，着力打造并推行“制度健全、岗责明确、指标分解、项目监控”四位一体绩效管理模式，分局干部工作执行力得到明显提升。转变思想观念，营造以人为本用人氛围。4月，机构改革到位后，分局花大力气稳定了人心，在制度上创建公平公正竞争环境，给干部以激励和压力，在用人上实现能者上、平者低、劣者汰的局面，客观公正地制定人才发展制度和措施。在环境上创建“鼓励人才干事业，支持人才干成事业”土壤。加强业务教育培训，不断提升分局干部综合素质。注重培养懂经济、懂法律、懂信息、懂管理的复合型人才，增强教育培训工作针对性和有效性，促进地税干部队伍素质提高，促进地税征管质量和效率提升。加强制度建设，创新和完善绩效考核岗责体系，强化激励机制。在绩效管理实践中，通过持续地与干部职工沟通，引导干部主动参与意识，不断创新和完善绩效考核管理制度。将绩效考核管理工作与地税发展和干部职工成长紧密结合起来，创建良好的工作环境和学习氛围。（李晨明）

【持续纵深推进，开展“三严三实”专题教育】 分局党支部切实开展“三严三实”专题教育，在积极参加市局“‘三严三实’理论研讨会”基础上，集中开设1场“三严三实”专题党课，分局班子成员结合工作实际，对“三严三实”的核心要义、精神实质进行诠释与分析，全体党员干部通过讨论交流，达到相互启发、形成共识的目的。分局集中研讨3次，召开专题党课1次，领导班子成员撰写心得体会4篇，利用先锋网组织分局全体党员学习6次。建制度，奠“三严三实”之基。分局班子坚持边学边改，通过深化群众路线教育实践活动成果，多渠道收集群众意见建议，主动查找自身问题，确保专题活动取得群众满意效果。“三严三实”专题教育开展以来，通过征求意见座谈会、走访企业和个体工商户，查摆梳理出6个方面“不严不实”问题，并及时制定整改措施，建立和完善整改制度。正风纪，吹“三严三实”之风。不断强化日常纪律管理。围绕严肃党内政治生活、加强干部教育管理、制约监督权力运行等内容，落实党风廉政责任制，将日常工作纪律作为严查四风的重点内容，有效治理党员队伍中庸、懒、散现象。同时，分局党支部还深刻剖析反面典型，组织开展“反面典型案例”专题学习会，集中学习了《以案说法——税务人员职务犯罪案例选编》、习近平总书记有关讲话和中央严肃查处周永康、薄熙来、徐才厚、令计划和苏荣等严重违纪违法案件内容，以“三严三实”为标准知悉共产党员应“有所为、有所不为”。

（李晨明）

【借力争创评比，打造四星级党支部】 市委在全市广泛开展争创“法治型、服务型”先进党支部活动，为了推进创建工作的协调、有序和高效开展，分局以“抓党建促税收”作为党建工作的出发点，坚持与税收工作同部署、同落实、同检查，层层落实党建工作责任制，激发干部职工对创建工作的内在动力。工作机制规范化。健全完善党建和党支部领导机构，明确责任清单，使分局党支部班子健全，分工明确，责任落实，形成合力；制定完善党建工作责任制、“三会一课”（支部党员大会、支部委员会、党小组会，党课）制度、党日活动制度等系统党建制度，有重点地进行培训辅导，指导和规范支部党建工作开展。党员管理规范化。定期开展民主评议党员工作，提高党内生活质量，增强党员组织观念。组织活动规范化。建立党员集中学习日，加强政治理论、政策业务学习；依托党员活动日，利用“三八”、“七一”、国庆等节日，结合实际开展主题实践活动，激发党组织生机和活力。打造品牌特色化。分局将创新工作贯穿于创建工作中，推出符合分局党建特点、贴近税收工作实际“党员真实服务”系列主题活动。系列主题活动辐射效应强大，集优质服务、依法治税、广泛宣传、专业辅导、帮扶解困于一体，使“220”服务理念、“三自”（自强、自立、自主）服务理念、依法治税理念、依法行政理念贯穿于税收各项工作始终。完善廉洁从政运行机制。紧紧抓住廉政建设主体责任，积极探索建立责任清单，深度融入税收业务，把责任分解到每个班子成员，细化落实到各个岗位、各个环节，形成人人担责、齐抓共管的工作格局。（李晨明）

焦山风光

科　技

责任编校：耿纪明

综　述

2015年，区科技局围绕科技工作目标任务，学好用好“苏南国家自主创新示范区”和镇江国家高新区政策，在开展科技创新工程、校地合作示范区建设、众创空间建设、重点项目推进、科技金融和知识产权强区工程等方面取得成效。争取国家、省、市各类科技项目经费2405万元。区知识产权局获“2015年度省知识产权工作先进集体”“2015年度省专利行政执法工作先进集体”称号。（胡蓉）

科技工作

【众创空间建设】 建立区科技局牵头，人社、财政等10个部门组成的联席会制度，制定《关于发展众创空间，推进大众创新创业的实施意见（试行）》。建成中企信星、“E”客梦工厂、翼咖啡等8家众创空间，面积2.42万平方米，为广大创新创业者和初创小微企业提供政策扶持、科技研发、设备使用、融资对接、市场开拓等服务。入驻“创客”1144人，在孵企业300多个，实现销售18.6亿元、利税2332万元。中企信星孵化器被认定为省级众创空间，纳入省级孵化器管理；科航创新工场被省级众创空间备案，并纳入省级科技企业孵化器管理服务体系；翼咖啡、科航创新工场、中企信星孵化器被认定为市级众创空间。正东路街道被认定为市众创第一街道。大禹山创意新社区成为镇江首家获得认定并资助的省级众创集聚区。（胡蓉）

【苏南国家自主创新示范区建设】 编写《京口区苏南国家自主创新示范区空间布局规划》，规划建设两大主体功能区。中小企业信息产业园区含4个子单元园区，发展大众信息服务、航空航天信息、智慧城市运用、船舶信息、北斗应用、电子信息、创意设计、游戏动漫、互联网金融、科技金融、数字出版、数字文化交易、教育培训、网络通讯、软件研发、电子商务、船舶与海洋工程先进设计制造、轮机动力装置系统研发、自动化装备研发、先进材料与焊接技术、数字化造船软件开发、技术转移及科技服务等。高性能铝材料产业园区含2个子单元园区，发展高性能铝材料、高端铝加工产品、核屏蔽防护材料、核乏燃料后端处理设备、核电装备和木材产业。先进制造业通过“互联网+”模式整合信息，为企业提供研发、贸易、金融等服务。（胡蓉）

【科技主要数据】 2015年，全区完成高新技术产业产值143.1亿元，占区域规模工业产值比重达46.1%。R&D投入11.59亿元，占地区GDP比重2.68%，位列全市第二。1个国家星火计划获立项，争取拨款类科技计划59项，其中省级各类科技项目16项，获拨款1779万元，市级各类科技计划43项，获拨款626万元。新认定省级研究生工作站6个，省级高新技术产品25个。高新技术企业新认定2家，省级民营科技型企业复审通过4家、新认定18家，省科技型中小企业新认定13家。（胡蓉）

【知识产权】 全年专利申请（不含江大、江科大）2588件，其中发明专利申请750件，专利授权（不含江大、江科大）1251件，其中发明专利授权111件。万人发明专利拥有量达到65件，位列全市第一。开通京口区专利资助网络申报平台，2014年区级专利资助经费168.86万元（专利经费滞后一年资助，2014年经费2015年下拨）。科大汇峰获省知识产权战略推进计划项目立项，大祥百货获省“正版正货”示范街区称号，中煤电子获省企业知识产权管理标准化示范先进单位，新创计算机获得市专利密集型企业培育计划项目立项。2家企业获市优秀专利奖，10家企业获市专利突破奖，共获知识产权经费100万元。全年各类知识产权培训160多人次，有15人获省知识产权工程师资格证书，46人获内审员资格证书。（胡蓉）

校地合作示范区建设

【概况】 市委夏锦文书记提出京

口要利用高校资源优势，打造校地合作示范区。京口区启动校地合作示范区建设，分别与江苏大学、江苏科技大学、常熟轻工学院、镇江高等专科学校等高校制定合作方案，签订合作协议，确立年度规划和工作重点，建立联席会议和工作例会制度，出台《京口区校地合作示范区建设实施意见》《京口区“教授博士柔性进企业活动”管理考核暂行办法》等文件，将校地合作示范区建设纳入规范化、常态化轨道。共建科技创新平台和研究生工作站，协同推进知识产权工作，共同开展人才招引、大学生创业等。通过校地合作平台，更好地叠加发挥高校科教资源优势、企业生产市场资源优势和政府政策性资源优势，有效促进校、政、企三方合作，提升科技、人才与区域经济的融合度。

【建设成效】 共同实施科技项目，促进科技成果转化。全年有40家校企合作申报市级以上科技项目，20项获得立项，立项资金1400多万元。项目成功立项推动京口科技成果转化，带动产业转型升级。海龙核材与江苏大学合作的“乏燃料贮运用B4C–Al中子吸收复合材料关键技术研发及产业化”项目获省重大科技成果转化项目。

共建科技创新平台，开展技术攻关。组织江苏鼎盛重工有限公司、中储粮镇江粮油有限公司、江苏名通信息科技有限公司等企业与江苏大学等高校合作申报省工程技术研究中心，使得双方技术合作更紧密。完成江苏鼎胜新能源材料股份有限公司、江苏联盟信息工程有限公司等6家企业与江苏大学、江苏科技大学共设省研究生工作站，加快双方在人才培养和技术交流步伐。共同打造哈尔滨工程大学——镇江技术转移中心在京口工业园区挂牌，组织产学研合作意向性协议十多项。

协同推进知识产权工作，打造知识产权区域品牌。镇江高等专科学校、江苏大学、江苏科技大学共同建设国家专利导航试点工程（江苏）研究基地，这是专利导航试点的首个国家级研究机构。2015年双方合作查处专利侵权行为，委托辖区高校大学生志愿者搜集违法专利证据，汇总后由专利执法人员集中查处，提高行政执法针对性和效率。开展知识产权培训。和辖区高校为企业人员开展专利申请、维权投诉、项目申报等业务培训，提升业务人员专业素质。共同开展宣传报道。共同举办知识产权户外宣传，发放传单，宣传知识产权保护维权知识，在各自网站宣传知识产权有关内容。

联合人才引培，加速高端人才集聚。与众多高校开展人才引培工作。全年新增国家“千人计划”3人，省“双创计划”个人2人，团队1个（成员3人），博士1人，市“331计划”10人。共计19人次，超额完成全年目标任务。

精准对接，发挥科技镇长团资源优势。参加江苏省第19–22届精英人才对接峰会，与中国科技大学、江苏大学、扬州大学等高校对接，按需选派专家、教授组成京口区第三批“科技镇长团”到区级机关、街道、园区挂职。发挥其专业技术强、资源信息广、高端联系紧优势，促进全区特色产业与高校科研优势有机融合、企业需求与高校科技资源高效对接、高端人才加速集聚和产业转型升级。市第八批“331计划”54名申报人才有22人系科技镇长团推荐，7人进入面试。

提升大学生创业环境，浓厚大学生创业热情。开展“创新创业教育月”、创业普训6900余人次，培训国家级创业培训师6名，扶持大学生创业500余人，举办首期IYB（改善你的企业）创业培训班，组织创业校园行活动，为创业大学生协调解决立项、税费减免、创业补贴问题120件。开展青年（大学生）“创业的青春最美丽”创业项目赛、“京口杯”创业赛、“勇往职前”职业规划赛、经验分享会和创业就业知识赛，丰富他们的创业文化。遴选大学生优秀创业项目参加“创富镇江”创业赛，有21人进入复赛，3人进入决赛。

2015年京口区参与国家星火计划一览表

表9

序号	承担单位	项目名称
1	镇江培蕾基质科技发展有限公司	设施园艺育苗有机基质及配套管控技术应用

2015年京口区参与省重大科技成果转化项目一览表

表10

序号	承担单位	项目名称	拨款金额
1	江苏海龙核科技股份有限公司	乏燃料贮运用B4C–Al中子吸收复合材料关键技术研发及产业化	1000万元

2015年京口区参与省产业前瞻与共性关键技术项目一览表

表11

序号	承担单位	项目名称	拨款金额
1	江苏科海智能系统有限公司	大规模监控视频存储与分析关键技术研发	120万元

综　述

【概况】 2015年，京口区教育局紧扣“苏南一流、跻身十强、人民满意”奋斗目标，以促进学生全面发展为主题，以苏南教育现代化示范区建设为统领，深化改革创新，提高教育质量，促进教育公平，着力构建“高位均衡，轻负高质，特色鲜明，富有活力”的京口教育新常态。（蒋礼明）

【党建廉政工作扎实开展】 召开庆祝“建党94周年”表彰大会，表彰了区、局级先进38人；邀请市委党校孙文平教授作专题讲座；组织全系统19名基层党支部书记，赴井冈山开展“坚定理想信念，加强党性修养”培训；有20余篇党建理论学习成果在《镇江组工》、镇江党建网等媒体上发表。围绕“学习型、法治型”党支部建设主题，推进党建服务品牌建设，全年新增党建服务品牌7个、区十佳党代表工作室1个，1部党员电教片获区优秀奖，1项党建课题获区二等奖。积极参与“党风廉政文化建设月”活动，加强两个责任的落实，加强对重点时段、领域权力运行监督。（蒋礼明）

【区域教育现代化建设有效推进】 做好2015年省教育现代化建设监测数据填报工作，2014年京口区数据监测综合评分87.56分，全市排名较2013年上升1个位次。积极推动“双创”工作，建立局领导蹲点制，第三批27所中小学、幼儿园全部通过验收。顺利通过“全国义务教育发展基本均衡区”回头看督导评估、县级政府教育工作省级督导年度考核工作、市“双创”工作和学前教育优质均衡发展情况调研等工作。（蒋礼明）

【师资队伍建设持续加强】 重点开展以“月末讲坛”、暑期领导干部培训班等学习活动，年培训量近5000人次。选送8名校级干部、教师境外进修，安排10名校级干部交流，占符合交流条件的校级干部的20%。实施“新教师”成长、“成熟教师”成才、“骨干教师”成名“三大行动”，为13名特级教师后备人员遴选省内著名教育专家作为导师。全年有40人在国家、省、市竞赛课中获奖。其中，国家级一等奖1人，省一等奖8人。举办“第31个教师节表彰庆祝活动”，表彰50名区人民满意教师。推进教师交流工作，安排81名教师交流，占符合交流条件的教师的17.72%，其中拔尖人才交流人数为33人，占符合交流条件的拔尖人才的21.29%。新招聘6名英语、体育、美术学科教师，有95人取得中小学、幼儿园教师资格。（蒋礼明）

【素质教育深入推进】 完善义务教育施教区划分工作，均衡编排师资、班级，严控热点学校择校生比例不超过5%。借助省学业质量监测平台，以共同体、高效课堂、基地学校等为抓手，推动课堂教学改革，全年承办国家级、省级各类活动40场，国家级、省市论文获奖发表1106篇，完成“十二五”课题立项50个，其中《基于质量分析的跟进式教学改革研究》《区域推进学校课程建设的实践研究》两大省重大课题顺利立项。国际交流开辟新路径，解放路小学“七色光艺术团”受邀赴维也纳参加“第六届世界和平合唱节”，桃花坞小学作为大陆唯一受邀代表参加“2015年台湾第十届儿童书法展”。深入推进“教体融合”暨全国学校体育联盟项目的实施，不断创新体教融合、艺教结合、市队校办、名校办名队模式，打造区域乒乓、书法品牌，推进篆刻进校园活动，其中，在省“墨香书法”展、市“同书文明语争做文明人”书法大赛中，京口区获奖面最广、获奖等次最高，位居全市第一，男子舞蹈《我和我的机器人》获省艺术展演一等奖，舞蹈《红绿灯》获市第五届政府文艺奖，京口区代表队获市中学生阳光体育竞赛第一名。积极开展科技教育，举办“镇江市科技进校园暨2015年京口区科技节活动”，贺家弄幼儿园被授予“江苏省科技教育特色学校”称号，江科大附小、京口实小揽获省机器人大赛一等奖8项、二等奖3项。（蒋礼明）

【各类教育协调发展】 学前教育围绕《3 ~ 6 岁儿童学习与发展指南》，突出“省课程游戏化项目”实施，年初被省人民政府命名为“江苏省学前教育改革发展示范区”。社区教育全面优化“区—街道—社区”三级社区教育体系，实施“培训项目立项制”和“讲师团送讲制”，完善京口终身学习网，新编社区教育特色课程14套。特殊教育着力推进“残、健、教”融合式教育，健全随班就读工作管理机制，建立残疾儿童随班就读档案，并通过成立“满天星”残疾青少年艺术团、省残疾人联合会特奥轮滑队等形式，促进残疾儿童融入社会。

（蒋礼明）

【办学条件和基础保障不断改善】 完成学府路小学3113平方米校舍加固工程；重新铺设红旗小学、八叉巷小学、桃花坞小学塑胶操场6000平方米。落实“安全生产党政同责制”，坚持月度检查、季度通报，系统全年安全无事故，被区政府连续评为“安全生产一等奖”。为谏壁地区新增1条学生公交专线，方便学生上下学。全年办理大学生源地助学贷款8人，共贷款54100元；资助义务教育阶段学生223人次，共计141500元；资助学前教育阶段幼儿213人次，共计106500元；免除困难幼儿保教费87人次，共计168250元。（蒋礼明）

学前教育

镇江市中山路中心幼儿园参与省编音乐教材拍摄（区教育局供稿）

【镇江市中山路中心幼儿园】 镇江市中山路中心幼儿园总园位于镇江市仁章路23号，占地面积0.14公顷，建筑面积2700平方米。谏壁分园位于谏壁越河街188号，占地面积6.66公顷，建筑面积4200平方米，户外活动场地2000平方米。2016年建成的中建大观分园位于镇江市学府路中段中建大观天下小区核心地段，占地面积7公顷，建筑面积4800平方米，预计将于2016年9月开园招生。

中山路中心幼儿园总园和谏壁分园2015年有教职员工71名，教师大专学历100%，本科学历38名，占总教师人数的68 %，2名教师学前教育研究生在读，高级教师3名，一级教师18名，中级以上职称教师占教师总数的38%。目前总园和分园共有24个班级，幼儿在园人数745人。

幼儿园以“奠定幸福生活的根基”为办园理念，紧紧围绕“健体、健心、健美、健智”的培育目标，构建 “康乐文化系列活动”，以“康 · 乐”课程实施方案为载体，实施“民俗风活动”“民间游戏”“文明礼仪”“传统节日教育”“康乐节活动”，加强指南实验园建设、推进课程游戏化实施，促进幼儿全面发展，塑造“康乐儿童”。2015年，幼儿园获得江苏省课程游戏化项目园，江苏省五四红旗团总支，镇江市教育现代化先进学校，镇江市学校养正学堂，保健工作先进单位，参与拍摄了台湾康轩幼教研究中心出版的“一体化学习包教师用书”，先后承办了国家疾控保健工作调研活动，“市级指南园”大组小组开放活动，获得中小学教师“蓝天杯”论文评比组织奖，小青蛙讲故事比赛优秀组织奖，区教育宣传先进集体，区第十届幼儿园“三人行变废为宝”巧手制作大赛特等奖，区第十二届幼儿文娱会演一等奖，并接待国家、省、市、区各级领导、专家参观、指导共19次。

中山路中心幼儿园一直将教师队伍建设作为重点工作。2015年，教师在省、市、区综合竞赛中获奖58人次，其中1人获市级赛课一等奖，1人获区级赛课一等奖，论文发表、评比获奖163人次。幼儿在各类比赛中获得国家级奖项1人，市级奖项147人，区级奖项5人。幼儿园建立了年级教研组、学科教研组、课题项目组、“指南”实验组等。教师们积极参与教科研活动，“人人都参与，个个有课题”，全园共有各级各类立项研究课题20个。教育科研的宽覆盖，引领教师们走在体验成功、体验幸福的幼教之路上。（薛云　张燕）

【镇江市实验幼儿园】 镇江市实验幼儿园诞生于1934年，是一所历史悠久、有着深厚文化积淀的公办幼儿园，也是镇江市建园最早、规模最大的一所全日制幼儿园。原名“镇江市实验小学附属幼儿园”，后更名为“镇江市京口实验幼儿园”。2004年，正式更名为“镇江市实验幼儿园”。镇江市实验幼儿园先后被评为江苏省示范性实验幼儿园、江苏省绿色学校、镇江市A级食堂等，是省、市、区级教科研基地，省“学前教育协会”成员单位。2006年，镇江市实验幼儿园与无锡红豆置业集团联手，合作开办了镇江市实验幼儿园香江分园，辐射总园的教育理念和办学思路，目前已成为镇江市、京口区对外开放的窗口，省内外幼儿教育交流的中心。作为一所分园，它依托总园的管理和师资，与总园一同发展、成长。香江分园先后被评为江苏省优质幼儿园、镇江市绿色学校、镇江市教育现代化先进学校、镇江市数字化校园、镇江市依法治校示范校等。

2015年，幼儿园共计22个班级，700多名在园幼儿。教职员工82人，专任教师48人。其中，大专以上学历达100%，本科取得率达63%。幼儿园先后培养1名市骨干教师,11名区骨干教师，拔尖人才队伍占在编教师的25%。中学高级教师2人，一级教师16人。近年来，经过全体教职工的不懈努力，保教质量稳步提升，办园特色不断鲜明，赢得良好的社会声誉。

2015年，幼儿园以各类创建为契机，改善幼儿园办园条件，总园对老教学楼的活动室进行改造，并和周边红旗小学达成笪家山共用协议，扩大幼儿活动空间，打造幼儿阅读共享区，“稚美”活动特色得以在环境创设中显现。分园利用原有外操场扩建活动室，增设1个班级，幼儿园逐步由3轨制向4轨制过渡，缓解周边地区幼儿入园难的问题。

幼儿园发挥省优质幼儿园的示范带动作用，分别与淮安市兴强幼儿园和镇江市新加坡凯佩琳幼儿园结成结对帮扶园，2015年，派出行政人员1名和骨干教师1名对帮扶幼儿园进行工作指导与帮助，完成了2所幼儿园的省示范区创建和市优质幼儿园的创建帮扶任务，让省优质幼儿园的优质幼儿教育资源向周边地区辐射与拓展。

2015年，镇江市实验幼儿园加入江苏省课程游戏化项目建设组，和项目园共同承担幼儿园指南背景下课程游戏化的建设。成功完成“省示范性实验幼儿园”的复检任务，并成功创建“镇江市教育现代化”，获得“区文明单位”“市级文明单位”的殊荣。被评为“区安全先进单位”“区保健先进单位”“区宣传先进单位”。（陶全安）

镇江市江滨幼儿园老少同乐，写春联传承传统文化（区教育局供稿）

【镇江市江滨幼儿园】 镇江市江滨幼儿园创办于1987年，是镇江市首批省级示范幼儿园，占地面积4238平方米，绿化面积820平方米。江滨幼儿园坚持以“以国际视野培养完整儿童，让绿色伴随孩子成长”为教育理念和办园宗旨，让每个孩子获得百分百的关注和机会，让每个孩子拥有快乐和自信。近年来，幼儿园先后获得江苏省绿色幼儿园、江苏省平安校园、镇江市语言文字规范学校、镇江市依法治校示范校、镇江市青少年科学教育先进学校京口区文明单位、京口区模范幼儿园、京口区教育信息宣传工作先进单位、京口区安全工作先进集体、京口区卫生保健先进单位等称号。2015年幼儿园有班级12个、幼儿296名、教职员工45名，其中市级骨干教师1名、区级学科带头人2名、区级骨干教师7名，教师本科以上学历达79%。

2015年，学前教育宣传月启动仪式于5月25日在江滨幼儿园举行，幼儿园在培养“完整儿童”的教育理念指导下，结合“给孩子适宜的爱”这一主题，重点开展了“养成教育活动”和“体能特色活动”，以“养成教育”和“体能活动”为依托，为幼儿搭建温馨、快乐、文明、健康的成长平台。

在养成教育系列活动中，“老少同乐写春联”“元宵喜乐会”“中秋月饼甜”以传统文化浸润童心；“我是礼仪小标兵”“交通文明你我他”“大手拉小手、文明伴我行”以文明礼仪润泽童心；“百米长卷画祖国”“我的足迹”“亲子早餐会”“六一慈善义卖”以爱的传递点亮童心；“地球·家园”“我倡议……”“归零行动”以习惯养成丰富童心。

幼儿园在既有的“晨间活动、户外体育游戏、特色体智能游戏和体能亲子游戏”的体智能活动体系基础上，新购置了一批先进的体智能活动器械，以丰富幼儿的活动内容。在形式上，幼儿园尝试“户外活动大循环”，不分年龄、班级、区域，让幼儿体验不同游戏器材，进行综合锻炼，同时感受共同游戏的快乐。幼儿园还引进男教师，每周带领全园幼儿、教师共跳欢乐律动操，吸引家长不断驻足。同时男教师还走进班级，给幼儿开展精彩的体智能活动，在游戏中给孩子们带来不一样的体验，培养幼儿的自信心，强健幼儿体魄，促进幼儿人格、智能与体能的协调发展。

幼儿园承办京口区“科学运动，全面发展”幼儿园专题研讨、京口区区教研协作发展共同体健康组网络教研、京口区新区两区联动同课异构赛课、京口区幼儿园优秀教育活动评比、京口区第十届“变废为宝”巧手制作大赛、京口区优秀教玩具制作评比等一系列市区级活动，幼儿和教师的综合素质都获得提升。在各级各类绘画、故事、手工制作比赛中共有131人次获奖；教师在市、区级竞赛中25人次获奖，另有5人获区级表彰。幼儿园获得省早期教育绘画比赛和镇江市“小青蛙”讲故事比赛优秀组织奖，镇江市京口区第十届“三人行变废为宝”巧手制作大赛特等奖。

（陈泉 王欢）

【镇江市桃花坞幼儿园】 镇江市桃花坞幼儿园总园位于镇江市京口区桃花坞八区21号。2015年，总园和分园共有教职工37名，专任教师中大专比例100%，本科比例76%。高级教师2名，市区骨干教师7名。2015年总园和分园共有7个班级。围绕“快乐童年、幸福一生”的办园理念，明确办园的核心价值。认真贯彻《3～6岁儿童学习与发展指南》精神，遵循“以幼儿发展为本”“以教师发展为本”的原则，聚焦幼儿园内涵发展，不断提升幼儿园办园质量。2015年，桃花坞幼儿园被评为“镇江市教育现代化示范校”、“京口区卫生保健先进单位”。

以加强幼儿园内涵建设，创建和谐校园为中心，坚持长效管理，推进课程建设和评价机制，力求凸现内容创新，方法创新，手段创新。成立以市级骨干教师领衔的“乐童”幼教工作室，带动一批区级骨干教师和园级骨干教师开展园本课程研究，初步进行以陶艺为特色的园本课程建设，取得初步成效。贯彻落实有关文件精神，树立一日活动皆课程的意识，从教育环境创设，生活活动，活动区游戏活动入手，调整幼儿在园作息时间和课程计划，把更多的时间还给幼儿游戏，让幼儿在游戏中快乐地成长。

组织丰富多彩的生活，促进幼儿全面发展。“我运动、我健康、我快乐”为主题的小小运动会，使得孩子们的各项运动技能得到进一步的提高。植树节开展“爱护树木，从我做起”的活动，培养幼儿对大自然的热爱之情。元宵节开展“欢天喜地闹元宵”活动，让孩子感受到浓郁的传统民俗风情。“六一游园会”培养了孩子的合作与竞争意识。

2015年，高蕾等教师的6篇文章在省级幼教刊物发表；36篇教师论文、活动设计省级获奖；21篇论文市级获奖。李莹老师获镇江市科技制作比赛一等奖；汤源老师获镇江市教师基本功大赛三等奖；杨玥、高蕾老师，获区优秀教育活动一等奖；师幼同台表演儿童绘本剧《淘气小子乖乖女》获得京口区幼儿园绘本剧展演编剧、表演一等奖；李莹老师、盖塬源小朋友家庭共同制作的《魔幻奇影》获得京口区“‘三人行’变废为宝”制作大赛特等奖、镇江市玩教具比赛一等奖。

（符沉 范成静）

【镇江市京河路幼儿园】 镇江市京河路幼儿园创建于1997年8月，目前建有京河本部和京岘分部两个园区。秉持“点亮童心，润泽生命，让幼儿拥有最佳人生开端”的办园理念，凭借经年累月形成的“全面发展、开发潜能、培养个性”的园所特质，跃升为孩子喜欢、家长满意、社会认可的幼教名园。2015年有20个班级640名幼儿，70名教职员工。京幼园所环境融“自然流淌的文化旋律，润物无声的教育诗意，别具一格的审美情趣”为一体，楼舍俨然，格局合理，构境灵动，童话意蕴，花木扶疏，清新雅致，现代化实施一应俱全，教玩具配置琳琅满目，处处弥漫美的韵味、美的气息。

2015年，京河总园创建为江苏省绿色学校，京岘分园创建为首批镇江市数字化校园，迈上了信息化建设的新台阶。京岘分园作为“镇江市《3～6岁儿童学习与发展指南》实验园”，在教育实践中，致力于“美学视角和儿童视角”相映，“国际视野和传统文化”相汇，“自然环境和人文环境”相融。

园本课程创特色。教师结合园所特点，精心设计多姿多彩的游戏与活动，引导幼儿在快乐中了解、感知生活的真善美，体验东西方文化的丰沛和差异，培养幼儿尊重异域文化的态度，依托“墨香淡彩弘国学”经典诵读浸润孩子的心灵，哺育中国根脉的世界小公民。常设常新的“春之声”游戏节、“夏之潮”艺术节、“秋之思”阅读节、“冬之火”运动节这“四大特色”，为深化素质教育和师幼展示才情垒筑了梦想舞台。

以人为本强内涵。建有一支德艺双馨的教师团队。2015年度，40余名教师中，大学本科学历80%，大学专科学历100%；市、区级骨干教师10名，区学科带头人4名，6名教师享有区“师德标兵”“优秀班主任”“优秀教师”等称号；100多篇教师论文在国家、省、市级刊物上或评比中发表与获奖，30人次获各类教育教学竞赛奖。由市、区骨干教师引领的“七色花绘本工作室”“大拇指亲子工作室”“小脚印美术工作室”，成为教师的专业发展平台和本园的三张文化名片。

该园先后被评为江苏省示范性实验幼儿园、江苏省优质幼儿园、江苏省现代化幼儿园、江苏省绿色幼儿园、镇江市少儿围棋育苗基地、镇江市“A级”食堂、京口区模范幼儿园、京口区英语特色园、镇江市平安校园、镇江市语言文字示范校等。

（徐斌）

【镇江市解放路大地幼儿园】 镇江市解放路大地幼儿园位于镇江城中道署街，前身为私立道署街幼儿园，后更名为镇江市解放路幼儿园。1997年，由京口区教育局和台湾大地幼教集团共同投资改扩建，正式挂牌为镇江市大地幼稚园，为京口区教育局直属园。2015年，幼儿园占地905平方米，建筑面积1800平方米，外场地930平方米。下设9个班级，其中国际班5个、全人教育实验班4个，共有230多名幼儿，为江苏省示范性实验幼儿园。

创办于2013年9月的优山分园总占地面积6000平方米，建筑面积3000平方米，按照省级优质园标准建设，共设9个班级，可容纳幼儿270名。分园承袭总园的文化特点，又彰显出国际化的办园视野，形成了具有优山美地特色的以国际视野培养完整儿童，用爱的行动点亮儿童心灵的办园理念。分园以“爱”为核心开展爱心体验教育的实践研究，以体验式、参与式、游戏式为主要形式，以日常活动、节日文化活动等为主要内容，发挥社区、家长多方资源，形成对爱心认识的教育课程。

建园以来，幼儿园始终致力于建设一支高素质教师队伍，先后引进来自丹麦、英国的外籍教师，2015年学校有专职教师24人，本科16人，大专8人，大专及以上学历教师占100%。其中外教1人，中学高级教师3人，市骨干教师1人，市学科带头人1人，区学科带头人3人，区骨干教师5人。2人次获得镇江市、京口区教学评比一等奖，一名教师获茅以升家乡教育奖，一人获镇江市优秀教育工作者称号。

幼儿园以“以国际视野培养完整儿童”为办园理念，致力于创设温馨、开心、创新的校园氛围。多元文化的融合、亲身的感受体验及丰富的社会实践活动，使幼儿园逐步形成“爱心体验”特色课程体系以及乡情采风节、读书文化节、表现艺术节、六月毕业季、民族风情节、亲子游戏节、金色感恩节等系列特色活动。幼儿园在市级“十一五”课题《幼儿爱心体验教育的实践研究》完成第一期研究论证的基础上，继续以爱心关注为着眼点，申报、立项两项市级“十二五”规划课题，三项市级“十二五”实验课题，三项区级“十二五”实验课题，幼儿园正形成以科研促教研，以科研促发展的喜人局面。

2015年，解放路大地幼儿园在市区专业技能大赛中，多人次获得佳绩。多位教师的文章在国家、省级杂志发表，多人次获国家、省、市论文评比奖励。2015年，数十名幼儿参加CCTV全国幼儿英语大赛，其中1名幼儿获全国北京赛区银奖，1名幼儿获省特等奖，2名幼儿获市特等奖，2名幼儿获市级二等奖，10名幼儿获市三等奖。教师辅导多名幼儿参加增华阁幼儿绘画大赛，10名幼儿获一等奖，19名幼儿获二等奖，33名幼儿获三等奖。在江苏省科技创新大赛中，3名幼儿获市级一等奖，14名幼儿获市级二等奖。在镇江市青少年美术书法大赛中，1名幼儿获儿童画类一等奖。在《早期教育》“多多杯”绘画比赛中，22名幼儿获省级一等奖，30名幼儿获二等奖。

(朱晓云　王莹莹)

【镇江市贺家弄幼儿园】 京口区贺家弄幼儿园位于镇江市南门大街，下设9个班级，300余名幼儿，30余名教职员工，是江苏省示范性实验幼儿园。自办园以来，遵循“育孩子三年，想孩子一生”的办学理念，树立“快乐 智慧 书香 和谐”园风，创设“家园互动 密切配合、同步教育”的育人文化环境，逐步形成“家园共育”办园特色。校级、班级两级家长委员会议、家长护卫队、家长咖啡时间、家长助教、家长学校、家长访谈等不同形式的活动，多渠道增进家园沟通与协作，吸引90%的家长走进幼儿园，参与园所活动。

幼儿园开展科技节、艺术节、文化节、健康节特色课程活动。“走进春天亲子毅行”“科技大篷车展览”“菜园小种植”“趣味七巧板”“歌声嘉年华”“点亮童心绘本剧场”“图书跳蚤市场”“听民俗故事 尝家乡美食”“亲子运动会”等多元化的活动给孩子们丰富的体验。2015年4月，市教育局教研室在该园进行了全市精品课程基地实验学校调研。

幼儿园拥有一支充满活力和创造力的高素质的教师队伍。其中市骨干教师1名，区学科带头人1名，5名区骨干教师，大专以上学历100%，本科学历达80%。在教科研中，结合《3～6岁幼儿发展指南》，针对教师的不同层次、不同阶段，确定不同的培养目标，打造“高效课堂”“同课异构”“一课三研”“跨园评课”“送教姐妹园”活动，为教师们提供专业发展的平台。以课题研究为抓手，促进教师专业水平提升。省级“十二五”课题《基于幼儿园人生教育园本课程研究》顺利结题，市级立项课题《一日活动的观察记录》进行了开题论证，2个市级课题申报立项，1个区级课题即将结题。

2015年，4名教师分别被授予“镇江市优秀教育工作者”“京口区人民满意教师”“京口区师德标兵”“京口区优秀教育工作者”荣誉称号。4篇论文在省级核心刊物发表，50余篇论文获奖，13人次在市区教学竞赛中获奖。幼儿园先后获得“江苏省科技教育特色学校”“《早期教育》第十四届多多杯绘画比赛最佳组织奖”“镇江市第二十七届小青蛙故事比赛最佳组织奖”“镇江市红手绳青少年气候环境·防灾·避险·应急科普剧优秀节目展示奖”“京口区教育宣传工作先进集体”“京口区安全工作先进集体”“京口区卫生托幼机构先进集体”“京口区三人行小巧手

贺家弄幼儿园参加2015年京口区幼儿园优质教育活动评比(区教育局供稿)

比赛特等奖”等荣誉，200余人次在幼儿绘画比赛中获奖。（李忠萍）

义务教育

【镇江市京口中学】 镇江市京口中学成立于2013年8月，由镇江市第九中学与丹徒中学合并后更名。2015年有班级23个，在校生763人，专任教师99人，中学高级55人，中学一级42人，本科以上学历97人；市骨干教师11人，占比11％、区骨干教师50人，占比50％。学校配有400米标准塑胶跑道、国家级图书馆；按省二类标准，配有物理、化学、生物等实验室，微机房、音乐、美术、篆刻、手球等多个功能室。

2015年，学校被评为“全国足球特色学校”和“全国手球运动推广学校”。获得市阳光体育节比赛初中组团体第一，市田径运动会初中组第六，市校园足球初中男子组第五，市中学生广播操比赛初中组一等奖，全国中小学生金钥匙科技竞赛团体赛二等奖等荣誉。被评为京口区文明单位、市质健康促进工作“优秀单位”，学校挂牌“体验式英语实验基地”“镇江市青少年科技辅导员协会会员单位”，在省课程基地建设评估中获镇江大市第一，校团委被评为“市青年文明号”。

坚持“以人为本，和谐共进”办学理念，坚持“自主管理、多元评价”。每个年级版块都设立宣传栏，每个班级都设立学习园地、星级光荣榜、24字专栏等，校园文化氛围日渐浓厚。开展各类文体活动，如开学第一课、志愿者服务、“墨香书法展示”、校运会、迎新春文艺晚会、广播操比赛、跑操等，定期开展各类社团活动，引导学生广泛参与各类社团活动，确保“一生一活动”。坚持星级评比，促进学生快乐成长。

积极推进高效课堂教学改革，致力于江苏省课程基地建设。国家体育总局韩乃国一行对该校手球项目实地考察评估，“教育部县域义务教育均衡发展”督导检查专家组组长薛明扬一行到该校“回头看”督导。该校与常熟海虞中学教学交流活动暨该校“体验学习”高效课堂建设教学研讨活动如期举行，“基于‘体验书互动教学’模式的初中英语课程基地”在省“初中课程基地建设”终期验收中，高分通过。专家们用了“四个先行”和“三个注重”，对该校一年来的课程基地建设予以了肯定和赞誉。

严格执行《教师职业道德规范》，强化师德师风建设。开展“我为学校献计策”“我为新学校取名”“师生书画展”“师生足球竞技比赛”“包饺子”等系列活动；党员教师签订了《拒绝有偿家教承诺书》，组织教师参加镇江市志愿导学活动。“四点钟家长学校”正常开课，把家长请进校来当学生，让家长监督教师的教学工作。

至2015年，京口路中学有20多个市级立项课题，课题研究按期进行，课题资料及时上传校园网。教师在省“蓝天杯论文”、市“我的教育故事”、省“五四”杯等论文评比中，有80多篇论文获奖。京口区教育教学成果奖评比中，39人次分获一、二、三等奖；教师指导学生参加作文竞赛、希望英语、电脑动画制作、金钥匙科技竞赛、镇江市科技创新活动等多项比赛有100多人次获奖；教师在省市各类竞赛中6人次获得一等奖或特等奖。校本课程《校园足球1+1》教材已经出版发行。（蒋庆生）

【镇江市第十中学】 2015年镇江市第十中学有班级18个，在校生694人，教职工86人，教师本科率90.6%，研究生率8.2%。学校基础设施齐全，配有400米标准塑胶跑道，拥有物理、化学、生物、计算机、劳技、音乐、美术、史地、多媒体、报告厅、图书馆等多个功能室，办公室、教室及功能室全部接通网络。

加强校园文化建设，营造优良育人环境。学校重视文化建设，打造多板块文化墙，设立了中外名校、中国传统节日、镇江人物、镇江风景、勤文化、廉政文化、学校优秀教师、优秀学生及学生优秀作品等文化板块，校园文化氛围日渐浓厚。学校高度重视班级文化的营造，借助班集体建设手册、班级文化建设评比、班级文化逐班行等活动，不断提高班级文化建设水准，充分发挥文化育人的功能。同时，学校积极开展各类文体活动，成功举办第39届校运会、第16届校园文化艺术节、猜谜活动、“十中好声音”、广播操比赛等活动，丰富师生的精神文化生活。

推进课堂教学改革，确保学校持续发展。学校在三个年级全面推行“小组合作为基础的生本课堂”

镇江市第十中学学生足球比赛（区教育局供稿）

教学模式，利用镇江市课改样本学校及区学科共同体等平台，积极推进高效课堂建设。借助“高效课堂建设论坛”、高效课堂示范课、高效课堂达标课、专家问诊课堂等形式，不断推动课改工作的发展，初步形成《镇江市第十中学生本课堂评价体系》和各学科三年的生本课堂教学案，提升学校的教学质量。2015年中考，共有65人被镇中、一中录取，中考质量已进入镇江市第一方阵。

抓实师德师风建设，打造高素质教师团队。学校以“三严三实”教育为契机，进一步提升教师的职业道德水准，深化践行党的群众路线教育实践活动。借助评选校师德标兵、义务导学、义务献血等活动，大力弘扬无私奉献的精神。

关注教师专业发展，塑造高水平师资队伍。学校召开“拔尖人才推进会”，积极培养各级各类学科带头人和骨干教师24人，形成了拔尖人才梯队，带动了教师队伍整体发展。借助各级各类比赛、教学活动周和生本课堂展示活动，不断助推教师的专业发展。2015年，共有54人次获奖，其中姚凌云老师获江苏省第11届“蓝天杯”会课一等奖，吴松老师获江苏省初中化学实验教学技能大赛二等奖，曾佳斌老师获镇江市好课堂比赛一等奖。学校鼓励教师积极参与论文撰写和课题研究，2015年，教师论文发表4篇，获奖78篇，课题24个。

有效开展德育活动，凸显德育工作实效。学校积极开展并进一步规范社团的工作，社团活动做到有计划、有过程、有实效。真正实现“让每一位学生每学期至少参加一个学生社团”的目标，引导学生广泛参与各类社团活动，进一步整合教育资源，创造良好条件，发展学生社团，开展多彩活动；制定相关制度，建设管理并重，丰富校园生活，提升综合素质。

2015年，学校先后获得“镇江市现代化先进学校”“镇江市红手绳青少年气候环境防灾避险应急科普演讲比赛一等奖”“区基础教育教学成果奖教学质量与效益领先奖”“2014年度团工作先进单位”等多项荣誉。（仲建新　李明伟）

【镇江市中山路小学】 镇江市中山路小学坐落于古运河畔，中山路旁。始建于1950年，原名苏南镇江专区干部子女学校，1954年与邻近的仁章路小学合并，更名为中山路小学。学校拥有两个校区，共计占地面积28946平方米，绿化面积8680平方米，学校建筑面积19363平方米，学生各类活动场地面积14625平方米。学校现有50个教学班，2432名学生，129名专任教师。2012年年底，学校完成了校舍安全、校园综合改造工程。2013年年底，完成大禹山校区校园建设。

2015年，学校基于对校园文化、办学历史的传承与思考，努力在教育现代化背景中找到发展的新增长点，实现创新与超越，审时度势，重新论证提出“敬仁行章”办学理念，确立“办大气、优质的仁章教育”的目标，带领全体师生努力从校园文化、特色教育、队伍建设、学生发展、行政管理等方面全面提高办学水平和质量。学校先后获得镇江市五好小公民“立德守法真善美伴我行”主题教育活动先进集体、镇江市青少年科学教育先进学校、学术研究基地学校、镇江市红领巾读书征文比赛优秀组织奖、镇江市青少年科技模型竞赛优秀组织奖、镇江市第27届“小青蛙”故事大赛优秀组织奖等荣誉称号。

学校还获得京口区基础教育教学成果奖、教学质量与效益类领先奖、党的建设先进单位、安全工作先进集体、教育宣传工作先进集体、“七彩的假日”暑期活动先进单位、京口区青少年竞技体育工作先进单位、京口区第五届中小学生艺术展演优秀组织奖、京口区第五届中小学生艺术展演群舞《我和我的机器人》优秀创作奖、京口区阳光体育大课间展示活动一等奖。

作为镇江市窗口学校，2015年度共接受省、市、区各级各类考察、调研12次，承办各类活动22场。在各项教学竞赛中，任晓妹等6位老师分别获省一、二、三等奖，7人获市一、二、三等奖，46人获区一、二等奖。在教师论文获奖和发表方面，省级获奖41篇，市级获奖94篇，有3篇文章在国家级核心期刊发表，2篇文章在省、市级刊物发表。在各级各类学生比赛中，共获团体奖13项，其中国家级1项、市级7项、区级5项。（颜璐）

【镇江市实验小学】 镇江市实验小学坐落于胜利路160号，学校占地20998平方米，拥有16432平方米的校舍建筑，绿化面积2234平方米。2015年，全校有38个教学班，1538名学生，108名教职员工。全校师生秉承“相亲相爱、如切如磋”的校训，共同建设“悦人悦己、乐学乐教”的校风。教师践行“盟约”，用行动诠释“师者重道、教学相长”；学生享受童年，在“始业有乐、学问有恒”的学风引领下健康成长。“用心成就每一个梦想”已成为实小人的共同追求。

2015年，镇江市实验小学被评为2014年度市级节水型学校、2014年度餐饮服务食品安全示范单位、镇江市少先队工作先进单位、镇江市职工文化示范单位、镇江市数字化校园、京口区教育宣传先进单位、在京口区基础教育成果奖评比中荣获教学质量与效益类领先奖。

学校帮助并引导教师自主而有个性的发展，开展立体丰富、个性鲜明、形式多样的校本研修活动，既彰显学校的主体价值，又尊重教师的个性需求，让每个教师都可以从自己的起点出发发展专业技能、积淀人文素养、培育人格魅力，一支业务精良、富有个性的教师队伍正在形成。学校把课程开发的主动权交给教师，成立“自己的课程”项目组，每位老师都拥有自己的课程，大家将社团活动和自己开发的微课程进行整合，在社团活动中大胆实施自己开发的课程，不仅做忠实的课程执行者，而且做自下而上的创造者。其中，《我的小小书》《奇妙的桥》《歌词中的语文》《我的绘画日记》等微课程已初显成效。2015年，教师积极参加各类教学竞赛，省级获奖1人次，市级获奖7人次，区级获奖3人次。教师注重在实践中反思和总结，撰写的论文省级获奖56篇，市级获奖65篇，论文在省市级刊物发表共19篇。学校有11名教师在京口区基础教育教学成果奖评比中获奖。

学校呵护学生的现实兴趣和需要，引导他们将现实兴趣和需要与未来的发展相结合。用“梦想”激励、鼓舞学生，构建富有校本特色的课程体系以满足学生的个性成长，实施多元评价，让学生享受成功的快乐，并带着快乐中的所得、所悟信心满满地走向未来的幸福。努力培养自知、包容、负责，兴趣广泛的快乐儿童。校舞蹈队的苗族群舞《穿新鞋》在江苏省首届少数民族舞蹈展演中，获得优秀表演奖；足球队在2014—2015年度获京口区足球比赛第三名，镇江市“市长杯”校园足球赛小学男子组第五名；在镇江市“红手绳”青少年气候环境防灾避险应急科普演讲比赛活动中获二等奖；在京口区第三届羽毛球比赛中获团体总分第二名；获得京口区大课间评比一等奖。（施勤）

【镇江市京口区实验小学】 镇江市京口区实验小学位于花山之麓、长江之滨，始建于1965年，占地约10000平方米。学校现有34个班级，1509名学生。教师98名，其中中学高级教师9人，小学高级教师55人，市区骨干教师比例达30%以上。

2015年6月16日，京口实小50年校庆在镇江市体育馆举行。活动后，《和美浸润人生 花山快乐飞扬》《京口实小迎来50周年华诞》《和美人生从这里起步》《京口实小争创江苏特色学校》等多篇报道在市区宣传报道。以校庆为契机，结合每月主题和校本德育（节日）课程，通过“为你守望”“为你点赞”“为你写诗”“为你梳妆”“为你祝福”“为你放歌”6大校庆系列活动主题，开展主题班队会的教学设计和公开展示活动。

学校制定《教师专业发展年度考核细则》《教师备课改革的具体办法》《班主任工作管理考核奖惩办法》和《教学人员工作量考核标准及绩效工资、目标奖考核发放办法》等管理细则，增进中间管理环节效能和执行效能。坚持每日一课与随堂听课相结合，用“211课堂”的标准进行衡量，从时间分配入手，落实课堂实效。接受国家级课题《在中小学开发利用京剧资源的研究》的验收工作。

增加“精品课堂实例”的视频学习，间周举行“和美教师，悦读欣赏”读书活动。分别有杨波、杨星老师读后感在《京江晚报》和《镇江日报》刊登。赵春蓉老师的“趣味数学工作室”定期开展专题活动。杨波老师在市区特级教师后备人员培训活动中被选为重点培养对象，《Road Safety》参加“江苏省教研室名师课堂”现场直播。

结合“和美课堂”目标，积极探索研究高校课堂模式，举办了“提效和美课堂、关注生命成长”为主题的第六届“和美”教学节。“京剧英语校本课程的开发与实施的研究”在“江苏省首届小学英语教材实验基地学校特色教学专题研讨会”作专题汇报，学校参加了全国第四届“和美论坛”研讨交流。

响应“千校万师支援农村教育工程”的号召，2015年1月19日远赴连云港灌南县李集小学进行支教活动，同年7月初迎来李集小学校长室一行的回访。2015年5月，接待来自“汉语桥——英格兰中小学校长”访华团，接轨国际理念。

丰富社团活动种类，减少学科性社团，增加兴趣类与人文历史类社团。数量上达到50个，学生参与率百分百。组织学生参加了“小数报”数学竞赛、“童话节”作文竞赛、希望英语竞赛、科技小论文竞赛、书法等级考试等活动。让学生展示自我，促进发展。采用“每日读一段”“每日背一句”“每周吟一诗”“每月读两册”形式，利用晨读、晚诵（整理课时间）、午播，每月开展一次“阅读之声——午间美文播报”活动，营造师生共同阅读氛围。

多样德育方式，促学生身心发展。“京剧娃”新德育特色活动“走进法院”“青春飞扬”“我的十岁生日”在《镇江日报》《镇江新闻》《京江晚报》等各大媒体报道。43、64中队参加镇江市红领巾广播电台节目录制。京剧英语校本课程的开发与实施的研究暨“镇江市中小学教学研究第十期立项课题”中期汇报活动中青年教师吴珊珊和蒋燕老师分别执教《Face change》和《Colourful costumes》两节京剧英语课。成立家长志愿服务队伍，参与学校“绿色出行，共筑安全”活动。开展角色体验行动，“家长讲坛”“一日班主任”活动，促家校互动。田径运动队参加京口区田径比赛勇摘总分第一的桂冠；600人艺术健美操方阵参加京口区阳光大课间观摩获得一等奖。2015年9月，学校承办江苏省体质健康监测点学校现场会，省内90所监测点高校、中小学校代表齐聚该校观摩大课间活动和监测点现场活动。

2015年度，京口区实验小学14名教师获得2015年京口区第六批区学科带头人称号，市、区骨干教师增幅达10%；英语老师杨波的《Road Safety》参加“江苏省教研室名师课堂”现场直播；“京剧英语校本课程的开发与实施的研究”在“江苏省首届小学英语教材实验基地学校特色教学专题研讨会”作专题汇报；学校参加了全国第四届“和美论坛”研讨交流；学校机器人获得江苏省Power Tech仿生机器人大赛1个特等奖、1个二等奖；市级展示课、赛课共11人次；教师论文国家级发表3人，省级发表1人，市级1人；教师论文获奖国家级3人，省级27人，市级126人，区级47人。积极组织学生参加各级各类读书征文比赛，在江苏省第七届中小学网络读书活动中获得江苏省铜奖和优秀奖各1人；在镇江市网络读书活动中获一等奖4人，二等奖54人，三等奖21人；在其他各类征文评比中280余人获奖。

（崔恒娟）

【镇江市江滨实验小学】 镇江市江滨实验小学创建于1987年，原名江苏省镇江师范附属小学，2002年5月更名“镇江市江滨实验小学”，2007年扩建为江滨和润阳两大校区。江滨校区为1～3年级学段，润阳校区为4～6年级学段。

2015年是江滨实小第二轮三年发展规划实施的关键一年。学校本着“践行生命教育，让每一位师生都光亮”的办学理念，通过加强师德师风建设、完善师生评价办法、规范教育教学常规等不断深化学校内涵发展。2015年江滨实验小学被评为全国中小学心理健康教育特色学校、江苏省中小学心理健康教育特色学校、江苏省节水型先进学校、镇江市中小学学生社团建设优秀学校、镇江市依法治校示范校，获得市级“巾帼文明”岗、京口区党建特色服务品牌、安全工作先进集体、京口区第五届中小学生艺术展演一等奖、教育宣传工作先进集体等荣誉。

学校牢固树立“学校安全重于泰山”的思想，增强政治意识、大局意识，从打造“平安校园”的高度，把维护学校安全和稳定放到重要的位置。通过“江花”班主任工作坊做好班主任（辅导员）的培训工作。加强少先队建设，有效规范少先队主题队会活动，全面提高辅导员队伍的综合素质和能力。把文明礼仪教育纳入德育工作重要议事日程，开展“学生文明礼仪”系列教育活动，并充分挖掘学校与课堂的教育主导作用，把文明礼仪教育融入学“守则”“规范”教育活动之中。

学校加强对全体教学人员的专业培训，注重团队建设，努力调动广大教师的积极性，指导他们结合自己的工作实践撰写理论文章，提高文章的质量。组织参加江苏省“教海探航”“师陶杯”优秀论文评比，江苏省“蓝天杯”教学论文评比，镇江市教育故事评比等活动。刘爱华、高蓉蓉、袁海芸、王荣慧四位老师申报的课题成果均在区级评比中获得一、二等奖。

学校根据实际，因地制宜，有力地保障学校阳光体育活动的正常开展。通过实行“三课、两操、两活动”制度，从课程设置和作息时间上来确保“每天锻炼一小时”落实到位，让学生享受体育运动的“阳光”，保证每位师生都能“每天锻炼一小时”。成功举办“江花”说唱艺术节，进一步丰富和繁荣校园文化生活，形成了浓厚的校园艺术氛围。舞蹈《博》获镇江市文艺会演一等奖。（杨晨亮）

镇江市八叉巷小学乒乓队小队员与国乒一队男队队员学习交流（区教育局供稿）

【镇江市八叉巷小学】 镇江市八叉巷小学创建于1919年，是一所承载着优良传统的百年老校。“国家级体育传统项目学校”“全国乒乓球后备人才基地”的命名标志着学校由特色乒乓成功迈向了品牌乒乓。整个校园建筑面积8722平方米，总活动面积7492.2平方米，整体布局合理，环境优美整洁。学校现有报告厅、网络教室、音乐、美术、科学等10多个专用教室，22个教学班，859名学生，74名教职工，在70名专任教师中，本科学历达81.4%，大专以上学历占98.6%。2015年，学校以实现三年发展规划年度目标为牵引，以促进学生全面发展为主题，深化改革创新，着力提高教育质量，构建“特色鲜明，富有活力”的八小教育新常态。

学校完善修订《八叉巷小学兼职管理岗位设置方案（修订稿）》等10项管理制度；建立学生综合素质评价体系，尝试网络报告单模式；开展“师德建设月”等党建活动，实现“依法治校”新常态。组织承办第三届“求实”教学节、2015年镇江市小学数学青年教师基本功竞赛等多项活动；成立校级名师工作室，形成成长共同体，推进“队伍优化”新常态。德育工作以学生成长为目标，以养成教育为主要内容，以文化为支撑，以细节为重点，以活动为载体，以激励为手段，大力推进“乒乓娃素养工程”特色活动，促进“素质教育”新常态。全校师生在各项活动中收获成长，教师类：4人在市区级赛课中获奖，各级各类论文获奖227篇，发表14篇；4人被评为京口区第六批学科带头人，6人获京口区教学成果奖，17人获各类指导奖。学生类：11人获“镇江市好少年”“京口区美德少年”称号，319人次在各级各类竞赛中获奖。

教体融合，谱写育人新篇章。八小坚持以深化素质教育为核心，以促进学生全面发展为导向，紧紧依托“市队校办”平台，全力实施“八小乒乓”的形象提升工程，进一步做亮“银球铸魂”的校园品牌。学校承办“2015年镇江市少儿乒乓球冠军赛（第二分站赛）”等各类乒乓赛事5次，组队参加各类赛事9次（其中国家级2次），参赛队员达119人次，获得冠军7项，其他奖项24个。2015年学校向镇江市运动队直接输送优秀乒乓苗子37人，向江苏、上海等省级运动队、体校输送4名优秀乒乓幼苗，由八小输送队员衡寅浩进入国家队试训，高俊杰参加国家队集训选拔。2015年9月25日，来镇参加国家乒乓球队争位赛的国乒教练一行15人，在八小籍世界冠军、现国乒一队男队教练秦志戬的率领下，走进八小，近距离和基层学校的教练员以及乒乓队员们互动，指导训练，镇江市体育局潘文瑜书记等领导陪同。

2015 年，学校规范办学，坚持“让国球精神为丰实而美好的未来导航”的教育理念。一年来，学校先后获得“镇江市‘节水型’学校”“镇江市‘数字化校园’”“江苏省乒乓球运动突出贡献奖”，完成“国家示范性青少年体育俱乐部”“国家高水平体育后备人才基地”两项申报工作，接受“全国乒乓球后备人才培养基地”中期评估。

（葛鸽　费爱萍）

【镇江市红旗小学】 镇江市红旗小学始建于 1964 年，迄今有 51 年的办学历史。在校学生 1326 人，教职员工 81 人，各类拔尖人才 24 人。校区占地面积 24425 平方米，总建筑面积 12590 平方米。现任校长、书记分别为孙静、汪邵青。2015 年，学校以“崇朴求真、灵动雅致”为校训，紧紧围绕“求真知、育真情、成真人”的“三真”教育追求为目标，高分通过镇江市现代化小学先进学校验收。

着眼发展，提升育人品位，文化构建初见成效。“三真”教育文化的形成不仅需要一代又一代红旗人一点一滴的积累，还需各方面的协作，才能形成红旗的文化和办学风格。红旗小学以终生发展的理念着力校园环境建设，无线电基地建设引领学生科学素养的形成；市图书馆分馆的落成不断滋养学生心灵成长；主题式、项目化的墙面文化，凸显了学校的办学特色，积淀了办学内涵。构建家校和谐的育人文化，家庭教育的缺失与学校教育的脱节，一定程度上已成为教育的阻力。借助“红旗护学岗”的成功经验，开放办学，在更多的管理中引导更多的家长志愿者参与学校管理；举行开放日活动，让家长走进课堂，参与到学校的“课程定制”中，争取教育的同步共振。

强化双引擎，搭建师训平台，教师发展注入活力。教师是发展的根本，肯干、苦干是红旗教师的传统和优势。红旗小学对老师提出了更高的要求，教师队伍新型专业化。对新型专业化教师的培养，启动“双引擎”，一是借力平台，借力省市的培训平台，通过培训，用更先进的育人理念武装教师头脑，引领教师发展；二是抓实校本培训，着眼于教育过程中的实际问题，以问题为研究专题，开展专门培训，提升解决问题的能力。

谋求合作，拓宽办学途径，课程开设丰富多彩。学校围绕“一人一运动，一人一社团”的目标，在挖掘本校资源的同时，积极寻求社会资源，拓宽育人途径，开设课程，发展学生个性。学校与镇江市图书馆合作，成立镇江市图书馆红旗小学分馆，全校师生能与市图书馆做到“一卡在手、通借通还”。红旗小学分馆的成立，促进公共图书馆和中小学图书馆（室）的发展融合，为孩子们提供阅读资源，培养孩子们的阅读习惯，整合和利用社会资源，更好地推动镇江市全民阅读工作的开展；和镇江市体育会展中心合作，在全市率先开设游泳课程，每学期全校各班两次到体育会展中心游泳馆参加游泳培训，力图通过培训，掌握一种泳姿，锻炼身体素质，培养意志品质；寻求江苏大学理学院支持，成立中国共青团科技教育实践基地，定期开展科技教育活动。

镇江市红旗小学走进沈括故居，探寻名人足迹（区教育局供稿）

2015 年，镇江市红旗小学先后获得“江苏省无线电先进集体”“镇江市五好小公民主题教育活动先进单位”“镇江市珠心算成果展演优胜单位”“京口区小学生科技大赛优胜奖”等荣誉称号。（吴志辉）

【江苏科技大学附属小学】 江苏科技大学附属小学位于南门大街古通巷，占地 12037 平方米，建筑面积 8917 平方米，活动场地 6030 平方米。2014 年 9 月，江科大附小被评选为镇江市首批高效课堂实验学校。江科大附小“以文化浸润心灵，以规范引领成长，以活动涵养个性，以评价丰富内涵”，培养健康、勤学、文明、有恒的阳光少年。

学校重视计划制定和总结环节，每学期召开计划制定讨论和总结反思会；各部门项目管理清单让分管工作有条有理，重点分明；月历表超前考虑、周计划具体落实形成了学校特有的管理模式。学校加强级部管理，所有行政分配到各年级部，把话语主动权交给老师。以“阳光师德储蓄卡”为主要载体，鼓励广大教师随时记录自己和同事令人感动的瞬间，定期举办“阳光教师演讲会”，让一线教师走上讲台宣讲。

开设专家培训，引领高效课堂。学校精心设计“培训清单”，丁昌桂、候正海、邱学华、王九红这些教育界赫赫有名的人物，从教学理念、教学策略、写作技能等多方面对教师进行细致的指导。精心、多元、

江苏科技大学附属小学令人难忘的毕业礼（区教育局供稿）

丰富的培训，引领教师向高效课堂迈进。

成立“名师工作室”，探究高效课堂。为充分发挥拔尖人才的指导、服务、示范、引领的作用，学校成立了“陶静数学”“徐美英语”“孙晓庆体育”“王燕语文”“石苏黔班主任”工作室，对有潜力的青年教师进行带教指导，打造出一支与优质教育相适应的“领军群体”。

承办各级活动，见证高效课堂。学校搭建高位平台，承办省小学六年级英语教学研讨活动、“小数报名师大讲坛——关注数学课堂深度思维暨‘银杏之约’全国小学数学课堂教学竞赛一等奖获得者精品课展示活动”，开创一所小学现场同步直播的先河。举办“合作分享、传递能量、成全成长”暨江科大附小“阳光教育”课题成果展示分享活动，专家同仁与学校共求阳光教育的真谛。

坚持彰显“德育、科技、体育”特色。“八少年雷锋班”20多年来一直坚持不懈，成为学校的德育品牌。2015年相继创新开展了一系列活动：做文明友善市民主题活动；关爱留守儿童联谊活动；情系内蒙古图书捐赠活动，七彩小屋创建活动等，他们的事迹被刊登在《江苏教育》和《京江晚报》上。

德育全面，激发潜能。江苏科技大学附属小学被评为“江苏省科学教育特色学校”，2015年，学校成功举办主题为“童心有梦，科技有约”镇江市科技进校园暨2015京口区小学生科技大赛，获得团体、创意飞行器两个比赛的第一名。2015年暑假，学校获省排比赛女子组第一名，在市级比赛中囊括四个组别的冠军。2015年创编的第四套排球操在区“快乐的运动时空 灵动的阳光童年”京口区学校阳光体育大课间暨特色项目展示观摩中获一等奖。（倪蔚丹）

【镇江市桃花坞小学】 2015年，桃花坞小学遵循学校三年发展规划，努力贯彻“特色引领、质量立校、文化化人”的办学策略，全方位落实“规范、规律、审美、自主”的墨韵文化理念，深化内涵建设，深入开展国家课程校本化实践，探索高效课堂建设，不断丰富学校校本课程，凸显学校书法特色，优化素质教育体系，确保学生全面发展与个性特长的培养。

均衡素质教育——尊重生命发展。桃花坞小学努力构建社会、家庭、学校“三位一体”的教育途径，以“学生行为养成教育”为重点内容开展德育工作，实施“我的地盘我做主”学生日常行为教育活动。2015年学校将体育纳入素质教育重点，原创“快乐篮球操”多次在区市级展示活动中获得好评。

丰富课程建设——拓展成长空间。学校制定实行全新的“套餐制”社团课程，深入实施普及和特色两个层面的社团活动，既有独具特色的“精心点单”，又有丰富多样的“桃苗、桃芽、桃花、桃叶、桃果”随心单可供选择。“套餐制”社团课程的设置协助学校构建更为完整的课程体系，完善了学生的知识结构，为学生的全面发展提供有力的支持。其中精品社团“墨韵社团”多名学生在国家省市级比赛中取得佳绩；学校以诗教人，以诗化人，让诗词歌赋浸润校园。在“中华之市”诗词创建活动中，桃花坞小学作为江苏省诗词教育先进学校亮点呈现。

品牌书法特色——墨韵润泽童年。学校加大对书法特色建设的力度，开发研究书法课程体系。2015年7月，学校受邀参加由台湾“教育部”、台北市市政府、台北市议会指导下的台湾儿童书法比赛，学校选送的8名“小书法家”现场书写；12月，桃花坞小学以“同书中华经典长卷，共叙两岸翰墨情缘”为主题邀请台北市6位书法家来校访问并与学校20多名墨韵社团的同学共同参加这次书法特色活动。活动既展示学校落实课标，开展写字教学的经验和成果，也凸显京口区教育局在全区积极推进写字（书法）教育的扎实做法，展现镇江地区重视书法教育深入开展教学研究的情况。同时，学校将墨韵特色“规范、规律、审美、个性”的精神内涵落实到高效课堂建设中，扎实开展高效课堂，引导教师做足课前准备，关注课堂生成，课后反思积累，关注“常态课”的实效研究，推动学校内部教育的均衡发展，促进教育教学质量稳步提升。（史叶琛）

【镇江市解放路小学】 镇江市解放路小学以“开创生动校园、打造活力教师、培养灵动学生”为主线，深入推动学生、教师和学校三位一体和谐发展。京口区副区长林黎明、赵永斌先后多次考察解小新老校区；区教育局、文体局领导调研解小“体艺融合”；我国指挥大师卞祖善先生、台湾国乐大师陈澄雄先生亲临解小参观考察、指点艺术教育；资深教育媒体人丁昌桂、《小数报》主编沈本领莅临解小，专程指导论文撰写。2015年启动宋蕾优秀辅导员工作室。

深入开展社团活动，促进学生全面发展。学生参与率100%，参与教师83%，两项均位于全区前列。艺术社团在2015年先后两次受邀参加“感动镇江”颁奖典礼、“七色光艺术团”唱响紫金合唱节；科技社团在京口区科技比赛中获得总分第4名，科幻画和创意飞行器制作等比赛中共有35人次获奖。我校被镇江市教育局授予“镇江市社团建设优秀学校”。

合力实施地方课程，多元化开放办学。依托校外合作单位、教育基地，组织学生开展地理、人文、历史等具有地方特色的实践活动。先后有数位校外人士走进解小，走上“敏成讲坛”，为孩子们讲解围棋知识、解读网络法制安全、讲授急救知识。孩子们也走进社区送春联包粽子送祝福、到农业银行学理财、寻访抗战老兵。

抓实常态课堂，实现高效课堂。张洁、华蕾两位老师在首届“镇江好课堂”竞赛中双双获得一等奖。陈红、卢梗楠老师分获京口区“新秀杯”语文、英语组赛课第一名。继续开展“闯三关验真金”活动，抓实每堂课：一是过日常关，每天抽签听课，涵盖各年级各学科的每一位教师。2015年3月，镇江市语文和品德学科的教研员张晨晖和李颖老师在解放路小学蹲点一周，现场指导家常课，许多青年教师获得了快速成长。二是过家长关，再次全面开放校园，请家长点课、听课、评课。三是过小学科关，全面保证质量，王健老师向全市展示“钟摆”科学课，陈红老师向全市展示“雾霾”综合实践课，李松梅老师的“我不要赖皮”公开课在省“蓝天杯”中获品德课评优二等奖。

将绩效考核向下放权，在教师中广泛征求意见，调整考核内容和标准，发挥绩效工资的杠杆作用，使绩效考核更公开、公平、公正。加强骨干教师、高级教师的专业化考核制度，激活中坚力量，起到示范效能。积极建设瓯龙新校区。广泛听取教职员工对于建设新校区的意见和建议，一再对设计方案进行优化，确保施工安全和工程质量，建设学生满意、家长满意、社会满意的新校园。

依托“新生入学仪式、红领巾伴我成长入队仪式、十岁集体生日暨成长仪式、毕业典礼”让孩子们经历成长的过程；依托精彩纷呈的社团活动，以及一年一度的“巧算24点”大赛、“金话筒”小主持人竞赛，让孩子们拥有愉悦的校园生活；为乌鲁木齐第三十四小学、内蒙古乌拉盖第二小学筹建爱心图书馆；和浙江省海宁市硖石小学交流艺术、出访维也纳参加第六届世界和平合唱节获铜奖。学校六年级学生罗开元被评为“镇江市十佳少先队员”，145名学生在各项竞赛中获奖。 （李松梅）

【镇江市香江花城小学】 镇江市香江花城小学创办于2005年，占地面积18000平方米，建筑面积6258平方米。有教学班21个，1038名学生，65名教职工，专任教师62人。有镇江市骨干教师3人，京口区学科带头人4名，京口区骨干教师11名。2015年，学校喜迎十年校庆，以“相约十年华诞，绽放精彩童年”为主题开展系列活动，全方位展示十年来的办学成果。在“发现数学好玩”数学文化传播活动中，镇江市教育局局长赵珏和当代数学家孙智伟共同为“少年数学爱好者俱乐部”揭牌。在江苏省课程基地建设验收中，作为镇江市小学唯一代表，学校的专题汇报获得省教学研究专家鞠文灿的高度赞扬。香江花城小学先后获得“全国五好小公民”主题活动示范学校、镇江市数字化校园、镇江市节水型校园等荣誉称号。根据学生的年龄特点，结合学生能力提高的需要，2015年学校将“聚沙塔评价体系”编印成册，鼓励学生从平时点滴中积累。每周班级评比“香江泥娃”，每月在国旗下颁发“阳光泥娃”奖章，每学期颁发“泥娃标兵”证书。

2015年，香江花城小学在镇江市“阅读联盟”学校的基础上，继续深入开展阅读力考级活动，大力推进学生的课外阅读指导工作。每周二下午开展全校阅读课，通过评比“悦读之星”激发学生读书兴趣。11月校庆十周年之际，全校开展“沐浴书海，香溢校园”诗文朗诵展演活动，为师生的生命发展打造亮丽的精神底色。 （徐丽娟）

【镇江市恒顺实验小学】 镇江市恒顺实验小学创建于2008年，2009年8月投入使用。学校占地20128平方米，学生1123人，教师66名，大专以上学历达98.48%。其中高级教师7名，镇江市骨干教师3名，京口区学科带头人3名，京口区骨干教师11名。

2015年，学校主课题省级“十二五”规划课题“学校健康特色文化建设的行动研究”结题。在课题引领下，实施环境优化、队伍提升、习惯养成、课堂提质、课程开发五大工程，推动学校发展的转型升级。先后荣获江苏省平安校园建设优秀成果奖、江苏省青少年科技教育先进学校、镇江市教工之家、镇江市五好小公民主题教育活动先进集体、镇江市社团建设优秀学校。

营造健康环境，推进办公室文化、走廊文化，校园东侧“憩园”水系景观暨科技实践基地建设完成。锻造健康教师，开设骨干教师研修班、骨干后备研修班、青蓝工程研修班，分层培养教师，马剑、郑金坤两位老师从省级赛场凯旋，分别获得辅导员风采大赛特等奖、基本功竞赛一等奖。近20人次执教了区级以上公开课，4个市级课题结题，百余篇论文发表、获奖。构建健康课堂，举行“课堂变革——健康学校的起点”第二届“恒美”教学节活动。

培育健康学生，打造“我们的恒美节”“3月爱心节”，开展“爱在春天里”大型义卖活动。镇江市政府朱金生秘书长、市妇联胡云霞主席等专程为学校“爱心书屋”授牌，为20名贫困流动儿童送上节日的慰问。4月读书节，开展“最是书香能致远”读书书签、读书小报制作活动。5月科技节，全校学生读一本科普书、看一部科普录像、讲一个科普故事、出一期科普板报、画一幅科幻画，并围绕环保低碳的主题，开展“变废为宝”“创意小发明”“探究性小论文”等激发学生奇思妙想的创造活动以及直升机模型、空气桨电动车、四驱车拼装竞速、魔方复原等一系列培养学生动手动脑能力的趣味比赛项目。6月体育节，举办第七届田径运动会。9月、10月感恩节，让学生感恩老师、感恩父母、感恩学校、感恩祖国。11月收获节，举行“我的班徽我做主”班徽设计比赛。12月狂欢节，举办“恒美新声代 童音闪闪亮”新年音乐会。

以康、智、乐、美为主题，构建健康校本课程体系，以游泳课程、少儿武术、校园足球和科技社团为辐射点，打造学校体艺特色。获江苏省仿生机器人创意大赛团体创意一等奖、综合团体二等奖；镇江市青少年科技模型竞赛小学组综合团体一等奖；京口区“童心有梦，科技有约”科技节活动综合团体一等奖；成功承办镇江市青少年航空模型竞赛。游泳运动员孙儒被输送到省队训练，获2015年全国少儿游泳锦标赛仰泳全能第三名、江苏省青少年游泳锦标赛100米仰泳、自由泳第一名，200米混合泳第二名，技巧啦啦操被全区立为标杆，少儿趣味田径项目被全省推广，武术项目成立市队校办模式，“恒美青少年武术俱乐部”获得省体育局第九批江苏省青少年奥林匹克体育俱乐部命名；学校足球队再次在“市长杯”闯入八强并获“区长杯”亚军。（李佳）

【镇江市索普实验学校】 2015年，索普实验学校在停止招生，教师逐年分流的形势下，截至2015年12月，全校在校学生仅剩六年级4个教学班，在籍学生143人，教师20人。

一年来，索普学校开展教学研究，取得了一定的成果。在京口区基础教育教学成果奖评选中，1人获得一等奖，2人获得二等奖，1人获得三等奖。在市、区各级评优表彰活动中，有多名教师榜上有名。其中，尤昌德被授予“镇江市十佳教师”称号；梁静被评为“镇江市优秀班主任”王锦敏被评为“京口区人民满意教师”；陈军被评为“京口区优秀共产党员”；周剑被评为“京口区优秀党务工作者”；王超被评为“京口区教育系统优秀共产党员”；汤秀梅被评为“京口区优秀教育工作者”；花蕾被评为“京口区师德标兵”；贾陈被评为“京口区优秀教学能手”；陈红被评为“京口区教育系统服务标兵”。索普实验学校被评为京口区宣传报道先进单位。（尤昌德）

【镇江市学府路小学】 镇江市学府路小学成立于1921年，是一所有着95年历史的小学，由当时丹徒镇唐成之、黄北山、钱玉森等知名人士赞助，根据古训“童蒙养正”而取名为丹徒私立养正小学。2002年8月，学校迁入新址，并且合并所有村小，学校办学又上一个新的台阶，2010年更名为镇江市学府路小学。学校现占地面积10330平方米，绿化面积达3520平方米，是“镇江市绿色学校”。学校现有18个班集体，781名学生，在编教师49名，市区级骨干教师共14人，其中43名教师取得本科学历。2015年度全校共有百余人次的论文、案例在省、市各级各类评比中获奖。

2015年，学校投资500.8万元进行校安工程改造，加宽了前两幢教学楼的楼道，并在两幢教学楼之间新建了连廊和消防通道，增加建筑面积750平方米，改造学校大会议室，分“体育长廊”“古诗词长廊”“花卉长廊”等系列重新布置校园文化，添置学生直饮水设备两台，校容校貌焕然一新。现在学校的电脑室、音乐室、劳技室、美术室、科学室、舞蹈房等功能教室一应俱全。全校18个班级及各功能教室全部配备了现代化的多媒体教学设备，完全达到了现代化小学的硬件标准，在2015年创建成“镇江市教育现代化先进学校”。

学校秉承“养正”校训的精髓，坚持“质量立校，全面育人”的理念，为学生的终身发展奠定坚实的基础，努力打造“滋养课堂，正行德育”的教育品牌。学校作为“镇江市体育传统项目学校”，坚持特色发展之路，有武术、花卉种植、少年武警等29个学生社团，特别是武术作为校本课程，本着“以武冶情、以武启智、以武育人”的宗旨，在一至四年级开设了武术课程，配备了专职老师，并定期开展活动，学校通过抓普及，做到人人会打武术拳、班班会做武术操。

学校与“科莱恩”公司的合作办学项目继续深入开展。1月学校师生代表受邀赴上海参加公司年会，5月学校与科莱恩志愿者成功举行校园“欢乐嘉年华”活动，10月“科莱恩”公司全球董事会成员到校考察和推进“HOPES”项目。

2015年，学校先后获得镇江市教育系统关心下一代先进集体、镇江市少儿武术比赛集体基本功第一名、镇江市“五好小公民”读书活动先进集体、京口区阳光体育活动评比一等奖、京口区少年竞技体育先进集体、京口区科技节团体二等奖等荣誉和称号。（黎林林）

【镇江市谏壁中心小学】 镇江市谏壁中心小学占地面积27634平方米，建筑面积16759平方米，绿化面积达6000多平方米。学校有31个教学班，学生1227人，教师75人。2015年，学校以“办家长满意的学校，办人民满意的教育”为宗旨，以师生的共同发展为根本，培养“躬行，勤思：自主自觉，注重实践；勤奋踏实，勇于思考”的“躬勤学子”，着重打造“学生自主实践平台”；打造“躬于生，勤于思：弯下身子倾听学生，勤于思考钻研教学”的“躬勤教师”队伍。以“躬勤教育”为主导，构建以特色课程、环境课程、活动课程为框架的校本课程体系，探索形成“自主探究，重视实践”的课堂教学评价体系。

2015年，学校被评为镇江市文明单位，在京口区中小学生田径运动会上获得团体总分第三名。学校有市骨干教师3名，区学科带头人4名，区骨干教师5名。学校充分发挥市、区骨干教师和区学科带头人的引领示范作用，以点带面，辐射全校每个学科教学。教师在各级各类竞赛评比中捷报频传。学校成功创建了“江苏省绿色学校”“镇江市特色学校”“镇江市数字化校园”。

学校开展了一系列的学生喜闻乐见的爱国主义、集体主义教育活动。如：暑期军训、小报比赛、书画展览等。学校深入开展“文明礼仪教育”，编写了学校校本礼仪教材《礼仪伴成长》，受到有关专家的一致好评。丰富多彩的校园文化活动，提升了学校的育人功能。学校方方面面秩序井然，气象更新。“灵通广播台”已成为学校德育主打品牌，截至2015年，播出了300多期。作为灵通台的衍生刊物学校校报《云帆报》也出版了14期，“凌云小记者”队伍培养有序，“红钻”、“蓝钻”、“白钻”三级校内小记者成为学校灵通台的骨干力量。“灵通台”“云帆报”“红领巾监督岗”“绿色小卫士”等少先队阵地在提升学生自主管理，自觉实践能力方面取得了一定成效。

2015年，学校以生态教育作为学校工作的切入点，积极创建国际生态学校。一次次丰富多彩的活动将教育教学推向深入，将“规范化管理、精细化操作”的理念落在实处。全体师生在活动中体会到和谐，品尝到乐趣，享受到幸福，不仅提升了全校师生的自身素养，而且有力地推进了学校各项事业和谐健康发展。（张继诚）

【镇江市雩北小学】 2015年，随着京口区九年义务教育均衡发展示范区工作的进一步推进，雩北小学的软件和硬件得到进一步的提升。学年伊始，学校把学生课桌椅重新整修，学习环境得到改善，学习的氛围蒸蒸日上，学生的求知欲望被激发出来；同时从市、区名校交流来1名区级骨干教师，2名优秀教师学成归来，为雩北师生带来了先进的教学理念和教学方法，促进教育教学质量的全面提升。学校秉持“以人为本，狠抓常规，规范办学，提高质量”的工作思路，求真务实，围绕“安全、质量、务实”三个关键词，以学生发展为中心，以教师发展为抓手，全面推进素质教育，努力做到“学生发展、教师发展、学校发展”三位一体，全力争创镇江市现代化学校。

近年来，随着留守儿童数量的不断增加，他们的生活、学业、心理等问题引起了雩北小学的关注。学校安排值日表，值日教师早晨从城区赶到学校，轮流陪护这些孩子。每位班主任为他们建立成长档案，制定学习帮扶计划，学校还定期召开帮扶教师、留守儿童、监护人或委托监护人座谈会。

“不让一个孩子掉队”是雩北小学的办学目标。学校学生60%来自外来务工子女的家庭。为了不让一个孩子掉队，学校内修外炼，两手抓，抓两手。活化培养机制，提升教师素养，促进教师发展，搭建专业成长的平台，按学科与市、区两级教育杰出者点对点对接，专项进行指导和学习，以“服务学校发展，促进自主提升，倡导同伴共进”为宗旨，努力实现城乡教育资源的互助共享。

2015年，学校发表文章或论文获奖共65篇，比2013年增长62.5%，比2014年增长18.2%。严晓青老师2015年度荣获“镇江市优秀教育工作者”称号，任双梅老师荣获“京口区人民满意教师”称号，陈元龙老师荣获“京口区教育系统服务标兵”称号，左丹老师荣获“京口区德育优秀工作者”称号。（陈元龙）

【镇江市京口特殊教育中心】 镇江市京口特殊教育中心位于靳家巷33号，主要承担智力障碍残疾学生教育学习的社会职责，招收本区、其他辖区和外来务工人员部分家庭中的智障、脑瘫、自闭症等中重度智力残疾儿童，实行九年免费特殊教育。学校重视功能室建设，设施设备齐备，配有美术室、音乐室、古筝教室、舞蹈房等教学教室，以满足智障学生日常教育教学需求。

作为镇江市残联康复训练基地之一，学校承担全市部分0～14周岁智障、自闭症儿童康复训练重任，现有康复训练室、可视音乐训练室、蒙氏训练室、语言训练室、感觉统合训练室等功能教室，每年出色完成康复训练任务。劳动技能培训室多元化，项目实用合理。为培养智障学生自理能力和劳动技能，学校建有家居训练室、手工编织坊、修理铺、烘焙坊各1个、室内外花卉园艺培训基地500平方米。运动场地精细化，运用充分。学校有150米田径运动塑胶跑道、室内外乒乓球场所、室内外羽毛球场所、轮滑训练场所、篮球场，为学生体育锻炼和兴趣特长发展提供条件。

2015年暑假，在江苏省特殊教育项目建设委员会的指导下，学校对学前班进行改造，“娃娃家”、“科学探索”、“阅读角”等8个区域独立开来，以适应不同障碍程度学生的康复学习需求。同月，对仓库进行改造，最终建成集串珠室、烘焙室、烹饪室、家政室及阳光花房为一体的慈善爱心手工室。同年10月，学校与中山路小学小记者团首次合作，开设手工串珠、花卉移植、糕点烘焙及艺术交流4项特色课程，共同开展融合教育，活动被中国教育部网站录用，效果显著。

学校一直以“培养体育艺术能力促进学生智力发展”为办学特色，5月，“满天星残疾人艺术团”正式成立，在多方努力下，学校的艺术团活动日渐丰富，学生经常代表学校参加社会各类公益活动。5月，学生轮滑队代表省赴成都参加全国第六届特奥会，获5金4银3铜的好成绩。学校以校本课程为指导，在专家指导下，开发花卉园艺、手工串珠等校本课程。学生在体验艺术、技能教育的过程中，提升了人文素养，促进了智力发展。

学校努力建设一支能“教好一门学科、带好一个社团、建好一门课程”的“博爱”教师团队。要求教师适应特殊教育发展需要，更好地服务于智障学生，努力成为“双师型”教师。部分教师已能够承担烘焙、串珠、花卉、轮滑、古筝、葫芦丝、乐队等本专业外的特色教学任务。（王娟）

文　化

责任编校：段广凤

文化建设

【概况】　2015年以来，京口区文体（旅游）局以中共十八大、十八届二中、三中、四中、五中全会精神为指导，以习近平总书记“四个全面”重大战略和视察江苏（镇江）时“五个迈上新台阶”指示为指引，以区委、区政府和市主管部门工作布局为引导，以打造文体旅工作“京口高度”为主目标，以文化事业惠民生、文化产业促转型为工作主线，以“工作创新突破年”为主抓手，以实施“十六项工程”项目化管理为工作方法，在区委、区政府的坚强领导下，在区人大政协监督推动下，在全区各街道、园区和有关部门及市相关单位的大力支持帮助下，各项工作创造了新业绩，迈上了新台阶。2015年度全区文化工作荣获市考核一等奖，局党支部荣获镇江市首批5星级“双型”（法治型、服务型）先进党支部称号。文体局获2015年度区级机关绩效管理考核优胜单位、京口区2015年度党建工作科学化考核优胜单位称号。

（董朝霞）

【国家级试点工作——基层综合性文化服务中心建设全市示范】　建成10个市级基层综合性文化服务中心示范点，大市口街道古城社区和米山社区2个点被命名为2015年度镇江市“十佳”基层综合文化服务中心；阳光世纪花园社区、景阳山社区、孟诚社区综合文化服务中心被命名为2015年度镇江市优秀基层综合文化服务中心。另外，已完成37个区下达的基层综合性文化服务中心建设。占全区社区（村）比例71.2%。（董朝霞）

【区文化馆创成国家一级馆】　根据省文化厅《关于组织参加第四次全国文化馆评估定级工作的通知》要求，京口区委、区政府高度重视国家一级文化馆创建工作，7月顺利通过省检查组的检查验收，文化部免检。（董朝霞）

【“魅力京口”文化惠民品牌进一步打响，构建了全区广场文化活动“品牌群”】　2015年，共举办“魅力京口”广场文化系列活动25场(总216场)，举办“诗词歌赋迎新春”线下吟诵活动、“同享法治阳光，共祝美好家园”2015年农民工学法活动周活动、“倡导全民阅读·建设书香京口”京口区第二届“梦溪读书节”启动仪式、第二届“中国梦·我的梦”理论大众化文艺作品征集评选暨展演、京口区第四届少儿故事创作比赛等系列活动。推进“一街一品”建设，以“魅力京口”为统领，打造健康圆梦行、梦溪大舞台、欢乐大市口、美好谏壁、幸福象山、滨江大舞台等广场文化活动品牌群。（董朝霞）

【群众文艺作品参赛和业余文艺团队建设喜获丰收】　在全国文艺赛事有1个作品获奖，在省级文艺赛事有16个作品获奖。在市级文艺赛事有55个作品获奖。（董朝霞）

【生态文明主题广场和文化广场标准化建设全市领先】　按照市生态文明主题广场建设标准，提前建成梦溪广场、东吴绿地广场、古城公园广场、谏壁公园广场、京口广场、合山公园广场6个生态文明主题广场建设，高质量通过市委宣传部、市文广新局验收。（董朝霞）

【“书香京口”建设全市率先】　召开“书香京口”建设推进会，认真总结“书香京口”建设的现状水平，全面部署2015年加快推进“书香京口”建设20件实事项目及责任分工。以“梦溪读书节”品牌文化活动为载体，先后开展第二届“梦溪读书节”启动仪式、书香“家”年华、早教包发送、“书香京口·品味梦溪·圆梦健康”、“送书进狱所”、“诗教进社区、书香百姓家”赠送夏日清凉扇等系列活动，建成区级机关“图书漂流角”。建成10个阅读示范点，扶持10个阅读社团发展，组织、培育120名阅读推广人培训。积极打造“15分钟公共图书圈”，建成红旗小学、京口区文化艺术中心、古城社区图书馆总分馆，做到“一卡在手、通借通还”。新民洲临港产业园新红旗社区农家书屋被评为江苏省2014—2015年度“五星级示范农家书屋”。2015年揭晓的2014年度居民综合阅读率达 92%（市平均 88.1%），居全市首位。积极参与“中华诗词之乡”创建，打造爱国诗词公园——宗泽公园，得到中华诗词学会考评组的点名表扬。（董朝霞）

【积极融入“淘文化网”公共文化产品和服务社会化运作平台】 精选康盛剧社、黑泡泡艺术团、星月艺术团 3 支能独立承办整场高质量演出的团队，积极融入全市“淘文化”网平台。配合市局在正东路、象山街道进行“淘文化网”演出。康盛剧社在四牌楼街道文体活动中心承办“淘文化网”专场演出，受到群众一致好评。（董朝霞）

【宗泽纪念公园后续管理工作稳中求进】 完成宗泽纪念公园诗词布幔（“中华诗词之乡”创建亮点工作）、停车场扩建、绿化补植、电路改造等工作。（陆阳）

【新建成的京口文化艺术中心正式对外开放】 2015 年 5 月基本完成内部装修工程，6 月 16 日开馆试运行。中心建成后作为区文化馆和区图书馆对外开放，服务周边群众。少儿活动室、老年活动室、综合文化活动室、乒乓球活动室、健身房等相关功能室免费为周边居民提供服务。2015 年中心已成功举办“军民鱼水 情满象山”“双拥”文艺演出、2015 年京口区阅读推广人培训、团中央少工委和北大青鸟“家校协同·培育未来”专题培训班、镇江市秧歌大赛（京口赛区）、镇江市摄影采风观摩会、国家级非物质文化遗产八极拳宣传展示培训、扬剧（金派唱腔）《白蛇传》汇报演出、区音舞协会专场演出等相关活动；中心图书馆成人部已建成，正式对外开放。12 月 13 日在中心举办镇江市京口区“大众创业万众创新高级人才战略工程启动仪式”。文化馆、图书馆均已创成国家一级馆。（韦鹏）

【在全省乃至全国率先创新构建 PPP 运作模式】 2015 年 8 月，京口文化艺术中心与北大青鸟博雅教育集团签订战略合作协议，采取 PPP 的模式，建立“利益共享、风险共担、全程合作”的共同体关系。北大青鸟充分发挥自身优势，联合京口文化艺术中心精心打造京口区“一体两翼”的核心业务，“一体”即集文化公共服务与品牌咨询和管理、文化创意产业孵化、教育文化艺术培训于一体的“青鸟社区”文化产业综合体；“两翼”，即“青鸟学院”文化传播平台和“云上青鸟”信息管理服务平台。旨在解决我区乃至全国基层文化馆、图书馆建成后运行经费保障压力巨大这一难题，在确保履行国家一级图书馆、文化馆公共服务标准的同时，企业投资经营，一方面减轻政府的财政压力，另一方面企业通过商业运作获取盈利空间，实现社会效益、政治效益、经济效益的多赢。北大青鸟博雅教育集团已经在文化中心增挂北大青鸟（江苏）文化教育中心，运行机构江苏纵帮教育科技发展有限公司已落户运行。这一创新模式得到省委宣传部、省文化厅领导的高度认可和评价。（董朝霞）

【文化产业增加值占 GDP 比重较高】 京口区各类文化企业达 1238 家，其中规模上文化企业共 35 家。2015 年文化产业营业收入增速达 19.8%，超额完成区委、区政府下达增速 10% 的任务。文化产业增加值占 GDP 比重为 6.6%，居全市第 2 位。（周姝）

【文化产业发展趋势呈现新格局】 全区文化产业门类从原有的广播电视业、新闻出版业、文艺演出业、电影放映业向网游、软件及计算机服务、网络文化、数字出版、创意设计等扩展延伸，发展内涵呈现多元化，其中支柱型业态代表有名通、易乐等动漫游戏产业；辖区内建成京口区高创中心、中国中小企业信息产业园、归国博士创业园等高科技文化产业基地，形成多元发展、结构优化、门类丰富的新格局。（周姝）

【帮助辖区内企业争取省、市级文化产业引导、扶持资金创历史新高】 名通信息科技有限公司项目成功获得 160 万元资金补助，获助金额也创京口历年之最（全市单体最大）；同时，奇胜科技等 4 家企业获市文化产业发展引导资金，创历史新高。江苏三艾国际广告股份有限公司在新三板上市，实现文化企业上市零突破。跟进服务全区文化产业重大项目，凤凰文化广场、长江游戏谷、中国中小企业信息产业园、大学生创业科技园等重大文化产业项目均按序时稳步推进。（周姝）

【积极开展“真·实”活动、服务“企业争当转型升级先锋”等“1+6”活动，走在全区前列】 走访结对企业凤凰置业有限公司，了解企业项目进展，帮助企业解决困难，整理全区规模上文化企业情况表，并完成每季度全区文化旅游产业经济运行分析报告。“真·实”活动中积极开展职能服务，多次受到表扬。（董朝霞）

【与区委宣传部积极发动组织相关企业参加“文旅杯”镇江市首届文化创意设计大赛和文创创业项目征集大赛】 “文旅杯”镇江市首届文化创意设计大赛获得金奖 1 名，银奖 2 名，铜奖 6 名，优秀奖 17 名；镇江市文化创意创业项目征集大赛取得二等奖 1 名，三等奖 4 名，优秀奖 2 名的好成绩。（周姝）

【依法行政工作克难奋进】 2015 年发放互联网经营许可 5 家、出版物（含电子出版物）零售单位设立、变更的许可 36 家。打字、复印经营单位设立、变更许可 5 家、营业性演出备案 11 场。开展扫黄打非工作，参与市文化市场执法大队开展护苗、剑网、清源专项行动，自行组织辖区内文化市场集中检查，检查网吧数量 27 家、检查歌舞娱乐场所 9 家、游艺娱乐场所 3 家、书店 6 家。出动人员次数 9 次，没收了一批盗版出版物。文体局荣获 2015 年镇江市政务中心绩效考核二等奖。（陆阳）

【软件正版化工作稳中有进】 推进江苏现代造船、江苏三艾广告有限公司、镇江微端网络科技有限公司3家企业软件正版化工作。对全区50个部门的软件使用情况进行摸底调查，并对全区所有机关部门进行软件正版化培训。一般作品版权登记工作已完成204件作品的网上注册，完成率102%　（陆阳）

【文化遗产保护工作取得新成效】 建立区文体局与公安京口分局联合巡查和联席会议制度，把文保单位安全纳入公安日常巡查体系，并定期召开会议。完成了文保责任书签订工作和文物消防灭火器的配送工作。为镇江市编撰《文物志》提供有关文物资料。完成道署衙门券门碑刻修缮工作。完成业余文保员考核。华山太平泥叫叫成功评为江苏省第四批省级非物质遗产项目，入选第四批省级非物质文化遗产代表性项目名录。　（陆阳）

新闻网络

【概况】 2015年，京口区新闻中心紧紧围绕区委、区政府中心工作，按照区委宣传部工作要求，坚决执行年初制定的工作计划，为生态文明建设、“‘真实’主题活动”、“文明进万家”、“金凤凰活动”、“‘三个争当’主题活动”、“书香京口”等工作营造舆论氛围，牢牢把握正确宣传舆论导向，围绕中心、服务大局、展示形象，较好地完成了2015年宣传报道工作。2015年以来，新闻中心紧紧围绕区委、区政府各阶段、各时期工作重点，做到早策划、早准备、抓特色，出精品，深入挖掘主题，进行了全面、充分、及时、深入的报道。一是全年累计在《镇江日报》头版头条、二条刊发稿件30余篇，在《镇江日报》二版头条刊发稿件近50余篇，在《镇江日报》等媒体刊发整版稿件30余个，在《新华日报》刊登稿件“京口：互联网引领产业转型”“京口：‘金凤凰’集聚人才大区”“恒伟物流：打造国内最有影响力物流服务品牌”等；“京口让国学‘接地气’进校园”“京口老小区改造做实惠民文章”等一批稿件被人民网、新华网刊用。二是深化“最美社区医生杨凌”这一重大典型。杨凌高尚的医德和助人为乐的精神得到社会的广泛认可，先后获“江苏好人”“镇江好人”“江苏省十大医德标兵”“镇江市十大医德标兵”“镇江市三八红旗标兵”“江苏省群众满意的社区医生”等荣誉称号。三是“生态文明建设”“真·实”“文明进万家”“金凤凰”“三个争当”“书香京口”等活动宣传先声夺人。结合京口区文明创建、招才引智、教育实践活动进行全方位多角度的报道，策划“京口‘四大工程’打造美丽城区”“京口‘真实’主题活动”“京口推进建设更高水平文明之城”“京口：‘金凤凰’集聚人才大区”“中林（镇江）生态产业城项目加快推进”“启动书香京口‘家’年华系列活动”等系列报道，进一步提高了京口的知名度和美誉度。四是完善“京口手机报”和“京口发布”，延伸新媒体宣传触角。“京口手机报”自2015年7月31日上线以来，深受广大读者喜爱，手机报设置“京口要闻”“封面照片”“经济巡礼”等栏目，已累计出版200余期，成为宣传京口的主阵地。　（陈俊文）

【舆情快报】 京口区新闻中心始终坚持正确的舆论导向，整合多种宣传资源，以报网互动为基点，注重导向性，把握贴近性，积极适应新兴媒体发展趋势，努力构建定位明确、特色鲜明、功能互补、覆盖广泛的舆论引导新格局。科学化解负面舆情。突出正面宣传，加强与各类网站合作，扩大正面宣传载体平台，凝聚社会正能量。化解“京口美术馆是隐蔽会所”“中建大观业主子女无法正常入学”等负面舆情40余条。积极参与网上舆情引导专项行动。通过强化督查、科学处置、安装监测软件等措施，确保“两会”等大型活动期间网上舆情平稳可控。开展党团员“发声音 亮观点”活动，形成“一方有事八方支援”工作格局，在网上主动出击，揭露谣言、抨击错误观点思潮、引导不良社会情绪。进一步建立健全网络舆情处置工作机制，完善网络舆情应急预案，与电信、移动等通讯运营商合作，在易发网络舆情单位安装舆情监控软件，并落实专人全程监控，及时妥善处置30余条网上负面舆情，为全区经济社会快速发展营造良好舆论氛围。

（陈俊文）

电子政务

【概况】 2015年，积极贯彻落实国家及省、市有关电子政务工作的方针政策，紧紧围绕区委、区政府中心工作，推进电子政务科学发展，紧扣全区“整体城市化、率先现代化”的目标定位，始终瞄准围绕“强化转型升级，推进特色发展”目标，创新克难，锐意进取，圆满完成全年各项目标任务。宣传介绍京口水平不断提高，运用信息化提升政府效能，不断加强政府与群众的联系，落实建设高效、透明、廉洁政府的要求，在规范制度、技术创新与改革发展上不断努力，取得一定成效。京口电子政务共包含镇江京口门户网站、无纸化协同办公系统、行政权力网上公开透明运行系统三个部分。　（张逸飞）

【镇江京口门户网站】 “镇江京口”门户网站以“为民、便民、利民”为宗旨，结合建设服务型政府需要，改版升级区政府门户网站，完善服务功能。不断做好新闻更新、内容充实、网页管理和维护工作，打造政府信息公开第一平台。全年“镇江京口”门户网站共公开各类政府信息4857条，其中区政府文件126条，各类新闻4323条，领导讲话、投资信息、公示公告、便民服务等408条。书记、区长信箱反馈办结率100%。同时上报“中国镇江”政府网站政务信息432条，被采用163条，较好地完成了“中国镇江”政府门户网站内容保障工作。同时，为充分满足当下及未来发展的电子政务信息显示的需求，区政府一楼大厅DLP电子显示屏坚持重要信息公示，2015年各单位申请信息发布78次。　（张逸飞）

【无纸化协同办公系统】 2015年，围绕上级要求，突出抓好节点控制把好系统建设、培训应用和机制建设“三关”，积极、稳妥、有序地推进无纸化办公全覆盖，市与区、区与区部门和街道、区部门与街道之间收文和发文通过内网公文交换系统完成；收文办理包括签收、登记、审核、拟办、批办、承办等程序均在内网完成；发文办理制发公文的过程，包括草拟、审核、签发、复核、用印、登记、分发等程序均在内网完成。建成“党政一体，上下统一”的无纸化协同办公系统，提高办公效率，无纸化办公系统稳步运行。（张逸飞）

【行政权力网上公开透明运行系统】 行政权力网上公开透明运行系统经过多年的建设，权力网上公开透明运行工作不断强化，行政权力网上公开透明“一库四平台”运行平稳有序。囊括全区所有行政权力的行政权力库，面向政府各组成部门的行政权力网上公开透明运行系统平台，面向社会公众的政务服务平台，面向区领导及监察部门的监察监控平台，以及面向政府法制部门的法制监督平台系统运行状况良好，行政权力的实施主体、程序、依据、标准及办理动态情况，在“网上政务大厅”实时显示。2015年，网上共运行办件1799件，其中行政许可671件、行政处罚16件、行政确认120件、其他992件。基本实现了权力网上运行全覆盖。（张逸飞）

焦山风景区

体育工作

【概况】 习近平总书记强调："要让人民群众有更多的获得感"；"没有全民健康，就没有全面小康"。国务院2014年46号文件要求"加快发展体育产业，促进体育消费"。京口体育工作站在"江苏省首批公共体育服务体系建设示范区"、全市2015年体育工作考核第一名的新起点，面临着群众体育消费需求日益增长并呈现出多元化、多层次、高期望值基本特征的新常态，承担着"十三五"期间把京口建成"宜居宜业魅力区"的新使命。（蒋丽）

【成功创成省首批公共体育服务体系建设示范区】 在4月9日的省公共体育服务体系建设推进会上，京口区被命名为第一批江苏省公共体育服务体系示范区。（蒋丽）

【体育工作考核获市一等奖】 在2015年度镇江市体育工作考核中，京口区以总分106分的优异成绩获全市一等奖，列各辖市（区）第一名。（蒋丽）

【公共体育服务设施建设取得新成效】 2015年全区各街道、园区共提档升级、新建健身路径18条，安装室外乒乓球桌20张、室外篮球架10组。建成谏壁公园多功能运动场和合山公园健身步道共计5.8公里。（蒋丽）

【体育社团规范化建设迈出新步伐】 完成67个体育社团团体会员、7138名个人会员的信息入库工作；印发京口区全民健身指导服务中心"团体证"和"会员证"，并进行注册登记；创成2个AAAA级体育社团。（蒋丽）

【群众体育获得感实现新提升】 深入开展全民健身活动，全年全区上下共举办全民健身活动108场（次）。成功举办"中建·大观天下"杯"京口区第三届运动会开幕式暨省第十三届'泛沿江体育带'全民健身大联动京口区分会场活动"，并成功举办老年部、机关部、街道部、学生部共计25场比赛；举办"红红火火过大年"全民健身志愿服务系列活动8场；共组织"全民总动员、一起来健身"活动12场，举办近百人的科学讲座1场。10月，京口区组织开展"2015年京口区社会体育指导员培训班"，2015年共培训二、三级社会体育指导员146名，晋升一级社会体育指导员42名，国家级社会体育指导员6名，组织各级社会体育指导员参加健身气功、健身秧歌、快乐健身操等项目再培训，全年累计培训人数100余人。举办"京口区迎新年健步走"活动。充分利用指导站积极开展"京口区国民体质监测活动"，为来自辖区内企业、机关、学校和健身站点等3000余人免费进行体质监测。成功举办"千台万人乒乓球京口赛区"比赛和"华泰证券杯"第六届"社区杯"乒乓球比赛，以及"中建大观杯"京口区首届5人制足球赛、京口区草根羽毛球赛等一系列比赛。（蒋丽）

【构建管好用好群众身边健身场地设施新机制】 建立健身场地设施长效管理制度，进一步落实属地管理原则，即"谁受赠、谁管理、谁维护"的原则。区设立维修站，配备专门维修人员，并邀请辖区内体育骨干、热心居民、社区工作者等103名志愿者，与京口区各街道（园区）、社区（村）、广场、居民小区的159条健身路径、60张室外乒乓球桌"结对"，做到每日一看、每日一查，加强巡查和管护力度，并适时提醒锻炼群众科学、安全地使用器材，倡导群众爱护好身边的器材。开展京口区首届"十佳健身器材维护志愿者"评选表彰。（蒋丽）

【创新探索健身场地建设新路径】 5月12日，位于京口区花山湾七区的"梦翔足球园"正式开园。该球场占地面积约1500平方米，建有20米×40米的标准场地，11米×20米的训练场地，总投资约200万元。8月8日，京口区全民健身中心，正式挂牌，已建成羽毛球馆（拥有14片场地）、篮球馆（拥有2个全场、2个半场）、乒乓球馆（共拥有26张球台）、足球馆（拥有1片场地）等，已建成的场馆面积约为6600平方米，并通过政府购买公共体育服务的形式，向全市居民群众发放3000张免费健身券，得到省、市体育部门和市、区领导的高度评价，《京江晚报》、中国双拥网等报刊宣传报道。（蒋丽）

【竞技体育取得新成绩】 全年共获金、银、铜牌48块。积极参加2015年镇江市少年阳光体育运动联赛，获得少儿乒乓球比赛团体总分第一、两个单项第一，少儿武术团体总分第一、十六个单项第一，少儿羽毛球团体总分第一、三个单项第一，少儿足球比赛男子乙组第三名和甲组第四名，少儿篮球比赛男子乙组第二名和甲组第五名，少儿排球比赛全部组别冠军，少儿跆拳道比赛5个组别冠军，少儿田径比赛第四名的好成绩。承办的2015年市少儿跆拳道比赛获市少儿体育竞赛"优秀赛区"称号。（赵鹏）

【教体融合工作取得新进展】 认真落实全区《关于推进教体融合的实施意见》和《京口区教体融合工作三年（2014—2017）行动计划》，积极联合区教育部门组织开展京口区小学生羽毛球、足球和田径等体育竞赛，通过各类体育赛事发现一批高水平体育后备人才。2015年，全区省队、省以上集训队在训人数17人，向市运动学校输送高水平后备人才26人。全年新增二级裁判员13人。落实2015年度融合项目，主要是：依托北师大体育学院搭建"全国学校体育联盟示范区"平台，开展教练员队伍提升行动、体育课堂提质行动；实施"场馆设施改善"行动，推进"学校快乐体育园地"和"趣味田径"场馆建设；进一步开展调研，完善项目布置，实施特色项目创建行动，推进体质健康创优行动。与区教育局一道，积极融入打造市体育会展中心互联网时代的体育服务综合体，共同构建教体融合的新平台。（赵鹏）

旅游工作

【概况】 据统计，2015年1—12月全区旅游产业综合收入91.8亿元（由餐饮24亿元+住宿9.2亿元+娱乐7.7亿元+旅行社收入1.9亿元+20%社会消费品零售额49亿元组成，不包括景区门票收入），同比增长5%，完成市下达目标105.5%。居全市第三位。（严潇）

【编制文化旅游特色街区规划】 2015年完成了"春风又绿江南岸·长江路文化旅游特色街区"规划的编制工作。（严潇）

【住宿设施床位数超额完成】 住宿设施床位数已达到1.54万张，完成全年目标102%（大市口街道0.49万张、健康街道0.42万张、四牌楼街道0.26万张、正东路街道0.23万张、象山街道0.1万张、谏壁街道0.04万张）。（严潇）

【新增江苏省3星级乡村旅游点1个】 2015年，我家农庄成功创建江苏省3星级乡村旅游点。（严潇）

【旅游厕所和旅游停车场建设超额完成任务】 2015年，按照A级旅游厕所标准，在市民公园（老市政府地块）新建2座旅游厕所。在我家农庄等景区新建旅游停车场5000平方米，完成全年目标任务的125%。（严潇）

【旅游项目投入指标完成情况】 2015年，全区亿元以上旅游产业项目26个，计划总投入147亿元，2015年计划投入28.6亿元，1—11月已完成投入26.8亿元，完成全年目标任务的536%。其中在建12个（如苏宁广场、财富广场、如意江南精品商业街和水岸休闲街、北固湾商业综合体、帝宝酒店、滨江旅游购物中心、红豆广场银座、顺丰嘿客OTO、粮食服务中心暨精品商务酒店、商业城升级改造、恒顺·财富街、东锦生态农园等），计划总投入80.6亿元，1—11月上报完成投资19.5亿元；签约8个正东南（1958街区）项目、包家湾特色商业街、谏壁新市镇商业广场、电子商务产业港、东方商城商贸中心、新民洲夏朵庄园、万商汇美食广场、体验式主题公园，计划总投入66.4亿元，1—11月上报完成投资7.3亿元；在谈6个（谏壁休闲观光农庄、新民洲农业旅游综合开发、新华联商业广场、大卫茂·未来城、苗家湾商务酒店、金山湖文旅综合体）。（严潇）

金山寺风景区

人力资源和社会保障

责任编校：耿纪明

就业再就业

【概况】　2015年，全区新增城镇就业11635人，城镇登记失业率控制在1.8%以内；城镇失业人员再就业7523人，就业困难人员再就业1216人，新增转移农村劳动力403人。组织开展再就业援助月和“春风行动2015”系列活动，组织39家单位1726个就业岗位赴新区参加全市农村劳动力专场招聘会。每月15、30日在区人力资源市场举办专场招聘会，举办20场，组织380家单位，提供6453个岗位。开展2015年离校未就业高校毕业生实名登记888人，调查登记率100%，实现就业100%。落实农村劳动力职业技能鉴定获证奖补工作，全年办理茶艺师、计算机操作员、家政服务员等农村劳动力职业技能鉴定184人，发放资金20.68万元。在已成功创建7家省级充分就业示范社区基础上，2015年又帮助大市口街道古城社区、健康路街道健康社区、四牌楼街道香江花城社区和正东路街道酒海街社区4家社区创建成功。

（王毅）

【全民争当“创新创业标兵”活动】全区累计新增私营户2134个，新增个体工商户3275个，新增公司私营注册资本113.28亿元，新建创业载体1个，完善提升创业载体1个。开展创新创业系列活动，举办区级机关创新创业政策知识专题讲座，提高区级机关部门对创业政策知晓度。开展“创业服务进校园”活动，先后在江大、江科大、镇江高专现场发放创业政策宣传资料，解答创业优惠政策，举办各类大学生创业知识竞赛、职业规划大赛、创业设计等活动5场。组织优秀创业项目参加“创富镇江”创业大赛，推荐40多名选手参赛，21名选手进入复赛，3名选手进入决赛，最终郝鹏获得第2名好成绩，区就业中心也获得大赛组织奖。举办创业意识教育普及培训、SYB（创办你的企业）创业培训、IYB（改善你的企业）师资培训等各类创业培训180余期，培训8500余人。开展创业帮扶“3+1”活动，全年帮扶35名有创业愿望的人员成功创业。在京口范围内评选4个创新创业先进集体和6个先进个人为“2014年度创新创业标兵”。

（王毅）

【人力资源管理】　推动全区高技能人才稳步增长，组织高技能人才竞赛5场，技能鉴定9场，组织高技能人才企业评价1场，设立全区首个食醋制作工、黄酒酿造工技能鉴定站，为全区传统优势产业提供技能人才保障。截至2015年年末，全区每万名劳动力中高技能人才数达到660人。多样化服务人才引进，推动人才加速集聚，全年组织企业参与各类招聘活动53场，提供岗位8000余个。强化网络引才，完善京口人才网信息网络，建立健全辖区各类企业网上注册、网上招聘一体化管理体制。组织3家企业申报江苏省“六大人才高峰”第十二批高层次人才选拔培养人选，通过1人。组织企业定期开展人力资源培训、座谈交流等活动，培训人力资源服务企业劳资干部、高级管理人员近200人次。切实做好机关事业单位工作人员工资调整工作，根据国办发〔2015〕3号文件精神和省市政府有关要求，及时做好全区机关事业单位离退休人员离退休费和在职工作人员工资调整工作。按照苏办发〔2015〕58号和苏人社发〔2015〕314号文件精神和省市政府有关要求，实施好公务员职务与职级并行制度工作，全区晋升职级198人。全面贯彻落实《镇江市事业单位人员聘用制暂行办法》，实现应签尽签，使聘用合同成为事业单位人事管理工作基本依据之一。认真安排好市政府下达给京口区的营级以下转业干部3名，随军家属5名安置工作，使部队、个人和单位三方都满意。同时做好企业军转干部解困和稳定工作，加强与市人社局、区信访局、公安局、街道和社区联系，了解和掌握涉军人员思想和行为动向，及时沟通处理，保持和谐稳定。

（王毅）

社会保险

【概况】　2015年度，全区企业职工养老保险基金征缴收入25783万元，其中征地转城保完成2035万元；

医疗保险基金征缴收入11137万元，失业保险基金征缴收入1728万元，工伤保险基金征缴收入888万元，生育保险基金征缴收入460万元，城乡基本社会保险覆盖率达到98%以上。

建立社保扩面长效机制，通过贯彻社会保险各类优惠政策等措施鼓励和引导各类人员参保缴费，加强企业养老保险稽核工作力度，强化基金清欠工作，确保顺利完成全年各项基金征缴指标任务。依照镇江市规范参保工作要求，将京口区所有劳务公司业务转移给市人社局，在转移过程中严格各项操作流程，确保转移的劳务公司实现数据零差错。认真做好机关事业养老保险新制度实施前的准备工作，完成事业单位2005年前数据补录工作。推进被征地农民参加社会保险"全覆盖"，全年新安置被征地农民493人，其中376名劳动年龄段被征地农民全部参加城镇职工养老保险。实现退休人员社会化管理率和档案接收率两个100%。（王毅）

【区总工会开展规范劳动规章主题活动】 全区85%的企业参与规范劳动规章为主要内容的主题活动，对50多家企业劳动规章进行了法律评估，督促企业修改和补充劳动规章187条。建立职工评价机制，全区10多家企业数百名职工参与"我为企业劳动规章进一言"职工评价活动，职工对工会开展"共决劳动规章"活动满意率达98%，此项工作被列为全区2015年度法治惠民实事项目之一，并荣获镇江市工会工作创新创优成果奖。（周文娟）

【工会联合劳动保障部门全力推进和谐劳动关系】 3月启动工资集体协商、签订集体合同要约行动。到5月底25人以上企业及区域（街道、园区、村、社区）工资集体协商达98%以上。并分别在家装、洗染、餐饮、美容美发、物业管理和建筑等行业签订行业工资集体协商协议。针对夏季安全生产特点，开展"送清凉、送安全、送法律"和创建"工会劳动保护规范化单位"活动，签订劳动安全卫生专项集体合同等措施，保障职工安全健康权益。宝华物流公司获得"省'安康杯'竞赛优胜单位"，立达纤维公司职工夏锁民同志的作品《电缆沟未封堵到位》获"省'安全隐患随手拍'优秀奖"。（周文娟）

【提高居民医疗保障能力】 2015年，全区新农合参合人口4.47万人，参合率达100%。县乡两级政策范围内住院费用补偿比例达到了75%。全面实施大病保险制度，有47人享受待遇，累计报销179900元，提高重特大疾病患者保障水平。（赵伟）

【做好城乡低保工作】 根据市局《关于做好市区城市低保提标工作的通知》精神，认真做好全区低保调标工作，按照城乡低保标准一体化标准，2015年7月1日后，城乡低保标准由每月580元调整为每月610元。截至2015年12月，新增城乡低保148户190人，退保132户283人。有城乡低保2370户3829人，其中城市低保有2092户、3359人，农村低保有278户、470人。发放低保金1889.364万元，其中城市低保合计发放低保金1667.9041万元，农村低保发放低保金221.4599万元。（秦焱）

【做好人力资源权益保障工作】 区劳动保障监察机构全年检查用人单位782户，立案查处违法案件128起，完善用工手续1832人，补签劳动合同1467份，受理群众举报投诉84起，责令用人单位补发拖欠职工工资50万元。对严重违反劳动保障法律法规行为实施行政处罚6件。区劳动人事争议仲裁院处理劳动争议案件760件，涉及劳动者760人，涉案金额519.81万元，按期结案率为100%，其中立案处理116件（另上年结转2件），审结118件，结案率为100%。各类调解组织调处案件442件，占总案件数58%。区劳动监察大队配合市人社局向镇江宁林连锁超市有限公司追讨212名职工工资计127万余元。区劳动监察大队和区仲裁院配合市人社局妥善处理了镇江农工商超市有限公司关闭后82名职工安置和相关权益维护工作。配合市人社局成功化解镇江百盛商城有限公司重新开业导致的职工集体劳资纠纷，涉及职工265人。（王毅）

◆ 资料链接 ◆

昭关石塔是喇嘛式的石塔，塔的下半部用块石垒砌，成四根石柱，顶部铺满条石，筑成一个框架形的台座，下面可以通行人马。它横卧在小街中间，给这个临江小镇增添不少古朴的雅趣。石塔即建于这个台座上。塔高4.69米。塔座、塔身、塔顶三部分皆用青石雕刻建成。塔座用两个相同的须弥座叠成，须弥座上为覆莲圆座和扁鼓形塔身。再上有13圈带形浮雕，象征13层天，上置法轮和圆形仰莲小座，轮上刻有"八宝"，其上便是塔顶。石塔台座的东西两面横额上有相同的刻字，左右分别镌刻着丹徒、镇江的知县、知府等题名。

社会生活

责任编校：耿纪明

民政工作

【概况】 2015年，京口民政工作紧紧围绕区委、区政府全年工作要点及既定工作目标，按照《2015年度全市民政重点工作及攻坚克难创特色目标》及《2015年镇江市民政局作风建设和绩效管理目标考评办法》工作要求，提早谋划、真抓实干，全面完成各项目标任务。（吴建萍）

【社会救助工作】 困难群众普惠性节日慰问。按照省、市政府2015年城乡困难群众普惠性节日慰问补助文件，统一按照一人户400元，两人户600元，三人及三人以上户800元标准发放节日慰问金249.8万元。临时救助工作。2015年，临时救助347户567名重大疾病患者及其他特殊情况造成家庭基本生活困难人群，发放临救救助金33.64万元。社会救助平台建设。2015年9月，区政府下发《京口区社会救助“一门受理、协同办理”工作实施意见》，四牌楼街道、大市口街道全面建成社会救助窗口。减灾示范社区争创。2015年正东路街道江科大社区和正东路街道宝塔山社区获得“全国综合减灾示范社区”称号。截至2015年12月，全区成功创建江苏省综合减灾示范街道1个（健康路街道）、国家级综合减灾示范社区9个、省级综合减灾示范社区6个。（秦焱）

【优抚工作】 落实抚恤政策。2015年为全区7类588名优抚对象发放抚恤和生活补助金722万元。投入16.5万元为129名重点优抚对象提供免费健康体检、4名优抚对象实施大病救助。为6名烈属、参战人员提供短期疗养和上门巡诊服务。落实优待政策。2015年为357名义务兵发放家属优待金411.58万元，为98名入伍大学生发放奖励金74.6万元、为30名现役军人发放立功奖励金5.77万元。落实慰问制度。在2015年9月3日抗战胜利70周年之际，慰问6名抗日老战士为其发放纪念章、为35名京口籍抗日老战士发放生活补助金9.75万元。按照普惠制原则，2015年春节为现役军人家庭和优抚对象送去总值1.5万元的慰问信、对联和年画。2015年元旦、春节、“八一”慰问各类优抚对象588人次、发放慰问金16.5万元。落实常规事务性工作。完成2015年优抚对象信息数据核查工作，任务完成252人。受理17名病故军人材料，为病故军人家属发放一次性抚恤金459万元。审核通过新增优抚对象13名：3名参战人员、1名受伤警察、4名60岁农村籍老兵，1名带病回乡、4名残疾军人。妥善安排2名涉核人员去南京疾控中心进行评残体检。（唐乙卜）

【安置工作】 退役士兵安置工作。接受秋、冬两季退役士兵108名，相关信息及时录入数据库。退役士兵参加学历教育人数达16人，职业技能培训参训率达80%，复学率达100%，严格培训数据统计，经费保障及时到位。资金使用管理规范。2015年，为222名退役士兵及时发放学历教育、复学、职业技能培训生活补助金167.28万元、为127名退役士兵及时发放安置补助金588.2139万元。无军籍职工接收安置工作。2015年，接受第六批移交无军籍职工8名。更新无军籍职工信息管理系统，补录85名职工信息数据。移交无军籍职工地方补贴保障到位，为85名移交职工发放工资460万元。（唐乙卜）

社区建设

【和谐社区建设】 2015年，根据城乡和谐社区创建情况要求，年初确定创建目标，即城市社区创建达标98%、农村社区创建达标100%。全区均已达到既定目标。12月，申报谏壁街道为省级和谐社区建设示范街道，学府路社区、贺家弄社区、弥陀寺巷社区3家为省级和谐社区建设示范社区。中心社区建设。2015年，四牌楼街道东片区服务中心建成（设置在江一社区），在全市率先实现“一门受理、全科社工”。分别建设正东路街道京口路社区服务中心（面积约1200平方米）和四牌楼街道虹桥社区服务中心（面积约1100平方米）。京口路社区服务中心突出“双拥”展示，并在建设中综合考虑回迁安置小区居民文体活动需求，设置书画、棋牌、乒乓、阅读等各类文体活动室。虹桥社区服务中心针对老年居民需求，结合邻近学校的优势，重点打造居家养老、青少年培训、四点钟学校等特色服务。人才队伍建设。积极动员社区干部参加全国社会工作者资格考试，全区报考率和考取率均为全市之首，有1200余人参加考试，取得初、中级资格证240人，其中新增100人。（贺雯）

【“政社互动”工作】 推进“政社互动”，规范“社区事务”准入，是社区社会事务管理创新课题之一。依据《关于进一步加强社区（村）公共事务准入制实施意见》精神，坚持严格执行、规范准入，建立相关督查、通报制度，强化对“社区准入工作”督查力度，强化工作协同、扎实推进，切实提升“政社互动”工作成效。监督街道与社区签订《京口区“实施政社互动、规范社区准入”工作协议书》，并下发《关于印发〈社区（村）依法（按章）履职工作事项〉和〈社区（村）协助机关部门工作事项（2015年度）〉的通知》至各社区。（贺雯）

民族宗教工作

【概况】 2015年，在区委、区政府正确领导下，在市民宗局精心指导下，在各街道和相关部门大力支持下，京口区民族宗教工作深入贯彻中共十八大和十八届三中、四中全会以及习近平总书记系列重要讲话精神，认真落实中央、省、市关于民族宗教工作决策部署，坚持抓规范、创平安、强服务，民族团结进步事业进一步发展，依法管理宗教事务力度进一步加大，确保全区民族宗教领域和谐、团结、稳定，为打造“美丽京口”做出积极贡献。（雷鹏）

【少数民族人口情况】 截至2015年9月统计，京口区少数民族有27个族别，人口7653人。超过1000人以上少数民族有回族、蒙古族，其中回族人口最多，有5508人，占少数民族总人口71.97%，蒙古族1124人，占少数民族总人口14.69%，其他少数民族有满族、壮族、朝鲜族、维吾尔族、苗族、土家族、布依族、侗族等，人数均为100人以下。（雷鹏）

【完善基础台账，增强工作针对性】 2015年年初，结合清真食品补贴的发放工作，会同街道、伊斯兰教协会、江苏大学、江苏科技大学等对全区常住、暂住少数民族人口，外来穆斯林开办清真拉面店、清真食品店进行调查统计，动态更新台账资料，为有的放矢做好民族工作打牢基础。（雷鹏）

【多措并举，加大帮扶力度】 2015春节前夕，在区委、区政府相关领导带领下，对少数民族困难家庭进行走访慰问，为少数民族困难家庭送去慰问金和粮、油等慰问品。2015年5月10日母亲节当天，为关爱空巢少数民族老人，指导省民族工作示范社区千秋桥社区订制10份蟹黄汤包，送到辖区内10户少数民族空巢老人家中，让空巢少数民族老人感受到党的温暖。（雷鹏）

【增强服务意识，切实办实事】 为落实省民委、财政厅、人社厅、商务厅《关于妥善解决回族等10个少数民族群众清真饮食问题的意见》精神，区民宗局指导辖区街道、园区认真开展清真食品补贴的发放工作。2015年度清真食品补贴发放工作全部完成，发放清真食品补贴4298人，74.84万元。创新服务形式，增强服务效果。2015年6月28日，与市民宗局、市伊斯兰教协会共同指导江苏大学清真食堂，邀请镇江市区清真寺全体阿訇、部分穆斯林和江苏大学外籍穆斯林留学生近200人在江苏大学清真食堂举行开斋庆祝活动。这一做法增进国内外穆斯林的交流与友谊，赢得广大穆斯林群众赞誉。（雷鹏）

【开展民族政策执行情况检查】 对辖区内10家悬挂“清真”字样食品店进行排查整改，发放《江苏省清真食品监督保护条例》《江苏省清真标志牌管理办法》20余份，督促清真企业规范从业。全年受理区12345有关民族工作各类举报、咨询件4件，电话解答政策规定18人次，满意率百分之百。（雷鹏）

【形成合力，推进街道社区校区民族工作开展】 积极协调辖区各街道、社区，全方位、多角度开展民族工作，成效明显。2015年4月下旬，省民族工作示范社区江一社区邀请四牌楼街道司法所、京口区法院、区妇联在四牌楼街道文体中心，开展民族工作“六五”普法进社区活动。为解决就业，社区还在江滨新村广场举行“架金桥”就业专场招聘会。大市口街道千秋桥社区不断深化民主法治建设，建立民族普法家园、民族文化广场，开辟民族法治宣传栏、民族法律图书角和民族微信平台，积极开展法治宣传、法治课堂，民族社区“民族普法家园”创建工作以优异成绩顺利通过省民主法治示范社区验收。正东路街道把民族工作纳入到精神文明建设之中，搭建民族工作精神文明活动载体，开展志愿者捐赠帮扶活动，开展全民阅读活动等，都取得了可喜成效。江苏大学、江苏科技大学、市实验民族小学结合自身实际，广泛开展民族团结教育创建活动，关心少数民族学生学习和生活，在民族传统节日举办形式多样活动，促进互相交往交流交融。从8月开始，镇江市实验民族小学就组织少数民族学生开展苗族群舞《穿新鞋》排练，精心准备首届全省少数民族舞蹈在常州的展演比赛。10月22日，学校代表镇江队正式参赛，最终荣获优秀节目编创奖，为继承和弘扬我国少数民族优秀传统文化做出积极贡献。（雷鹏）

【强化宗教活动场所安全管理】 民宗局始终把保障宗教活动场所安全稳定作为重要任务抓紧抓实抓好，切实履行安全监管职能，不断加大检查督导力度。为保证春节烧香活动顺利开展，在区政府统一组织下，区民宗局与各街道、园区及相关部门及时对重点宗教场所进行安全检查。2015年除夕当天，全天候执守，不间断开展安全巡查。由于多方通力合作，保障工作到位，确保烧香活动安全有序。在防火重点季节以及重大节日来临前，区民宗局领导也带领工作人员深入宗教活动场所，对各场所电线路、消防器材、安全通道、厨房燃气、饮食卫生等重点部位全面检查指导，对发现问题逐一登记造册，并现场督促宗教活动场所负责人拿出整改方案，限时整改到位。特别是6月下旬以来，连降暴雨，宗教活动场所安全工作压力陡增。为确保场所安全，多次对辖区内7所宗教活动场所开展拉网式安全大检查。同时，对都天庙积善寺、太平庵的基建安全进行专项检查。（雷鹏）

【深入开展宗教星级场所认定工作】 在全市星级宗教活动场所认定工作推进会结束后，区民宗局高度重视，严格按照国家宗教局《宗教教职人员备案办法》《宗教活动场所主要教职任职备案办法》《宗教活动场所财务监督管理办法》，迅速启动，精心部署，采取有效措施，推进辖区星级宗教活动场所认定工作。从2015年6月1日起，局领导带领工作人员深入辖区7个宗教活动场所，分别与主要教职人员和场所负责人进行沟通交流。要求各宗教场所按照市民宗局《关于推进星级宗教活动场所认定工作》会议精神，抓好落实。现场发放了《宗教活动场所登记表》《宗教活动场所主要教职任职备案表》，工作人员面对面、手把手地教其填写各类表格，收集各宗教场所已办理的“组织机构代码证”“银行开户许可证”。同时，检查各场所档案规范管理工作推进情况。经过不懈努力，至年底，京口区崇庆禅院和復生律院被评定为三星级宗教活动场所。（雷鹏）

【深入开展“国法与教规的关系”为主题的宗教政策法规学习月活动】 活动中，紧紧围绕学习主题，突出学习重点，组织宗教界人士和信教群众开展多层次、多角度、多方式学习讨论。先后学习中共十八届四中全会和习近平总书记系列重要讲话精神以及相关法律法规。同时，组织辖区内各宗教活动场所举行“宗教政策法规知识百题问答”活动，有效深化对重点学习内容的理解掌握。（雷鹏）

【加强组织指导，深化“和谐寺观教堂”创建活动】 对辖区内还未达标的宗教活动场所进行重点指导帮助，力争早日通过达标验收，对已达标的场所指导其对照标准固强补弱，争当先进，争创示范，不断巩固和扩大创建成果。强化宗教教职人员廉洁自律意识，指导宗教场所严格落实廉洁风险防控措施，健全民主管理组织，完善民主监督机制，深化场所廉洁自律建设，推动宗教场所科学化、规范化、民主化管理水平再提升。（雷鹏）

【因地制宜，积极开展宗教慈善活动】 区民宗局每年年初对宗教慈善活动进行安排，组织全区宗教场所围绕“慈爱京口、爱国爱教、服务社会”活动主题，开展包括“宗教慈善周”活动在内各种慈善活动。2015年以来，全区各宗教场所捐赠善款、物资折合人民币1万余元，全部用于扶贫济困、捐资助学等公益慈善事业，充分展示宗教场所服务社会、乐善好施、扶危济困良好形象，为促进民族团结、宗教和睦、社会和谐稳定做出积极贡献。（雷鹏）

【开展“真·实”活动】 积极为少数民族企业和少数民族群众服务。创新服务发展模式。针对辖区内少数民族餐饮网点较少，不能满足少数民族群众及市民的饮食需求的现状，京口区民宗局积极引进信誉度高、诚信可靠的少数民族餐饮企业，为少数民族群众及市民提供安全可靠的餐饮服务。主动作为，定期上门服务，全方位了解少数民族餐饮企业存在的困难和难题，积极帮助协调解决，切实为企业排忧解难。及时向少数民族餐饮企业发放宣传手册，宣传相关法律法规、政策要求和办事程序，提高企业的法律责任意识、质量安全意识、自我保护意识和抗击风险意识。通过积极引导，有效促进少数民族餐饮企业健康发展，得到少数民族餐饮企业的认可。协调相关单位和部门修缮通往回民公墓道路。京口区凌家湾回民公墓由于规划调整，通往公墓的道路已经不能满足少数民族群众需求。为方便少数民族群众上山祭扫，区民宗局领导多次向政府汇报，与相关单位和部门进行沟通、协调，积极争取维修资金，修缮通往回民公墓道路。最终，在政府关心下，确定由市干道办负责组织施工，修建一条长360米、宽3米的通往墓地水泥路。经测算，该条道路将投入资金10万元左右。（雷鹏）

老龄工作

【政府购买服务】 依托“虚拟养老院”信息服务平台，实现政府购买服务和自费购买服务有效衔接、上下贯通。截至2015年12月，全区享受呼叫服务补贴737人、上门服务补贴294人，入住养老机构3人。2015年3月2日，启动分散供养城镇“三无”老人免费午餐服务工作。全年为41名分散供养“三无”老人提供免费午餐7500余份，补助经费6.0496万元。尊老金发放。完成尊老金“打卡”发放工作。全年发放尊老金791.29万元，补发2014年尊老金11.665万元。助餐点建设。2015年京口区建成老年助餐服务点22个，其中示范型助餐点兼日间照料中心2个、综合型助餐点3个、单一型助餐点15个。目前投入使用的京口区日间照料中心每天为老年人提供堂吃午餐约90份，并为周边已建好的酒海街、高桥北、市老年活动中心3个单一型助餐点送餐约40份。（苏伟）

【养老机构发展】 截至2015年年底，全区有养老机构12家，其中敬老院2家、正在运营的民办老年公寓九家、未运营的护理院1家，各类养老床位总数为2956张（其中社区居家养老床位数为491张）。

按2015年年底户籍老年人口数计算（京口区60周岁以上的老年人为70998人），京口区每千名老人拥有各类养老床位数为41.6张。（苏伟）

“双拥”工作

【概况】 2015年，全区“双拥”工作以党的十八大会议精神为引领，围绕“全面融合、全面提升”七创“双拥”模范城工作思路，落实各项政策法规，推进军地融合式发展，加强“双拥”文化建设，精心组织开展“双拥”活动，按时完成军地互办实事项目，推进全市“双拥”模范城（区）成功创建。（刑继萍）

【拥军优属工作】 元旦、春节期间，区四套班子领导分12组走访慰问镇江军分区、陆军船艇学院、73056部队等18家驻辖区部队单位，向部队官兵致以节日问候，并送上慰问金。召开优抚对象、义务兵家属座谈会，了解优抚对象、现役军人家庭实际困难，并发放慰问金、慰问信、“光荣人家”、对联、宣传年画。由区总工会、区双拥办组成慰问组，走访慰问镇江市军分区第三干部休养所15名抗战老战士。为部队办好事、实事，协助73056部队建设旅史馆和武警边防检查站图书馆建设。（刑继萍）

【“双拥”宣传工作】 充分发挥京口“双拥”广场、京口路社区百米“双拥”优抚宣传长廊、“双拥”陈列室等场所特色优势，通过宣传墙、宣传板、展示牌、显示屏等全方位、多角度宣传国防知识，传承“双拥”文化，开展军地交流，密切军政军民关系，促进“双拥”工作发展，营造“拥军优抚，军民共建”浓厚氛围，提升“双拥”工作京口高度。积极投稿，宣传京口“双拥”工作，全年撰写“双拥”主题报道80余篇，在各网站、报纸、杂志刊登60余篇。（刑继萍）

【“双拥”争创工作】 围绕“全面融合、全面提升”七创思路，按照主城区、主阵地、主战场、主人翁职能，圆满完成市下达的“七创”共同任务和特殊任务，推进全市双拥模范城（区）成功创建。（刑继萍）

【“双拥”特色活动】 组织区四套班子全体领导，机关、街道、园区副科级以上干部到市烈士陵园举行祭扫革命烈士仪式，缅怀革命先烈。“八一”期间，广泛开展走访慰问、召开军政座谈会。结合纪念建军88周年、抗战胜利70周年，开展以“弘扬军队优良传统，展示驻地建设成就”为主题系列宣传活动。在驻区各部队、京口双拥广场等处，组织开展“让沉睡的军功章再放光芒”活动，深入发掘革命先烈、军队离退休老干部、现役军人军功章背后的故事，增强部队官兵保家卫国的光荣感、自豪感、使命感，激发全社会开展拥军优属的热情。围绕“热心、暖心、民心、爱心”四大工程、深入开展“‘双拥’在基层”活动，坚持“双拥”工作任务从基层抓起，政策法规在基层落实，不断夯实军政军民团结的社会基础和群众基础。组织区法律援助中心、法律服务所到驻镇73056部队等单位开展法律讲座和现场咨询活动，不断提升部队官兵依法维权意识和依法办事能力，切实维护军人及军属合法权益。组织军民“双拥”文艺演出6场，共同庆祝抗战胜利70周年，激励大家牢记抗战历史，弘扬革命先辈的光荣传统，增强民族自豪感，提高民族凝聚力。系列活动丰富节日期间部队官兵文化活动，营造军民情谊一家亲良好氛围。（刑继萍）

卫生计生工作

【概况】 2015年，全区卫生计生系统认真落实“四个全面”战略布局总要求，以深化医药卫生体制改革为动力，以服务群众为中心，全面深化改革，把握新机遇，适应新常态，扎实工作，克难奋进，各项工作有序进行。至年底全区有7家卫生医疗单位，其中医疗单位5所，即健康路社区卫生服务中心（京口区人民医院）、谏壁社区卫生服务中心（谏壁医院）、四牌楼社区卫生服务中心、大市口社区卫生服务中心、象山社区卫生服务中心；卫生防保单位3所，即区卫生监督所、疾病预防控制中心和妇女儿童健康服务中心（区妇幼保健所和计划生育技术宣传指导站合署）。有卫生专业技术476人，其中高级职称34人、中级165人、初级226人、其他职称（或未取得职称）51人。本科及以上学历221人，大专学历157人，其他学历123人。党委下设基层党支部9个，有党员168名。（赵伟）

【加强基层医疗卫生服务体系基础建设】 完成如意江南社区卫生服务站建设，全面推进中南世纪城社区卫生服务中心和优山美地社区卫生服务站建设。推进康复联合病房建设，四牌楼社区卫生服务中心与江滨医疗集团联合康复联合病房投入使用。（赵伟）

【提升基层卫生服务能力】 完善绩效考核机制，继续实施“有效工时制”改革试点，发挥绩效考核激励机制。实施“一中心一特色”发展，全面推进“3+X”家庭健康责任医生团队和社区医疗卫生服务网格化管理工作。开展各类人员培训工作，全面实施优质护理服务，着力提升基本医疗服务质量。与辖区10家老年公寓（护理院）签订“医养结合”医疗服务协议书，不断提升老年护理内涵和质量。（赵伟）

【完善分级诊疗机制】 建立医务人员到基层轮岗制度，接收51名下派医生，其中下派内儿科医师到社区坐诊人头数11.5。继续开展城市社区卫生服务中心医务人员对口支援新民洲临港产业园社区卫生服务站工作，有6名拟晋升职称的医务人员在园区社区服务站开展对口支援诊疗服务。有3个社区卫生服务中心开设康复联合病房，康复联合病房占住院总床位数的27.8%。下转康复期患者191人次，上转病人4794人。开展高血压、糖尿病及重性精神病患者规范管理工作，高血压、糖尿病和登记在册重性精

神病患者管理率分别达到59.1%、52.4%和82.2%以上。（赵伟）

【加强公共卫生保障能力】　继续推进12大类45小项基本公共卫生服务项目。强化居民健康档案建设，加强对健康档案信息核对工作，完善健康档案核心信息，确保居民健康档案真实性和完整性。全面加强疾病预防控制工作，传染病总体发病水平得到有效控制，无甲类传染病病例发生，全面通过省血吸虫病传播全阻断达标考核。免疫规划工作高质量完成，全区适龄儿童相关疫苗接种率达95%以上。卫生应急工作规范高效，有效应对H7N9禽流感、中东呼吸综合征等重大传染病疫情。继续做好爱国卫生工作，切实巩固全面禁烟工作成果。妇幼健康优质服务工作有效增强。积极巩固妇幼保健服务年创建成果，全面实施妇幼健康优质服务示范工程，成功创建省级妇幼健康优质服务示范区，全区妇儿保门诊规范化管理率达100%，免费婚前检查率和免费孕前优生检查率分别达到91.8%和96.6%，婴儿死亡率和出生缺陷发生率分别为1.68‰和2.87‰，全区妇幼保健各项指标全面达标。重大妇幼卫生项目有效实施，完成农村孕产妇住院分娩补助161人、免费补服叶酸188人、宫颈癌和乳腺癌免费筛查0.259万人。（赵伟）

【推进人口计划生育综合改革】　争创“十二五”人口发展协调先进区，全面落实计划生育奖励扶助政策。全年为1228人发放农村计生家庭扶助金114.504万元，为204人发放独生子女伤残死亡家庭特别扶助金106.71万元，为190户贫困计生家庭发放区级公益金5.74万元，为427人发放独生子女父母奖励金128.1万元。开展城镇非从业人员工作，登记103人，应兑现奖励金15.6万元。规范照顾再生一孩审批程序，审批495例。全面推进流动人口卫生计生公共服务均等化，计划生育免费技术服务率达100%。（赵伟）

【强化依法行政和综合监督】　开展各级各类专项整治，着重解决重点问题。开展公共场所重点行业监督检查和专项抽检工作、公共场所禁烟与控烟工作和集中空调通风系统卫生监督管理工作。先后开展学校卫生、医疗卫生、传染病防治工作。严厉打击非法行医活动。实施农村集体聚餐服务经营单位综合治理。加强重点时段和区域监管。办理行政许可326件、行政处罚11件、行政征收2件，获得全市案卷评查一等奖。（赵伟）

【加强党的建设】　认真履行党委管党责任，扎实开展“双型”先进党支部创建活动，不断提升基层党建工作科学化水平。健康路社区卫生服务中心党支部创成四星级党支部，卫生监督所、谏壁、象山社区卫生服务中心党支部创成三星级党支部。积极开展“走亲连心”“三解三促”和“真·实”活动，完成与1家企业、2个社区、8户居民结对帮扶工作。与尚友社区结对开展圆梦“微心愿”认领工作，接单5个，完成5个。坚持党风廉政建设责任制，明确“两个责任”清单，形成以上率下、层层传导压力工作格局。坚持教育为先、预防为主，开展有针对性的廉政、法纪、职业道德和警示宣传教育。2015年，党建重点创新课题被评为三等奖，党员教育电视片评比获得三等奖，新增2个区党建品牌和1个区优秀党代表工作室。文明创建活动成果持续巩固，获得全市创建全国文明城市工作先进集体。全系统被授予“2012—2014年度镇江市文明行业”，所属基层单位全部创成“2012—2014年度区级文明单位”，健康路、大市口、四牌楼、象山、谏壁社区卫生服务中心和区卫生监督所、疾控中心被评为“2012—2014年度镇江市文明单位”。同时，新增1个市级青年文明号、1个市级青年岗位能手，杨凌先后被评为“全国巾帼建功标兵”“江苏好人”“镇江市劳动模范”“镇江市‘三八红旗手’标兵”。（赵伟）

人民生活

【居民收入稳定增加】　全年全体居民人均可支配收入38307元，同比增长8.2%。城镇常住居民人均可支配收入38811元，同比增长8.2%，人均生活消费支出24552元，同比增长7.1%。农村常住居民人均可支配收入21760元，同比增长9.1%，人均生活消费支出15479元，同比增长7.6%。居民生活条件持续改善。年末，城镇常住居民人均住房面积39.4平方米，百户家庭拥有汽车47.5辆、电脑131台、移动电话276部。年末，农村常住居民人均住房面积47.4平方米，百户家庭拥有汽车30辆、电脑85台、移动电话255部。（区统计局　纪彩虹）

2015年京口区城镇每百户常住居民家庭耐用消费品情况表

表12

品　名	单　位	年购买量	单　位	年末拥有量
家用汽车	辆	3	辆	47
摩托车	辆	—	辆	6
助力车	辆	13	辆	135
洗衣机	台	3	台	107
电冰箱（柜）	台	6	台	112

续表 12-1

品名	单位	年购买量	单位	年末拥有量
微波炉	台	4	台	101
彩色电视机	台	12	台	226
空调	台	4	台	266
淋浴热水器	台	7	台	116
# 太阳能热水器	台	—	台	55
消毒碗柜	台	—	台	9
洗碗机	台	—	台	—
排油烟机	台	3	台	88
移动电话	部	42	部	276
计算机	台	10	台	131
摄像机	台	—	台	12
照相机	台	1	台	76
中高档乐器（含钢琴）	元 / 人	27.5	架	16
健身器材	元 / 人	1.6	台	6
组合音响	套	—	套	13

2015 年京口区农村每百户常住居民家庭耐用消费品情况表

表 13

品　名	单　位	年购买量	单　位	年末拥有量
家用汽车	辆	—	辆	30
摩托车	辆	—	辆	35
助力车	辆	15	辆	120
洗衣机	台	—	台	105
电冰箱（柜）	台	10	台	110
微波炉	台	10	台	100
彩色电视机	台	5	台	140
空调	台	10	台	190
淋浴热水器	台	—	台	110
# 太阳能热水器	台	—	台	100
消毒碗柜	台	—	台	—
洗碗机	台	—	台	—
排油烟机	台	5	台	85
移动电话	部	60	部	255
计算机	台	—	台	85
摄像机	台	—	台	10
照相机	台	—	台	50
中高档乐器（含钢琴）	元 / 人	—	架	—
健身器材	元 / 人	—	台	5
组合音响	套	—	套	—

象山街道

【概况】 象山街道地处市区东部，北依长江，古运河穿境而过，南接新区及沪宁高速公路，与深水良港——大港举目相望。现有行政区划面积38.3平方公里，下辖15个社区、164个网格，常住人口2.6万户、约7.8万人，是京口面积最大、人口最多的街道。焦山公园、宗泽墓、桓王亭等名胜古迹以及江苏大学、镇江机电高职、镇江一中等大中专院校坐落境内。2006年由象山乡、丹徒镇、汝山乡、旅游经济开发区整合成象山镇，2011年7月撤镇改街道。2015年象山街道获"江苏省和谐社区建设示范单位"；大禹山创意新社区创成全市唯一省级电子商务示范基地，全市唯一省级互联网产业园，全市唯一省级众创集聚试点区。（孙剑秋）

【综合实力】 2015年，象山街道完成公共财政预算收入3.1亿元；固定资产投资75.8亿元，其中工业投资2.47亿元；工业应税销售收入66亿元；社会商品零售总额18.53亿元；科技研发投入2.84亿元。大禹山创意新社区创成全市"三个唯一"：成为全市唯一省级电子商务示范基地，全市唯一省级互联网产业园，全市唯一省级众创集聚试点区。新引进国家"千人计划"人才2名，申报省"双创计划"人才3名，省"集聚计划"人才4名，省"双创计划"团队2个，超额完成全年目标任务。（孙剑秋）

【重点项目】 电子商务、网络文化等新兴产业加速集聚，江苏网商自贸区暨镇江京口网商产业园入园企业突破2500家；以名通公司、易乐公司为代表的网络文化产业爆发式增长，引领镇江网页游戏开服数位居全国第四，易乐公司入选省互联网十大新锐企业。镇江（京口）北斗产业园规划编制完成。三艾广告成功上市，实现了企业上市数量零的突破。签约落户腾讯游戏积分商城江苏运营中心、财之道P2P融资平台、南京文交所镇江交易中心等9家总投资亿元以上项目。（孙剑秋）

【社会治理】 完成土地卫片执法、胜利港路拆迁和景阳山庄、小朱家湾的回迁安置工作；保障汝山南路等重点道路的施工建设；完成玉带河、一夜河河道清淤工作及相关设施建设，并实现河道的"网格化"管理。完成"两门"（何家门、李家门）异地回迁安置工作，克服了时间紧、矛盾多、难度大等重重困难，成为全区乃至全市的一个经典案例。信访维稳扎实推进，成功处理了衬宝鞋厂职工安置问题，267名职工无一人上访。全国"两会"、"9·3"大阅兵、中共十八届五中全会等重要节点，均保持了稳控局面。2015年信访总量与往年比有较大幅度下降。（孙剑秋）

副省长曹卫星（前排左一）考察南京文交所镇江交易中心（象山街道供稿）

【法治政府】 街道建立健全“属地管理、分级负责”和“谁主管、谁评估”的社会稳定风险评估责任主体认定原则，成立了专门的社会稳定风险评估工作领导小组，建立了社会稳定风险评估追究机制；建立行政执法人员资格制度，建立健全《执法人员管理制度》；完善行政执法经费保障机制，严格执行发缴分离和收支两条线制度，将行政执法所需经费统一纳入财政预算予以保障；规范行政执法行为，对全街道的行政服务事项进行全面清理；规范信息公开，制定了《象山街道政府信息公开制度》，严格按照制度要求，对各类规范性文件在信息公开网上进行公开发布。法治宣传深入开展，坚持“三融合三结合”，与硬件资源、关注民生、服务发展相融合，新建京砚山法治文化公园和京口法治文化广场2个街道级法治文化阵地，社区法治文化阵地实现全覆盖，省级民主法治示范社区创建率达46.7%；与拆迁工作、人民调解、信访化解相结合，完成了《依法治国形势下如何开展信访工作》课题报告，用法治思维成功处置多起信访事件。司法所被评为省、市优秀司法所，司法所所长展翠琴获得全国优秀司法所所长荣誉称号。 （孙剑秋）

【党建工作】 在镇江《党建之窗》发表文章3篇，报告汇总10余篇。长岗社区、景阳山社区荣获区“十佳党代表工作室”称号；4名同志在区“七一”表彰会上分别获评“优秀党员”和“优秀党务工作者”称号；荣获京口区党建宣传片评比第一名；开展党员关系大排查，解决“失联”“口袋党员”“隐身党员”等问题；新增党建服务品牌5个，形成“1+15”（街道+15个社区）品牌集群，实现党建品牌全覆盖。开展“双型”先进党支部创建，围绕“五有”目标，申报三星级以上党支部29家，占比40.8%。推动“两新”组织和载体党建，镇江蓝舶科技有限公司党支部入围全市“五星党支部”评审最终名单，高创中心党支部申报“3A”非公有制党支部。 （孙剑秋）

【组织机构及领导人名录】

象山街道党工委书记 陆炳西（—2015-10）
王壮保（2015-11—）
象山街道党工委副书记
办事处主任 刘远遥
人大工委主任 许文兰（2015-09—）
党工委副书记 陆家新
象山街道党工委
宣传统战委员 孙　昊
党工委委员
副主任 贺国强
党工委委员
副主任
人武部长 周　震（2015-02—）
象山街道党工委
组织委员 夏正东（2015-04—）
党工委委员、副主任 赵　骥
党工委委员
纪工委书记 盛　华（2015-11—）
政法委员
副主任 徐莉莉（2015-05—）
挂职科技副书记 于　枫（2015-09—）
大禹山创意新社区
党工委书记 黄贤宇
大禹山创意新社区
党工委副书记
管委会主任 崔　悦
大禹山创意新社区
管委会副主任 耿　亮（2015-02—）
大禹山创意新社区
党工委委员
副主任 梅　昆（2015-04—）
挂职大禹山创意新社区
党工委副书记 刘志锋（2015-09—）
党政综合办公室副主任 陈林海
经济服务中心主任 凌茂庆
社会事务服务中心主任 潘菊云
城管办主任 王　海
项目中心主任 聂　俊
司法所所长 展翠琴
（孙剑秋）

2015年象山街道各社区基本情况一览表

表14

社区名称	办公地址	书记	主任
象山社区	禹山路美馨家园48号	王长发	王长发
长江社区	长江村委会	卞正祥	卞正祥
长岗社区	长岗社区居委会	姚宏祥	姚宏祥
丹徒社区	丹徒社区居委会	郭　雷	郭　雷
东城社区	东城社区居委会	孙玉琴	孙玉琴
江大社区	学府路301号	孙永婷	王　玲
东风社区	东风社区居委会	徐卫东	徐卫东
宗泽路社区	颐和家园怡景苑2幢1层	袁春生	袁春生

续表 14-1

社区名称	办公地址	书记	主任
孟诚社区	孟诚社区居委会	孟家富	杨　林
学府路社区	中建大观	陈　飞	张荣金
景阳山社区	恒顺翠谷小区幼儿园侧边	胡乐君	朱红来
焦山社区	东吴路中南世纪城大门口	刘志东	刘志东
红旗社区	红旗社区居委会	韩　平	韩　平
陈家门社区	陈家门社区居委会	张志平	金业兵
丹企社区	老丹徒镇政府 3 楼	史群力	高　斯

2015 年象山街道骨干企业基本情况一览表

表 15

企业名称	销售收入（万元）	法人代表
普莱克斯（镇江）工业气体有限公司	39029	何岷达
镇江强凌电子有限公司	19225	Ellisyan
镇江市松协电器有限公司	7474	张炳圣
镇江中福马机械有限公司	21143	邹利刚
镇江中煤电子有限公司	7977	贾柏青
镇江飞驰汽车集团有限责任公司	25982	邵伟一
镇江市宝华半挂车配件有限公司	20132	童财宝
镇江立达纤维工业有限责任公司	5910	施舒拉
镇江市金阳颜料化工有限公司	6891	尹建农
镇江蓝舶工程科技有限公司	8676	郭庆莲
镇江胡氏光电科技有限公司	11680	胡　勇
顺裕饰品实业镇江有限公司	5000	洪秋任
元鼎饰材实业（镇江）有限公司	12157	陈建安
江苏索普（集团）有限公司	428200	尤　廉
镇江索普化工新发展有限公司	8610	张志成
镇江隆全锅炉有限公司	4900	周锦生
镇江市林森汽配有限公司	2200	尤建生

（何群）

谏壁街道

【概况】　谏壁街道位于镇江市东郊，距市中心 15 公里，总面积 28.74 平方公里，北依长江，南与丹徒区辛丰镇接壤，东临镇江新区，西连象山街道，素有镇江“东大门”之称。镇大铁路、沿江公路、镇澄路及金港大道穿越而过，京杭大运河与长江在境内交汇。街道下辖 3 个行政村、8 个社区，现有限上企业 24 家，限下企业 716 家。2015 年谏壁街道先后获评“江苏省和谐社区建设示范街道”“江苏省五四红旗团委”“镇江市农村环境卫生先进集体”“镇江市教育现代化先进街道”“镇江市教育现代化先进社区教育中心”“市级基层人社服务示范平台”“镇江市平安街道”“镇江市法治街道创建先进单位”“镇江市第八届双拥模范镇”、市级“模范职工之家”；东京村获评“国家级民主法治示范村”；东街社区获评“省级和谐社区建设示范社区”；西街社区荣评“市级优秀综治办”、“市基层人社服务平台标准化建设试点社区”。

（姚俊）

【经济发展】 街道2015年公共财政预算收入12234万元，同比增长6.8%，增幅全区第二；固定资产投资60.05亿元，同比增长22.83%；工业应税销售收入175.25亿元，同比增长5.89%；实际到位科技研发投入和社会消费品零售总额完成数同比增长3.13%及7.62%；新增私营公司注册资本和新增私营户数分别超额完成50.57%和63.33%。

（姚俊）

【项目建设】 中储粮镇江直属库和谏壁新市镇商业广场两个“321”项目正式签约，消防器材项目厂房建设进展顺利。总投资13.5亿元的中储粮二期技改扩能项目和谏壁电厂脱硫增效技改项目竣工，企业提档升级速度加快。截至2015年年底，亿元以上在建项目8个，开工建设7个，开工率达87.5%，逐步实现集中集约集聚发展。（姚俊）

【环境整治】 稳步推进山体整治等改造工作，黄丝湾、大王山和松林山治理工程以及雩山宕口整治主体工程竣工，镇澄路东段、滨河南路主道竣工，华诚北路建设进场施工，月湖小区、水泥厂宿舍和新村片区等老旧小区完成升级改造。居民搬迁安置工作有序实施，全年累计签约搬迁居民约722户，拆迁总面积约12.5万平方米，其中，新区化工区周边上虞后湾、镇澄路中段及新增部分居民搬迁全部签约，索普化工区集体土地签约率达98%，索普周边国有土地签约率为59%，王家花园城中村改造居民搬迁基本完成，陈家庄、焦东焦西和刘家湾片区居民搬迁工作全面启动，华诚新村二区一期安置房建设稳步推进，12幢主楼和2幢副楼主体全部完成，其他后续工作有序进行。

（姚俊）

【社会治理】 街道创成市教育现代化先进街道和市教育现代化先进社区教育中心。新建雩山村1300平方米“乡风明德文化墙”和社会主义核心价值观主题广场，完成基层慈善工作站“六有”建设，村、社区共募集慈善基金180万元，位居全区前列，完成谏壁敬老院“三有三能六达标”升级改造。超额完成创业就业任务，扶持创业130人，转移就业520余人，城乡劳动者就业技能培训213人，创业培训（SYB）102人。（姚俊）

中储粮二期项目竣工（谏壁街道供稿）

【党的建设】 开展党的群众路线教育实践活动后续工作，全面落实从严治党和党风廉政建设责任制，制定基层党建个性化考核方案。开展党建创新课题研究，打造出一批如雩北村“村企共建”等特色服务品牌10个，东京村“法治惠民”、蔡家社区“居校共建”、焦湾社区“为民党建‘3+1’模式”、粮山社区“社区党建文化”和谏电社区“‘三零’服务工作法”5个党建服务品牌获区委组织部表彰，雩北村完成市认定远程教育电视片《雩北情》拍摄，该村党总支书记钟文斌获评省“吴仁宝式优秀村书记”称号。开展以“真·实”活动为抓手的“三单制”微心愿党员志愿服务活动，全年办结近200个，办结满意率达98%，党群干群关系更加密切。

（姚俊）

【组织机构及领导人名录】

党工委书记 杨国平
副书记 郭先武
夏雷（—2015-11）
王兴伟（—2015-04）
简夕武（2015-11—）
纪工委书记 王明（—2015-04）
李斌（2015-04—）
组织委员 张路（—2015-11）
吕伟（2015-12—）
宣传委员 崔悦（—2015-02）
吴艳媚（2015-02—）
人大工作委员会主任 杨国平
副主任 蒋建国
办事处主任 郭先武
副主任 王兴伟（—2015-04）
汤际（2015-04—）
荆钟
沈庆伟
李镇生
张金强（挂职）
政协联络委主任 夏雷（—2015-11）
简夕武（2015-11—）
人武部部长 陆昌明
党政综合办公室主任 褚磊
经济服务中心主任 蒋瑾
司法所所长 赵志华
社区事务服务中心主任 陈实
综合治理办公室副主任 史根娣

财政所所长　朱康顺
农业服务中心主任　章继文
人力资源和社会保障服务中心
尹龙云
计生办主任　顾　嵘
城镇建设和管理所所长　焦厚清
物管中心主任　李旭东

（姚俊）

2015年谏壁街道村（社区）基本情况一览表

表16

村（社区）名称	办公地址	联系电话	书　记	主　任
雩山村	谏壁街道雩山村	83361860	邱树泉	蒋敏勇
雩北村	谏壁街道雩北村	83363618	钟文斌	钟文斌
东京村	谏壁街道东京村	83361855	吕　伟	吕　伟
蔡家社区	谏壁街道蔡家社区	83356983	蒋建国	—
粮山社区	谏壁街道粮山社区	83353108	高　瑛	—
焦湾社区	谏壁街道焦湾社区	83361162	沈明顺	沈明顺
月湖社区	谏壁街道月湖社区	83363540	江双喜	江双喜
东街社区	谏壁街道东街社区	85915001	朱兴明	—
西街社区	谏壁街道西街社区	83360906	杨　松	—
谏电社区	谏壁街道谏电社区	85352420	褚　磊	杨君玉
索普社区	谏壁街道索普社区	88724559	—	苗明娟

2015年谏壁街道骨干企业基本情况一览表

表17

企业名称	销售收入（万元）	法人代表
镇江禾润世家食品有限公司	4865	林志汉
镇江腾翔光电有限公司	1801	徐晓波
镇江泰鑫废旧物资回收有限公司	50434	陈松鹤
江苏鸿泰钢铁有限公司	280241	王美武
镇江飞驰汽车集团有限责任公司	16492	黄　俊
镇江飞驰商务车有限公司	27549	邵伟一
国电江苏谏壁发电有限公司	358663	朱永超
中国国电集团公司谏壁发电厂	605180	朱永超
镇江华源集团有限公司	13796	吴培生
镇江中瑞混凝土有限公司	1934	陶海兵
镇江标力紧固件有限公司	4088	朱玉琴
镇江玛威司达建筑材料有限公司	5874	黄庆生
镇江三晟塑业有限公司	4817	王茂磊
镇江市镇特合金材料有限公司	5647	顾　军
中储粮镇江粮油有限公司	566515	张　中
中央储备粮镇江直属库	201071	张　中
南京中船绿洲机器公司镇江船舶	16112	陈志峰
镇江明兴混凝土有限公司	4981	柯银华
镇江闽乐建材有限公司	4254	陈兆云
镇江市花卉园林有限公司	2200	颜朗辉

大市口街道

【概况】 大市口街道位于镇江市主城区中心，东到小米山路的米山人家，与象山街道接壤，南至中山东路，西沿古运河双井路，北到东吴路，总面积约4平方公里。总人口70347人，23807户（含暂住人口8235人）。有回族、蒙古族、满族、壮族等多个少数民族居民1754人，是京口区少数民族最多的街道。街道现有工作人员143人，其中街道班子成员有11名，社区书记、主任12人（其中8人是书记、主任一肩挑）。街道行政编制人员18人，事业编制人员17人，大学生村干部12人，非在编人员96人。下辖10个社区（双井路社区、弥陀寺巷社区、千秋桥社区、高桥北社区、鼓楼岗社区、老北门社区、东吴社区、古城社区、华润新村社区、米山社区），其中9个社区党组织是党委，1个社区党组织是党总支，总共有71个社区党支部（非公有制企业党支部有14个），党员2152人。2015年街道获得“全国群众体育先进街道”称号，街道古城社区获得“省级充分就业示范社区”、米山社区获得“江苏省优秀社区志愿者服务组织”等荣誉。

（黄奕铭）

【经济建设】 2015年完成固定资产投资35.31亿元，同比增长18%；社会消费品零售总额完成98.57亿元，同比增长8.4%；公共财政预算收入9561万元，实际到位外资303万美元，同比增长1%。全力打造大市口中央商贸商务集聚区，招引工作成效明显。狠抓项目建设，总投资30亿元的大卫茂项目（产业类投资20亿元）、总投资10亿元的九泰医药网络运营项目、投资亿元以上的万商汇、江苏O2O社区连锁超市、莱卡精品酒店项目成功签约。

（黄奕铭）

【项目建设】 紧扣项目建设这个“牛鼻子”，在建的10亿元以上项目，凤凰文化广场按序时稳步推进，商业城改造升级全面完成，并正式营业。辖区第一楼街特色街区逐步形成，中央商贸商务集聚区发展势头良好。11月初协同城管部门整治流动商贩，发放宣传海报、张贴展板，高质量完成文明城市复检工作。完成华润二期老小区改造并成功引进物业公司，实现市场化管理。结合“文明进万家”活动，完成紫晶国际、香山华庭、绿竹苑等小区基础设施提升工作，全面启动置业新村“海绵城市”和物业提升综合改造工程。梦溪路危房解危搬迁项目总面积5398平方米，总户数140户，5月底安置回迁工作全部结束。烈士路、千秋桥北、青云门危房解危搬迁项目，总面积5575平方米，总户数117户，12月底全部结束。

（黄奕铭）

【社会事业建设】 大市口街道居家养老和残疾人综合服务中心于2015年上半年正式运营，市长朱晓明给予肯定。成立天地和营养配餐中心，提高社区居家养老服务水平。古城社区、米山社区被评为镇江市“十佳”综合文化服务中心。米山社区成功打造为市图书馆分馆，全力打造古城社区市图书馆分馆；成功通过国家级诗词街道创建验收工作；成功完成两个一级综治办规范化社区建设、创成省级康乃馨工作室。

（黄奕铭）

【党建工作】 街道10个社区全面完成第三轮办公用房达标任务；10个社区党建品牌达到“一居一品”，全部获得区委组织部及以上单位认定；成立镇江市京口区农联农村小额贷款有限公司党支部，推进大市口街道14家非公有制企业党建工作。2015年街道通过社会工作师职业资格证书考试人数为9人，有社会工作师31人，社会组织数完成注册21个，备案17个，街道社会组织数达到了105个，使“三社联动——1315”工作在全区率先完成。重视大学生村干部培养，街道有3名村干部走上社区“一把手”岗位；大学生村干部协会落户古城中心社区。

（黄奕铭）

【组织机构及领导人名录】

党工委书记 姚峰（—2015-06）
赵飞（2015-11—）

副书记 吕小康（—2015-09）
凡浩（2015-10—）
朱静（—2015-04）
仲伟

人大代表接待选民活动（大市口街道供稿）

（2015-05—）
朱伟广
（—2015-02）
纪工委书记 仲 伟
（—2015-04）
周成干
（2015-05—）
组织宣传委员 丁方品
人大工委
委员会主任 姚 峰
（—2015-06）
夏 雷
（2015-12—）
副 主 任 郭海军
（—2015-12）
办事处主任 吕小康

（—2015-09）
凡 浩
（2015-10—）
副 主 任 朱伟广
（—2015-02）
朱文军
（2015-03—）
刘 蓉
张玉金
（2015-03—）
华舒仪
（2015-05—）
政协联络委
委员会主任 朱 静
（—2015-04）
人武部部长 秦前池

党政办公室负责人 陈 卫
社区服务中心主任 夏 玮
综合治理办公室副主任 王加林
公共环境服务中心负责人 林 飞
财政所所长 张润文
经济服务中心负责人 张翠华
人力资源和社会保障
服务中心主任 朱悦勤
计生办负责人 童玉祥
文化站站长 江 涛
物业科科长 朱 波
司法所负责人 边荣生
信访办主任 万 勇
安 监 站 周 军

2015年大市口街道社区基本情况一览表

表18

社区名称	地 址	社区党委（总支）书记	社区主任
双井路社区	斜桥街131-7	王正俊	王正俊
弥陀寺巷社区	弥陀寺巷37-1-104	李桂花	李桂花
千秋桥社区	中山东路94号-1	赵秀红	赵秀红
高桥北社区	医政路5号大院内	戴 萍	戴 萍
鼓楼岗社区	鼓楼二村13号	朱建浩	朱建浩
老北门社区	老北门17号	孙王磊	胡江娣
东吴社区	花山湾6区18号楼前	蔡 政	蔡 政
华润社区	华润新村14幢北侧	杨 赟	杨 赟
米山社区	米山人家34幢	盛晓芳	盛晓芳
古城社区	花山湾路中段红星修理厂内	张元华	孙 健

2015年大市口街道骨干企业基本情况一览表

表19

序号	名称	销售收入（万元）	法人代表
1	镇江八佰伴商场有限公司	187615	陶庆荣
2	江苏烟草公司镇江公司	462092	胡龙海
3	镇江大娘水饺餐饮有限公司	5240	陶庆荣
4	镇江家世界万方连锁超市	47593	潘培荣
5	镇江新华书店有限责任公司	9382	刘 强
6	江苏镇江市国美电器有限公司	22960	黄秀虹
7	镇江海润烟酒贸易有限公司	8810	徐 晔
8	江苏南山医药有限公司	10524	杨 清

健康路街道

【概况】 健康路街道位于镇江市区经济、文化、商贸金融核心，南毗正东路，北邻中山东路，西起古运河，东至桃花山庄。总面积5.4平方公里，下辖9个社区，户籍人口87508人，共35038户。辖区内有党、政、军机关20余家，法人单位2780家，个体工商户和私营企业5430家，金融机构50多家，涉外宾馆8家，大、中、小学13所，医院3所，体育、娱乐场馆20多家。2015年，健康路街道先后获评“镇江市综治工作先进集体”“镇江市法治工作先进集体”“镇江市禁毒工作先进集体”“镇江市见义勇为先进集体”等荣誉称号；气象里社区获评“全国科普益民计划示范社区”“江苏省科普示范社区”“江苏省民主法治示范社区”等荣誉称号；田家门社区获评“江苏省科普示范社区”“镇江市科普示范社区”等荣誉称号；石马湾社区被评为“镇江市双拥模范社区”；梦溪社区被评为“江苏省防灾减灾示范社区”“江苏省节水型社区”；健康社区创成“省级标准化居民学校”。（袁正阳）

【经济建设】 2015年，健康路街道完成公共财政预算收入1.1亿元，固定资产投资49.98亿元，社会消费品零售总额85.98亿元，实际到位科技研发投入1.03亿元，产业类实际利用外资300万美元，工业应税销售收入6.5亿元，新增规模服务业企业6个。苏宁广场东塔楼施工至60层，西塔楼施工至35层，6月完成全球招商，裙楼商业公共部分装修基本完成；大学生创业科技园主体竣工；财富广场回迁安置工作有序进行；签约市体育运动学校暨全民体育中心改扩建、新香江酒家等项目。赴北京、上海、广州等地开展小分队招商50余场，接待客商200余人，引进小米P2P金融、中央快捷洗衣O2O一体化、网遇时尚酒店、东阳鑫森红木馆等5个亿元以上项目。（袁正阳）

【民生福祉】 2015年，健康路街道开展“健康圆梦行”主题文体活动20余场，联合镇江市第四中学、红旗小学等辖区单位开展“书香健康、阅动人生”读书活动6场；创新社区居民健身方式，建成“梦翔”全区首家笼式足球场，分时段免费对居民开放；创成镇江市教育现代化先进街道、现代化先进社区教育中心。完成创业就业各项指标任务，新增城镇就业2420人，创业培训158人，创业带动就业1415人，扶持创业283人，安达洲升级为市级创业孵化基地；打造“青年创业者联盟”，投资超亿元的大学生村干部创业项目“99快捷洗”落户街道。深化“两网”建设，评选出街道十佳网格长，发挥“双微”作用，公开公示街道重大事项、政策信息90余条；新增社会组织8家、社会工作师16人，3个项目中标省市级公益创投，街道残疾人综合服务中心创成4A级社会组织，健康慈善分会募集善款110余万元，救困扶危50余人。（袁正阳）

【城市管理】 2015年，健康路街道无缝对接保洁市场化运作，辖区实际从事清扫作业人数增至170人，增加67%。新增甘露商城、永安路菜场周边、花山支路等延时保洁区域。接收市大城管考评整改任务3500余件、区考评整改任务3000余件，案件办结率达98%。实施“更高水平文明城市建设三年行动计划”，完成文明城市建设第一轮复检各项任务。投入公共设施维护专项资金20余万元，清理乱堆乱放等650吨，修补、更换垃圾桶（箱）110个，清理小广告5000余处，查处占道经营、店铺外溢800余起，收缴占道灯箱、戗牌120块，铲除菜地约12000平方米，清除违规横幅160条、占道地锁200把。开展“文明进万家”活动，完成松盛花苑、桃花坞三区、桃花坞七区、梦溪花苑4家小区内部基础设施改造升级；完成松盛花苑海绵城市建设及盛达新村物业提升改造；完成花山湾五区老小区改造；集中整治花山支路，统一出新沿街店铺店面。调查摸底中营、尚友片区的空斗墙、危旧房，完成古更楼巷、新建里危房71户居民搬迁；全年拆除新老违建约90处，近1万平方米。（袁正阳）

【党的建设】 2015年，健康路街道组织党员集中学习中共十八届五中全会精神、习总书记系列讲话精神等内容12次，赴赵亚夫事迹展示馆、新区检察院等进行现场教育4次，开展“从严治党重在从严治吏”等党员远教活动10场，组织支部书记集中培训80余人次，开展“三严三实”专题教育，完成群教活动后续整改任务。整理汇编街道16项工作制度，制定完善《2015年度绩效考核实施方案》。实施“双型”先进党支部建设工程，创成三星级党支部23家、四星级党支部4家，三星级以上支部占比36%。打造街道“区域化服务型党建”品牌，开展共建活动40余场。开展“圆梦微心愿”活动，收集居民微心愿近200个，“圆梦率”达95%。立足桃花坞“党员星光义工”和气象里“服务零距离”党建品牌，实施党建服务品牌全覆盖工程，逐步形成“1+9”（即党工委党建品牌+9家社区各自党建品牌）品牌化党建工作格局。（袁正阳）

【社会大局】 2015年，健康路街道对中山东路改造等6个项目进行社会风险和稳定评估。推进技防社区、技防干道建设，技防覆盖率达90%。开展“六五”普法，聘请9名社区法制指导员，集中开展15次法制讲座。推进信访积案化解，2名重点信访对象签订停诉息访协议。解决银泉小区回迁矛盾，财富广场居民回迁基本结束，商铺回迁有序推进。对辖区30余家企业开展安全生产大检查200余次，发现并整改安全隐患50余处。（袁正阳）

【组织机构及领导人名录】

党工委书记	房林虹
副书记	严波
	顾胤
纪工委书记	朱丽雯（2015-11—）
党工委委员	汤际（—2015-04）

陶 群
（2015-04—） 人大工委
郭 庆 委员会主任
郭晓雯 副 主 任
（—2015-09） 街道办事处
朱丽雯 办事处主任
（2015-11—） 副 主 任
董 巍
夏正东
（—2015-04）
刘 昊
（2015-04—）
组织宣传委员 夏正东
（—2015-04）
刘 昊 政协联络委
（2015-04—） 委员会主任 严 波
人武部部长 郭 庆
房林虹 党政办公室 辛剑云
吴立宪 经济服务中心 徐 涛
城 管 科 肖荣军
严 波 综合治理办公室 王 勤
汤 际 司 法 所 沈 涛
（—2015-04） 财 政 所 谢菊英
陶 群 安 监 站 黄 强
（2015-04—） 人力资源和社会保障
郭 庆 服务中心 甘文君
郭晓雯 民政办公室 梁春萍
（—2015-09） 计生办公室 许秀琴
董 巍 资产办公室 武 玮
物业服务中心 朱 彤

2015年健康路街道社区基本情况一览表

表20

社区名称	办公地址	书 记	主 任
健康社区	市政路29号	辛剑云	王 悦
尚友社区	古更楼巷35号	方利荣	金 茜
梦溪社区	中营街73-2	杨寅涛	徐秀霞
气象里社区	八角亭19号	王 飞	王 飞
东桃社区	桃花山庄25幢1楼	徐 涛	邵国燕
大学山社区	花山湾新村3区10号	杨荣军	杨荣军
田家门社区	花山湾新村9区12号西侧	韦银梅	韦银梅
桃花坞社区	桃花坞八区大院	沈 惠	沈 惠
石马湾社区	京口路158号	仲 彬	仲 彬

2015年健康路街道骨干企业基本情况一览表

表21

企业名称	销售收入（万元）	法人代表
中国移动通信集团江苏有限公司镇江分公司	127766.5	杨 斌
镇江苏宁云商有限公司	110064.4	陈世清
镇江市大祥百货贸易有限公司	35480.3	毛梁缨
镇江原源进出口有限公司	16666.5	邹 恽
镇江新世纪商厦有限责任公司	51604.3	赵新铝
镇江新世纪照明电器有限公司	9581.8	刘建华
镇江国际饭店置业有限公司	5108.3	罗 达
镇江信美进出口有限公司	4039.9	吴昌生
江苏惠通集团	20111.1	刘正东
镇江宴春酒楼有限公司	4294.0	吴荣生
镇江自来水公司	20477.0	谭章荣
镇江华星国际贸易有限公司	6993.2	张 骏

正东路街道

【概况】 正东路街道位于镇江市东南部，正东路与学府路贯穿境内东西。东接象山街道，南沿古运河与润州区宝塔路街道毗邻，西北与健康路街道为邻，是京口区人民政府所在地。辖区总面积5.5平方公里，下辖7个社区。2015年年末户籍人口5.54万人、13991户。街道先后获得“江苏省五四红旗团委创建单位”“江苏省科普示范街道”“江苏省示范老年学校”等荣誉。所辖社区先后获得“江苏省双拥示范基地”“全国综合减灾示范社区”等荣誉，年度综合考核名列全区第一。（朱艳杰）

【经济发展】 坚持创新发展，奋力攀升不动摇。完成公共财政预算收入9407万元，全社会固定资产投资26.12亿元、同比增长22.6%，社会消费品零售总额27.42亿元。实现服务外包执行额7000万美元，位列全区第二。重大项目、招商引资发力快进。长江游戏谷一期如期开工，包家湾特色商业街地下施工完成，市粮食精品酒店项目竣工交付。正东南、唯沃克科技创意产业园等项目正在集中招商，孵化子项目焕视空间已完成装修。成功引进深度中国、万和早教中心、英伦健康养生等6个亿元产业类项目，超额完成区任务。成功引进省“双创”计划1名，市“331”人才计划2名，科技创新和人才招引继续领跑。（朱艳杰）

【城市管理】 坚持宜居城区、生态建设不动摇。全市文明城市创建迎检双月测评连续两次荣获全市第一，街区形象明显改善。投入整治专项资金240万余元，完成重点任务80余件，解决重、难点问题56个，完成大城管整改3000余件。查处违法建设26起15954平方米，组织强拆5次，拆除面积共计2700余平方米。实现新增违建零增长，存量违建逐步减少的目标，成功打造京岘山庄“无违建小区”。正东路街道城管工作的知名度、美誉度进一步提升，辖区居民的归属感进一步增强。（朱艳杰）

【社会治理】 坚持创新治理、服务为先不动摇。完成棒棰营危房解危工程，顺利推进尤唐巷危房解危工程。完成山泽园西北侧滑坡治理，宝塔山、江科大社区创成全国防震减灾综合示范社区。酒海街社区中标3项省市公益创投项目，京口路中心社区办公用房建成，宝塔山社区以及酒海街社区助餐点正式投入使用。开展夏冬季节安全生产大排查100余次，检查单位174家，发现并整改隐患314条，完成辖区企业标准化创建2家，安全生产考核位居全区前列。严格执行党政领导接访日、信访包案、挂钩联系点等制度，创新信访陪访制，办理阳光系统交办案件15件。（朱艳杰）

【民生服务】 坚持民生改善、和谐建设不动摇。打造“梦溪大舞台”特色品牌。全年累计开展8场“梦溪大舞台”广场活动，受益观众3000人次以上。完善街道商会、辖区企业“1+1”结对帮扶困难家庭机制，指导完善街道慈善分会及各社区慈善工作站建设，号召企业共同帮扶，形成慈善合力。全年累计发放低保及各类救助资金计260余万元，办理创业贷款85人，放款854万元。实现新增就业1611人，扶持创业211人，实现再就业813人，开展创业意识教育培训800人、SYB创业培训110人（其中大学生59人），开展职业技能培训285人。荣获“镇江市教育现代化先进街道”“镇江市教育现代化先进社区教育中心”称号。（朱艳杰）

【党的建设】 坚持品牌打造、特色引领不动摇。全面落实“从严治党”，在全市建立首家“廉政影院”，开通“风清正东”微信平台，开展“廉政文化进街道”系列活动。在全区率先完成“三社联动，‘1315’计划”，实现“一社一品、一居一特”。推进“双型”先进党支部工程，“三星”级以上“双型”先进党支部达37.8%。获评“十佳党代表工作室”2家，完成党建创新课题3个。推行“三单制”党员志愿服务，开展“圆梦微心愿”活动，结合“真 · 实”活动为党员群众办实事，办结率达100%。党建带群团有特色，第九届“社区接力计划”成功换届，被团市委确定为“青年聚社”新载体2家。街道荣获“江苏省五四红旗团委创建单位”、“全省学习型党组织建设工作先进单位”。（朱艳杰）

【组织机构及领导人名录】

党工委书记　陈　莹

副 书 记　朱伟广（2015-02—）

马伟民

正东路街道党工委书记陈莹为党支部书记讲党课（正东路街道供稿）

纪工委书记　戎旭峰
（—2015-10）
党工委委员　吴伟良
（—2015-10）
施　晶
（2015-10—）
叶　晶
赵晓云
唐卫忠
王　军
组织、宣传委员　叶　晶
人大工委主任　陈　莹
（—2015-11）
易怀锁
（2015-11—）
副　主　任　易怀锁

（—2015-11）
办事处主任　朱伟广
（2015-02—）
副　主　任　吴伟良
（—2015-10）
施　晶
（2015-10—）
赵晓云
唐卫忠
陈　阳
人武部部长　王　军
党政办公室　徐　军
经济服务中心　孟　卿
安　监　站　蒋志远
社区服务中心　周卫荣
文　化　站　王凤花

人力资源和社会保障服务中心　刘文生
公共环境卫生服务中心　谢　伟
项目推进办公室　龚家强
防违办　李卫民
物业服务中心　咸建琴
妇　联　张　琴
工　会　蔡玉风
综　治　办　骆红霞
司　法　所　佟德武
信　访　办　徐　军
财　政　所　陈　玲
计　生　办　刘　芸
（朱艳杰）

2015 年正东路街道社区基本情况一览表

表 22

社区名称	办公地址	书　记	主　任
京口路社区	京口路 88 号	孟家园	孟家园
京岘山社区	京岘山 38 号 3 幢南	段月娥	段月娥
酒海街社区	酒海街 5 号	卜美琴	华　君
江科大社区	梦溪路 6 号	高英春	张　琴
贺家弄社区	贺家弄 150 号	高　琴	高　琴
焦顶山社区	学府路 80 号	华　君	—
宝塔山社区	学府路 56 号	章　晨	陈德政

2015 年正东路街道骨干企业基本情况一览表

表 23

企业名称	销售收入（万元）	法人代表
镇江恒东大酒店有限公司	4092	解建俊
镇江京口锦江之星旅馆有限责任公司	726	姜　燕
江苏科大汇峰科技有限公司	3546	薛　峰
镇江来伊份食品有限公司	4266	林志强
镇江华诚电子进出口有限责任公司	1170	余　振
镇江观海楼酒店有限公司	3267	闻　渊
镇江市多禾商贸有限公司	2345	顾文华
镇江联盟计算机网络有限公司	8062	何　冲
镇江市四洋柴油机制造有限公司	3099	金乃民
镇江市船院空调有限公司	3472	朱建新
镇江市怡通数码科技有限公司	7119	蒋　鹏
镇江市华达物资总公司	19917	马鸣峰
镇江京口润京有限公司	18384	黄明端
镇江市东煌化工有限公司	7732	杜　尧

四牌楼街道

【概况】 四牌楼街道东接象山街道，西与润州区宝塔路街道隔京杭古运河相望。北临长江（金山湖景区）岸线，南接大市口街道，总面积约3.45平方公里，内有闻名遐迩的北固山、焦山风景区，滨江旅游专线和号称镇江“外滩”的长江路旅游风光带。下辖10个社区，其中3000户以上的大型社区3个，2000~3000户的中型社区4个，2000户以下的小型社区3个，2015年年末人口计22792户、约73953万人，户籍属四牌楼派出所和九里街派出所。辖区内驻有民生银行镇江分行、中信银行镇江分行、港务集团有限公司、长江燃料有限公司、安利（中国）日用品有限公司等国家、省、市属企业70余家，私营企业百余家。（宋萌瑶）

【经济工作】 全力以赴完成各项经济指标。街道全年完成公共财政预算收入1.57亿元，占年计划的88.7%，与2014年同期基本持平；固定资产投资64.87亿元，占年计划的106%；科技研发投入1000万元，占年计划的100%；社会消费品零售总额25.03亿元，占年计划的98.5%；新增规模服务业企业4家，占年计划的100%；产业类实际利用外资150万美元，占年计划的50%。总投资20亿元的新河街历史文化街区开工建设、总投资20亿元的金山湖文旅综合体项目正式签订协议，总投资24亿元的港务局地块签订框架协议。北固湾商业综合体主体装饰工程完成；红豆购物广场银座项目分户验收、单位竣工验收；如意江南商业街和水岸休闲街累计引进商家36家，签约面积约35500平方米，完成总招商面积71%，占全年计划的102%；滨江旅游购物中心竣工交付；滨江科技金融商务中心开工建设。

（宋萌瑶）

【城建城管】 城市管理“网格化”运行工作。完成街巷保洁市场化工作的平稳过渡。配置“网格化”工作人员，建立健全市容环卫责任人联席会议等工作推进机制，深入开展“美丽四牌楼系列活动”，不断提升“网格化”管理标准，上下联动深入持久开展网格内执法行动，有效遏制了店面外溢、流摊、车载占道等现象，忠信路、怡馨路以及东吴路等重点区域的市容秩序有了明显改观。推进生态文明项目建设。成立了“绿微客”生态环保协会，制定了年度工作计划，各项工作按计划有序推进；小区绿化项目，维科四期观澜、招商北固湾一期累计绿化6万多平方米。开展文明进万家活动。完成了东吴路151号、东吴路155号、30号大院、民主新村东片区以及民主新村西片区等小区的物业提升和环境整治工作，并顺利通过了检查验收。加大城市改造建设力度。完成大西路征收扫尾工作，启动新河街棚户区项目征收工作，推进江二社区海绵城市试点项目。大力开展防违治违工作，共受理投诉案件57件，拆除违建面积2730平方米，其中：新增违建23处、面积921平方米；存量违建1809平方米。（宋萌瑶）

【社会事业】 打造“两网”强基工程。以“互联网+”的创新理念进一步推动社会治理，建立“网格+网络”社区智能管理服务平台，把街道所有工作人员纳入101个网格，充实网格服务力量，利用“两网”APP开展网格走访工作，“社区网格智能化服务标准化”项目成功入围第二批国家级社会管理和公共服务综合标准化试点。提升服务居民实效。健全社会救助“一门受理”窗口，形成线上线下对接，网格网络融合的社会救助模式，经验在全市得到推广。成立全区首家社会组织培育中心，专门负责引进、培育、发展社会组织，打造“益家乐”社会组织孵化中心，探索利用社会组织力量参与社区管理和建设。创成2个市级基层综合文化服务中心（香江花城社区和阳光世纪花园社区），其中阳光世纪花园社区荣获市级优秀基层综合文化服务中心称号，6个社区创成区级基层综合文化服务中心。东吴绿地生态文化广场顺利通过验收。举办了街道第七届网格文化艺术节，共计22场活动。通过“镇江市教育现代化先进街道”的验收。此外，街道完成作为镇江市食品药品安全社会共治网格化示范点单位创建工作，依托“网格+网络”社区智能管理服务平台开展社会共治的模式得到了国务院食安办、省、市食药监局的一致充分肯定。在全市民兵大比武中，街道选派的民兵在全市排名前列，在2015年9月23日的《镇江日报》上进行了大篇幅报道。（宋萌瑶）

【法治建设】 先后举行“侨法学习交流会”“法润春苗校园行”等活动18场次。充分发挥人大代表之家、政协联络委的作用，接待选民27次64人，收集选民建议和意见114条。开展绿丝带律师志愿者行动，组织律师志愿者进社区、走进网格、走进家庭为社区群众进行矛盾调解、法律咨询等各项法律服务。街道被评为市法治建设先进街道。按期完成了上级下达的综治信息平台各项数据认领和录入任务。新增1家市一级综治办。落实矛盾纠纷排查调处工作月报制度，发挥“网格、社区、街道”三级矛盾纠纷调处机制作用，通过滨江汇调中心共调解矛盾纠纷9起。开展“信访法治建设年”活动，通过“信访积案”百日攻坚战等活动，有效化解了刘某某、周某某、何某某等一批信访积案，并完成了全国“两会”、国庆阅兵、中共十八届五中全会等重要时间节点的信访维稳工作。将法治文化融入社区党建文化中，开展协商民主活动，鼓励和引导党员群众以网格为单位开展协商议事活动，民主新村社区开展社区共治的做法和经验在《群众》杂志上发表。与四牌楼派出所联合开展“平安扣·扣平安”邻里守望活动。“见义勇为人员之家”工作得到中华见义勇为基金会领导的肯定。（宋萌瑶）

【党的建设】 “双型”先进党支部。实施带头人素质提升工程、“两网”

服务治理融合工程、党员智能积分量化工程、党建服务品牌培育工程，其中江一社区第五党支部成功评为五星党支部(全市30个，全区2个)。开展“真实”活动。制定《四牌楼街道深化“百千万”工作的实施意见》，将“两网”智能平台与“百千万”工程相结合，组织街道全体党员干部进网格，联系服务群众，协调居民诉求，提高服务质量。志愿服务。开展“温暖20”网格志愿服务日活动，各社区累计开展志愿服务活动80多场，动员志愿服务人员约1500余人次，服务群众约10万余人次。该项目已申报“文明江苏”志愿服务行动创新案例。选树道德模范典型。张凤霞被评为“江苏最美巾帼人物”“省优秀党务工作者”。辖区居民李永生2015年9月荣获“第五届江苏省道德模范”称号。开展纪检监察工作。街道被评为全区唯一一家2012—2014年预防职务犯罪工作先进集体，街道党工委与江苏科技大学纪委签订了廉政文化共建协议，建立了阳光世纪花园廉政文化综合展示厅。此外，街道“互联网+学习”获市十佳党建理论学习品牌，创办《阳光小报》《江滨社区报》。《江滨社区报》是镇江市首份社区报。（宋萌瑶）

【组织机构领导人名录】

党工委书记　王荣兵（—2015-10）
　钱小兵（2015-10—）
副书记　曹蕾（2015-02—）
　李海洪
纪工委书记　芮建芬（2015-02—）
组织委员　史哲峰
宣传委员　崔悦（2015-02—）
人大工委
主任　王荣兵（—2015-11）
　陈文安（2015-11—）
副主任　陈文安（—2015-11）
办事处主任　曹蕾（2015-02—）
副主任　李海洪
　潘昶（2015-04—）
　朱建军
　王立（—2015-04）
　胡涛（2015-04—）
政协联络委
主任　李海洪（2015-02—）
党政办公室负责人　吴静
经济服务中心负责人　潘益民
便民服务中心负责人　范天明
公共文化服务中心负责人　谭忠
城市管理办公室负责人　杨卫东
社区管理办公室负责人　袁筱靖
信访办负责人　杨吉林
党员服务中心负责人　杨涛
财政所负责人　傅姗姗
司法所负责人　林亦红
综治办负责人　许晓燕
信息服务中心负责人　朱亚露
人武部负责人　王斌
关工委负责人　陈飞
安监站负责人　黎林
计生办负责人　许亚静

（宋萌瑶）

2015年四牌楼街道社区基本情况一览表

表24

社区名称	办公地址	书　记	主　任
江一社区	江滨新村55幢	张凤霞	张凤霞
江二社区	江滨新村163幢-1	张春梅	张春梅
道署街社区	道署街2号	叶　娟	叶　娟
阳光世纪花园社区	阳光世纪花园梧桐苑会所	包万清	包万清
虹桥社区	虹桥街10号	刘春辉	刘春辉
荷花塘社区	新河街10号	嵇惠祥	嵇惠祥
民主新村社区	东吴新苑8-1号	陈　浩	陈　浩
江东社区	东吴路85号	刘崇顺	刘崇顺
香江花城社区	东吴路288号香江花城生活馆北侧	易苏川	易苏川
江山名洲社区	江山名洲望江园20号	殷　莺	殷　莺

2015年四牌楼街道骨干企业基本情况一览表

表25

单位名称	营业收入(万元)	法定代表人
镇江港务集团有限公司	68946.1	汪文发
镇江盈盛房地产开发有限公司	25652.8	王　晞
镇江维科置业有限公司	47236.9	陈国荣
镇江文化广电产业集团有限公司	23707.8	张　兵
江苏省华茂贸易有限公司	12179.5	张家俊
镇江东源压缩天然气有限公司	16945.7	唐文雄
镇江市水业总公司	14240.1	陈恒宝
安利(中国)日用品有限公司镇江分公司	13850.4	黄圣文
镇江强凌酒店有限公司	6595.3	张元儿
江苏科海智能系统有限公司	2115.2	戴乐云

京口工业园区管委会

【概况】 京口工业园区是2003年2月经镇江市人民政府批准设立的。2006年经江苏省政府批准，国家发改委公告，正式升格为省级开发区。京口工业园区一期规划面积4平方公里，2013年3月园区扩容，总面积增至10.4平方公里，下辖李华社区、上埠村和左湖村，总人口4612人。京口工业园区为省级金属新材料产业集聚区，先后获批国家“千人计划”(镇江)新材料研究院，省发改委的“江苏镇江京口高性能铝材料产业园”、省经信委的“省级小企业创业示范基地”、省商务厅的“江苏省航空铝材特色产业基地”、省环保厅、商务厅和科技厅联合授予的“省级生态工业园区”等。2015年，开发区工作被省商务厅授予全省开发区经济工作先进单位、全省统计规范化建设验收合格单位；顺利通过省商务厅、科技厅和省知识产权局联合组的验收，成功创建为“省知识产权试点园区”；上埠村被省水利厅授予省级“水美乡村”荣誉称号。 (赵立军)

【党的建设】 深入学习贯彻中央和省、市、区党的会议精神，党工委带头牢固树立“抓好党建就是最大政绩”的理念，全面开展“三严三实”主题教育活动，投入近10万元完成了“一网五室”园区党群服务中心建设。开展“一把手”上专题党课活动，提升党员干部理论水平和党组织凝聚力。围绕“双强”型基层党组织书记建设目标，抓好传帮带，培养村书记及“两委”后备人才23名。深入开展非公有制企业党组织、党员排查摸底工作，调整优化党组织设置。全面落实党要管党、从严治党要求，加强作风效能建设。不断夯实基层党建根基，以党建新常态引领经济新常态建设，为建设“强富美高”新园区提供了强有力的政治保证。(赵立军)

【经济发展】 2015年是“十二五”规划的收官之年，也是“十三五”规划的谋局之年。园区按照“产业强园区、生态立园区、科技兴园区”的要求，紧紧围绕“先进制造业和现代物流业的主阵地、二、三产业融合发展的新战场、改革创新的新平台”这个总目标，抢抓机遇，主动适应新常态，强力抓项目、率先谋转型，创新实干，在建设“强富美高”新园区的征程中迈出了坚实的步伐，实现了经济社会可持续发展。主要经济指标保持稳定增长，全年完成固定资产投资47.09亿元；公共财政预算收入6389万元；工业应税销售收入75亿元；产业类实际利用外资2900万美元；高新技术产业产值占规模以上工业产值比重超过90.5%；进出口总额2.6亿美元；服务外包执行额2230万美元；新增私营企业注册资本1.05亿元；新增私营企业户数42户；新增个体工商户55户，其他主要经济指标均完成全年目标任务。

(赵立军)

【“三集”园区建设】 下辖高性能材料产业园，原名为高性能铝材料产业园，1月更为现名，面积由2.96平方公里增加至5平方公里，四至范围为东至谏辛公路，南至金润大道，西至横山东路，北至金港大道、古运河。京口高性能材料产业园是镇江市重点建设的20个先进制造业“三集”园区之一。产业园区已入驻爱励铝业、鼎胜铝业、飞驰集团、宝华半挂车、海龙核材、恒伟物流、中集宝钢等一批“投资体量大、科技含量高、环境友好型”企业和项目。创新思路和举措，“三集”发展重点开展了专业化招商活动、“321”重大项目建设、京哈公共服务平台、标准化厂房建设和园区市场化运作等工作，提升产业“三集”发展水平。2015年，积极向上争取政策，京口高性能铝材料产业被纳入苏南自主创新示范园“一区十四园”中。（赵立军）

【招商引资】 围绕航空航天、核科技两大主导产业，组建园区专业化招商队伍4名，加强队伍建设和产业研究，提高招商针对性和有效性，远赴美国、德国、俄罗斯等国家和台湾、上海、北京、深圳等地区开展招商引资活动102场次，全年引进总投资30亿元的中集宝钢一体式半挂车桥项目1个，总投资2亿美元的爱励航空板阔能项目1个，总投资亿元以上产业类项目9个。成立了总投资5亿元的核科技产业股权投资基金，该基金为京口区首个产业发展引导基金。

（赵立军）

【项目建设】 加大项目建设力度，抽调精干人员，组建“帮你办”中心，协助企业开展公司注册、项目备案、国土、规划等工作。加快项目建设进度，开工建设了总投资15亿元的京口航空航天中小企业基地，海龙乏燃料、江工生物、可奈丽厨卫成为全市首批“多评合一”试点企业，项目建设进度明显加快。总投资1633亿美元爱励热处理炉升级改造项目，厂房主体建设基本完成，届时航空板年产能将从3.3万吨提高到4.1万吨，成为园区经济新的增长点。（赵立军）

【科技人才】 加快企业“转型升级、创新发展”步伐，引导企业向高新技术转型，全年实际到位科技研发投入占比2.4%；发明专利申请130件。加强科技创新和知识产权保护工作，6月顺利通过省科技厅、商务厅创建“江苏省知识产权试点园区”考核验收。加大企业上市培育力度，培育本土企业2家，成功实现海龙核材新三板上市和恒伟物流上海股交中心E板挂牌，实现企业挂牌上市零的突破。深入开展“金凤凰”人才招引工作，全年新增国家“千人计划”1人，新增省“双创计划”1人，新增市“331计划”3人。

（赵立军）

【“1+6”活动】 深入开展“1+6”活动，细化活动方案，成效明显。开展生态文明提升工程，巩固省级生态工业园区创建成果。启动老鼠山河和华村沟河清淤整治和绿化；完成西山水库绿化美化，上埝村被省水利厅授予“水美乡村”称号。全面开展干部争当“经济工作能手”，企业争当“转型升级先锋”，全民争当“创新创业标兵”活动。开展“金凤凰”活动，提升人才招引实效，开展“真·实”活动，提升党员、干部同志形象。开展“文明进万家”活动，倡导文明新风尚。

（赵立军）

【基础设施建设】 狠抓基础设施投入，园区基础设施建设更加完善，基本达到“七通一平”标准。推进产城融合式发展，打造生态工业园区新面貌。总投资2亿元的华诚新村一区二期安置房竣工，并启动了回迁安置工作；总投资1000万元的金阳大道三期全面建成；全力协调横山东路建设矛盾，确保了全线按时竣工并通车使用；连淮扬镇铁路建设和拆迁工作有序推进，完成全年目标任务；左湖科技大楼竣工建成，已启动招商工作。深入开展全国文明城市创建复检工作，园区形象得到进一步提升。（赵立军）

【社会文化事业】 深入开展创新富民和民生实事工程，开展医保、农保等社会保障工作，社保覆盖率为100%，民生类各项任务全面完成。以中共十八届四中全会精神为指引，深入开展“依法治区”工作，提升社会综合治理能力建设。落实信访属地管理原则，实行领导包案制度和信访值班制度，强化责任担当，信访工作卓有成效。全年未发生非法赴京、省上访事件；未发生群体性恶上访、闹访事件，化解李华社区、上埝村信访积案3个，为园区发展提供了稳定环境。

（赵立军）

【园区未来发展】 园区将以“一带一路”、苏南现代化示范区建设为统领，以产业“三集”发展为支撑，抢抓苏南自主示范区建设机遇，加快经济转型升级步伐，围绕爱励铝业、鼎胜铝业、宝华半挂车、海龙核材、恒伟物流等现有企业，加快推进航空航天中小企业基地建设和海龙中子吸收板项目建设，打造特色鲜明的航空航天产业园区和江苏（京口）核科技产业园。（赵立军）

【机构设置及领导人名录】

党工委书记	郎德虎
副　书　记	李莉珺
	许文兰（—2015-08）

区委书记裔玉乾推进中集宝钢一体式宝挂车桥项目（京口工业园区供稿）

张　伟
（2015-08—）

纪工委书记　许文兰
（—2015-04）
张亚南
（2015-08—）

党工委委员　张　伟
（—2015-08）
董荣骏
（2015-03—）
郭晓雯
（2015-09—）

管委会主任　李莉珺

副　主　任　张　伟
（—2015-08）
董荣骏
（2015-03—）
郭晓雯
（2015-09—）

党政办公室　殷文海

经济发展部　包文波

规划建设部　张　羽

社会事业部　吴鹏飞

财　政　所　张政先

2015年京口工业园区管委会社区基本情况一览表

表26

社区名称	办公地址	书　记	主　任
李华社区	京口工业园华城新村	王　敏	颜志献
左湖村	京口工业园左湖村	徐庭国	顾炳权
上隍村	京口工业园上隍村	徐　猛	吕福祥

2015年京口工业园区骨干企业基本情况一览表

表27

企业名称	销售收入（万元）	法人代表
镇江鼎胜能源新材料股份有限公司	622442	周贤海
爱励铝业（镇江）有限公司	60232	Roelof Ijsbrand Baan
江苏海龙核科技股份有限公司	7247	戴金华
江苏科捷锂电池有限公司	6445	王　辉
镇江金叶螺旋桨有限公司	1873	何峰林
镇江震东电光源有限公司	9299	胡建强
镇江立新电子通讯技术有限公司	776	王建平
镇江亨通电器有限公司	556	章健康
镇江晨光铜业有限公司	2073	吴昌帆
镇江恒伟物流有限公司	7453	于　江
镇江正恺电子科技有限公司	12966	徐　正
镇江市宝华半挂车配件有限公司	21638	童财宝
镇江中野交通工程有限公司	2785	孙　渊

新民洲临港产业园

【概况】 新民洲临港产业园位于长江北岸，是一座与镇江隔江相望的半岛型沙洲，南面靠江，东北西三面与扬州接壤，南北长5公里，东西宽4.5公里，区域面积22.5平方公里，下辖1个新红旗社区，现有人口约2000人。2015年园区获评“江苏省水美乡镇”，市“青年文明号”，京口区项目建设、安全生产、城乡建设、“三集”发展先进单位，党建科学化考核优胜单位，年度综合考核一等奖等荣誉。新红旗社区先后获评“江苏省五星级农家书屋”“江苏省民主法治文化建设示范点”“江苏省标准化社区教育中心”等荣誉。　（肖海军）

【经济发展】 2015年，园区完成公共财政预算收入4955万元，固定资产投资23.4亿元，工业应税2.4

亿元；产业类实际利用外资1800万美元。新民洲港区一期通过对外开放省级验收，港区二期完成水陆码头交工验收。由中林金海岸港口控股集团（中国林业集团控股子公司）投资的中林（镇江）生态产业城项目成功签约，计划总投资50亿元，建设集木材贸易、仓储、物流、加工、金融服务为一体的国家级木材战略储备基地，该项目列为镇江市2016年重点产业项目推进，并作为2016年江苏省重大项目上报。总投资1.02亿元的木材初加工一期完成10幢厂房建设。投资1000万元新民洲生态果桑农业观光园一期开工。新民洲农业旅游综合开发和集装箱制造2个亿元以上项目正在洽谈之中。中国中小企业（京口）总部基地新增协税企业380余家，全年贡献税收3000万元。现代农业园总产值1.62亿元。（肖海军）

【基础设施和民生】 “西气东输”天然气管网实现新民洲区域全覆盖。总投资2160万元的新民洲污水管网工程开工，完成青春路、新民洲大道和扬州段全部共7.62公里管道铺设。完成水稻智能化、河道清淤和惠民路拓宽工程，东滩44.6公顷土地开发及复垦项目通过省专家验收。启动社区综合性文化服务中心建设，建成法治文化广场、老年活动室等文化服务设施，社区图书馆获评省五星级示范农家书屋，完成首次“文明家庭”评选。开工建设居民粮食储存库，认真落实各项惠农政策，协调市区医院医生定期来园区坐班诊断，园区公共服务水平不断提升。（肖海军）

【党的建设】 全面落实从严治党各项要求，落实作风建设各项规定，加强党员干部教育管理，组织赴茅山、井冈山现场教育2次，播放电教片4次，完成8个支部书记轮训。推进“双型”先进党支部建设，建成四星级党支部1个，获评“十佳党代表工作室”。成立江苏新民洲港务有限公司党委，为打造园区非公党建品牌奠定基础。提前半年建成党群服务中心。不断深化“民心党建”品牌，与农业银行江滨支行党组织结对共建，解决了新民洲取款点、惠农资金等问题。完成群众路线教育实践活动后续整改任务，红旗村428户村民进保障、天然气、污水管网等群众关心、企业关注的问题得到妥善解决。开展纪念共青团农场成立55周年暨新民洲精神大讨论活动，通过农场老职工现场讲、观看新民洲历史影片等形式，进一步激发全体职工创业、创新的热情。（肖海军）

10月28日，新民洲港区一期对外开放通过省级验收（新民洲临港产业园供稿）

【组织机构及领导人名录】

党工委书记　许俊超
副书记　吴长安
　杨统一（—2015-08）
　左示敏（2015-10—）
纪工委书记　王　炳（2015-04—）
党工委委员　杨丽华（—2015-04）
　王兴国
　朱文军（—2015-02）
　华茂盛（—2015-10）
　葛冬军（2015-02—）
　刘宏利（2015-02—）
　徐　海（2015-02—）
　王　炳（2015-04—）
　吴　寅（2015-10—）
管委会主任　杨　帆
副主任　王兴国
　朱文军（—2015-02）
　葛冬军
　刘宏利
现代农业园管委会主任　杨丽华（—2015-04）
政协联络委主任　吴长安
人武部部长　王兴国
（肖海军）

2015年新民洲临港产业园社区基本情况一览表

表28

社区名称	办公地址	书　记	主　任
新红旗社区	新民洲大道9号	窦可伟	程　忠

2015年新民洲临港产业园骨干企业基本情况一览表

表29

企业名称	营业收入（万元）	法人代表
江苏新民洲港务有限公司	1023	徐海平
江苏鼎盛重工有限公司	16000	王广德

京露茶场

【概况】　京露茶场位于镇江市东吴路76号，在职干部职工10人，退休人员151人，区直属国有企业，内设综合办公室和资产经营科2个职能科室。2015年较好地完成了上级党委下达的各项任务，企业财务收支实现当年平衡，职工养老、医疗等五项保险实际缴费率均达100%，职工年收入有所提高，企业全年安全生产无事故。（周贞）

【不断完善资产管理，努力提高资产经营效益】　加大房屋租金的收缴。对租金每月定期公布，凡有特殊原因缓收等情况严格按照程序批准。从房屋招租、合同的签订、租金收取进行了跟踪管理，督促到位，做好服务，基本做到房租费按时收缴，全年经营收入达到80余万元。（周贞）

【加大土地款催收工作】　市政府"青山绿水"工程古城公园征用了京露茶场东吴路76号的茶园，至今土地款尚未补偿到位。经场领导多次与区城投领导协商，现城投已向茶场分期支付土地款。（周贞）

【关心职工生活 做好企业稳定工作】　为切实维护老职工的切身利益，做好企业稳定工作，对改企前退休职工以及改制时符合提前退休的老职工给予事业工资补差，2015年的工资差额补发已足额发放到位。加大对困难职工的帮扶工作，工会组织节日期间对下岗职工走访慰问，对在位职工做到每月按时发放工资，职工养老、医疗等五项保险金，缴费率均达到100%，切实维护职工的利益，实现全年零上访，保持了企业的稳定。（周贞）

【组织机构及领导人名录】

党支部书记　李云秋（2015-01—）

工会主席　李云秋

办公室主任　李云秋（2015-01—）

◆ 资料链接 ◆

佛教典籍《华严经》有一个劝人为善的故事。说是善财童子因为受到文殊菩萨的教化而幡然悟性，于是决定走遍全国寻访圣贤，以求得进一步的升华。善财童子一路南下，跋山涉水饥餐露宿，先后求教于53位高知者。最后在观世音菩萨的点化下大彻大悟，成为观音的左胁侍。如今在全国各大寺庙都可以看到站在观世音身边参拜高知者的善财童子的塑像。据说善财童子参拜的第一位高知者就是镇江焦山定慧寺方丈海云法师。现在焦山上还建有海云堂，以纪念这位大智大德的高僧。五十三坡的地名便是从这一故事中得到的启发。我们每上一级台阶，仿佛就是参拜了一位圣贤，走完了53级台阶，也就意味着完成了对53位高人的求教。像善财童子一样，陶冶了情操，净化了思想。五十三坡计有53级台阶，取名五十三坡，反映了人们对真善美的向往和追求。

人物·荣誉

责任编校：段广凤

京口区党、政、军领导人名录

裔玉乾

中共京口区委书记、京口区人大常委会主任。简介见《京口年鉴（2014）第 85 页》

施正中

中共京口区委常委、副书记。京口区委党校校长。简介见《京口年鉴（2013）》第 49 页。

黄万荣

中共京口区委副书记、京口区政府区长、党组书记。简介见《京口年鉴（2013）》第 48 页。

孙国平

京口区政协主席、党组书记。简介见《京口年鉴（2002）》第 77 页、《京口年鉴（2013）》第 49 页。

倪兆顺

京口区人大常委会党组书记、常务副主任。简介见《京口年鉴（2006）》53页、《京口年鉴（2013）》第49页。

宋平生

中共京口区委党委、政法委书记。简介见《京口年鉴（2011）》第59页、《京口年鉴（2013）》第49页。2015年7月调离京口区。

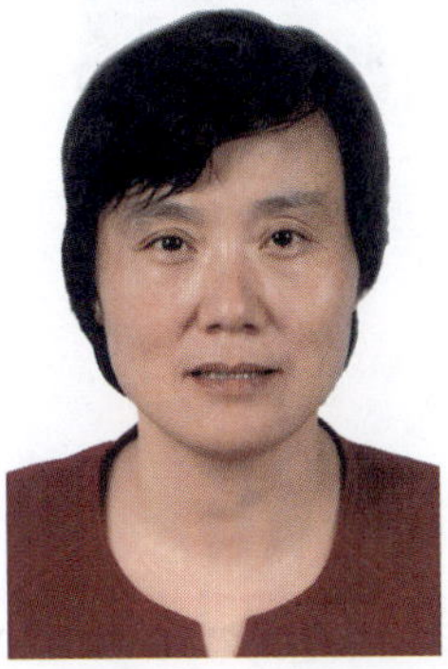

王　琴

京口区委常委、政法委书记。1966年3月出生，江苏丹徒人，汉族，南京农业大学农业推广专业硕士文化，1995年6月加入中国共产党，1989年8月省共青团农场技术员。1992年4月丹徒县农技推广中心助理农艺师、任植保站站长。1995年12月任丹徒县大路镇副镇长。1998年2月任丹徒县石马乡党委副书记、乡长。2001年3月任丹徒县高资镇党委副书记、镇长。2001年11月任丹徒县（区）妇联副主席（正科级）。2003年8月任丹徒区上会镇党委书记。2005年12月兼任上党工业集中区党工委书记。2006年6月任扬中市副市长。2007年12月任句容市副市长。2015年7月任京口区委常委。2015年8月兼任京口区委政法委书记。

郦锡梅

中共京口区委常委、组织部部长。简介见《京口年鉴（2012）》第56页。2015年12月调离京口区。

蒋建中

京口区委常委、组织部部长。1968年6月出生，江苏宜兴人，汉族，省委党校政治学专业研究生文化，1989年5月加入中国共产党，1989年8月市劳动局办公室主任秘书。1991年7月，华东铝加工厂挂职锻炼，任厂长助理。1992年5月，市劳动局劳力科副科长。1994年5月市轻工机械厂扭亏办公室工作。1995年5月任市解困办公室副主任。1997年12月任市劳动局办公室副主任。1998年3月，任市劳动局政策法规处处长。2000年3月，任市劳动局局长助理、党组成员、办公室主任。2002年4月任市劳动局副局长、党组成员（党委委员）。2010年3月任市人社局副局长、党委委员。2015年12月任京口区委常委、组织部部长。

夏卫军

中共京口区委常委、区政府党组副书记、副区长。简介见《京口年鉴（2015）》第233页，2015年12月调离京口区。

周奇恒

中共京口区委常委、区纪委书记。简介见《京口年鉴（2012）》第56页。

何广林

中共京口区委常委、宣传部部长。简介见《京口年鉴（2013）》第50页。

陈卫东

中共京口区常委、人武部部长。简介见《京口年鉴（2013）》第50页。2015年4月调离京口区。

杨祖华

中共京口区委常委、人武部政治委员。1970年3月出生，福建省福安市人，汉族，江西省南昌陆军指挥学院军事指挥专业，大学文化，1992年5月加入中国共产党，1989年9月江西省南昌陆军指挥学院学员。1993年7月任第31集团军91师排长、指导员、股长、科长。2001年1月任第31集团军政治部干事、副处长。2005年3月任第31集团军舟桥89团政治委员。2006年8月任南京军区政治部组织部党务处长。2008年6月任第31集团军通信团政治委员。2012年4月任京口区人民武装部政治委员。2015年4月任中共京口区委常委。

陈德福

京口区政府副区长、党组成员。简介见《京口年鉴（2011）》第59页。

马云明

京口区人民政府副区长、党组成员。简介见《京口年鉴（2014）》第87页。2015年7月调离京口区。

朱定明

京口区政府副区长、党组成员。简介见《京口年鉴（2012）》第57页。

解军英

京口区人民政府副区长、党组成员。简介见《京口年鉴（2013）》第51页。

林黎明

京口区人民政府副区长。兼京口区人口计生协会会长。简介见《京口年鉴（2013）》第51页。

赵永斌

京口区人民政府副区长、党组成员。1968年11月出生，江苏丹徒人，汉族，省委党校中共党史党的建设专业研究生文化，1990年6月加入中国共产党，1988年7月历任丹徒县江心乡五塘村村委会会计、团委副书记、书记。1992年9月江苏省青干院经济管理专业脱产学习。1994年8月丹徒团县委工作。1995年1月任丹徒团县委青工部部长。

1995 年 11 月任丹徒团县委副书记。1998 年 11 月任丹徒县新城区管委会办公室副主任。2001 年 9 月任丹徒县新城区管委会经济发展部主任。2003 年 8 月任丹徒区招商局局长。2004 年 12 月任丹徒区大路镇党委书记。2006 年 3 月任丹徒区高桥镇党委书记。2015 年 7 月任京口区政府副区长、党组成员。

李　牧

京口区政府党组成员（援疆、副县级干部）。简介见《京口年鉴（2014）》第 87 页。

徐　军

京口区人大常委会副主任、党组副书记。简介见《京口年鉴（2004）》第 73 页。

郑苏真

京口区人大常委会副主任。简介见《京口年鉴（2008）》第 59 页。

蒋嵩峰

京口区政协副主席、党组副书记。简介见《京口年鉴（2002）》第 78 页、《京口年鉴（2013）》第 52 页。

杜承华

京口区人大常委会副主任、党组成员。简介见《京口年鉴（2015）》第 235 页。

谢志荣

京口区政协副主席。简介见《京口年鉴（2002）》第 82 页。

姜厚荣

京口区政协副主席、党组成员、区委统战部部长。简介见《京口年鉴（2004）》第 76 页。

宋武平

京口区政协副主席、党组成员。简介见《京口年鉴（2012）》第 57 页、《京口年鉴（2013）》第 52 页。

朱裕根

京口区政协副主席。简介见《京口年鉴（2013）》第 52 页。

京口区 2015 年获国家、省、市表彰的先进人员、集体表（部分）

2015 年京口区获国家表彰的先进人员一览表

表 30

姓　名	性　别	工作单位	荣誉称号（全称）	授予单位（部门）	获得时间
杨　凌	女	京口区健康路街道社区卫生服务中心	全国巾帼建功标兵	中华全国妇女联合会	2015-03

2015 年京口区获省表彰的先进人员一览表

表 31

姓　名	性　别	工作单位	荣誉称号（全称）	授予单位（部门）	获得时间
金　怡	女	公安京口分局刑警大队	江苏杰出女警提名二等功	省公安厅	2015-02
房林虹	女	健康路街道办事处	省巾帼建功标兵	省城镇妇女“巾帼建功”活动领导小组、省妇女联合会	2015-03
张凤霞	女	四牌楼街道江一社区	江苏最美巾帼人物	省委宣传部、省妇女联合会	2015-03

2015 年京口区获市表彰的先进人员一览表

表 32

姓名	性别	工作单位	荣誉称号（全称）	授予单位（部门）	获得时间
丁方品	男	大市口街道办事处	创建全国文明城市工作先进个人	市委、市政府	2015-03
丁永忠	男	区机关工委	创建全国文明城市工作先进个人	市委、市政府	2015-03
卜美琴	女	正东街道酒海街社区	创建全国文明城市工作先进个人	市委、市政府	2015-03
王　飞	男	健康路街道气象里社区	创建全国文明城市工作先进个人	市委、市政府	2015-03
王壮保	男	象山街道办事处	创建全国文明城市工作先进个人	市委、市政府	2015-03
刘　平	男	区人社局	创建全国文明城市工作先进个人	市委、市政府	2015-03
刘亚浩	女	区文明办	创建全国文明城市工作先进个人	市委、市政府	2015-03
刘远遥	男	象山街道办事处	创建全国文明城市工作先进个人	市委、市政府	2015-03
金凡舒	女	机关事务处	创建全国文明城市工作先进个人	市委、市政府	2015-03
汤　际	男	谏壁街道办事处	创建全国文明城市工作先进个人	市委、市政府	2015-03
许福清	男	市场监督管理局	创建全国文明城市工作先进个人	市委、市政府	2015-03
周云鸿	男	卫生和计划生育委员会	创建全国文明城市工作先进个人	市委、市政府	2015-03
孙　昊	男	象山街道办事处	创建全国文明城市工作先进个人	市委、市政府	2015-03
周祥华	男	区交通局	创建全国文明城市工作先进个人	市委、市政府	2015-03
李桂花	女	大市口弥陀寺巷社区	创建全国文明城市工作先进个人	市委、市政府	2015-03
李　鲁	男	区宣传部	创建全国文明城市工作先进个人	市委、市政府	2015-03

续表 32-1

姓　名	性　别	工作单位	荣誉称号（全称）	授予单位（部门）	获得时间
杨卫东	男	四牌楼街道办事处	创建全国文明城市工作先进个人	市委、市政府	2015-03
王荣兵	男	区城管局	创建全国文明城市工作先进个人	市委、市政府	2015-03
王　勇	男	区信访局	创建全国文明城市工作先进个人	市委、市政府	2015-03
房林虹	女	健康路街道办事处	创建全国文明城市工作先进个人	市委、市政府	2015-03
孟家园	男	正东路街道京口路社区	创建全国文明城市工作先进个人	市委、市政府	2015-03
赵秀红	女	大市口街道千桥北社区	创建全国文明城市工作先进个人	市委、市政府	2015-03
方利荣	男	健康路街道桃花坞社区	创建全国文明城市工作先进个人	市委、市政府	2015-03
钟文斌	男	谏壁街道雩北村	创建全国文明城市工作先进个人	市委、市政府	2015-03
叶　晶	女	正东路街道办事处	创建全国文明城市工作先进个人	市委、市政府	2015-03
史哲峰	男	四牌楼街道办事处	创建全国文明城市工作先进个人	市委、市政府	2015-03
包迎辉	男	区文明办	创建全国文明城市工作先进个人	市委、市政府	2015-03
朱建军	男	四牌楼街道办事处	创建全国文明城市工作先进个人	市委、市政府	2015-03
杨国平	男	谏壁街道办事处	创建全国文明城市工作先进个人	市委、市政府	2015-03
杨寅涛	男	健康路街道梦溪社区	创建全国文明城市工作先进个人	市委、市政府	2015-03
贺国强	男	象山街道办事处	创建全国文明城市工作先进个人	市委、市政府	2015-03
吴志辉	男	区物价局	创建全国文明城市工作先进个人	市委、市政府	2015-03
沈　涛	男	健康路街道石马湾社区	创建全国文明城市工作先进个人	市委、市政府	2015-03
张立明	男	区卫生和人口计划生育委员会	创建全国文明城市工作先进个人	市委、市政府	2015-03
夏正东	男	健康路街道办事处	创建全国文明城市工作先进个人	市委、市政府	2015-03
徐　军	男	正东路街道办事处	创建全国文明城市工作先进个人	市委、市政府	2015-03
凌　颖	女	区宣传部	创建全国文明城市工作先进个人	市委、市政府	2015-03
张荣琳	女	区宣传部	创建全国文明城市工作先进个人	市委、市政府	2015-03
张保忠	男	区城管局	创建全国文明城市工作先进个人	市委、市政府	2015-03
郎德虎	男	京口工业园区	创建全国文明城市工作先进个人	市委、市政府	2015-03
谭方钧	女	健康路街道办事处	创建全国文明城市工作先进个人	市委、市政府	2015-03
陆炳西	男	象山街道办事处	创建全国文明城市工作先进个人	市委、市政府	2015-03
陈　刚	男	区卫生监督所	创建全国文明城市工作先进个人	市委、市政府	2015-03
陈军越	女	区机关工委	创建全国文明城市工作先进个人	市委、市政府	2015-03
陈志慧	女	区政府办公室	创建全国文明城市工作先进个人	市委、市政府	2015-03
陈　俊	男	区政府办公室	创建全国文明城市工作先进个人	市委、市政府	2015-03
陈洪生	男	区纪委	创建全国文明城市工作先进个人	市委、市政府	2015-03
陈　莹	女	正东路街道办事处	创建全国文明城市工作先进个人	市委、市政府	2015-03

续表 32-2

姓　名	性　别	工作单位	荣誉称号（全称）	授予单位（部门）	获得时间
段月娥	女	正东路街道京岘山社区	创建全国文明城市工作先进个人	市委、市政府	2015-03
陈　琪	男	四牌楼街道办事处	创建全国文明城市工作先进个人	市委、市政府	2015-03
陈德政	男	正东路街道宝塔山社区	创建全国文明城市工作先进个人	市委、市政府	2015-03
林　飞	男	大市口街道办事处	创建全国文明城市工作先进个人	市委、市政府	2015-03
江双喜	男	谏壁街道蔡家社区	创建全国文明城市工作先进个人	市委、市政府	2015-03
戴　萍	女	大市口街道办事处高桥北社区	创建全国文明城市工作先进个人	市委、市政府	2015-03
陈　俊	男	公安局京口分局	创建全国文明城市工作先进个人	市委、市政府	2015-03
尹玉书	男	公安局京口分局	创建全国文明城市工作先进个人	市委、市政府	2015-03
傅冬云	男	公安局京口分局	创建全国文明城市工作先进个人	市委、市政府	2015-03
金　怡	女	公安局京口分局	市劳动模范	市委、市政府	2015-04
杨　凌	女	京口医院	市劳动模范	市委、市政府	2015-04

2015 年京口区获国家表彰的先进集体一览表

表 33

单位名称	获得称号（全称）	授予单位（部门）	授予时间（年月）
健康路街道气象里社区	全国科普益民计划示范社区	中国科学技术协会	2015-06
区委宣传部	全国关心下一代工作先进集体	中国关工委、中央文明办	2015-08
正东路街道宝塔山社区	全国综合减灾示范社区	国家减灾委、民政局	2015-12
正东路街道江科大社区	全国综合减灾示范社区	国家减灾委、民政局	2015-12

2015 年京口区获省表彰的先进集体一览表

表 34

单位名称	获得称号（全称）	授予单位（部门）	授予时间（年月）
工业园区管委会上埋村	省“水美乡村”称号	省水利厅	2015-01
新民洲临港产业园	省“水美乡镇”称号	省水利厅	2015-01
健康路街道气象里社区	省民主法治示范社区	省依法治省领导小组	2015-02
健康路街道梦溪社区	省防灾减灾示范社区	省减灾委员会	2015-02
区史志档案办公室	省巾帼文明岗	省城镇妇女“巾帼建功”活动领导小组、省妇女联合会	2015-03
公安京口分局	省卷烟打假工作先进集体	省公安厅	2015-03
区委	省综治工作（平安建设）先进县（市、区）	省社会治安综合治理委员会	2015-06
工业园区管委会	省知识产权试点园区	省科技厅、省知识产权局	2015-06
正东路街道	省双拥示范基地	省双拥工作领导小组办公室	2015-07
谏壁街道	省五四红旗团委	共青团江苏省委	2015-08

续表 34-1

单位名称	获得称号（全称）	授予单位（部门）	授予时间（年月）
正东路街道	省五四红旗团委	共青团江苏省委	2015-08
公安京口分局治安大队	抗战胜利70周年纪念活动安保工作表彰先进集体	省公安厅	2015-11
健康路街道气象里社区	省科普示范社区	省科协	2015-12
正东路街道酒海街社区	省科普示范社区	省科协	2015-12
正东路街道	省示范老年学校	省老年大学协会	2015-12
工业园区管委会	省开发区统计工作先进单位	省商务厅	2015-12
健康路街道梦溪社区	省节水型社区	省节水办	2015-12

2015年京口区获市表彰的先进集体一览表

表35

单位名称	获得称号（全称）	授予单位（部门）	授予时间（年月）
正东路街道办事处	市第八届双拥模范街道	市委、市政府、军分区	2015-01
健康路街道办事处	市第八届双拥模范街道	市委、市政府、军分区	2015-01
谏壁街道办事处	市第八届双拥模范街道	市委、市政府、军分区	2015-01
四牌楼街道办事处	市第八届双拥模范街道	市委、市政府、军分区	2015-01
大市口街道办事处	市第八届双拥模范街道	市委、市政府、军分区	2015-01
象山街道办事处	市第八届双拥模范街道	市委、市政府、军分区	2015-01
健康路街道石马湾社区	市第八届双拥模范社区	市委、市政府、军分区	2015-01
象山街道宗泽路社区	市第八届双拥模范社区	市委、市政府、军分区	2015-01
正东路街道京口路社区	市第八届双拥模范社区	市委、市政府、军分区	2015-01
大市口街道鼓楼岗社区	市第八届双拥模范社区	市委、市政府、军分区	2015-01
区纪委	创建全国文明城市工作先进集体	市委、市政府	2015-03
区委宣传部	创建全国文明城市工作先进集体	市委、市政府	2015-03
区级机关工委	创建全国文明城市工作先进集体	市委、市政府	2015-03
区住建局	创建全国文明城市工作先进集体	市委、市政府	2015-03
区城管局	创建全国文明城市工作先进集体	市委、市政府	2015-03
区人社局	创建全国文明城市工作先进集体	市委、市政府	2015-03
区卫计委	创建全国文明城市工作先进集体	市委、市政府	2015-03
区市场监督管理局	创建全国文明城市工作先进集体	市委、市政府	2015-03
市公安局京口分局	创建全国文明城市工作先进集体	市委、市政府	2015-03
象山街道办事处	创建全国文明城市工作先进集体	市委、市政府	2015-03
谏壁街道办事处	创建全国文明城市工作先进集体	市委、市政府	2015-03
四牌楼街道办事处	创建全国文明城市工作先进集体	市委、市政府	2015-03
健康路街道办事处	创建全国文明城市工作先进集体	市委、市政府	2015-03
健康路街道办事处	法制工作先进集体	市委、市政府	2015-11
区史志档案办公室	2012-2014年评为文明单位	市委、市政府	2015-12

2015年京口区入选“好人榜”一览表

表36

姓名	性别	单位	入选好人榜	授予单位
张凤霞	女	四牌楼街道	江苏好人榜	江苏省文明办

2015年京口区获副高级以上专业技术资格人员情况表

表37

姓　名	性　别	工作单位	从事专业	资格名称
刘　璇	女	镇江市京口区疾病预防控制中心	卫生专业	副主任医师
唐军花	女	镇江市京口区疾病预防控制中心	卫生专业	副主任医师
吴俊霞	女	镇江市京口区卫生监督所	卫生专业	副研究所
夏宏伟	男	谏壁社区卫生服务中心	卫生专业	副主任医师
陶　莘	女	健康路社区卫生服务中心	卫生专业	副主任中医师
刘　静	女	谏壁社区卫生服务中心	社区卫生	社区副主任医师
杨罗成	男	谏壁社区卫生服务中心	社区卫生	社区副主任医师
许　兵	男	京口区江苏大学社区卫生服务站	社区卫生	社区副主任护师
华长虹	女	京口区江苏大学社区卫生服务站	社区卫生	社区副主任医师
侯菊香	女	象山社区卫生服务中心	社区卫生	社区副主任医师
纪剑芬	男	象山社区卫生服务中心	社区卫生	社区副主任医师
徐春生	男	象山社区卫生服务中心	社区卫生	社区副主任医师
柯丹霞	女	健康路社区卫生服务中心	社区卫生	社区副主任医师
马铼枫	男	健康路社区卫生服务中心	社区卫生	社区副主任医师
桑亚云	女	健康路社区卫生服务中心	社区卫生	社区副主任医师
王　炜	男	健康路社区卫生服务中心	社区卫生	社区副主任医师
黎　慧	女	健康路社区卫生服务中心	社区卫生	社区副主任护师
潘咏梅	女	健康路社区卫生服务中心	社区卫生	社区副主任护师
王　薇	女	健康路社区卫生服务中心	社区卫生	社区副主任护师
严晓茹	女	健康路社区卫生服务中心	社区卫生	社区副主任护师
黄　英	女	镇江市第十中学	语文	中小学高级教师
戴建华	男	镇江市第十中学	物理	中小学高级教师
高亚飞	女	镇江市第十中学	物理	中小学高级教师
魏　明	男	镇江市第十中学	政治	中小学高级教师

续表 37-1

姓名	性别	工作单位	从事专业	资格名称
邵　静	女	镇江市中山路小学	小音	中小学高级教师
曹　蕾	女	镇江市江滨实验小学	小语	中小学高级教师
丁梅红	女	镇江市索普实验小学	小语	中小学高级教师
潘仪岚	女	镇江市红旗小学	小语	中小学高级教师
周　琴	女	镇江市实验小学	小数	中小学高级教师
徐琳琳	女	镇江市中山路小学	小思	中小学高级教师

市人大代表一览表

表 38

姓　名	性　别	单　位	届
卜美琴	女	正东路街道酒海街社区	市第七届人大代表
黄万荣	男	京口区人民政府	市第七届人大代表
黄少青	男	京口区住建局	市第七届人大代表
王嗣强	男	中储粮镇江粮油有限公司	市第七届人大代表
戎国平	男	京口区农经局、水利局	市第七届人大代表
陈开春	男	江苏省鸿泰钢铁有限公司	市第七届人大代表
周贤海	男	镇江鼎胜铝业有限公司	市第七届人大代表
顾明华	男	京口区委办公室	市第七届人大代表
裔玉乾	男	中共京口区委、人大常委会	市第七届人大代表
王德标	男	京口区卫生和计划生育委员会	市第七届人大代表
刘正才	男	镇江市京口区教育局	市第七届人大代表
许竹春	女	正东路街道焦顶山社区	市第七届人大代表
宜建美	女	京口区象山街道	市第七届人大代表
谭雪峰	男	京口区财政局	市第七届人大代表
杨丽华	女	京口现代农业产业园区	市第七届人大代表
倪兆顺	男	京口区人大常委会	市第七届人大代表

市政协委员一览表

表 39

序　号	姓　名	性　别	单　位	届
1	倪　坚	男	京口区政协	市第十二届政协委员
2	顾艳杰	女	京口区特教中心	市第十二届政协委员

续表 39-1

序号	姓名	性别	单位	届
3	季　冰	男	鼎胜铝业有限公司	市第十二届政协委员
4	宋小燕	女	京口区招商服务中心	市第十二届政协委员
5	张凤霞	女	四牌楼街道办事处江一社区	市第十二届政协委员
6	华舒仪	女	大市口街道办事处	市第十二届政协委员
7	阚爱萍	女	京口区文联	市第十二届政协委员
8	毛幼平	男	京口区纪委	市第十二届政协委员
9	孙国平	男	京口区政协	市第十二届政协委员
10	姜厚荣	男	京口区统战部	市第十二届政协委员
11	林黎明	男	京口区人民政府	市第十二届政协委员

焦山风景

文 件 题 录

中共京口区委 2015 年重要文件选录

表 40

序号	文件名	文件号（镇京发）
1	镇江市京口区行政事业单位国有资产管理实施办法	5
2	关于进一步加强村级集体资产管理的实施意见	15
3	关于全面推进依法治区工作的意见	16
4	京口区委印发《关于开展党风廉政建设专项巡查工作的办法（试行）》的通知	17
5	关于印发《关于实施法治型、服务型先进党支部建设工程的实施意见》的通知	19
6	关于印发《镇江市京口区国有企业领导人员管理暂行办法》的通知	20
7	关于印发《京口区“十三五”期间建设校地合作示范区的实施意见》的通知	31
8	关于推动全区文化建设迈上新台阶的意见	36
9	关于加强人大工作规范化建设的意见	39
10	京口区关于发展众创空间推进大众创新创业的实施意见（试行）	42
11	中共镇江市京口区委关于推动全面从严治党迈上新台阶的实施意见	47

京口区人民政府 2015 年重要文件选录

表 41

序号	文件名	文件号（镇京政发）
1	关于印发《镇江市京口区安全生产目标管理考核奖惩办法》的通知	27
2	关于深化行政审批制度改革加强事中事后监管工作的意见	56
3	关于促进江苏北固产业投资有限公司加快发展的意见	63
4	关于进一步加强上级财政专项资金管理的实施意见	123

文 件 选 录

中共京口区委 京口区人民政府
关于表彰2014年度先进单位和先进个人的决定

镇京发〔2015〕10号 2015年2月26日

各街道党工委、办事处，各园区党工委、管委会，区委各部委办局，区各委办局（公司），供销社、茶场，区法院、检察院，区人武部，各群众团体：

2014年，在区委、区政府的领导下，全区上下深入贯彻落实党的十八大、十八届三中、四中全会精神，坚持“稳中奋进、改革创新”主基调，大力实施“363”行动，全区经济发展跃上新台阶，结构调整迈出新步伐，城乡建设展示新面貌，社会建设呈现新局面，并涌现了一大批表现突出、成绩优异的先进单位和先进个人。为发扬成绩、激励先进，进一步激发干事创业的氛围，经区委、区政府研究决定，对在年度工作中作出突出贡献的单位和个人进行表彰。

希望受到表彰的先进单位和先进个人要珍惜荣誉、再接再厉、再铸辉煌。全区上下要以受表彰的先进单位和个人为榜样，以“1+6”活动为抓手，开拓创新、锐意进取，为加快建设经济强、百姓富、环境美、社会文明程度高的“新京口”而努力奋斗！

附：1. 2014年度“转型升级特色发展”先进单位名单

2. 2014年度“转型升级特色发展”先进个人名单

2014年度“转型升级特色发展”先进单位名单

规模纳税贡献一等奖

中储粮镇江粮油有限公司

镇江市泰鑫废旧物资回收有限公司

镇江幸福基业房地产开发有限公司

规模纳税贡献二等奖

镇江鼎胜铝业股份有限公司

普莱克斯（镇江）工业气体有限公司

镇江市八佰伴商贸有限公司

镇江华源集团有限公司

镇江盈盛房地产开发有限公司

镇江中南新锦城房地产发展有限公司

规模纳税贡献三等奖

镇江强凌电子有限公司

爱励铝业（镇江）有限公司

镇江市松协电器有限公司

江苏名通信息科技有限公司

中央储备粮镇江直属库

北京国电龙源环保工程有限公司江苏谏壁分公司

镇江维科置业有限公司

中南镇江房地产开发有限公司

镇江和融房地产开发有限公司

单位面积纳税贡献一等奖

镇江市松协电器有限公司

镇江市勘察测绘研究院

单位面积纳税贡献二等奖

镇江飞驰商务车有限公司

镇江中煤电子有限公司
镇江索普能源有限公司
江苏名通信息科技有限公司

单位面积纳税贡献三等奖

镇江报业印务有限公司
镇江四洋柴油机制造有限公司
普莱克斯（镇江）工业气体有限公司
江苏立信建设工程造价咨询有限公司
镇江市投资担保有限公司
镇江大娘水饺餐饮有限公司

转型升级先锋单位

镇江鼎胜铝业股份有限公司
江苏惠通集团有限责任公司
江苏名通信息科技有限公司

“金凤凰”活动先进单位

象山街道
健康路街道
大市口街道

“三集”园区建设先进单位

京口现代农业产业园区
中国中小企业信息产业园（原镇江无线产业园）
京口高性能铝材料产业园

项目建设先进单位

区科技局
区招商服务中心
象山街道（大禹山创意新社区管委会）
谏壁街道
新民洲临港产业园
大市口街道

创新创业先进单位

镇江索乐电子科技有限公司
江苏易乐网络科技有限公司
京口高新技术创业服务中心
镇江创业园

安全生产先进单位

四牌楼街道
区交通运输局
区安监局

综合治理先进单位

区纪委
区法院
镇江市公安局京口分局

信访稳定先进单位

区信访局
谏壁街道
镇江市公安局京口分局正东路派出所

“文明进万家”先进单位

区城管局
健康路街道
谏壁街道
象山街道

民生改善先进单位

区民政局
区文体局
谏壁街道

城乡建设先进单位

谏壁街道
健康路街道
区住建局

城市管理先进单位

健康路街道
四牌楼街道
象山街道
区城管局

生态文明建设先进单位

谏壁街道
区农委（水利局）
象山街道
区城管局

党的建设先进单位

正东路街道酒海街社区党委
大市口街道千秋桥社区党委
中山路小学党支部
江苏海龙核材科技股份有限公司党支部

“真·实”活动先进单位

区委老干部局
区商务局
区交通运输局

街道（园区）绩效管理考核一等奖

象山街道
新民洲临港产业园

街道（园区）绩效管理考核二等奖

大市口街道
健康路街道

区级机关绩效管理考核优胜单位

区统计局
区科技局
区文体局
区财政局
区信访局
区法院

党建工作科学化考核优胜单位

四牌楼街道党工委
大市口街道党工委
健康路街道党工委

优质服务单位

镇江市公安局京口分局
镇江市国土资源局京口分局
镇江市规划局京口分局
镇江市国税局第三分局
镇江市地税局第五分局
镇江市工商局京口分局
镇江市质监局城区分局

2014年度“转型升级特色发展”先进个人名单

经济工作能手

郎德虎 京口工业园区党工委书记
许俊超 新民洲临港产业园党工委书记
黄贤宇 大禹山创意新社区党工委副书记、管委会主任
吴红霞 区委台办主任
顾 胤 健康路街道党工委副书记（原健康路街道办事处副主任）
李 雷 谏壁街道招商办副主任、焦湾社区副书记
何 英 区发改和经信委固定资产投资科副科长
陈雨婷 区招商服务中心招商三部部长

创新创业标兵

贡 强 区科技局副局长、党组成员
庄 严 区劳动就业管理中心副主任
陈曦康 镇江百润福超市有限公司总经理
郝 鹏 镇江博联电子科技有限公司总经理
魏 义 镇江乐游网络科技有限公司总经理
杜学明 镇江吃喝玩乐资讯有限公司总经理

“金凤凰”活动先进个人

许红兵 区科技局副局长、党组成员
徐兰芳 区财政局副局长、党组成员
王炳玉 区人社局副主任科员
吴伟良 正东路街道党工委委员、办事处副主任
吴 成 区高层次人才引进服务中心副主任
蒋 娇 京口工业园区经济发展部科员

“三集”园区建设先进个人

许华耕 区发改和经信委副主任、党组成员
蒋 剑 区财政局副主任科员
杨丽华 新民洲临港产业园党工委委员，京口现代农业产业园区管委会主任
耿 亮 大禹山创意新社区党工委委员、管委会副主任
戎旭峰 正东路街道党工委委员、纪工委书记（原京口工业园区管委会副主任）
朱龚平 区政府办综合二科科员

安全生产先进个人

刘宏利 新民洲临港产业园党工委委员、管委会副主任
狄惠群 区机关事务处保卫科科长
罗 鹏 象山街道安监办副主任
周 军 大市口街道安监站站长
蒋志远 正东路街道安监站站长
王 峥 区安监局办公室主任

综合治理先进个人

张 萌 区妇联主席（原四牌楼街道党工委副书记）
郭先武 谏壁街道党工委副书记、办事处主任
李 卉 区司法局副局长
杨 翼 镇江市公安局京口分局治安大队副队长
吕 真 区检察院监所检察科科长
孙玉琴 象山街道东城社区书记、主任
戴长喜 区综治办副主任

信访稳定先进个人

李燕敏 区信访局副局长
严 波 健康路街道党工委副书记、办事处主任（原健康路街道党工委副书记）
赵有保 区民政局副局长、党组成员、主任科员（原象山街道党工委副书记）
卜美琴 正东路街道酒海街社区党委书记
万 勇 大市口街道办事处信访办主任

杨　军　镇江市公安局京口分局学府路派出所副所长

“文明进万家”活动先进个人

杨少华　区纪委监察局副局长
冯忠洁　区住建局副局长、党委委员
张枝荣　区城管局副局长、党委委员
叶　晶　正东路街道党工委组织宣统委员
朱建军　四牌楼街道党工委委员、办事处副主任
崔　悦　四牌楼街道宣传统战委员（原谏壁街道党工委宣统委员）
丁方品　大市口街道党工委组织宣统委员
张荣琳　区委宣传部宣传科科长

民生改善先进个人

刘　蓉　大市口街道党工委委员、办事处副主任
张　伟　区教育局副局长、党委委员
陈　实　谏壁街道民政办主任
许玉芬　区司法局法律援助中心主任
袁筱靖　四牌楼街道人力资源和社会保障服务中心主任
陈　飞　象山街道学府路社区党总支书记

城乡建设先进个人

蒋伟文　区政府办副主任、党组成员
刁华伟　区交通局副局长、党组成员
张玉金　大市口街道党工委委员、办事处副主任（原住建局副局长）
姚　斌　四牌楼街道党工委委员，办事处副主任
张　群　区征收（拆迁）管理办公室副主任
聂　俊　象山街道公共环境服务中心副主任

城管先进个人

张保忠　区城管局副局长、党委委员，环卫所所长
林　飞　大市口街道城管科长
韩世民　谏壁街道城管科长
凌宇生　京口工业园区规划建设部副部长
陈昌高　新红旗社区居委会副主任.

生态文明建设先进个人

陈　坚　区政府办副主任、党组成员
潘建康　区农委主任科员（原区水利局局长）
王壮保　区城管局局长、党委书记
朱海平　区住建局副局长、党委委员
张　羿　象山街道党工委委员、纪工委书记
沈庆伟　谏壁街道党工委委员、办事处副主任

党的建设先进个人

夏正东　健康路街道党工委组织宣统委员
刘志东　象山街道焦山社区党委书记、居委会主任
褚　磊　谏壁街道党政办主任、谏电社区党委书记
冯祥龙　四牌楼街道江一社区党委副书记
王建华　京口工业园综合人事部副部长、办公室副主任
夏　鹏　区委组织部组织科科长

“真·实”活动先进个人

陈　涛　区机关工委副书记、纪工委书记
魏晓曦　区市场监督管理局负责人
陈　琳　区司法局局长
商伟民　区住建局党委委员、纪委书记
孔晓颖　区环保局党组成员、纪检组长
经　晶　区发改和经信委副主任、党组成员

中共京口区委　京口区人民政府
关于给陆炳西等同志记三等功和给顾明华等同志嘉奖的决定

镇京发〔2015〕12号　2015年2月27日

各街道党工委、办事处，各园区党工委、管委会，区委各部委办局，区各委办局（公司），供销社、茶场，区法院、检察院，区人武部，各群众团体：

2014年，全区广大干部职工在区委、区政府的领导下，深入贯彻落实党的十八大和十八届三中、四中全会精神，牢固树立和实践科学发展观，努力践行全心全意为人民服务的宗旨，团结拼搏，创新实干，涌现出一大批先进个人。为表彰先进，激励典型，区委、区政府决定，给予陆炳西等16名同志记三等功、顾明华等489名同志嘉奖。

希望受到记功、嘉奖的同志珍惜荣誉，戒骄戒躁，再接再厉，为开创京口经济社会发展新局面再立新功。希望全区广大职工干部以他们为榜样，立足本职工作，争创一流业绩，为加快建设“经济强、百姓富、环境美、社会文明程度高的‘新京口’”而努力奋斗。

附：1. 2014年度记三等功人员名单

2. 2014年度嘉奖人员名单

附件1：

2014年度记三等功人员名单（共16名）

陆炳西	吴长安	赵　飞	王　芳	汪忠春	张亚南
钟志敏	刘明军	刘　昊	王伟军	韦　雷	殷　强
吴　军	杨　钰	金传华	黄文超		

附件2：

2014年度嘉奖人员名单（共489名）

顾明华	包迎辉	曹　蕾	李　勇	郭　健	王志斌
顾洪涛	薛　莲	谢根龙	谭雪峰	刘　平	王壮保
赵晓文	袁在森	许俊超	杨少华	盛　杰	李国军
陶宝强	常加华	华　怡	贾永平	陈　坚	王玉萍
许华耕	张建强	殷晓蕾	于德青	许红兵	韦志明
李　震	徐兰芳	孙沛晖	张玉金	张保忠	刁华伟
丰　富	成　华	殷文琪	王珺晨	杭军花	许文兰
夏正东	丁方品	吴伟良	李海洪	范舒茜	孙　昊
耿　亮	崔　悦	沈庆伟	钟龙达	董泽建	施光华
徐强胜	毕庆玲	李　鲁	佘玉敏	柳如永	徐　丹
刘　宁	刘永胜	王　炳	周　伟	杨　毅	邓铭琛
周子非	施正星	孙　文	卞正鲁	吴建平	惠晓华
花秀骏	吴志国	卢爱国	余跃明	丁万东	张　寅
沈家鸣	李　凌	韩　伟	周　雯	仲　诚	沈承智
杨　昆	周成干	文门龙	王幼林	孙俊鹏	朱俊华
袁爱红	颜　舒	朱康顺	罗四海	葛　飞	王　毅
徐民刚	林　亮	季红振	郝晓红	仇　惠	钱寿云
赵志华	王凤花	朱亚露	肖荣军	梅康凯	王　欢
胡　蓉	吴建萍	李　蓉	董　翊	顾思静	姚　杰
吴　辉	张政先	华伟婷	陈　震	陈珑境	周　玲

庄　严	姜　瑶	季云峰	董　勇	李成长	施利平
赵　莉	姚　磊	朱鹤松	夏　热	陈跃辉	沈小余
殷延厚	戴薇娜	朱　晶	张　珀	张　琪	陈宏伟
宋　军	王　鼎	张世龙	朱承明	刘玉霞	袁　斌
汤慧霞	耿正华	沈素兰	曹佳彦	周　龙	陈　华
王　冰	袁在岭	谈建华	王　勖	赵林虎	戴兆林
任长忠	丁志国	张　颖	瞿　峰	郭　怡	俞　晨
朱　靖	吴春秀	陆　阳	夏亦民	杨　凌	李大众
高　丽	姚欣梅	王红梅	贾智霞	陈梅香	陶　苹
柯丹霞	吴　敏	池雨杞	黎　慧	邵鲁平	仇　薇
吴晶晶	李甘霖	刘　君	李　毅	庄　霞	章　伟
严　涛	严　昕	周　妍	乔　琳	仲　毅	唐辛鑫
杨美琴	吴石羽	李敬红	肖　的	孙建平	蒋建英
周利萍	徐　钧	徐双山	赵树英	孟家泉	陶志敏
韦玉玲	陆　群	董纯芳	蒋克丽	姜孝琼	张剑青
徐长宏	颜　燕	任晓妹	徐石洁	康　静	曾菲菲
仇　程	高　婧	吕　婕	苏仕刚	张　军	马玮玮
冯　芸	田　萍	孟　盈	杨海峰	张中香	吴　静
施爱玲	孔祥军	武剑青	凌　岚	刘　甜	张　薇
肖　贝	李　力	仇光舫	周　敏	林　璐	庄　玲
吴建芳	蒋希慧	杨蕴秋	单　晖	汤文娟	戎丽华
储薇薇	庄雪君	查　韦	王燕彬	赵朴蓉	顾　琴
仇新东	孔淑芳	李　正	刘银萍	茅坚欣	倪梅芳
钱　娟	盛　敏	孙国琴	徐小娅	杨晨亮	杨　莉
张　剑	骆卫华	费爱华	冀　云	郜晔文	张爱清
毛　虹	朱春蓉	郭澎涛	陈　康	蔡震霆	贡惠珍
谢春芳	祝成林	杨　波	季　美	杜学涛	姜　敏
陶　岚	杨小琴	郑　青	茅　薇	费爱萍	张　莉
孙　逊	商韦菊	刘　锦	刘　璐	王　旌	刘礼香
孙晓明	陈爱梅	倪蔚丹	马慧君	王礼梅	黄丽萍
袁安云	潘　彦	赵　霞	曹　洁	花有筝	孙　赟
金　燕	李琳玲	万　蕾	朱　敏	吴　洁	丁　洁
黄　莺	丁其奎	蒋小平	高碧玉	杨晓红	范跃斌
蒋　慧	华　蕾	孙晓舰	汪建芳	吴　娟	程　娟
陈　颖	吴兆海	刘　妤	卞　绮	王一平	戚　娟
李　敏	朱晓俊	聂小娟	魏江霞	侯晓佳	陈　实
陈　基	陈　洁	仇亚霖	冯先妹	蒋　凯	糜晓俊
沙婉恬	佘继华	张　柳	赵文魁	杜鹃花	李媛媛
田蓓影	马精君	马　剑	姚春英	储梅萍	施美玲
张敏玲	樊　钧	李　林	刘罗根	成东文	周俞祥
俞勤英	左莉莉	吴晓妍	宋金春	蒋　燕	张建华
马惠芳	姚　瑾	王建强	仇文娟	谢锦花	陈国祥
朱晨艳	张继诚	殷湘娟	冯　莉	乔　俊	吴晓静
任双梅	王桂仙	陈元龙	郁美婷	倪小兵	黄　月
瞿　燕	陆　雯	谢群花	胡荣梅	朱庭玉	管志文
柴亚庆	秦　瑜	徐宜兴	周惠琴	崔　丽	贾晓英
段光辉	于鹏飞	赵金山	曾佳斌	丁志超	张　丽
章　洁	戴　松	左晓丹	朱莉莉	何发顺	吕金丹
田义荣	孔文祥	江云龙	王　伟	朱洁然	夏　颖
褚　涓	王蓓蓓	庄卫珍	陈　红	朱　晨	袁　鸣
江　苏	谢　莉	董　玮	曹　敏	王　炜	李　宁
邵雯君	陶　铵	严　岩	张凌云	金　微	朱爱军

高　清	祁　悦	徐　璐	王　蓓	陈　泉	秦　莹
周　健	梁　彦	邵　菲	吴　悦	谢启兰	章　茜
李正霞	李　莉	华国红	许宝珠	方镇桥	龚俊霞
陈红红	夏　薇	吕德民	钱剑峰	霍　超	孙艳萍
刘　萍	陈茹红	张　霞	何光云	李祥忠	罗　鹏
郑翠仙	聂　俊	严　涵	叶　林	左乃宏	尹龙云
辛书成	查　玫	陈　实	徐　军	蒋志远	傅姗姗
易苏川	周　军	朱　芳	梁春萍	雍月琴	李鹤平
梅　昆	王彩余	黎　明	狄惠群	戈　晨	董　丽
张　骄	王　吉	王　琦			

镇江博物馆景区

关于表彰2014年度京口区城市长效管理工作先进个人和优秀社区的决定

镇京政发〔2015〕23号　　2015年3月3日

各街道办事处，各园区管委会，区各有关部门：

2014年，在区委、区政府的领导下，各街道（园区）、区各职能部门围绕全国文明城市创建目标任务，在“街长制”网格化管理、防违治违、城市环境综合整治、“文明进万家”等方面，强化责任、认真履职、加大投入、协调联动，初步形成了“干、查、督”闭合循环监督机制，有效解决了一大批城市管理中的难点热点问题，大城管考核继续保持全市领先，为我市创建成全国文明城市作出了积极的贡献。为弘扬成绩，表彰先进，经研究，决定授予江科大社区等10个单位为“2014年度城市管理工作优秀社区（村）”，授予吴梦莹等36名同志为“2014年度城市管理工作先进个人”（名单附后）。

希望受到表彰的单位和个人发扬成绩，再接再厉，在城市长效管理工作中再创佳绩。同时号召各街道（园区），区各相关部门以先进为榜样，积极参与城市长效管理工作，进一步强化领导、完善机制、主动作为，为全面推进城市管理网格化、精细化、全覆盖，建设兼具现代气息和人文特质的“美丽京口”作出新的更大贡献！

附：2014年度京口区城市长效管理工作先进个人及优秀社区（村）名单

一、优秀社区（村）（10家）

正东路街道：江科大社区、酒海街社区

四牌楼街道：荷花塘社区、江一社区

大市口街道：高桥北社区、弥陀寺巷社区

健康路街道：健康社区

象山街道：东风社区

谏壁街道：雩北村委会

二、先进个人（33名）

吴梦莹	胡路祥	荆新华	阚卫华	吴　洪
沈　涛	赵皇斐	郭剑刚	王　镇	杨卫东
欧　俊	倪　刚	王　海	仲　国	陈　浩
鄂厚民	吴　智	赵卫俭	孙传斌	殷新红
曾明顺	杨　闻	陆　珺	朱庚刚	吴建军
杨　翼	杨　敏	蒋　莉	黄海霞	黄　培
王广胜	秦寅生	董冯云		

关于表彰全区
优秀共产党员、优秀党务工作者的决定

镇京发〔2015〕21号　　2015年7月1日

各街道党工委，各园区党工委，区委各部委办局、区各委办局（公司）党委（党组、总支、支部），供销社党组，茶场党支部，区法院、检察院党组，区人武部党委，各群众团体：

近年来，全区各级党组织和广大共产党员全面贯彻落实党的十八大和十八届三中、四中全会精神，按照区委七届八次会议部署要求，紧紧围绕建设“强富美高”新京口的奋斗目标，认真践行“三严三实”，深入推进“双强六有”服务型基层党组织建设，全面推动我区深化改革，涌现出一大批求真务实、锐意进取、心系群众、奉献社会的先进个人。在纪念中国共产党成立94周年之际，经研究决定，授予王海等30名同志“优秀共产党员”称号；授予孙荣军等22名同志“优秀党务工作者”称号，并予以表彰。

希望受表彰的同志珍惜荣誉，谦虚谨慎，再接再厉，把荣誉作为新的起点，以更高的标准严格要求自己，为推进我区经济社会发展和党的建设做出新的更大贡献。全区各级党组织和广大共产党员要向受表彰的同志学习，不断强化宗旨意识，增强群众观念，提升服务能力，凝聚发展合力，团结带领全区广大干部群众矢志改革、奋力拼搏，在建设“强富美高”新京口伟大事业中奋发有为、再立新功！

附：京口区优秀共产党员、优秀党务工作者名单

全区优秀共产党员名单（共30人）

王　海	象山街道公共环境卫生服务中心副主任
戴　伟	象山街道景阳山社区工作人员
欧阳君（女）	象山街道、大禹山创意新社区管委会招商服务部负责人
沈明顺	谏壁街道焦湾社区党总支书记、居委会主任
吕　伟	谏壁街道东京村党总支书记、村委会主任
陈　实	谏壁街道社会事务服务中心主任、街道机关第二党支部书记
黄亚均	中建三局镇江苏宁广场工程项目执行经理
徐　涛	健康路街道经济服务中心主任、统计站站长、东桃社区党委书记
林　飞	大市口街道城管科科长
朱建浩	大市口街道鼓楼岗社区党委书记、居委会主任
龚家强	正东路街道项目推进办公室主任、京口路社区党委副书记
章　晨	正东路街道宝塔山社区党总支书记
郭建庆	四牌楼街道江山名洲社区党支部副书记
林亦红（女）	四牌楼街道司法所所长
朱犀斌	鼎胜铝业股份有限公司党总支综合支部书记
刘爱兰（女）	新民洲临港产业园党政办主任
屠玉燕（女）	区财政局预算科科长
张小蓓（女）	区文体局（旅游局）办公室主任
胡　飞	区政府办公室综合二科科长
邵伟华	江苏北固产业投资有限公司财务部部长
陈　军	镇江市索普实验学校副校长
黄　月（女）	京口中学教师
杨美琴（女）	谏壁社区卫生服务中心麻醉师
房新宇	区住建局综合业务科工作人员
陆　珺（女）	区城管局办公室主任
汤智慧	象山工商所所长
孙雪明（女）	区国资管理中心办公室副主任
刘　磊	谏壁派出所所长

王盛才　　九里街派出所社区民警
钱成华　　区人武部后勤科出纳

全区优秀党务工作者名单（共22人）

孙荣军　　区委机要保密局副局长
杨　凯　　区纪委办公室主任
李国军　　区委组织部办公室主任、企业工委纪工委书记
张荣琳（女）　区委宣传部宣传科科长
颜成东　　区委政法委执法督查科科长
常加华　　区委统战部副部长
夏正东　　象山街道党工委组织委员
夏　雷　　谏壁街道党工委副书记
沈　惠（女）　健康路街道桃花坞社区党委书记、居委会主任
孙王磊（女）　大市口街道老北门社区党委书记
佘　斌　　正东路街道贺家弄社区党委副书记
杨　涛　　四牌楼街道党员服务中心负责人
徐　猛　　京口工业园区上埠村党总支书记
窦可伟　　新民洲临港产业园新红旗社区党总支书记
陈军越（女）　区级机关工委副书记
袁　萃（女）　镇江市实验小学党支部书记
邵顺江　　区卫生监督所支部书记、副所长
蒋　松　　区住建局党委委员、副局长
张保忠　　区城管局党委委员、副局长、环卫所党支部书记、所长
蓝同滨　　区市场监督管理局第二党支部书记、法规科科长
高敏修　　区国资管理中心党委员、副主任、非公企业联合支部书记
李　健　　学府路派出所教导员

关于命名表彰全区
十佳党代表工作室、优秀党代表工作室的决定

镇京发〔2015〕22号　　2015年7月1日

各街道党工委，各园区党工委，区委各部委办局、区各委办局（公司）党委（党组、总支、支部），供销社党组，茶场党支部，区法院、检察院党组，区人武部党委，各群众团体：

建设党代表工作室，是深入贯彻落实党的十八大精神、从新的更高起点上深化党代表任期制、有效发挥党代会闭会期间党代表作用的重要举措。近年来，全区各级党组织按照市委、区委部署，广泛开展党代表"三问三访"活动，扎实推进党代表工作室建设，取得了"知党情、传民意、促发展、筑和谐"的工作实效。为树立典型、激励先进，引领带动全区党代表工作室建设深入开展，经研究决定，命名表彰象山街道长岗社区等10个党代表工作室为全区十佳党代表工作室，命名表彰象山街道焦山社区等10个党代表工作室为全区优秀党代表工作室。

希望受表彰的党代表工作室珍惜荣誉、再接再厉，深化探索、务实创新，努力为全区党代表工作室建设提供经验。各单位要把党代表工作室的建设运行，与推动本单位中心工作有机结合起来，广泛组织开展代表接访走访、事务代办、困难帮扶等活动，真正把党代表工作室建成联系服务党员群众的重要窗口和密切党群干群关系的重要纽带。各级党员领导干部要带头到党代表工作室参加活动，带头倾听群众诉求，带头帮助解决困难问题，切实转变工作作风，展示为民务实清廉的良好形象。

附：十佳党代表工作室、优秀党代表工作室名单

十佳党代表工作室名单

象山街道长岗社区党代表工作室
象山街道景阳山社区党代表工作室
谏壁街道粮山社区党代表工作室
健康路街道桃花坞社区党代表工作室
大市口街道古城社区党代表工作室
正东路街道焦顶山社区党代表工作室
四牌楼街道民主新村社区党代表工作室
京口工业园区李华社区党代表工作室
新民洲临港产业园新红旗社区党代表工作室
区教育局李烽党代表工作室

优秀党代表工作室名单

象山街道焦山社区党代表工作室
谏壁街道西街社区党代表工作室
健康路街道东桃社区党代表工作室
大市口街道千秋桥社区党代表工作室
正东路街道卜美琴党代表工作室
四牌楼街道阳光世纪花园社区党代表工作室
区住建局党代表工作室
区城管局党代表工作室
区卫计委纪剑芬党代表工作室
公安京口分局张宝华党代表工作室

中共京口区委　京口区人民政府
关于表彰第二届“京口区人民满意教师”的决定

镇京发〔2015〕28号　　2015年9月2日

各街道党工委、办事处，各园区党工委、管委会，区委各部委办局，区各委办局（公司），供销社、茶场，区法院、检察院，区人武部，各群众团体：

近年来，全区广大教师和教育工作者认真贯彻党和国家的教育方针，爱岗敬业，积极进取，辛勤耕耘，无私奉献，为推动我区教育事业改革与发展做出了积极的贡献，涌现出一批忠于职守、师德高尚、教风纯正、素质优良的先进教育工作者和模范教师。为鼓励先进，树立典型，经区委区政府研究决定，授予丁曜等50名同志第二届“京口区人民满意教师”光荣称号（名单附后）。

希望受表彰的教师以成绩为起点，以荣誉为动力，谦虚谨慎，再接再厉，充分发挥模范带头作用，为我区教育事业发展再创佳绩、再立新功。希望全区广大教师和教育工作者要以先进模范为榜样，立足本职，积极进取，勇于创新，不断创造新的业绩，为全区经济社会跨越发展作出新的更大的贡献。

附：

第二届“京口区人民满意教师”获奖名单

镇江市中山路小学	丁　曜
镇江市恒顺实验小学	马　剑
镇江市恒顺实验小学	马精君
江苏科技大学附属小学	王　宇
镇江市京口区特殊教育中心	王　美
镇江市香江花城小学	王　莲
镇江市江滨实验小学	王　旌
镇江市索普实验学校	王锦敏
镇江市江滨实验小学	孔淑芳
镇江市谏壁中心小学	朱晨艳
镇江市第十中学	乔　俊
镇江市雩北小学	任双梅
镇江市实验小学	刘　甜
镇江市学府路小学	刘罗根
镇江市中山路小学	刘培培
镇江市红旗小学	许丹茜
镇江市八叉巷小学	孙　逊
镇江市京口区实验小学	李双群
镇江市解放路小学	杨莎莉
镇江市解放路小学	吴　娟
镇江市学府路小学	吴　霖
镇江市红旗小学	邱　鹏
镇江市谏壁中心小学	张　慧
镇江市京口区教育局教学研究室	张雪芬
江苏科技大学附属小学	陈　杨
镇江市船艇幼儿园	陈　洁
镇江市桃花坞小学	陈祥芳
镇江市中山路小学	邵　静
镇江市第十中学	杭寿荣

镇江市京口区实验小学	季 美
镇江市中山路小学	金妮娜
镇江市八叉巷小学	费爱萍
镇江市京口区实验小学	姚卡娃
镇江市第十中学	姚凌云
镇江市春蕾幼儿园	贾恒慧
镇江市实验小学	贾颖来
镇江市京口区教育局教师培训中心	夏 薇
镇江市贺家弄幼儿园	顾 瑱
镇江市江滨实验小学	徐小娅
镇江市实验小学	凌 岚
镇江市京口中学	凌 昱
镇江市桃花坞幼儿园	高 蕾
镇江市实验幼儿园	陶 铵
镇江市香江花城小学	黄文泉
江苏科技大学附属小学	曹 洁
镇江市京口中学	董月讲
镇江市京河路幼儿园京岘分园	景 佳
镇江市实验小学	鲍玉红
镇江市京口中学	管 倩
镇江市桃花坞小学	戴晓婷

中共京口区委　京口区人民政府
关于表彰2012—2015年全区法治建设工作
先进单位和先进个人的决定

镇京发〔2015〕46号　　2015年12月31日

各街道党工委、办事处，各园区党工委、管委会，区委各部委办局，区各委办局（公司），供销社、茶场，区法院、检察院，区人武部，各群众团体：

全区各街道（园区）各部门认真贯彻落实区委、区政府关于深入推进法治京口建设的部署要求，从维护改革发展稳定大局出发，突出工作重点，积极探索创新，注重惠民利民，深入扎实推进法治创建活动，法治京口建设取得了新成效。为表彰先进，不断提升法治京口建设绩效，经研究，区委、区政府决定授予区委办公室等10个部门和单位为2012—2015年“京口区法治建设工作先进单位”称号；授予王立等16名同志为2012—2015年“京口区法治建设工作先进个人”称号。

希望受到表彰的先进单位和个人珍惜荣誉，戒骄戒躁。锐意进取，再创佳绩。全区各街道（园区）各部门要认真学习先进经验，深入贯彻落实党的十八届四中、五中全会和市委深化全面推进依法治市会议精神，认真践行五大发展理念，为保障人民安居乐业、维护社会大局稳定、服务经济社会发展做出新的更大的贡献。

附：1. 京口区法治建设工作先进单位名单

2. 京口区法治建设工作先进个人名单

京口区法治建设工作先进单位名单（10个）

区人民法院	区人民检察院	区委办公室
区政府办（法制办）	区总工会	区民政局
区司法局	区人社局	区市场监督管理局
公安京口分局		

京口区法治建设工作先进个人名单（16人）

王　立	区委办副主任
顾　胤	健康路街道党工委副书记
卢爱国	区人民法院研究室主任
夏梅花	区人民检察院公诉科检察员
蒋玉萍	区发改和经信委办公室主任
蓝同滨	区市场监督管理局法规科科长
奚俊燕	区政府办法制科科长
赵志华	谏壁街道司法所所长
陈　浩	四牌楼街道民主新村社区党委书记、居委会主任
王　俊	象山街道综治办、法治办副主任
王加林	大市口街道综治办、法治办副主任
殷　军	正东路街道综治办副主任
李小花	区委政法委执法督查科副科长
秦晓俊	公安京口分局法制大队副大队长
李　吉	区司法局法制宣传教育科科员
贺　雯	区民政局基层政权和社区建设科工作人员

书 名 题 录

2015 年京口区作者著作书目

表 42

书名	编著者	出版者	出版年月	字数（千字）
京口年鉴（2015）	史志档案办公室	方志出版社	2015-11	811

2015 年京口区作者发表于市级报刊的文章题录

表 43

标题	作 者	发表报刊名称	发表日期（期次）
坚定不移落实“两个责任”持之以恒推进作风建设	周奇恒	镇江日报	2015-06-03
京口乡科级“一把手”向纪委述廉述责	夏玉芳	镇江日报	2015-03-12
京口全面落实党风廉政建设监督责任	王 芳	镇江日报	2015-06-27
京口作风建设出实招见实效	毛幼平	镇江日报	2015-06-03
不拘一格选人才，多措并举促发展——探索培养优秀年轻干部的“健康路径”	袁正阳	党建之窗	2015-07

索 引

索引采用主题分析方法编制，按标引词第一字汉语拼音字母顺序排列，第一字相同按第二字排列，依次类推；同音字按笔划顺序排列，相同的按起笔笔形横、直、撇、点、折顺序排列。标引词后的阿拉伯数字表示内容所在页码，数字后的英文字母（a、b、c）表示左栏、中栏、右栏。彩色画页未编索引。

A

B

C

D

E

F

G

H

J

K

L

M

N

P

Q

R

S

T

W

X

Y

Z

京口区大市口街道

省文化厅副厅长方标军（中）调研古城社区

市委常委、宣传部部长曹当凌（右三）调研大市口街道古城社区

2015年总结表彰大会

2015年，京口区大市口街道完成固定资产投资35.5亿元，比上年增长19%；社会消费品零售总额完成99.4亿元，比上年增长9.4%；公共财政预算收入9561万元，占年计划80%。实际到位外资303万美元，提前超额完成全年任务。一是全力打造大市口中央商贸商务集聚区。投资30亿元的大卫茂项目、投资10亿元的九泰医药网络运营大厦项目、投资亿元以上的万商汇、江苏020联动商城、莱卡精品酒店项目成功签约。二是社会治理水平进一步提高。全力打造“两个中心”。三是高标准打造宜居街区。投入近100万元，完成2015年江苏省文明城市复检工作。完成华润二期老小区改造并成功引进物业公司。结合“文明进万家”活动，完成紫晶国际、香山华庭、绿竹苑基础设施提升工作，全面启动置业新村“海绵城市”和物业提升综合改造工程。圆满完成危房解危、安置工作。四是党的建设进一步加强。10个社区全面完成第三轮办公用房达标任务；10个社区党建品牌实现“一居一品”，全部获得区委组织部及以上单位认定；成立镇江市京口区农联农村小额贷款有限公司党支部，推进大市口街道14家非公企业党建工作。

组织职工参加京口区“五一”劳动者歌咏大赛

组织职工参加镇江市新年万人健身长跑活动

组织党员在烈士陵园重温党员誓词、祭扫革命先烈

镇江市地税二分局

局长臧红带领分局全体干部进行公务员宣誓誓词

2015年镇江市地方税务局第二分局广大地税干部，牢牢把握税收工作的责任与使命，全面落实“强基固本促规范、改革创新谋发展”工作主题，不断增强“创新领税、责任铸税、管理立税、效率兴税”工作理念，瞄准“九大任务百项工作”目标，竭心敬业，攻坚克难，既沉稳应对税源形势变化，又锐意创新管理理念方式，既综合施策形成“组合拳”，又定点发力找准“突破口”，张弛相济推动各项工作开展，征管改革、纳税服务、队伍建设、党风廉政建设等各项工作取得了尤为可喜的成绩。

战斗英模上党课

党建结对共建活动

金山脚下税宣忙

组织分局女职工学习扎花活动

税收宣传进广场

京口区特教中心

民进江苏省委委员、镇江市政协副秘书长、民进镇江市委专职副主委李柏椴到学校调研

省特殊教育发展工程项目建设专家组到校检查指导学前区域改造

慈善总会领导为爱心手工坊揭牌

学校爱心手工坊正式启动，图为市、区领导到校检查指导

学生轮滑队代表省赴成都参加全国第六届特奥会，获五金四银三铜的好成绩

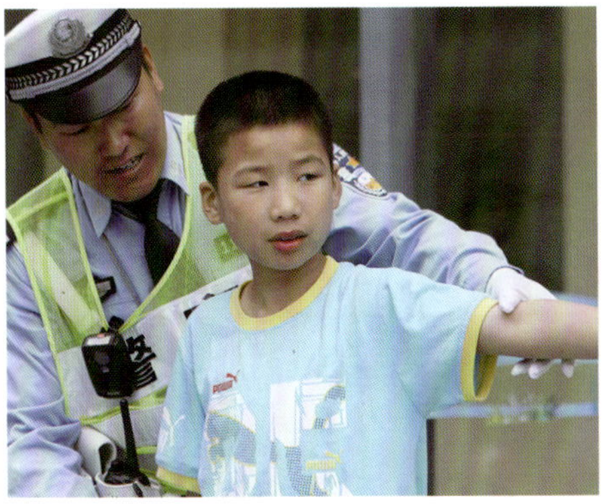

京口交警大队到学校为生讲解交通安全知识

爱生活爱劳动包饺子比赛

融合课堂开课，镇江小记者团走进学校，与特殊学生一起学习手工串珠_

镇江市中山路小學

ZHEN JIANG ZHONG SHAN ROAD PRIMARY SCHOOL

镇江市委书记夏锦文（左二）在中山路小学调研

江苏省教育报刊总社采访中山路小学

北京师范大学毛振明（左一）教授指导中山路小学体育工作

镇江市中山路小学坐落于古运河畔，中山路旁。学校拥有两个校区，占地面积2.9万平米，建筑面积1.9万平米，学生各类活动场地面积1.4万平米。学校有50个教学班，2400多名学生，129名专任教师。学校一直坚持教育改革的实践研究，努力探索先进的教育模式。形成面向全体、面向骨干、面向拔尖人才的特色教师文化；以行为习惯培养为重点，以学生习惯考级和七色花中队评比为抓手的特色德育文化；以多样性课程为基础，以过程性教学为支撑，以对话性课堂为载体的特色质量管理文化。学校以“打造精品，争创一流”为目标，形成羽毛球、合唱、舞蹈、跆拳道、科普、机器人等特色校本课程。培养了象棋大师张国凤、乒乓球冠军秦志戬、羽毛球冠军朱峰、钢琴家蒋晴为代表的一大批优秀毕业生。连续获得省文明单位、省实验小学、省德育工作先进学校等诸多荣誉。1980年起成为对外开放学校，先后接待过来自日本、美国、英国等20多个国家或地区的教育行政代表团的来访，和4所学校结为国际姐妹友好学校，成为镇江市的窗口学校，在全省同类学校中享有较高的声誉。被誉为“教韵流芳的江南名校”。

旅美青年钢琴家蒋晴（后排左四）情系母校

央视四套《远方的家》暑假去游学走进中山路小学

大课间活动阳光闪亮

镇江市京口区实验小学

接待来自“汉语桥——英格兰”中小学校长访华团

省精品课题《以”和美“理念为核心的学校文化建设的研究》中期成果汇报

镇江市京口区实验小学位于花山之麓、长江之滨，学校坚持“和而不同，大美无言”的育人观，在交流与融合，在传承与创新中发展。如今已成为集全国教科研先进单位，江苏省文明单位等诸多荣誉为一身的江苏省实验小学。现有34个班级，1509名学生。教师98名，其中中学高级教师9人，小学高级教师55人，市区骨干教师比例达30%以上。

近年来，学校以“全面、精细、可持续发展”为质量管理观，走“科研立校、质量强校、特色兴校”的内涵式可持续发展之路。以“尊重差异，优教乐群”为教风，深化“兼收并蓄”打造出敬业乐群的教师队伍；以“广学博览，融会贯通”为学风，主张教育要给学生幸福的体验，丰硕的收获。学校强化以京剧和艺术体操为突破口的体艺教育，形成了自己的办学特色。学校先后被评为江苏省素质教育先进学校、江苏省青少年科技教育先进学校、江苏省现代教育技术试验学校、江苏省“十三五”学生体质健康监测点校等。2015年度成功举办“京口实小建校50周年暨和美校园文化建设汇报活动”活动，迈入了学校和美发展的新纪元。

新疆生产建设兵团第四师67团学校和京口实小签约仪式

端午节父亲节“双节”同庆志愿者活动

50年校庆

京口区国有资产管理中心

召开党政联席会

召开领导班子综合研判暨民主测评会

邀请区党校校长上党课

安全生产工作布置会

“三八”妇女节组织女职工登南山活动

开展志愿者服务活动

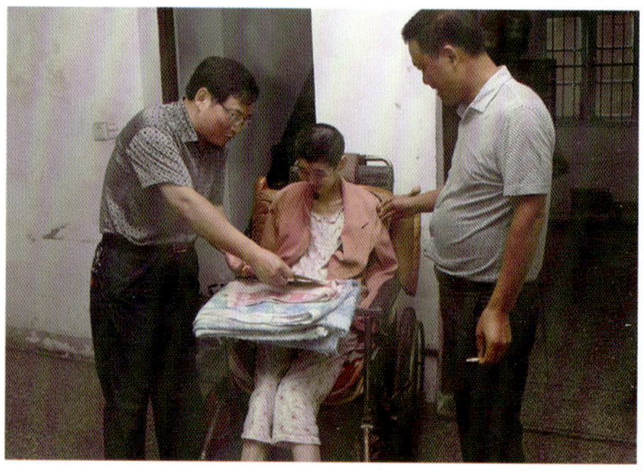

慰问结对社区困难群众

为职工解难题

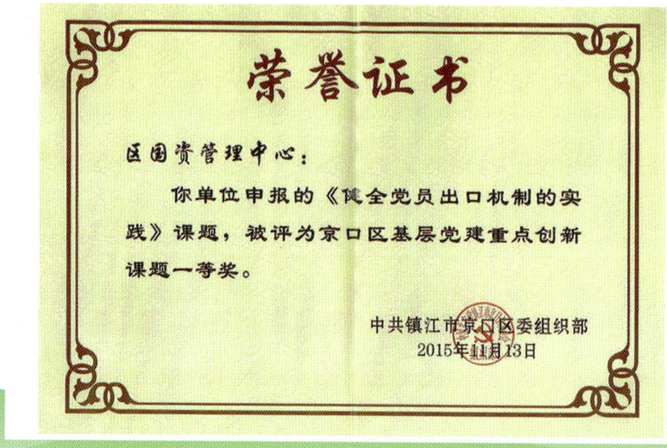

荣誉证书

区国资管理中心：

你单位申报的《健全党员出口机制的实践》课题，被评为京口区基层党建重点创新课题一等奖。

中共镇江市京口区委组织部
2015年11月13日

江苏北固产业投资有限公司

国家住建部领导到孟家湾指导工作

北固公司与中铁举办党建活动

江苏北固产业投资有限公司于2013年10月由镇江市京口城乡建设投资中心改制设立，公司前身成立于2002年7月，注册资本10亿元。公司下属子公司有：镇江市学府置业有限责任公司、镇江市京口新市镇建设发展有限公司。公司内设“四部一室”，即投融资部、发展部、工程部、财务部和办公室，员工31名。

2015年，北固公司坚持“奋力拼搏、改革创新”，稳步有序推进各项工作。一、融资工作实现突破性发展。全力投入主体评级AA、债券评级AA+、七年期14亿企业债券发行工作，顺利报至国家发改委，开创直接融资渠道；全年各类融资到位资金近18亿，综合成本控制在7.5%以内，保障了全区重点工程建设。二、产业投资有益探索。在区委、区政府的授权下，尝试开展创投业务，与市人社局洽谈设立镇江创业园种子基金；与南方德茂、中民银孚、市国投等发起设立德茂（镇江）军民融合产业基金；规范处理闲置资产，回笼资金约1.8亿。三、工程建设有序推进。完成景阳山庄安置房回迁工作，累计回迁3次1016户，组建物业公司，接管小区管理服务；孟家湾安置房4月份正式开工，主体已施工至15层；薛家湾路如期建成通车。汝山路、教顶山路如期推进。四、内部管理彰显成效。结合区政府考核任务，建立绩效考核制度，制定部门绩效考核目标和员工绩效考核办法；成立资产清查小组，对公司资产进行了全面核查；严格按照镇京发【2014】46号文件相关规定，建立项目经理总负责制，工程人员一线工作法，扎实推进各项工程建设。

北固公司发债工作讨论

改善人居环境业务培训

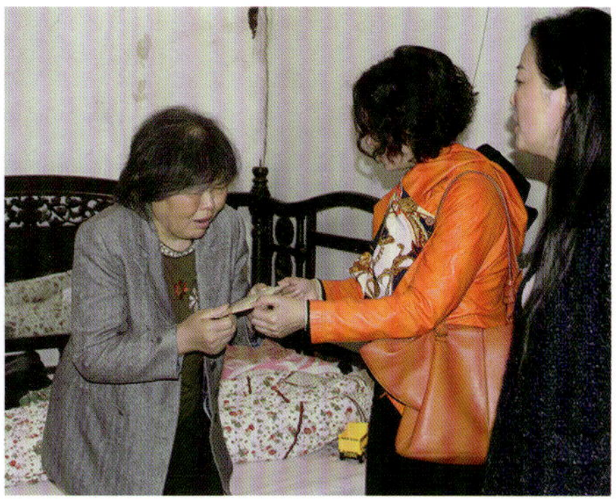

北固公司给景阳山庄困难保安捐款

江苏正恺电子科技有限公司

生产车间

产品

江苏正恺电子科技有限公司成立于1999年，是专业设计、制造和销售射频同轴连接器、电缆组件（射频同轴连接器和射频电缆组装的组件）和无源微波通信元器件三大系列千余种产品的省级高新技术、民营科技企业。

公司位于镇江市京口科技工业园区，有员工300余人，科技研发人员28名。注册资本5000万元，资产总额1.612亿元，固定资产6326万元。占地面积2.7万平方米，生产区域2万平方米，生产设备187台（套），其中数控机床130余台，拥有美国惠普公司的矢量网络分析仪、天瑞EDX3000C X荧光分析仪和SUMMITEK公司的三阶互调仪等测试仪器29台，确保了产品的研发与生产的需要，产品质量稳定可靠。

公司主要产品有：N、7/16(L29)、SMA、SMB、BNC、TNC、MCX、SMZ、BMA、1.0/2.3(CC4)、1.6/5.6(L9)等国际通用型号系列连接器，并主推N、7/16型连接器；各系列电缆组件；无源微波器件（功分器、耦合器、负载、衰减器等），在研发生产过程中，严格参照IEC60169和美军标MIL-C-39012标准进行设计、制造和检测。并能根据用户特殊要求进行设计和制造，交货迅速，年产接头1500万只，电缆组件和基站跳线130万根，并提供优质的售后服务。

公司先后通过了ISO9001：2000标准认证和ISO14000标准认证、GJB9001-2009国军标质量体系认证，2006年以来先后获得国家实用新型专利44项，获得外观专利14项，市科技攻关项目一项，申报省部级科技攻关项目各一项，多次获“光彩之星、明星企业、诚信纳税企业、A级信用企业、科技创新先锋和民营经济发展先进集体”等荣誉称号。

京口区象

2015年9月2日，副省长曹卫星（前右二）视察南京文交所镇江交易中心

副市长曹丽虹调研新奥.索普LNG水上加注及仓储物流项目

象山街道组织人员京口检察院参加警示教育

象山"转型升级 特色发展"动员大会

象山街道两网建设大会

少年侦探漫画榜样

展现中国原创力量

史上最强少年侦探团，全线集结！

ISSN 1673-0410

定价：150元

福建少年儿童出版社